Gakken

きめる! KIMERU SERIES C1

［きめる！公務員試験］

民法Ⅰ〈民法総則／物権／担保物権〉

Civil Law I

監修＝髙橋法照　編＝資格総合研究所

はじめに

本書は、公務員試験を目指す皆さんのためにつくられた書籍です。

公務員は、我が国の行政活動を担い、国民の多様なニーズに応えるための重要な職業であり、人気の職業の１つといえます。

昨今の公務員試験は、筆記試験では重要基本事項の正確な理解が求められ、面接試験がより人物重視の試験になっているという特徴があります。このような公務員試験に対応するためには、重要基本事項を最短・最速で学習し、面接試験対策に時間をかける必要があります。

そこで本書では、膨大な情報量をもつ民法を２分冊とし、本書独自の３ステップ学習で民法の重要基本事項の理解・記憶・演習を完了できるように工夫しました。「公務員になって活躍したい」という皆さんを効率よく合格に導きます。

本書を手に取ってくれた皆さんは、おそらく公務員になりたいと思っているはずです。ぜひその気持ちを大事にしてください。皆さんが公務員となることは、皆さん自身の充実した職業人生につながるだけでなく、国民みんなの幸せにつながるからです。

しかしそのためには、民法をしっかり学習し、公務員試験の筆記試験で十分な得点をとることが必要です。民法は、一般市民社会を規律するための最も基礎的なルールです。一般市民社会においては、多数の個人や企業により自由な経済活動がなされ、それに伴う紛争を法的に解決していく必要があります。そして公務員は、公務を通じて一般市民社会の構成員である個人や企業を支える存在ですから、民法についてしっかりとした理解が求められるのです。

とはいうものの、本書を手に取った皆さんは、民法の学習を恐れる必要はありません。本書独自の３ステップ学習により、公務員試験をクリアできるだけの民法の実力を十分に習得できるからです。

皆さんが公務員になるための海図やガイドブックとして本書をご活用いただければ、監修者としてこんなに嬉しいことはありません。

髙橋法照

公務員試験対策の新しい形の問題集として、「きめる！公務員試験」シリーズを刊行いたしました。このシリーズの刊行にあたり、受験生の皆さまがより効率よく、より効果的に学ぶために必要なものは何かを考えて辿り着いたのが「要点理解＋過去問演習」を実践できる３ステップ式の構成です。まずは、頻出テーマをわかりやすい解説でしっかりと押さえ、次に一問一答で、知識定着のための学習を行います。そして最後に、選び抜かれた頻出の過去問題を解くことで、着実に理解に繋がり、合格へ近づくことができるのです。

試験対策を進める中で、学習が進まなかったり、理解が追いつかなかったりすることもあると思います。「きめる！公務員試験」シリーズが、そんな受験生の皆さまに寄り添い、公務員試験対策の伴走者として共に合格をきめるための一助になれれば幸いです。

資格総合研究所

決めるKIMERU SERIES

もくじ

はじめに ---------- 2
本書の特長と使い方 ---------- 8
法律用語・各種表記について ---------- 11
公務員試験対策のポイント ---------- 12
民法の学習ポイント ---------- 13
民法の学習計画をチェック！ ---------- 15

CHAPTER 1 民法総則

試験別対策 ---------- 19
SECTION1 権利能力・意思能力・行為能力 ---------- 20
SECTION2 制限行為能力者制度（未成年者） ---------- 26
SECTION3 制限行為能力者制度（成年被後見人） ---------- 32
SECTION4 制限行為能力者制度（被保佐人・被補助人） ---------- 38
SECTION5 制限行為能力者の相手方の保護 ---------- 44
SECTION6 不在者と失踪宣告 ---------- 52
SECTION7 法人と権利能力なき社団 ---------- 58
SECTION8 物 ---------- 68
SECTION9 法律行為と意思表示 ---------- 74

SECTION10 心裡留保と虚偽表示 ---------------------- 80
SECTION11 錯誤・詐欺・強迫 ---------------------- 92
SECTION12 代理① ---------------------- 104
SECTION13 代理② ---------------------- 116
SECTION14 無効と取消し ---------------------- 128
SECTION15 条件及び期限 ---------------------- 138
SECTION16 時効① ---------------------- 146
SECTION17 時効② ---------------------- 156

CHAPTER 2　物権

試験別対策--------------------------------169

SECTION1　物権の効力--------------------------------170

SECTION2　不動産物権変動①--------------------------176

SECTION3　不動産物権変動②--------------------------186

SECTION4　動産物権変動と即時取得------------------194

SECTION5　占有権 ------------------------------------204

SECTION6　所有権（相隣関係と共有）----------------216

SECTION7　用益物権（地上権と地役権）--------------226

CHAPTER 3 担保物権

試験別対策 ---------------------------------- 239
SECTION1 担保物権総論 ---------------------------------- 240
SECTION2 留置権 ---------------------------------- 248
SECTION3 先取特権 ---------------------------------- 260
SECTION4 質権 ---------------------------------- 270
SECTION5 抵当権①（総論）---------------------------------- 278
SECTION6 抵当権②（法定地上権など）---------------------------------- 288
SECTION7 根抵当権 ---------------------------------- 298
SECTION8 譲渡担保 ---------------------------------- 306

索引 ---------------------------------- 317

別冊 解答解説集

本書の特長と使い方

3ステップで着実に合格に近づく！

STEP 1で要点を理解し、STEP 2で理解をチェックする一問一答を解き、STEP 3で過去問に挑戦する、という3段階で、公務員試験で押さえておくべきポイントがしっかりと身につきます。

公務員試験対策のポイントや各科目の学習方法をていねいに解説！

本書の冒頭には「公務員試験対策のポイント」や「民法の学習ポイント」がわかる特集ページを収録。公務員試験を受けるにあたっての全般的な対策や、各科目の学習の仕方など、気になるポイントをあらかじめ押さえたうえで、効率よく公務員試験対策へと進むことができます。

別冊の解答解説集で、効果的な学習ができる！

本書の巻末には、本冊から取り外しできる「解答解説集」が付いています。問題の答え合わせや復習の際には、本冊のとなりに別冊を広げて使うことで、効果的な学習ができるようになります。

きめる! 試験別対策

各章の冒頭には、各試験の傾向や頻出事項をまとめてあります。自分が受験する試験の傾向をしっかりと理解してから、学習の計画を立てましょう。

STEP 1 要点を覚えよう！

基本的に１見開き２ページで、分野ごとに重要な基本事項をインプットしていきます。そのため、重要な基本事項を網羅的かつ正確に、無理なく習得できるようになっています。

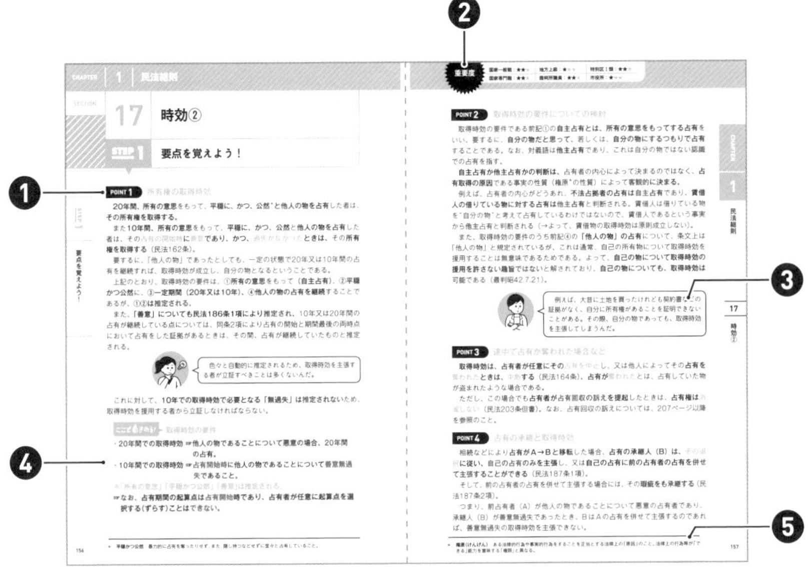

CHAPTER 1 民法総則

SECTION 17 時効②

STEP 1 要点を覚えよう！

POINT 1 所有権の取得時効

20年間、所有の意思をもって、平穏に、かつ、公然*と他人の物を占有した者は、その所有権を取得する。

また10年間、所有の意思をもって、平穏に、かつ、公然と他人の物を占有した者は、その占有の開始時に善意であり、かつ、過失がなかったときは、その所有権を取得する（民法162条）。

要するに、「他人の物」であったとしても、一定の状態で20年又は10年間の占有を継続すれば、取得時効が成立し、自分の物となるということである。

上記のとおり、取得時効の要件は、①所有の意思をもって（自主占有）、②平穏かつ公然に、③一定期間（20年又は10年）、④他人の物の占有を継続することであるが、①②は推定される。

また、「善意」についても民法186条1項により推定され、10年又は20年間の占有が継続している点については、同条2項により占有の開始と期間最後の両時点において占有をした証拠があるときは、その間、占有が継続していたものと推定される。

色々と自動的に推定されるため、取得時効を主張する者が立証すべきことは多くないんだ。

これに対して、10年での取得時効で必要となる「無過失」は推定されないため、取得時効を援用する者から立証しなければならない。

ここできめる！ 取得時効の要件

・20年間での取得時効 ☞他人の物であることについて悪意の場合、20年間の占有。
・10年間での取得時効 ☞占有開始時に他人の物であることについて善意無過失であること。
※「所有の意思」「平穏かつ公然」「善意」は推定される。
☞なお、占有期間の起算点は占有開始時であり、占有者が任意に起算点を選択する(ずらす)ことはできない。

* 平穏かつ公然　暴力的に占有を奪ったりせず、また、隠し持つなどせずに堂々と占有していること。

156

重要度　国家一般職：★★☆　地方上級：★☆☆　特別区Ⅰ類：★★☆　国家専門職：★★☆　裁判所職員：★★☆　市役所：★☆☆

POINT 2 取得時効の要件についての検討

取得時効の要件である前記①の自主占有とは、所有の意思をもってする占有をいい、要するに、自分の物だと思って、若しくは、自分の物にするつもりで占有することである。なお、対義語は他主占有であり、これは自分の物ではない認識での占有を指す。

自主占有か他主占有かの判断は、占有者の内心によって決まるのではなく、占有取得の原因である事実の性質（権原*の性質）によって客観的に決まる。

例えば、占有者の内心がどうあれ、不法占拠者の占有は自主占有であり、賃借人の借りている物に対する占有は他主占有と判断される。賃借人は借りている物を"自分の物"と考えて占有しているわけではないので、賃借人であるという事実から他主占有と判断される（→よって、賃借物の取得時効は原則成立しない）。

また、取得時効の要件のうち前記④の「他人の物」の占有について、条文上は「他人の物」と規定されているが、これは通常、自己の所有物について取得時効を援用することは無意味であるためである。よって、自己の物について取得時効の援用を許さない趣旨ではないと解されており、自己の物についても、取得時効は可能である（最判昭42.7.21）。

例えば、大昔に土地を買ったけれども契約書などの証拠がなく、自分に所有権があることを証明できないことがある。その際、自分の物であっても、取得時効を主張してしまうんだ。

POINT 3 途中で占有が奪われた場合など

取得時効は、占有者が任意にその占有を中止し、又は他人によってその占有を奪われたときは、中断する（民法164条）。占有が奪われたとは、占有していた物が盗まれたような場合である。

ただし、この場合でも占有者が占有回収の訴えを提起したときは、占有権は消滅しない（民法203条但書）。なお、占有回収の訴えについては、207ページ以降を参照のこと。

POINT 4 占有の承継と取得時効

相続などにより占有がA→Bと移転した場合、占有の承継人（B）は、その選択に従い、自己の占有のみを主張し、又は自己の占有に前の占有者の占有を併せて主張することができる（民法187条1項）。

そして、前の占有者の占有を併せて主張する場合には、その瑕疵をも承継する（民法187条2項）。

つまり、前占有者（A）が他人の物であることについて悪意の占有者であり、承継人（B）が善意無過失であったとき、BはAの占有を併せて主張するのであれば、善意無過失の取得時効を主張できない。

* 権原（けんげん）　ある法律的行為や事実的行為をすることを正当とする法律上の「原因」のこと。法律上の行為等が「できる」能力を意味する「権限」と異なる。

157

CHAPTER 1 民法総則　17 時効②

❶ POINT
このSECTIONで押さえておきたい内容を、ポイントごとにまとめています。

❷ 重要度
各SECTIONの試験別重要度を表しています。過去問を分析し、出題頻度を「★」の数で表しています。

❸ キャラクターが補足情報を教えてくれます。

❹ ここできめる！
最重要の知識や、間違えやすいポイントをまとめています。試験直前の確認などに活用できます。

❺ 注
本文中に出てくる専門的な言葉やわかりにくい用語などに＊をつけ、ここで説明しています。

判例
具体的な事件について裁判所が示した法律的判断を、「判例（事案と判旨）」という囲みで示しています。

STEP 2 一問一答で理解を確認！

STEP 1の理解をチェックするための一問一答形式の問題です。過去問演習のための土台づくりとして、効率的にポイントを復習できます。

STEP 3 過去問にチャレンジ！

本書には、過去15年分以上の過去問の中から、重要基本事項を効率的に学習できる良問を選別して収録しています。

過去問は、可能であれば3回以上解くのが望ましいです。過去問を繰り返し解くことで、知識だけでなく能力や感覚といったアビリティまで身につくという側面があるのです。

別冊 解答解説集

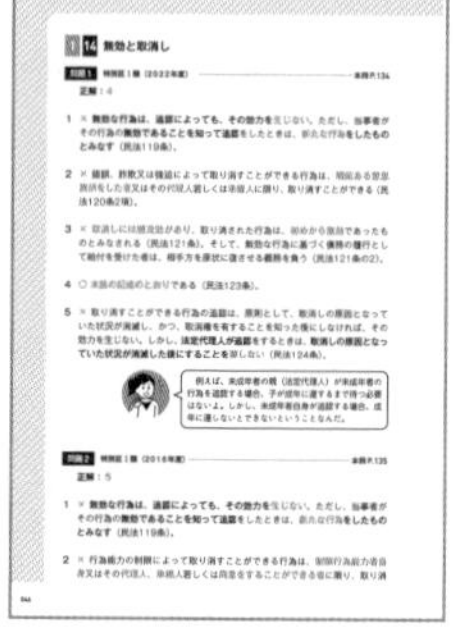

STEP 3の過去問を解いたら、取り外して使える解答解説集で答え合わせと復習を行いましょう。

本書掲載の過去問題について

本書で掲載する過去問題の問題文について、問題の趣旨を損なわない程度に改題している場合があります。

法律用語について

「法律」とは、皆が快適に暮らしていくために、つくられた社会のルールです。法律では、日常ではあまり使われない言葉が出てきますので、本書で学習するにあたって、よく目にする主な用語の意味を紹介しておきます。

用語	意味
予め（あらかじめ）	前もって、ということ。
係る（かかる）	関係する、ということ。
較差（かくさ）	二つ以上の事がらを比較したときの差。
瑕疵（かし）	欠陥のこと。
較量（こうりょう）	くらべて考えること。
準用（じゅんよう）	類似の内容について、同じような条文を繰り返すことを避けるための立法技術であり、特定の規定の再利用のようなものです。
斟酌（しんしゃく）	相手の事情や心情をくみとること。
直ちに（ただちに）	「すぐに」行うということで、最も時間的に短い概念。「速やか（すみやか）に」は、できるだけ早くという意味であり、「遅滞（ちたい）なく」は、これらより時間的に余裕があります。
抵触（ていしょく）	ある事がらと、別の事がらが矛盾していること。
甚だ（はなはだ）	通常の程度をはるかに超えていること。
専ら（もっぱら）	ひたすら、ということ。一つの事がらに集中すること。

※「及び」と「並びに」

AとBが並列の関係にあるとき、「A 及びB」と表記します。並列関係のものがABCと3つ以上あるときは、「A、B 及びC」と読点を使用して、最後に「及び」を用います。

そして、Bの中にも、ABより小さい関係のb1とb2があるときは、「A並びにb1及びb2」と表記します。「及び」は、最も小さな並列グループを連結し、「並びに」は、「及び」より大きな並列グループを連結します。

※「又は」と「若しくは」

AとBが選択の関係にあるときは、「A又はB」と表記します。選択関係のものがABC と3つ以上あるときは、「A、B 又はC」と読点を使用して、最後に「又は」を用います。

そして、Bの中にもb1とb2 があり、そこも選択関係にあるときは、「A又はb1若もしくはb2」として、「又は」は、最も大きな選択グループを連結し、「若しくは」は、「又は」より小さな選択グループを連結します。

最高裁判所判決・決定の略称による表記について

「裁判」とは、裁判所が行う意思表示を意味しますが、この裁判には「判決」「決定」「命令」があります。「判決」とは、原則として、口頭弁論（刑事訴訟では公判）に基づいて行われるものであり、「決定」とは、迅速を要する事項や付随的事項等について、「判決」よりも簡易な方式で行われる裁判です。また、「命令」は「決定」を裁判所ではなく、裁判官が行うものと考えればよいでしょう。

そして、最高裁判所について、最高裁判所裁判官の全員で構成される場合（合議体）を「大法廷」といい、最高裁判所の定める裁判官３名以上の員数で構成する合議体を「小法廷」といいます。そこで本書では、最高裁判所の大法廷判決を「最大判」、小法廷判決を「最判」と表記し、最高裁判所の大法廷による「決定」を「最大決」、小法廷決定を「最決」と表記します。

《例》 最大判平17.4.2…大法廷判決　最判昭58.10.7…小法廷判決
最大決令3.4.9…大法廷決定　最決平30.12.2…小法廷決定

根拠条文の表記について

各項目中において、カッコ内に法令名及びその条数を記していますが、原則として、各項目の最初に出てきた法令名については、法令名及び条数を記し、それ以降に同条文の「項」が異なるものが出てきた場合は、法令名及び条数を省略しています。

《例》 …です（憲法14条１項)。しかし…となります（同条２項)。ただし、…は例外です（憲法21条)。

公務員試験対策のポイント

志望先に合わせて計画的で的確な対策を

まずは第一志望先を決めましょう。仕事の内容、働きたい場所、転勤の範囲などが志望先を選ぶポイントです。また、併願先もあわせて決めることで、試験日・出題科目がおのずと決まってきて、学習計画を立てることが出来るようになります。

過去問の頻出テーマをおさえて問題演習を

公務員試験合格のポイントは、1冊の問題集を何度もくり返し解くことです。そうすることで、知らず知らずのうちに試験によく出るテーマ・問題のパターンがしっかりと身につき、合格に近づくことができるでしょう。

人物試験対策の時間も確保したスケジューリングを

近年では、論文試験や面接等の人物試験が重要視される傾向にあります。一次試験の直前期に、その先の論文試験や人物試験を見据えて、学習の計画を立てるようにしましょう。人物試験については、自己分析・志望動機の整理・政策研究を行って、しっかり対策しましょう。

民法の学習ポイント

ここでは、民法とは何か、公務員試験における民法のポイントについて説明していきます。本格的な学習を始める前に、まずは全体像を確認しましょう。

民法とは何か

私たちは、日々の生活を送る中で、お金を支払うことにより様々なモノ・サービスを享受しています。例えば、コンビニでおにぎりやお茶を購入したり、旅行先でホテルに宿泊したり、時には建物を建てたりすると思います。

現代の市民社会においては、多数の個人や企業がお金を媒介にモノ・サービスを取引しており、この市民社会における取引の規律を定めたものが民法です。つまり、取引に当たって必要なルールを定めたり、取引に関してトラブルが起こった場合の対処法を定めたりすることで、市民社会の取引秩序を守るのです。

民法は大きく分けると、財産法分野・家族法分野の２つに分かれます。財産法分野はヒト・モノ・カネ・サービスといった取引に関するルールであり、民法総則・物権・担保物権・債権総論・債権各論といった分野から構成されます。家族法分野は家族に関するルールを定めており、「親族」と「相続」から構成されます。

このように、民法は私たちの日常生活を財産・家族の両面にわたってルールを定めた私法の一般法であり、深くて広い法分野です。そのため本シリーズでは、民法Ⅰ〈民法総則／物権／担保物権〉と民法Ⅱ〈債権総論／債権各論／親族・相続〉の２冊に分けて民法を解説していきます。

公務員試験における民法のポイント

民法は大きく分けると、民法総則、物権、担保物権、債権総論、債権各論、親族・相続という広範な分野から成り立っています。ここでは、本書（民法Ⅰ）で扱う民法総則・物権・担保物権についてのポイントを示します。

①民法総則は、具体的な事例をイメージする

民法総則では、民法全体に共通する事項を学びます。ここでは、虚偽表示・錯誤・詐欺といったように取引において共通して生じる問題点や、代理・時効のように取引において共通して生じる法概念を学習します。公務員試験では、簡単な事例形式の設問でこれらの概念について問われるので、できる限り具体的な事例をイメージしながら学習を進めましょう。

②物権は、簡単な図を書いてみる

物権では、人と物の関係について学習します。人と物について、民法はどのように定めているのか、物に関する権利はどのように移ってどのような効果を持つのかに注目します。

この分野では、当事者の関係について簡単な図を自分なりに書いてみると理解が進みます。当事者の関係を整理できれば解ける問題も多いので、手を動かすことが重要です。

③担保物権は、基礎知識を重視する

担保物権では、債務不履行がおこらないための保険として物権を使用する場合について学びます。上記民法総則や物権に比べると、やや細かい話が多く、苦戦しがちです。そのため、条文知識を中心に着実に学習を進めましょう。ゆっくりで良いので、1つずつ押さえることが重要です。

民法の学習計画をチェック！

1
準備期

まずは、本書をざっと通読して全体像をつかむ。
問題はすぐに解説を見てもかまいません。

ここでは、無理に内容を分かろうとせず、軽く一読できれば良い。

2
集中期

受験する試験種のうち、☆の多い分野から取り組む。
☆の多い分野を３回ほど周回してみましょう。

できれば、過去問を自力で解いてみよう。重要単元から着実に。

3
追い込み期

受験する試験種のうち、☆の少ない分野にも取り組み、知識量で差をつけましょう。

マイナー分野も取り組むことで合格可能性が上がるので頑張ろう。

4
総仕上げ期

全範囲を通して学習する。
過去問はできるだけ自力で解いてみましょう。

過去問演習に力点を置いて、全範囲を網羅的に進めよう。

きめる！公務員試験シリーズで、合格をきめる！

2023年
9月発売
全5冊

3ステップ方式で絶対につまずかない！
別冊の解答解説集で効率的に学べる！

数的推理
1,980円（税込）

判断推理
1,980円（税込）

民法Ⅰ
1,980円（税込）

民法Ⅱ
1,980円（税込）

憲法
1,980円（税込）

2024年
発売予定
全5冊

- 社会科学
- 人文科学
- 自然科学
- 文章理解・資料解釈
- 行政法

シリーズ全冊試し読み「Gakken Book Contents Library」のご案内

1. 右のQRコードかURLから「Gakken Book Contents Library」にアクセスしてください。

https://gbc-library.gakken.jp/

2. Gakken IDでログインしてください。Gakken IDをお持ちでない方は新規登録をお願いします。

3. ログイン後、「コンテンツ追加＋」ボタンから下記IDとパスワードを入力してください。

ID	9mvrd
PASS	cfphvps4

4. 書籍の登録が完了すると、マイページに試し読み一覧が表示されますので、そこからご覧いただくことができます。

※試し読みキャンペーンは予告なく終了する可能性がございます。

CHAPTER 1

民法総則

SECTION1 権利能力・意思能力・行為能力
SECTION2 制限行為能力者制度（未成年者）
SECTION3 制限行為能力者制度（成年被後見人）
SECTION4 制限行為能力者制度（被保佐人・被補助人）
SECTION5 制限行為能力者の相手方の保護
SECTION6 不在者と失踪宣告
SECTION7 法人と権利能力なき社団
SECTION8 物
SECTION9 法律行為と意思表示
SECTION10 心裡留保と虚偽表示
SECTION11 錯誤・詐欺・強迫
SECTION12 代理①
SECTION13 代理②
SECTION14 無効と取消し
SECTION15 条件及び期限
SECTION16 時効①
SECTION17 時効②

この章で学ぶこと

民法総則は、具体的な事例と法律知識をセットで押さえよう

CHAPTER 1・民法総則では、民法全体に共通する事項を学んでいきます。ここでは、取引の主体となるために必要な行為能力とそれらが制限される制限行為能力者、取引に当たって共通して問題となる虚偽表示や詐欺・錯誤、他人が取引を拡充してくれる代理、時間の経過によって権利が変化する時効などを学びます。その中でも特にこの分野では、**法律行為**と**意思表示に関する事項**（虚偽表示・錯誤・詐欺）や**代理に関する事項**について、**事例をもとに問われる問題**が多いです。そのため、条文や解釈論に関する知識を付けるとともに、それらが問題となる実際の場面を想定しながら学習を進めましょう。

STEP 1・2で知識をインプットしたら、すぐにSTEP 3の過去問にチャレンジし、どのように知識が問われているかを把握してみてください。

もちろん、最初から過去問を解ける人はいないので、わからなくても気にする必要はありません。何度もくり返すことで、徐々に事例と知識を結び付けられるようにしていくことが重要です。

知識定着の学習と思考力を鍛える学習のバランスを！

民法総則で扱う内容は、制限行為能力者・法律行為と意思表示・代理・条件と期限・時効など多岐にわたり、やや抽象的な内容も多いです。しかしその中でも、前述したように**法律行為**と**意思表示・代理**は比較的出題されやすく、特に法律行為と意思表示で扱う**虚偽表示**や**詐欺・錯誤**は少し努力すれば得意分野にしやすいです。また、代理も**条文知識**を丁寧に押さえることで得点源にしやすいでしょう。

そのため、まずは法律行為と意思表示・代理を優先的に押さえていくと、民法総則を攻略しやすくなります。民法は覚えるべき知識が多い上に、その知識を的確に事案に適用する思考力も問われます。近年の出題形式においても、従来の五肢択一よりも「妥当なものの組合せ」が基本のパターンになっており、思考力がより一層試されるようになっています。**記憶のための学習**と**思考力を活用する学習**とのバランスを保つために、できる限り具体的な事例を意識しながら学習していきましょう。

試験別対策

国家一般職

虚偽表示と詐欺・錯誤や代理を中心に、まんべんなく問われる傾向にある。事例をもとに問われることもあるので、過去問を解いて選択式の問題に慣れておくことが必要である。

国家専門職

国家一般職と同様、まんべんなく問われる傾向にある。事例をもとに問われる点も国家一般職と同じなので、過去問を解いて選択式の問題に慣れておこう。

地方上級

制限行為能力者と時効がやや出題されやすい。この２分野の条文知識をしっかりと押さえておくことが望ましい。それに加えて虚偽表示と詐欺・錯誤や代理も押さえておくこと。

裁判所職員

国家一般職・専門職と同様、まんべんなく問われやすい。難易度もそれなりにあるので、全範囲を学習していこう。過去問は本書掲載のものを着実にやり込むこと。

特別区Ⅰ類

国家一般職・専門職と同様、まんべんなく問われやすい。虚偽表示と詐欺・錯誤や代理をしっかり押さえてから、制限行為能力者と時効などを学習していこう。

市役所

虚偽表示と詐欺・錯誤が出題されやすいので、まずはこの分野を確実に押さえよう。その後は、制限行為能力者・代理・時効を余裕のある範囲で学習すること。

SECTION 1

権利能力・意思能力・行為能力

STEP 1 要点を覚えよう！

POINT 1 権利能力の意義

権利能力とは、権利義務の帰属主体たる地位・能力のことをいう。原則として、自然人、法人ともにすべての「人」は、等しく権利能力を有する。

「**権利義務の帰属主体**」とは、**権利を持ったり、義務を負うことができる主体**のことだよ。

自然人の場合は、出生時に権利能力を取得し（民法3条1項）、**死亡すると権利能力を失う。**出生とはどのタイミングを指すかについては諸説あるが、民法の解釈としては、母体から子どもの体全体が出た時点を基準とするのが通説である（全部露出説）。なお、手続上は出生届や死亡届をするが、それらが権利能力の得喪*のタイミングではない。

法人の場合は、設立登記により権利能力を取得し、清算結了（けつりょう）によって権利能力を失う。なお、**法人格を有しない団体を「権利能力なき社団」**といい、**権利義務の帰属主体となることはできない。**

POINT 2 胎児の権利能力

上述のとおり、自然人は出生により権利能力を取得するため、原則として、**胎児には権利能力はない。**しかし、これでは、例えば、父が死亡した場合に、胎児が父の死亡直前に生まれれば法定相続人となれるのに、死亡直後に生まれた場合には法定相続人となれないなど、出生のタイミングという偶然の事情によって、結論が大きく変わってしまうなどの不均衡な事態が生じてしまうため、**民法は、例外的に下記3点について、胎児を「生まれたものとみなす」**としている。

ここで覚える！ 胎児にも権利能力が認められるケース

①不法行為に基づく**損害賠償請求**（民法721条）
②**相続**（民法886条1項）　③**遺贈**（民法965条）

ただし、上記3点の場合でも、**胎児に権利能力が認められるのは、「生きて生まれてきた」**場合に限られる。そこで、胎児が**生まれる前に、母が胎児を代理して、損害賠償請求や示談又は遺産分割をすることができるのか**が問題となり、これは胎児の権利能力の考え方（学説）によって異なる。

* **得喪（とくそう）**…能力や権利などを「得」ることと、「喪」失すること。

学説	内容
停止条件説 （大判昭7.10.6）	胎児に権利能力は認められないが、生きて生まれた場合に、胎児の時（出生前）に遡って権利能力を取得するという説。 ☞母親は、胎児が生まれる前に代理して遺産分割等をすることができない。
解除条件説	胎児の時にも権利能力は認められるが、死産となった場合に、遡って権利能力を失うとする説。 ☞母親は、胎児が生まれる前に代理して遺産分割等をすることができる。

POINT 3 意思能力の意義

意思能力とは、自己の行為の結果を弁識するに足るだけの精神能力のことをいう。例えば、ある契約を締結することによって、自分にはどのような権利や義務が生じるのかをきちんと理解することができる精神能力のことである。

法律行為の当事者が意思表示をした時に意思能力を有しなかったときは、その法律行為は、無効となる（民法3条の2）。

また、**意思能力は、法律行為（例えば契約）時の当事者の状況や精神状態などに応じて個別に判断される**が、一般的には、幼年者（未就学児童）、重度の精神障害者、泥酔者などが意思無能力者の例示として挙げられる。

POINT 4 行為能力の意義と制度趣旨

行為能力とは、自らの行為により契約などの**法律行為の**効果**を確定的に**自己に帰属**させる能力**のことをいう。例えば、Ａが契約時に意思能力を欠いていたので契約をなかったことにしたい場合、Ａが意思無能力者であったことの立証責任はＡの側にあり、Ａの負担は大きい。そこで、民法は、財産の管理・運用についての**能力が不十分であるとみられる者を画一的に「制限行為能力者」**として定め、これらの者を保護する制度を設けている。**制限行為能力者は、**未成年者、成年被後見人、被保佐人**及び**被補助人**の4種類**である（詳細は後述）。

POINT 5 制限行為能力者制度の内容と効果

制限行為能力者には類型ごとに保護者を設け、原則として、その保護者の関与の下に法律行為を行うものとした。そして、保護者の関与なしに制限行為能力者が行った一定の行為は、一律に取消可能である。

この取消権は、保護者だけでなく、**制限行為能力者自身も有し**（民法120条1項）、取り消された行為は、**初めから無効**であったものとみなされる（民法121条）。その後、給付を受けた制限行為能力者は、その行為によって現に利益を受けている限度*において、返還の義務を履行すれば足りる（現存利益、民法121条の2第3項）。

---

* **現に利益を受けている限度**…現存利益ともいい、現時点において、利益として残っているものを意味する。

STEP 2 一問一答で理解を確認！

1 未就学児童であるAは、不動産の所有者となることができる。	○ 未就学児童も「人」であり、権利能力を**有している**。したがって、不動産の所有権者となることが**できる**。
2 自然人は、出生により権利能力を取得し、法人は、定款を作成し、当該定款に公証人の認証を受けることにより権利能力を取得する。	× 自然人の私権の享有は、**出生**に始まる(民法3条1項)ので、前段は**正しい**。法人の場合は、**設立登記**により権利能力を取得する。株式会社の設立の場合、発起人が定款を作成し、当該定款について公証人の認証を受けることを要するが(会社法30条)、それにより権利能力を取得する**わけではない**。
3 法律行為の当事者が意思表示をした時に意思能力を有しなかったときは、その法律行為は無効となる。また、意思能力は法律行為時の当事者の状況等に応じて、個別に判断される。	○ **本問の記述のとおり**である(民法3条の2)。
4 Aが「全財産を胎児Bに遺贈する」旨の遺言を適法に作成した後に死亡した場合において、Aの死亡時までにBが出生していなかったときは、Aの死亡後にBが出生したとしても、BはAの受遺者(遺言により財産を受ける者)となることができない。	× 胎児は、遺贈については、**既に生まれた**ものとみなす(民法965条)。したがって、本問において、Aの死亡後にBが出生したときであっても、BはAの受遺者となることが**できる**。

5 胎児に対する不法行為に基づく当該胎児の損害賠償請求権について、胎児の母は、胎児の出生後に胎児を代理して不法行為の加害者との間で和解契約をすることができる。

○ 胎児は、損害賠償の請求権については、**既に生まれたものとみなす**(民法721条)。したがって、胎児の母は、胎児の出生後に加害者との間で胎児を代理して和解契約を締結することが**できる**。なお、判例は、胎児の出生前において母が代理して締結した和解契約は胎児を拘束**しない**としている(停止条件説、大判昭7.10.6)。

6 行為能力とは、自己の行為の責任を弁識することができる能力のことをいい、民法は、当該能力が不十分であるとみられる者を画一的に「制限行為能力者」として定めている。

× 行為能力とは、自らの行為により契約などの法律行為の効果を確定的に自己に帰属させる能力のことをいう。なお、自己の行為の責任を弁識することができる能力のことを「**責任能力**」という(民法712条)。

7 保護者の関与なしに制限行為能力者が単独で行った一定の法律行為は、行為当時の意思能力があったか否かを問わず、取り消すことができる。

○ 制限行為能力者が保護者の関与なしに行った一定の法律行為は、行為当時に具体的に意思能力があったか否かを**問わず、取り消す**ことができる。

8 ＡＢ間でＡ所有の甲土地を売買した場合において、買主Ｂが制限行為能力者であり、Ｂの保護者Ｃの関与がなかったときは、Ｂは、Ｃの承諾を得ることなく、ＡＢ間の売買契約を取り消すことができる。

○ 行為能力の制限によって取り消すことができる行為は、制限行為能力者自身が取り消すことが**できる**(民法120条1項)。そして、当該取消権を行使する際は、保護者の同意を得ることを**要しない**。

STEP 3

過去問にチャレンジ！

問題 1

裁判所職員（2018 年度）

権利能力、意思能力及び行為能力に関する次のア～エの記述の正誤の組み合わせとして最も妥当なものはどれか（争いのあるときは、判例の見解による。）。

ア　Aは、夫Bとの間の子Cを妊娠しており、出産を3か月後に控えていたが、Bは、自動車事故に巻き込まれ死亡した。胎児は、損害賠償の請求権については、既に生まれたものとみなされるため、Aは、Cの出産前であっても、Cの代理人として、自動車事故の加害者に対して損害賠償請求ができる。

イ　行為能力者であっても、法律行為時に意思能力を有している必要があり、意思能力を欠く者による法律行為は無効である。意思能力の有無は、個々の具体的な法律行為ごとに個別的に判断される。

ウ　法人として登記されていなくても、団体としての組織を備え、多数決の原則が行われ、構成員の変更にもかかわらず、団体そのものが存続し、代表の方法、総会の運営、財産の管理その他団体としての主要な点が確定している団体であれば、権利能力を有し、権利義務の帰属主体となることができる。

エ　Aについて失踪宣告がされたため、Aの唯一の相続人Bは、Aの所有していた甲建物を相続し、これを売却して得た金で世界一周旅行をした。その後、実はAが生存していることが判明し、Aの失踪宣告が取り消された。この場合、Bは、甲建物の売却代金相当額をAに返還する義務を負う。

	ア	イ	ウ	エ
1	誤	正	誤	誤
2	誤	誤	正	正
3	誤	誤	正	誤
4	正	誤	誤	正
5	正	正	誤	誤

➡解答・解説は別冊 P.002

問題 2

権利能力、意思能力及び行為能力に関する記述のうち、妥当なものはどれか。

1 自然人の権利能力については、出生により取得され、死亡により消滅するとされており、例外的に、胎児について権利能力を有していたものとみなされることはない。

2 失踪の宣言がされた場合、失踪者が別の場所で生存していたとしても、失踪者の権利能力は消滅したものとされる。

3 法律行為は、意思能力を有する者によってされなければ、その効果を生じないとするのが本来の原則であるが、民法は、意思能力を有しない者やこれが不十分である者について類型化して制限行為能力者の制度を設けているので、もはや意思能力の有無を論じる余地はない。

4 意思能力の有無は類型的に判断され、未就学児童や重度の精神障害者、泥酔者であれば、意思無能力者として扱われることとなる。

5 法人は、自然人以外で、法によって権利能力が与えられているものであり、生命や肉体の存在を前提とする権利義務は法人には帰属し得ないし、法令によって享受し得る権利義務が制限されることがあり得る。

➡解答・解説は別冊P.003

SECTION 2

制限行為能力者制度(未成年者)

STEP 1 要点を覚えよう！

POINT 1 未成年者の意義

未成年者とは、成人年齢（18歳）に満たない者をいう（民法4条)。未成年者は、原則として、法定代理人の同意がなければ、有効な法律行為を行うことができない。

POINT 2 未成年者の保護者

未成年者を含む制限行為能力者には、必ず保護者が設けられる。**未成年者の保護者は、第一次的には①親権者**（民法818条1項)、**親権者がいないときは②未成年後見人**（民法838条1号）である。これらをまとめて法定代理人という。

①の親権者は、原則として父母であるが、子が養子*であるときは、養親が親権者となる（民法818条1項、2項)。

②の未成年後見人は、未成年者に対して親権を行う者がないとき、又は親権を行う者が管理権を有しないときに指定又は家庭裁判所により選任される（民法839条1項、840条1項)。

POINT 3 未成年者の保護者の権限

未成年者の保護者（親権者又は未成年後見人）は、①同意権、②代理権、③取消権及び追認権を行使することができる。

つまり、未成年者の保護者は、未成年者の法律行為に同意を与える（同意のうえで未成年者自身に法律行為をさせる）こともできるし（民法5条)、未成年者を代理して法律行為を行う（代理人として、代わりに保護者が法律行為をする）こともできる（民法824条)。

また、未成年者の保護者は、未成年者が保護者の関与なしに行った法律行為を取り消したり、追認することもできる（民法120条1項、122条)。追認とは、後で保護者の関与なしに行った行為を認めることである。

なお、①の同意について、**同意の方式は明示のものに限らず、黙示でもよい**。また、**同意の相手方は、未成年者又は法律行為の相手方のどちらでもよい**。

ここで決める！ 未成年者の保護者の同意

- 同意の方式は、黙示でもよい！
- 同意の相手方は、法律行為の相手方に対してでもよい！

* **養子**…他人の子を法律上、自分の子とした場合の子のこと。

POINT 4 未成年者の行為能力

未成年者は、原則として保護者の関与なしに法律行為をすることができない。したがって、未成年者が法定代理人の同意を得ないでした法律行為は、取り消すことができる（民法5条2項）。なお、取り消すことができる行為は、取り消すまでは有効であるが、取消しによって遡及（そきゅう）的に無効となる（民法121条）。

しかし、**例外的に、未成年者は、次の行為を法定代理人の同意を得ずに単独で行うことができる。**

①単に権利を得**、又は**義務を免れる**法律行為**（民法5条1項但書）

未成年者に利益であり、不利益となりえない行為の場合、取消しにより未成年者を保護することを要しない。具体的には、負担のない贈与（又は遺贈）の承諾、債務の免除を**受ける**などがこれに該当する。これに対して、**弁済の受領や相続の承認又は放棄**は、単独ですることが**できず**、保護者の関与が**必要**となる。

弁済の受領は、利息を得ることができなくなる等の不利益がありえるので、単独ではできないんだ。

②処分を許された財産の処分

ア）法定代理人が目的を定めて処分を許した財産は、**その目的の範囲内**において、未成年者が自由に処分することができ、また、**イ）目的を定めないで処分を許した財産**も、保護者の関与なしに処分することができる（民法5条3項）。

ア）の法定代理人が目的を定めて処分を許した財産とは、学費や旅費である。**イ）の目的を定めないで処分を許した財産とは、**小遣いのことである。

③許可された特定の営業**に関する行為**

一種又は数種の**営業を許された未成年者は、その営業に関しては、**成年者と同一の行為能力を有する（民法6条1項）。

営業の許可をする場合、営業の種類まで特定する必要があり、**包括的な許可や一種の営業の一部についての許可はすることが**できない。

営業の許可を受けた未成年者は、その営業自体だけではなく、その営業を営むために必要とされる行為、例えば従業員の雇用や店舗の借り入れなども保護者の関与なしにすることができる。

④一定の身分行為

身分行為は代理に親しまない行為として、**未成年者は、原則として、保護者の関与なしにすることができる。**具体的には、認知*****をする**には、父又は母が未成年者であるときであっても、その**法定代理人の同意を要しない**（民法780条）。また、**15歳に達した未成年者は、**単独で遺言**をすることができる**（民法961条）。

＊　**認知**…婚姻関係にない男女間から生まれた子について、父が自分の子であると認め、法律上の親子関係を発生させる行為。

STEP 2 一問一答で理解を確認！

1 17歳の未成年者が法定代理人の関与なしにした法律行為は無効であり、法定代理人は、その法律行為を取り消すことができる。

× **未成年者が法定代理人の同意を得ないでした法律行為は**、取り消されるまでは**有効**である。取り消すことができる行為は、**取消しによって遡及的に無効**となる(民法121条)。

2 未成年者Aが法定代理人Bの関与なしにA所有の甲不動産をCに売却した場合において、AがBに無断でAC間の売買契約を取り消したときであっても、Bは、Aがした取消しを取り消すことはできない。

○ 行為能力の制限によって取り消すことができる行為は、**制限行為能力者自身が単独で取り消すことができる**(民法120条1項)。そして、未成年者自身が単独でした取消しの意思表示は、制限行為能力を理由として取り消すことは**できない**。

3 養子である未成年者が、親権のない実親の同意を得て法律行為をしたときは、その未成年者の養親は、その法律行為を取り消すことはできない。

× 未成年者が法律行為をするには、その**法定代理人の同意**を得なければならない(民法5条1項本文)。未成年者の法定代理人は、親権者又は未成年後見人である。**子が養子であるときは、養親の親権に服する**(民法818条2項)。本問では、親権者に対する有効な同意が得られていないため、未成年者の養親は、その法律行為を取り消すことが**できる**。

4 未成年者が婚姻をしたときは、その未成年者は、婚姻後にした法律行為を未成年であることを理由として取り消すことはできない。

× 婚姻は、**18歳**にならなければすることができない(民法731条)。したがって、そもそも未成年者は婚姻をすることは**できない**。

5 未成年者は、法定代理人の同意を得なくても、債務の免除を受けることができる。

○ 未成年者が法律行為をする場合であっても、単に権利を得、又は義務を免れる法律行為については、その法定代理人の同意を得ることを要しない(民法5条1項但書)。「債務の免除を受けること」は本条に**該当する**。

6 未成年者が特定の営業について法定代理人の許可を受けた場合には、その営業に関する法律行為については、行為能力の制限を理由として取り消すことができない。

○ 一種又は数種の営業を許された未成年者は、その営業に関しては、成年者と同一の行為能力を有する(民法6条1項)。したがって、営業の許可を受けた未成年者の営業に関する行為について、制限行為能力者を理由に取り消すことは**できない**。

7 未成年者Aが法定代理人Bの関与なしにC所有の甲動産を負担なく無償で譲り受けることとした場合において、Bは、AC間の贈与契約を取り消すことはできない。

○ 未成年者が法律行為をする場合であっても、単に権利を得、又は義務を免れる法律行為については、その法定代理人の同意を得ることを要しない(民法5条1項但書)。「負担のない贈与を受けること」は本条に**該当する**。

STEP 3 過去問にチャレンジ！

問題 1　　裁判所職員（2016年度）

未成年者A（16歳）は、法定代理人Bの同意を得ることなく、自己の所有する自転車を代金10万円でCに売却する契約を締結した。この事例に関する次のア～オの記述のうち、適当なもののみを全て挙げているものはどれか（争いのあるときは、判例の見解による。）。

ア　Aは売買契約を締結した後で思い直し、A単独でこれを取り消す意思表示をした。Aの取消しの意思表示は、Bの同意なくなされたものであるから、Bはこの意思表示を取り消すことができる。

イ　Aは、Cから売買代金の内金として3万円を受け取り、この3万円の大部分をゲームセンターで使ってしまった。Bがこの売買契約を取り消した場合、Aは受領した3万円全額をCに返還しなければならない。

ウ　売買契約を締結してから1年後、CはAに対し、2か月以内に追認するか、取り消すかの返事をするよう催告したが、Aは2か月の間に返事をしなかった。Bはこの売買契約を取り消すことができる。

エ　売買契約を締結してから4年後、Aは売買契約を取り消すことができることを知らずにCに自転車を引き渡した。Aは売買契約を取り消すことができる。

オ　Cが売買代金を支払わないため、Aは、売買契約を締結してから1年後にCに対し、代金を支払うよう請求した。Bはこの売買契約を取り消すことができる。

1　ア・イ
2　イ・ウ
3　ア・エ
4　ウ・オ
5　エ・オ

➡解答・解説は別冊P.004

問題2 裁判所職員（2022年度）

制限行為能力者に関する次のア～オの記述のうち、妥当なもののみを全て挙げているものはどれか(争いのあるときは、判例の見解による。)。

ア　成年被後見人がした行為であっても、日用品の購入は、取り消すことができない。

イ　制限行為能力者のした契約について、制限行為能力者及びその法定代理人が取消権を有するときは、契約の相手方も取消権を有する。

ウ　未成年者は、単に自身が未成年者であることを黙秘して契約を締結したにすぎないときは、その契約を取り消すことができる。

エ　未成年者は、単に義務を免れる法律行為について、その法定代理人の同意を得ないとすることができない。

オ　後見開始の審判は本人が請求することはできないが、保佐開始の審判及び補助開始の審判は本人も請求することができる。

1　ア、イ
2　ア、ウ
3　イ、ウ
4　ウ、エ
5　ウ、オ

➡解答・解説は別冊P.005

SECTION 3

制限行為能力者制度（成年被後見人）

STEP 1 要点を覚えよう！

POINT 1 成年被後見人の意義

成年被後見人とは、①精神上の障害により事理を弁識する能力を欠く常況にある者（実質的要件）で、かつ、②家庭裁判所による後見開始の審判を受けた者（形式的要件）をいう（民法7条）。

①の実質的要件だけでは、直ちに成年被後見人とはならない。未成年者であってもこの要件で後見開始の審判の対象となる。

「事理を弁識する能力を欠く常況にある」とは、常に事理弁識能力を欠いた状態にある場合のみならず、強度の精神障害者のように一時的に事理弁識能力を回復することがあっても、意思能力がないのが普通の状態である場合も含まれる。

そして、条文上は「審判をすることができる」と規定されているが、**家庭裁判所は、実質的要件を充足していると判断した場合、必ず後見開始の審判をしなければならない**と解されている。

POINT 2 後見開始の審判の申立権者

後見開始の審判は、前提として**申立てが必要**となる。申立権者は、**本人**、配偶者、四親等内の親族、未成年後見人、未成年後見監督人、保佐人、保佐監督人、補助人、補助監督人又は検察官であるが、**本人が含まれている点に注意**しよう。これは**本人**の自己決定を尊重するという考え方に基づく。

POINT 3 成年被後見人の保護者

成年被後見人の保護者は、成年後見人である（民法8条）。家庭裁判所は、後見開始の審判をするときは、職権で、成年後見人を選任する（民法843条1項）。

家庭裁判所は、**成年後見人を複数人選任することができ**、その場合は、職権で、数人の成年後見人が、共同して又は事務を分掌して、その権限を行使すべきことを定めることができる（民法859条の2）。また、**法人を成年後見人に選任することもできる**（民法843条4項）。

そして、成年後見人は、成年被後見人の生活、療養看護及び財産の管理に関する事務を行うにあたっては、成年被後見人の意思を尊重し、かつ、その心身の状態及び生活の状況に配慮しなければならない（民法858条）。

POINT 4 成年後見人の権限

成年後見人は、①代理権、②取消権及び追認権**を行使することができるが、同**

意権はない。成年被後見人は、事理弁識能力が欠けており、保護者の同意の下で、成年被後見人「自身」に法律行為をさせることを想定していないからである。

成年後見人に同意を与えたとしても、同意どおりの行為をしてくれるとは限らないので、同意権は認められないんだ。

そして、成年後見人は、成年被後見人の財産を管理し、かつ、その財産に関する法律行為について**成年被後見人の法定代理人**となり（民法859条1項）、成年被後見人が成年後見人の関与なしに行った法律行為を取り消したり、追認したりすることができる（民法120条1項、122条）。ただし、成年被後見人が居住する建物や敷地について売却等を行う場合は、影響が大きいため、**家庭裁判所の許可**が必要である（民法859条の3）。

POINT 5 成年被後見人の行為能力

成年被後見人は、原則として法律行為をすることができない。したがって、**成年被後見人がした法律行為は、取り消す**ことができる（民法9条本文）。なお、**取り消すことができる行為は、取り消すまでは有効であるが、取消しによって遡及的に無効となる**（民法121条）。しかし、例外的に、成年被後見人は、**次の行為を単独で行うことができ、取り消すことができない。**

①日用品の購入その他日常生活に関する行為

これらの行為については、成年後見人の関与なしに法律行為をすることができる（民法9条但書）。成年被後見人であっても特別扱いをしすぎず、今までと同じような生活をさせようとする考え方に基づくものである。

②身分行為

身分行為は代理に親しまない行為として、成年被後見人は、原則として、保護者の関与なしにすることができる。

具体的には、**成年被後見人が婚姻**をする場合及び**協議上の離婚**をする場合であっても、その成年後見人の同意を**要しない**（民法738条、764条）。また、成年被後見人が養子縁組及び協議上の離縁をする場合でも同様である（民法799条、812条）。

POINT 6 後見開始の審判の取消し

精神上の障害により事理を弁識する能力を欠く常況が解消したときは、家庭裁判所は、後見開始の審判を取り消さなければならない（民法10条）。

申立権者は、本人、配偶者、四親等内の親族、後見人（未成年後見人及び成年後見人をいう）、後見監督人（未成年後見監督人及び成年後見監督人をいう）又は検察官である。

STEP 2 一問一答で理解を確認！

1 成年被後見人とは、精神上の障害により事理を弁識する能力を欠く常況にある者をいう。

× 成年被後見人とは、①精神上の障害により事理を弁識する能力を**欠く**常況にある者という**実質的要件**及び②家庭裁判所による後見開始の審判を受けた者という**形式的要件の両方を満たした者**をいう（民法7条）。

---

2 後見開始の審判は、本人の配偶者から請求することができ、その場合は、本人の同意がなければならない。

× 本人以外の者の請求により後見開始の審判をする場合でも、本人の同意は**不要である**。なお、本人以外の者の請求により補助開始の審判をするには、本人の同意がなければならない（民法15条2項）。本人の配偶者は、後見開始の審判の請求権者**である**（民法7条）ため、請求することができる。

---

3 家庭裁判所は、複数人の成年後見人を選任することができ、また、法人を成年後見人に選任することもできる。

○ 家庭裁判所は、成年後見人を複数人選任**できる**（民法859条の2第1項）。また、法人を成年後見人に選任することも**できる**（民法843条4項）。

---

4 成年後見人は、成年被後見人の財産を管理し、かつ、その財産に関する法律行為について成年被後見人を代表する。

○ 後見人は、被後見人の**財産を管理**し、かつ、その財産に関する法律行為について被後見人を**代表**する（民法859条1項）。

---

5 成年被後見人が高価な絵画を購入するには、その成年後見人の同意を得なければならず、同意を得たうえでした売買契約は、確定的に有効である。

× 成年後見人は、代理権、取消権及び追認権を行使することができるが、**同意権はない**。したがって、成年後見人の**同意の有無にかかわらず**、成年被後見人がした法律行為は、取り消すことが**できる**(民法9条本文)。

6 後見開始の審判が家庭裁判所によってされた場合、その事実が戸籍に記録される。

× 後見開始の審判がなされた場合の公示制度として**成年後見登記制度**がある。

7 成年被後見人Aが、成年後見人Bの同意を得ずに、自宅近くにあるスーパーマーケットCで日常の食事の材料として食料品を購入した場合には、Bは、Aが締結したCとの売買契約を取り消すことができる。

× 成年被後見人の法律行為は、原則として取り消すことができる(民法9条本文)。しかし、**日用品の購入その他日常生活に関する行為**については、単独で行ったとしても取り消すことが**できない**(民法9条但書)。本問の食料品の購入はこれに**該当する**。

8 成年後見人が、成年被後見人に代わって、その居住の用に供する建物について、売却をするには、家庭裁判所の許可を得なければならない。

○ 成年後見人が、成年被後見人に代わって、その**居住の用に供する建物又はその敷地**について、**売却**、賃貸、賃貸借の解除又は抵当権の設定その他これらに準ずる処分をするには、**家庭裁判所の許可**を得なければならない(民法859条の3)。

STEP 3 過去問にチャレンジ！

問題 1　　国家一般職（2020 年度）

権利能力及び行為能力に関するア～オの記述のうち、妥当なもののみを全て挙げているのはどれか。

ア 自然人の権利能力は死亡によって消滅するため、失踪者が、失踪宣告によって死亡したものとみなされた場合には、その者が生存していたとしても、同宣告後その取消し前にその者がした法律行為は無効である。

イ 未成年者は、法定代理人が目的を定めて処分を許した財産については、法定代理人の同意を得なくとも、その目的の範囲内において自由に処分することができるが、法定代理人が目的を定めないで処分を許した財産については、個別の処分ごとに法定代理人の同意を得なければ処分することはできない。

ウ 未成年者が法定代理人の同意を得ずに土地の売買契約を締結した場合、当該契約の相手方は、当該未成年者が成人した後、その者に対し、1か月以上の期間を定めて、その期間内に当該契約を追認するかどうかを確答すべき旨の催告をすることができ、その者がその期間内に確答しなかったときは、追認したものとみなされる。

エ 成年被後見人は、日用品の購入その他日常生活に関する行為を単独で確定的に有効になすことができるが、これ以外の法律行為については、成年後見人の同意を得ても、単独で確定的に有効になすことはできない。

オ 被保佐人が、保佐人の同意を得ずに、同意が必要とされる行為をした場合、被保佐人自身のほか、保佐人も当該行為を取り消すことができる。

1 ア・イ
2 エ・オ
3 ア・ウ・オ
4 イ・ウ・エ
5 ウ・エ・オ

➡解答・解説は別冊 P.006

問題2　国家一般職（2018年度）

行為能力制度に関するア～オの記述のうち、妥当なもののみを全て挙げているのはどれか。

ア　未成年者Aが、親権者Bの同意を得ずに、祖父Cから大学進学の資金として100万円の贈与を受けた場合には、Bは、Aが締結したCとの贈与契約を取り消すことができる。

イ　成年被後見人Aが、成年後見人Bの同意を得ずに、自宅近くにあるスーパーマーケットCで日常の食事の材料として食料品を購入した場合には、Bは、Aが締結したCとの売買契約を取り消すことができる。

ウ　家庭裁判所は、保佐人Aの請求により、被保佐人Bの同意を得ることなく、Bが所有する家屋の売買についてAに代理権を付与する旨の審判をすることができる。

エ　家庭裁判所が、補助開始の審判によってAを被補助人とし、補助人としてBを選任した上で代理権を付与したが、同意権は付与しなかった場合には、Aの行為能力は制限されない。

オ　未成年者Aが、親権者Bの同意を得ずに、大型家電量販店Cで高価な家電製品を購入した場合において、Cは、Aが成年に達しない間に、Bに対し、1か月以上の期間を定めて、Aが締結したCとの売買契約を追認するかどうかその期間内に確答すべき旨の催告をすることができる。

1　ア・イ
2　ア・オ
3　ウ・エ
4　ウ・オ
5　エ・オ

➡解答・解説は別冊P.007

SECTION 4

制限行為能力者制度（被保佐人・被補助人）

STEP 1 要点を覚えよう！

POINT 1 被保佐人の意義

このテーマでは、制限行為能力者のうち残りの**被保佐人及び被補助人**について確認していく。これらの者は**成年被後見人よりも判断能力が高い**ため、制限行為能力者「自身」が行為をする場面が出てくる。

被保佐人とは、①精神上の障害により事理弁識能力が著しく不十分であり（実質的要件）、かつ、**②家庭裁判所の保佐開始の審判を受けた者（形式的要件）**をいう（民法11条本文）。

「事理弁識能力が著しく不十分」とは、日常的な買い物等は単独ですることができるものの、**民法13条1項に挙げられている重要な法律行為は、保護者の関与なしではすることができない**状態を指す。

「13条1項列挙事由」には、不動産や重要な財産の権利の得喪、新築・改築・増築などがある。余裕があれば条文を確認しておこう。なお、このなかの一部のものだけ同意を要する旨の審判はできないよ。

POINT 2 被保佐人の保護者

被保佐人の保護者は、保佐人である（民法12条）。家庭裁判所は、保佐開始の審判をするときは、職権で、保佐人を選任する（民法876条の2第1項）。そして、**保佐人は複数選任することができ、法人を選任することもできる**点は、**成年後見人と同様**である。

POINT 3 保佐人の権限

被保佐人は、原則として、単独で法律行為をすることができる。そして、例外的に被保佐人が**一定の重要な行為**をするには、その**保佐人の同意**を得なければならない（民法13条1項柱書本文）。この**民法13条1項に列挙されている一定の重要な行為について、単独でしたものは、取り消すことができる**（民法13条4項）。

被保佐人は、原則として、①**同意権**、②**取消権及び追認権**を行使することができるが、**代理権はない**。**被保佐人は原則として、単独で行為できる**からである。

なお、民法13条1項列挙事由について、保佐人が被保佐人の利益を害するおそれがないにもかかわらず同意をしないときは、家庭裁判所は、被保佐人の請求により、保佐人の同意に代わる許可を与えることができる（民法13条3項）。

また、**保佐人には原則として代理権はないが、家庭裁判所は、特定の法律行為について、保佐人に代理権を付与する旨の審判をすることもできる**（民法876条の4第1項）。ただし、被保佐人「以外」の者の請求で代理権付与の審判をするには、被保佐人**本人の同意**が必要である（民法876条の4第2項）。

POINT 4 被補助人の意義

被補助人とは、①精神上の障害により事理弁識能力が不十分**であり（実質的要件）**、かつ、**②家庭裁判所の**補助開始の審判**を受けた者（形式的要件）**をいう（民法15条1項本文）。

被補助人となる者は、判断能力は成年被後見人や被保佐人に比べて高いため、自己決定権の尊重の観点から、**本人「以外」の者の請求により補助開始の審判をするには、本人の同意**がなければならない（民法15条2項）。

POINT 5 被補助人の保護者

被補助人の保護者は、補助人である（民法16条）。家庭裁判所の職権で選任される点、複数選任**できる**点、また、法人を選任**できる**点は、成年後見人や保佐人と**同様**である。

POINT 6 補助人の権限

補助人は、成年後見人や保佐人とは異なり、**当然に有する権限はない**。家庭裁判所は、被補助人が特定の法律行為（13条1項列挙事由の一部に限る）をするには、その補助人の同意を得なければならない旨の審判をすることができる（同意権付与の審判、民法17条1項）。なお、補助人本人「以外」の者の請求により、同意権付与の審判をするには、補助人**本人の同意**が必要である（同条2項）。

また、家庭裁判所は、特定の法律行為（13条1項列挙事由に限られない）について補助人に代理権を付与する旨の審判をすることができる（代理権付与の審判、民法876条の9第1項）。

家庭裁判所が、補助開始の審判の際に、同意権付与の審判、代理権付与の審判のいずれか一方又は双方を行うことにより、補助人は、それに応じた権限を有することになる。

そして、同意権付与の審判がされた場合において、補助人の同意を得ないで行った行為は取り消すことができるが（民法17条4項、120条1項）、代理権付与の審判がされた場合、補助人には取消権はない。

補助開始の際に**代理権付与の審判のみ**がされた場合、**被補助人の行為能力は**制限されず、すべての行為を単独でできる点に注意が必要だよ。

STEP 2 一問一答で理解を確認！

1 被補助人は、精神上の障害により事理を弁識する能力が不十分な者であるが、自己決定の尊重の趣旨から、本人以外の者の請求によって補助開始の審判をするには本人の同意が必要である。

○ 被補助人となる者は、判断能力が成年被後見人や被保佐人に比べて高いため、自己決定権の尊重の観点から、本人以外の者の請求により補助開始の審判をするには、**本人の同意**を要する(民法15条2項)。

2 家庭裁判所は、被保佐人本人以外の者の請求によって、特定の法律行為について保佐人に代理権を付与する旨の審判をする場合、被保佐人本人の同意を得ることを要する。

○ 被保佐人**本人以外**の者が代理権付与の審判の請求をして家庭裁判所が審判をするには、被保佐人**本人の同意**が必要である(民法876条の4第2項)。

3 家庭裁判所が、補助開始の審判によってAを被補助人とし、Bを補助人として選任したうえで、Bに特定の法律行為について代理権を付与したが、同意権は付与しなかった場合において、Aが単独で特定の法律行為をしたときは、Bは、Aの行為を取り消すことができる。

× 補助人に同意権を付与しない場合、被補助人の行為能力は制限**されず、単独で有効**に法律行為をすることができる。つまり、取り消すことは**できない**。

4 被保佐人が、保佐人の同意を得ずに、同意が必要とされる行為をした場合、被保佐人自身のほか、保佐人も当該行為を取り消すことができる。

○ 行為能力の制限によって取り消すことができる行為は、制限行為能力者自身又は同意をすることができる者は、取り消すことが**できる**(民法120条1項)。

5 家庭裁判所は、被補助人が特定の法律行為をするには、補助人の同意を得なければならない旨の審判をすることができるが、その審判によりその同意を得なければならないものとすることができる行為は、民法13条1項に規定する行為の一部に限られる。

○ 家庭裁判所は、被補助人が特定の法律行為(**13条1項列挙事由の一部に限る**)をするには、その補助人の同意を得なければならない旨の審判をすることができる(民法17条1項)。このように限定しているのは、被補助人は被保佐人より判断能力が高いからである。

6 被保佐人は、不動産その他重要な財産に関する権利の得喪を目的とする行為をするには、保佐人の同意を得なければならない。

○ **本問の記述のとおりである**(民法13条1項3号)。

7 被保佐人は、新築、改築、増築又は大修繕をする場合は、保佐人の同意を得なければならない。

○ **本問の記述のとおりである**(民法13条1項8号)。

8 被保佐人が贈与をする場合には、保佐人の同意を得なければならないが、被補助人が贈与をする場合には、贈与をすることについて補助人の同意を得なければならない旨の審判がなければ、補助人の同意を得ることを要しない。

○ 被保佐人が贈与をする場合、保佐人の同意を**得なければならない**(民法13条1項5号)。しかし、被補助人が贈与をする場合、当該贈与について同意権付与の審判がなければ、補助人の同意を得ることを**要しない**。

9 被保佐人が、保佐人の同意を得ずに、利息の領収をした場合、保佐人は、当該行為を取り消すことができる。

× 被保佐人が、**元本**を領収する場合、保佐人の同意を得ることを**要する**(民法13条1項1号)。これに対して、利息の領収をする場合は、保佐人の同意は**不要**である。

CHAPTER 1 民法総則

4 制限行為能力者制度(被保佐人・被補助人)

STEP 3 過去問にチャレンジ！

問題 1 特別区Ⅰ類（2021 年度）

民法に規定する制限行為能力者に関する記述として、妥当なものはどれか。

1 制限行為能力者は、成年被後見人、被保佐人、被補助人の3種であり、これらの者が単独でした法律行為は取り消すことができるが、当該行為の当時に意思能力がなかったことを証明しても、当該行為の無効を主張できない。

2 制限行為能力者の相手方は、その制限行為能力者が行為能力者となった後、その者に対し、1か月以上の期間を定めて、その期間内にその取り消すことができる行為を追認するかどうかを確答すべき旨の催告をすることができる。

3 家庭裁判所は、精神上の障害により事理を弁識する能力が著しく不十分である者については、本人、配偶者、四親等内の親族、補助人、補助監督人又は検察官の請求により、後見開始の審判をすることができる。

4 被保佐人は、不動産その他重要な財産に関する権利の得喪を目的とする行為をするには、その保佐人の同意を得なければならないが、新築、改築又は増築をするには、当該保佐人の同意を得る必要はない。

5 家庭裁判所は、保佐監督人の請求により、被保佐人が日用品の購入その他日常生活に関する行為をする場合に、その保佐人の同意を得なければならない旨の審判をすることができる。

➡解答・解説は別冊 P.008

問題 2 特別区Ⅰ類（2015年度）

民法に規定する制限行為能力者に関する記述として、妥当なものはどれか。

1　未成年者が法律行為をするときは、法定代理人の同意を得なければならないが、法定代理人が目的を定めて処分を許した財産は、その目的の範囲内において、未成年者が自由に処分することができ、目的を定めないで処分を許した財産を処分することはできない。

2　補助人の同意を得なければならない行為について、補助人が被補助人の利益を害するおそれがないにもかかわらず同意をしないときは、家庭裁判所は、被補助人の請求により、補助人の同意に代わる許可を与えることができる。

3　家庭裁判所は、被保佐人のために特定の法律行為について、保佐人に代理権を付与する旨の審判をすることができるが、保佐人の請求により代理権を付与する場合において、被保佐人の同意は必要としない。

4　被保佐人の相手方が、被保佐人が行為能力者とならない間に、保佐人に対し、適法な期間を定めて取り消すことができる行為を追認するかどうかを確答すべき旨の催告をした場合、保佐人がその期間内に確答を発しないときは、その行為を取り消したものとみなす。

5　成年被後見人の法律行為は、日用品の購入その他日常生活に関する行為を除き、成年後見人の同意を得ないでした場合、これを取り消すことができるが、成年後見人の同意を得てなされたときは、これを取り消すことができない。

➡解答・解説は別冊 P.009

SECTION 5

制限行為能力者の相手方の保護

STEP 1 要点を覚えよう！

POINT 1 制限行為能力者の相手方保護の必要性

これまで学習したとおり、制限行為能力者の行為は取り消すことができ、取消権が行使されると当該行為は遡及的に無効となる（民法120条）。また、保護者によって追認されると、法律行為は確定的に有効となる（民法122条）。

しかし、このように法律行為の有効・無効が確定するまでは、取引の相手方としては不安定な状態におかれるため、その相手方の保護を図る必要があり、民法にはさまざまな制度が用意されている。

◆ 取り消すことができる行為の相手方を保護する制度

制限行為能力者に固有の制度	取消し一般についての制度
①催告権(民法20条)	③法定追認(民法125条)
②詐術による取消権の排除(民法21条)	④取消権の期間の制限(民法126条)

POINT 2 相手方の催告権

制限行為能力者と取引を行った相手方は、制限行為能力者側の取消しか、追認があるまでは取引の効果が確定せず、不安定な立場におかれてしまう。例えば、未成年者に何か物を売った場合、後で取り消されてしまうかも……という不安定な状態におかれる。

そこで、このような状態を**相手方から解消**するために、**相手方に催告権***を認め、**適法に催告**したにもかかわらず、期間内に**制限行為能力者側が確答を発しない**ときは、追認、又は、取消しがあったものとみなし、取引関係を確定させることとしている（民法20条）。

ちなみに、**制限行為能力を理由とする取消制度**については、**第三者保護規定がない**。「**第三者保護規定**」とは、何らかの問題があった契約関係に入ってしまった者（第三者）を保護する規定である。例えば、次ページの図のように、AB間で絵画の売買契約がなされたものの、AB間の契約に何らかの問題があり、取り消しうる契約であったとする。

しかし、そのAB間の事情を知らず、買主であるBから絵画を譲り受けた第三者Cがいた場合、AB間の問題について落ち度なく事情を知らないCを保護しようとする規定が設けられていることが多い。これが第三者保護規定である。

* **催告権**…相手方に対して一定の行為を要求する権利のこと。この場合は、取り消すか追認するかの確答を求めること。

◆ 第三者保護規定のイメージ

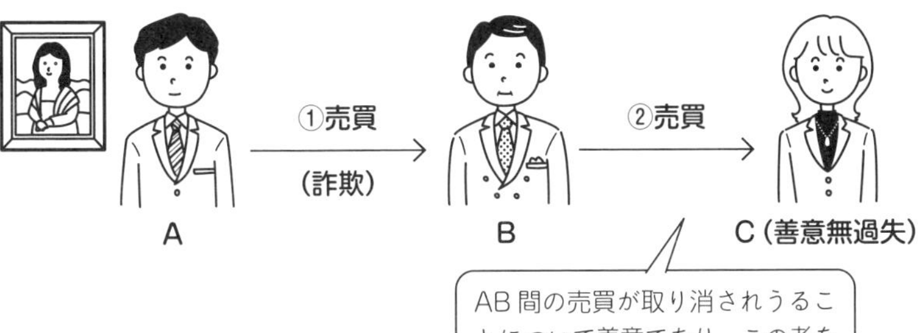

ところが、**制限行為能力者を理由とする取消制度**については、この**第三者保護規定がなく**、第三者が善意であったとしても、**制限行為能力者側**は、**取消権を行使することができる**。これは**制限行為能力者を保護**するためである。

法律で「善意」という場合、特定の事情を「知らない」ことを意味するんだ。逆に「悪意」とは「知っている」ことを意味するのみで、**悪だくみといったニュアンスはない**んだよ。

POINT 3 催告の要件及び効果

催告の具体的内容について、制限行為能力者の相手方は、その**制限行為能力者が行為能力者となった後**、**その者に対し**、若しくは、**制限行為能力者が行為能力者とならない間には**、**その**法定代理人、保佐人**又は**補助人**に対し**、**1か月以上の期間を定めて**、その期間内に、取り消すことができる行為を追認するかどうかを確答すべき旨の催告をすることができる（民法20条1項、2項）。

そしてこの場合において、**催告を受けた者が期間内に確答を発しないときは**、**その行為を追認した**ものとみなす。

また、制限行為能力者の相手方は、被保佐人又は同意権付与の審判を受けた被補助人に対しては、1か月以上の期間を定めて、その期間内にその保佐人又は補助人の追認を得るべき旨の催告をすることができる（民法20条4項）。

そしてこの場合において、被保佐人又は被補助人がその**期間内にその追認を得た旨の通知を発しない**ときは、その行為を**取り消した**ものとみなす。

ここは混乱しやすいので、次ページの表を用いて知識の整頓を行っておこう。

◆ 催告の要件及び効果

制限行為能力者	催告時の状態	誰に催告するか	期間内に確答を発しないときの効果
未成年者 成年被後見人	行為能力者となる前	**法定代理人**	**追認したもの**とみなす（民法20条1項、2項）※1
	行為能力者となった後	**本人**	
被保佐人 被補助人※2	行為能力者となる前	**保佐人又は補助人**	
		本人	**取り消したもの**とみなす（民法20条4項）
	行為能力者となった後	**本人**	**追認したもの**とみなす（民法20条1項）

※１ 民法 20 条３項の例外あり　※２ 同意権付与の審判がされた被補助人

効果の考え方として、催告をした相手が単独で行為できる状態ならば追認、そうでなければ取消しとなるよ。

POINT 4 詐術による取消権の排除の趣旨

制限行為能力者が、自分は行為能力者であると信じこませようと相手方を騙したような場合、当該制限行為能力者を保護する必要はない。よって、そのような場合、制限行為能力者から取消権を剥奪し、相手方の保護（取引の安全）を図ることとしている（民法21条）。なお、ここでいう**「詐術」とは、相手を騙す行為**と考えよう。

POINT 5 詐術による取消権の排除の要件及び効果

制限行為能力者が、①**自身が行為能力者であることを信じさせる**ため、②**詐術を用いた場合**において、③**相手方が**その詐術によって**行為能力があると誤信**したとき、**制限行為能力者はその行為を取り消すことができない。**

①について、制限行為能力者であることは隠していないが、**同意権者の同意があったと偽る場合も該当する。**

また、②の詐術を用いた場合について、具体的には、同意書の偽造等が該当する。そして、**単に制限行為能力者であることを黙秘**していただけでは本条の詐術と**ならない**が、それが**他の言動と相まって**相手方の**誤信を強めさせた場合は「詐術」に該当する**（最判昭44.2.13）。

③の相手方が「誤信したこと」については明文で規定されていないが、詐術があっても、相手方が能力者であることを**誤信しなかった**場合、**制限行為能力者は取消権を剥奪されない**と解されている。

「詐術を用いた場合」の意味（最判昭44.2.13）

判例（判旨） 民法21条にいう**「詐術を用いた場合」**とは、制限行為能力者が行為能力者であることを誤信させるために、**相手方に対し積極的術策を用いた場合にかぎるものではなく**、制限行為能力者が、ふつうに人を欺くに足りる言動を用いて相手方の誤信を誘起し、又は**誤信を強めた場合をも包含**すると解すべきである。
したがって、**制限行為能力者であることを黙秘**していた場合でも、**それが、制限行為能力者の他の言動などと相まって、相手方を誤信させ、又は誤信を強めた**ものと認められるときは、なお**詐術に**あたるというべきであるが、**単に制限行為能力者であることを黙秘**していたことの一事をもって、**詐術にあたるとするのは相当ではない**。

ここで差がつく! 民法21条の「詐術を用いた場合」のポイント！

①積極的に術策を用いた場合 ☞「詐術」に**該当**
②単に黙秘した場合 ☞「詐術」に**該当しない**
③黙秘＋他の言動と相まって誤信を強めた場合 ☞「詐術」に**該当**

POINT 6 成年後見登記制度

取引の安全等を図るための公示制度として、**成年後見登記制度**というものがある。この制度は、**後見・保佐・補助の法定後見制度**と**任意後見制度の利用者**の事項や、**保護者の権限や任意後見契約の内容を登記**し、その内容が本人や成年後見人など限定された者からの請求に基づいて、登記官が発行する「登記事項証明書」によって開示されている。

「法定後見制度」は、ここまで見てきた後見や保佐などのように、法律に規定される一定の要件が備わることで後見等が開始されるものだよ。これに対して、「任意後見制度」は、当事者間の契約に基づいて行う後見制度のことなんだ。

STEP 2 一問一答で理解を確認！

1 制限行為能力者であることを理由とする意思表示の取消しは、善意でかつ過失がない第三者に対抗することができない。

× **制限行為能力者**であることを理由とする意思表示の取消しは、**善意無過失の第三者にも対抗することができる**。つまり、制限行為能力を理由とする取消制度については、**第三者保護規定がない**。

2 民法上、制限行為能力者の相手方は、その制限行為能力者が行為能力者となった後、その者に対し、3か月以上の期間を定めて、その期間内にその取り消すことができる行為を追認するかどうかを確答すべき旨の催告をすることができると規定されている。

× 制限行為能力者の相手方は、その制限行為能力者が行為能力者となった後、その者に対し、**1か月以上の期間**を定めて、その期間内にその取り消すことができる行為を追認するかどうかを確答すべき旨の催告をすることができる(民法20条1項)。「3か月以上の期間」**ではない**。

3 被保佐人の相手方が、被保佐人が行為能力者とならない間に、保佐人に対し、適法な期間を定めて取り消すことができる行為を追認するかどうかを確答すべき旨の催告をした場合において、保佐人がその期間内に確答を発しないときは、その行為を取り消したものとみなす。

× 被保佐人の相手方が、被保佐人が行為能力者とならない間に、**保佐人に対し**、その権限内の行為について1か月以上の期間を定めて催告した場合において、その期間内に**確答がないときは**、**追認した**ものとみなされる(民法20条2項)。

4 未成年者Aが、法定代理人Bの同意を得ずにA所有の甲土地の売買契約を締結した場合、当該契約の相手方Cは、Aが成年者となった後、Aに対し、1か月以上の期間を定めて、その期間内に甲土地の売買契約を追認するかどうかを確答すべき旨の催告をすることができ、Aがその期間内に確答しなかったときは、追認したものとみなされる。

○ 制限行為能力者の相手方は、その制限行為能力者が行為能力者となった後、その者に対し、**1か月以上の期間**を定めて、その期間内にその取り消すことができる行為を追認するかどうかを確答すべき旨の催告をすることができ、その者がその期間内に確答を発しないときは、その行為は**追認した**ものとみなされる(民法20条1項)。

5 成年被後見人が契約を締結するにあたって、成年後見に関する登記記録がない旨を証する登記事項証明書を偽造して相手方に交付していた場合には、相手方がその偽造を知りつつ契約を締結したとしても、その成年後見人は、当該契約を取り消すことができない。

× 制限行為能力者が行為能力者であることを信じさせるため詐術を用いたときは、その行為を取り消すことが**できない**(民法21条)。しかし、詐術が用いられても、相手方が能力者であると誤信しなければ、制限行為能力者の取消権は**剥奪されない**。

6 未成年者Aが法定代理人Bの同意を得ずに、Cとの間でA所有の甲土地の売買契約を締結した場合において、AC間でAの年齢について話題になったことがなかったため、AはCに自己が未成年者であることを告げず、CはAが成年者であると信じて本件売買契約を締結したときは、Aは、甲土地の売買契約を取り消すことができない。

× 制限行為能力者であることを黙秘し、それが**他の言動と相まって相手方の誤信を強めさせた**場合は「詐術」に該当するが、単に制限行為能力者であることを黙秘していただけでは民法21条の「詐術」と**ならない**(最判昭44.2.13)。したがって、Aは甲土地の売買契約を取り消すことが**できる**。

STEP 3 過去問にチャレンジ！

問題 1 国家一般職（2012 年度）

行為能力に関するア～オの記述のうち妥当なもののみを全て挙げているのはどれか。

ア 法定代理人が目的を定めて処分を許した財産はその目的の範囲内において未成年者が自由に処分することができる。また法定代理人が目的を定めないで処分を許した財産も未成年者が自由に処分することができる。

イ 被保佐人は保佐人の同意なしに単独で日用品の購入をすることができるが、成年被後見人は成年後見人の同意を得て日用品の購入をした場合でもその行為を取り消すことができる。

ウ 後見開始、保佐開始又は補助開始の審判が家庭裁判所によってなされるとその事実が戸籍に記録される。これは制限行為能力者のプライバシーの保護に配慮しつつ本人の行為能力の制限を公示することで取引が円滑に行われるようにするためである。

エ 家庭裁判所は被保佐人たる本人以外の者の請求によって特定の法律行為について保佐人に代理権を付与する旨の審判をする場合には本人の同意を得なければならない。また被補助人たる本人以外の者の請求によって特定の法律行為について補助人に同意権を付与する旨の審判をする場合にも本人の同意を得なければならない。

オ 制限行為能力者の相手方は被保佐人又は民法第17条第１項の審判を受けた被補助人に対しては１か月以上の期間を定めてその取り消すことができる行為について保佐人又は補助人の追認を得るべき旨の催告をすることができる。この場合においてその被保佐人又は被補助人がその期間内に追認を得た旨の通知を発しないときはその行為を追認したものとみなされる。

1 ア・ウ　**2** ア・エ　**3** イ・エ　**4** イ・オ　**5** ウ・オ

（参考）
民法第17条　家庭裁判所は第15条第１項本文に規定する者又は補助人若しくは補助監督人の請求により、被補助人が特定の法律行為をするにはその補助人の同意を得なければならない旨の審判をすることができる。（以下略）

➡解答・解説は別冊 P.010

問題 2 国家専門職（2016年度）

制限行為能力者に関するア～オの記述のうち、妥当なもののみを全て挙げているのはどれか。ただし、争いのあるものは判例の見解による。

ア 成年被後見人は、精神上の障害により事理を弁識する能力を欠く常況にある者であるため、成年被後見人自身が行った、日用品の購入その他日常生活に関する行為を取り消すことができる。

イ 被保佐人の相手方は、被保佐人が行為能力者とならない間に、その保佐人に対し、その権限内の行為について、1か月以上の期間を定めて、その期間内にその取り消すことができる行為を追認するかどうかを確答すべき旨の催告をすることができる。この場合において、その保佐人がその期間内に確答を発しないときは、その行為を追認したものとみなされる。

ウ 被保佐人は、精神上の障害により事理を弁識する能力が著しく不十分な者であるため、元本の領収や借財をするといった重要な財産上の行為を、保佐人の同意があったとしても行うことができない。

エ 被補助人は、精神上の障害により事理を弁識する能力が不十分な者であるが、自己決定の尊重の趣旨から、本人以外の者の請求によって補助開始の審判をするには本人の同意が必要である。

オ 制限行為能力者が行為能力者であることを信じさせるために「詐術」を用いた場合には、取消権を行使することができない。「詐術」とは、制限行為能力者が相手方に対して、積極的に術策を用いたときに限られるものではなく、単に制限行為能力者であることを黙秘しただけであっても、詐術に当たる。

1 ア・ウ
2 ア・オ
3 イ・エ
4 ア・イ・ウ
5 イ・エ・オ

➡解答・解説は別冊P.011

SECTION 6

不在者と失踪宣告

STEP 1 要点を覚えよう！

POINT 1 二つの制度の比較

民法上、行方不明者に関する制度は、①**不在者**の制度（民法25条～29条）と、②**失踪宣告**（民法30条～32条）の二つの類型がある。このうち受験対策としては、特に②の失踪宣告制度の概要や要件効果をしっかり学習しておきたい。

そもそも**不在者とは、従来の住所又は居所を去った者**をいうが、①の不在者の制度は、なお生存しているという期待を前提とし、②の失踪宣告は、その生存をあきらめているという前提の下、制度設計がされている。

◆ 行方不明者に関する二つの制度

制度	具体的内容	条文
①不在者の制度	不在者がなお生存していることを期待して、不在者の財産の管理人や管理のルール等について定める。	25条～29条
②失踪宣告	不在期間が長期間となった場合などに不在者を死亡したものとみなして、その者の財産関係や身分関係を清算・整理する。	30条～32条

POINT 2 不在者の財産管理人の権利及び義務

例えば、空き家など、行方がわからず、連絡も取れない行方不明者（不在者）の財産が放置されると問題が発生することがある。そこで、不在者が管理人を置かず、かつ法定代理人もいない場合、家庭裁判所は、利害関係人又は検察官の請求により、その財産の管理について必要な処分を命ずることができる（民法25条1項）。「必要な処分」の典型例は、財産管理人の選任である。

この**管理人は、不在者の財産目録を作成する義務**があり（民法27条1項）、民法103条に規定する権限内の行為、つまり、**管理行為（保存行為*、利用行為、改良行為のこと）をする権利**を有する。

ただし、**103条の権限の範囲外の行為（処分行為＝売却等）をするときは、家庭裁判所の許可を得ることを要する**（民法28条）。許可を得ずに処分行為をした場合、当該行為は無権代理となる（無権代理は116ページ以降参照）。

POINT 3 失踪宣告制度の意義と種類

失踪宣告とは、不在者が戻ってくる見込みが低くなった場合、一定の要件の下

* **保存行為**…財産の価値を維持する行為。家屋の修繕等が該当する。

で裁判所が失踪の宣告をすることによって、**その者を死亡したものとみなす*制度**である。

これにより、不在者の従来の住所又は居所を中心とした財産上又は身分上の法律関係が清算され、確定することが可能となる。この**失踪宣告には、①普通失踪と②特別失踪**の2種類がある。

◆ 普通失踪と特別失踪

	普通失踪	特別失踪
実質的要件	不在者の生死が**7年間**明らかでないとき	死亡の原因となるべき危難に遭遇した者の生死が、その**危難が去った後1年間**明らかでないとき
形式的要件	①法律上の利害関係人（配偶者・法定相続人等）の請求 ②家庭裁判所が失踪宣告をすること	
効果	**失踪期間が満了**した時に死亡したものとみなす	その**危難が去った**時に死亡したものとみなす

死亡が擬制されるとはいえ、失踪者が生存していたら、失踪者自身は権利能力を失わないから、その場所で、その者がした行為はすべて有効となるんだ。

POINT 4 失踪宣告の取消しの要件及び効果

失踪宣告がなされた後、①失踪者が生存すること又は②失踪宣告により擬制された死亡時と**異なる時に死亡したことの証明**があったときは、家庭裁判所は、本人又は利害関係人の請求により、**失踪の宣告を取り消さなければならない**（民法32条1項）。

失踪宣告が取り消されることにより、原則として、**失踪宣告の効果は、はじめから生じなかった**ことになる（遡及効）。

したがって、**失踪宣告によって財産を得た者は、その取消しによって権利を失うが、その者が善意だった場合、**現に利益を受けている限度（現存利益）**で返還**すれば足りる（民法32条2項但書）。なお、悪意者には民法704条が適用される。

また、失踪宣告の取消しは、**失踪の宣告後その取消前に、取引当事者の双方が善意でした行為の効力に影響を及ぼさない**（民法32条1項後段）。

例えば、夫Aの失踪宣告後に、Aの妻も相手方もAは死亡したと考えて（善意）、Aの土地を売却したとする。その場合、Aが戻ってきても、この売買契約の効力は影響がないよ。

* **みなす**…法律上「みなす」とされた場合、本当の事実が異なっていたとしても、みなした事実に確定することを意味する。

STEP 2 一問一答で理解を確認！

1 家庭裁判所が不在者Ａの財産管理人としてＢを選任した場合において、ＢがＡ所有の財産の管理費用に充てるためにＡの財産の一部である不動産を売却するときは、Ｂは、これについて家庭裁判所の許可を得ることを要しない。

× 管理人は、民法103条の権限の範囲外の行為(処分行為)をするときは、**家庭裁判所の許可**を得ることを要する(民法28条)。Ｂの売却は、処分行為に**該当する**ため、**家庭裁判所の許可**を得ることを要する。

2 家庭裁判所は、不在者の生死が7年間明らかでないときは、利害関係人又は検察官の請求により、失踪の宣告をすることができる。

× 不在者の生死が7年間明らかでないときは、家庭裁判所は、**利害関係人**の請求により、失踪の宣告をすることができる(民法30条1項)。本条の請求権者に「検察官」は**含まれない**。不在者の生存を信じている利害関係人をさておき、検察官が死亡を確定させようとするのは妥当ではないためである。

3 不在者の生死が7年間明らかでない場合において、家庭裁判所が失踪の宣告をしたときは、当該宣告を受けた不在者は、失踪した時に死亡したものとみなされる。

× 不在者の生死が7年間明らかでないときは、家庭裁判所は、利害関係人の請求により、失踪宣告をすることができ、この場合、**失踪の期間が満了**した時に死亡したものとみなされる(民法31条)。

4 戦地に臨んだ者の生死がその戦争が止んだ後1年間明らかでない場合に失踪の宣告を受けた者は、その戦争が止んだ後1年の期間が経過した時に、死亡したものとみなされる。

× 戦地に臨んだ者の生死が、戦争が止んだ後1年間明らかでないときは、家庭裁判所は、利害関係人の請求により、失踪宣告をすることができ、この場合、**その危難が去った**時、つまり、**戦争が止んだ**時に死亡したものとみなされる(民法31条)。

5 家庭裁判所から失踪宣告を受けた後に、別の場所で生きていた不在者Ａが、Ｂに対して金100万円を貸し渡した場合、当該金銭消費貸借契約は、当該失踪宣告が取り消されなくても有効である。

○ 別の場所で生きていた場合、その地において失踪者の権利能力は**失われない**。その者の法律行為は**有効**である。

6 家庭裁判所は、失踪者が生存することの証明があったときに限り、本人又は利害関係人の請求により、失踪の宣告を取り消すことができる。

○ ①失踪者が**生存**すること又は②失踪宣告により擬制された死亡時と**異なる時に死亡**したことの証明があったときは、家庭裁判所は、本人又は利害関係人の請求により、失踪の宣告を取り消さなければならない(民法32条1項前段)。

7 Ａの失踪宣告によって財産を得たＢがその財産を第三者Ｃに譲渡した後、Ａの生存が判明したために失踪の宣告が取り消された場合において、Ｃが譲渡を受けた際にＡの生存を知らなかったときは、ＢがＡの生存を知っていたとしても、失踪の宣告の取消しはその財産の譲渡の効力に影響を及ぼさない。

× 民法32条1項後段は、失踪者本人の利益と取引の安全との調和の見地から規定されており、単に当事者の一方の善意で足りるとすると、失踪者本人の保護に欠けるため、本条の「善意」は、取引の**当事者の双方(本問のＢ及びＣ)**が善意である場合を意味すると解されている(大判昭13.2.7)。

STEP 3

過去問にチャレンジ！

問題 1

特別区Ⅰ類（2019 年度）

民法に規定する失踪の宣告に関する記述として、通説に照らして、妥当なものはどれか。

1 失踪の宣告は、失踪者の権利能力を消滅させるものであるから、その者が他の土地で生存していた場合に、その場所でした法律行為は無効である。

2 家庭裁判所は、失踪者が生存することの証明があったときに限り、本人又は利害関係人の請求により、失踪の宣告を取り消すことができる。

3 家庭裁判所は、不在者の生死が7年間明らかでないときは、利害関係人又は検察官の請求により、失踪の宣告をすることができるが、当該利害関係人には、単なる事実上の利害関係を有するにすぎない者は含まれない。

4 沈没した船舶の中に在った者の生死が当該船舶が沈没した後1年間明らかでない場合に失踪の宣告を受けた者は、当該船舶が沈没した後1年の期間が経過した時に、死亡したものとみなされる。

5 失踪の宣告によって財産を得た者は、その取消しによって権利を失うが、その者が善意の場合には、現に利益を受けている限度においてのみ、その財産を返還する義務を負う。

➡解答・解説は別冊 P.012

問題 2 特別区Ⅰ類（2014年度）

民法に規定する失踪の宣告に関する記述として、通説に照らして、妥当なものはどれか。

1 失踪の宣告によって財産を得た者は、その取消しによって権利を失うので、善意の場合であっても、法律上の原因を欠く不当な利益として、失踪の宣告によって得た財産の全てを返還しなければならない。

2 失踪の宣告がなされると、死亡したのと同じ扱いがなされるので、不在者は、仮に生存していたとしても宣告と同時に権利能力を剥奪される。

3 失踪の宣告は一律で強力な対世的効力をもつものであるから、単に事実上の利害関係を有する債権者も、失踪の宣告を請求することができる利害関係人に含まれる。

4 不在者の生死が7年間明らかでないときは、家庭裁判所は、利害関係人の請求により、失踪の宣告をすることができ、当該宣告を受けた不在者は、失踪した時に死亡したものとみなす。

5 沈没した船舶の中に在った者の生死が船舶の沈没後1年間明らかでない場合に失踪の宣告を受けた者は、当該船舶が沈没した時に死亡したものとみなす。

➡解答・解説は別冊P.013

SECTION 7

法人と権利能力なき社団

STEP 1 要点を覚えよう！

POINT 1 法人の意義及び種類

法人とは、自然人でなくして、法律の規定**により**法人格を認められたものである。「人」と認められる以上、**権利能力を有し、権利義務の主体**となる。

この点、法人の種類は会社や一定の団体など多様であり、様々な分類方法があるところ、まずは下記二つの分類を理解しておこう。なお、民法には法人の設立、組織、運営及び管理についての規定はなく、特別法で規定されている。

（1）営利法人と非営利法人

営利法人とは、構成員への利益分配を目的とした法人のことをいう。ポイントは「**収益と分配**」である。具体的には、**株式会社や合同会社**などが該当し、株式会社の場合、その構成員である株主への**利益分配（剰余金の配当）**を目的としている。

非営利法人とは、構成員への利益分配を目的としない法人のことをいう。ポイントは、収益があっても構成員に分配するのではなく、その団体の目的を達成するために使うことになる。具体的には、**一般社団法人、一般財団法人、学校法人、社会福祉法人**などが該当する。

（2）社団法人と財団法人

社団法人とは、一定の目的の下に結合した人**（構成員）の集合体**に対して、**法人格が与えられたもの**をいう。具体的には、株式会社や一般社団法人が該当する。

他方、**財団法人とは、**一定の目的のために提供された**財産の集合**に対して、**法人格が与えられたもの**をいう。具体的には、一般財団法人が該当する。

POINT 2 一般社団法人及び一般財団法人

一般社団法人及び一般財団法人に関する法律（以下「一般法人法」という）**に基づき法人格**を付与された法人を、**一般社団法人又は一般財団法人**という。

一般社団法人を設立する場合、その社員になろうとする者（設立時社員）が、共同して定款*を作成する（一般法人法10条1項）。

他方、**一般財団法人を設立**する場合、設立者（設立者が2人以上あるときは、その全員）が定款を作成するか、又は、遺言による設立をすることもできる（同法152条2項）。一般財団法人には、評議員、評議員会、理事、理事会及び監事を置かなければならない（同法170条1項）。

いずれの場合も、公証人の認証を受けなければ、定款の効力を生じず（同法13条、155条）、**設立の登記**をすることによって成立する（同法22条、163条）。これらの行為を行えば設立することができ、**特に行政庁の認可等は必要ない。**

また、**公益目的事業**を行う**一般社団法人又は一般財団法人**は、行政庁の認定を受けることができ（公益認定）、それにより、法人の名称中に**「公益社団法人」「公益財団法人」の文言を用いる**ことになる（公益社団法人及び公益財団法人の認定等に関する法律4条、9条）。

POINT 3 権利能力なき社団の意義と要件

権利能力なき社団とは、**実体は社団**であるにもかかわらず、**法令上の要件を満たさない**ために、**法人格を有しないもの**をいう。

法人格がないため、**権利能力は有しないものの、社団としての実体を備えている以上、できる限り一般社団法人に関する規定が類推適用**されるべきであると解されている。

要件を満たさないから「法人」とは認められないけど、実質的に法人に近い組織等を備えている場合であれば、法人に近い取り扱いをしてあげようというものなんだ。

この**権利能力なき社団**といえるためには、**以下の四つの要件**を満たす必要がある（最判昭39.10.15）。

◆ 権利能力なき社団の要件

①団体としての組織を備えていること

②多数決の原則が行われていること

③構成員の変更にもかかわらず団体が存続していること

④その組織において、代表の方法、総会の運営、財産の管理等団体として主要な点が確定していること

この四つの要件もよく出題されるので、キーワードを意識して押さえておこう。

＊ **定款（ていかん）**…法人の根幹となる基本的なルールを定めたもの。

POINT 4 権利能力なき社団の法律関係

前述のとおり、権利能力なき社団には、できる限り一般社団法人に関する規定が類推適用されるべきと解されている。

そして、その具体的内容の確認の前提として、民法では**共同所有の形態**として**「共有」「合有」「総有」**という概念があり、まとめると以下のようになる。

◆ 「共有」「合有」「総有」

項目	内容
共有	**数人がそれぞれ持分を有しつつ、一つの物を所有すること。** ☞**各共有者は、それぞれの持分について処分の自由を有する。** ☞**各共有者は、共有物につき持分に応じた分割請求の自由**（民法256条1項本文）を有する。
合有	**潜在的な持分権は有するが、持分の処分の自由がなく、目的物の分割請求もできない**共同所有形態（民法676条2項）。 例：組合財産に対する組合員の共有の形態など
総有	各共同所有者は、目的物に対して利用・収益権を有するのみであり、**持分請求権などが認められない。** 例：権利能力なき社団（町内会やサークルなど）

まず**「共有」**とは、複数人がお金を出しあって、一つの不動産（土地建物）を共同購入した場合などが該当する。出した金額や話しあいによって、それぞれの持分が決まり、それぞれの**持分（割合）については、自由に処分ができる**し、目的物の分割が可能であれば、**各共有者は分割請求をすることで、共有関係を解消**できる。

次に**「合有」**とは、一定の権利につき、各権利者がそれぞれ**潜在的な持分を有するものの、**その**持分の自由な処分権がなく、持分の分割請求も否定**される共同所有形態である。ただし、各権利者に**持分はある**ので、**団体から脱退する際には、持分の払戻請求が可能**となる。

そして**「総有」**とは、皆で共同所有している物について、**各構成員にはそもそも持分権がなく、持分の処分権や分割請求権が認められない。**町内会が典型例であり、皆で町内会費を出しあって購入した物について、町内会の構成員として使用することはできるが、勝手に処分（売却等）をしてしまったり、「私の持分部分をよこせ！」という分割請求をすることができない。

以上を前提に「権利能力なき社団」の法律関係を確認しよう。「積極財産」はプラス財産のこと、「消極財産」はマイナス財産（負債等）のことだよ。

◆ 権利能力なき社団の主な法律関係

項目	内容
積極財産について	・権利能力なき社団がその名において代表者により**取得した資産は、構成員に**総有的**に帰属**する(最判昭32.11.14)。 ↓よって… ・構成員には、総有廃止の定めのない限り、**持分権も分割請求権もない**。
消極財産について	・権利能力なき社団の代表者が社団の名においてした**取引上の債務は**、その社団の**構成員全員に、一個の義務として**総有的**に帰属**するとともに、**社団の総有財産だけ**がその責任財産となる(最判昭48.10.9)。 ↓よって… ・**構成員各自は、取引の相手方に対し、直接には個人的債務ないし責任を負わない**。 ・権利能力なき財団の代表者が、団体名を表示しかつ代表者資格を記載して手形を振り出した場合でも、代表者自身は、手形の振出人としての責任を負わない(最判昭44.11.4)。
登記名義について	・権利能力がない以上、**「団体名義」で所有権の登記をすることはできない**。 ・登記方法としては、以下のいずれかとなる。 ①**構成員全員の共有**名義 ②**代表者の個人**名義(最判昭47.6.2) ③**構成員の個人**名義(最判平6.5.31) ↓よって… ・社団の代表者である旨の「肩書を付した」代表者個人名義の登記をすることは、**許されない**。

ここで働き出る! 権利能力なき社団のポイント!

①権利能力なき社団の構成員は、持分権や分割請求権が認められるか?
　☞特別な定めがない限り、**認められない**。

②権利能力なき社団の債務について、構成員は責任を負うか?
　☞**負わない**(社団の**総有財産のみ**が責任財産)。

③権利能力なき社団の財産について、社団代表者の「肩書を付した」代表者個人名義の登記ができるか?
　☞**できない**。**肩書なし**の代表者の個人名義の登記は許される。

STEP 2 一問一答で理解を確認！

1 民法は、法人の設立、組織、運営及び管理については、この法律の定めるところによると規定している。	× 平成18年の民法改正によって、一般社団法人及び一般財団法人に関する法律等が成立し、民法から法人に関する大半の規定が削除されたため、民法には、法人の設立、組織、運営及び管理についての規定は**存在しない**。
2 株式会社及び一般社団法人は、営利法人である。	× 株式会社は**営利法人**であるが、一般社団法人及び一般財団法人は、**非営利法人**である。
3 一般財団法人を設立する場合、理事会を設置しなければならない。	○ 一般財団法人は、**評議員、評議員会、理事、理事会及び監事**を置かなければならない(一般法人法170条1項)。なお、一般社団法人の場合、理事会は必要的な機関**ではない**。
4 一般社団法人及び一般財団法人は、いずれも設立の登記をすることによって法人格を取得する。	○ 一般社団法人及び一般財団法人とも、**設立の登記**をすることによって成立する(一般法人法22条、163条)。なお、株式会社も、その本店の所在地において**設立の登記**をすることによって成立する(会社法49条)。
5 権利能力なき社団が事実上所有する不動産を登記する場合、「代表者の個人名義」で登記をすることができる。	○ **本問の記述のとおり**である(最判昭47.6.2)。

6 権利能力なき社団が事実上所有する不動産を登記する場合、「構成員の個人名義」で登記をすることができる。

○　**本問の記述のとおり**である（最判平6.5.31）。

7 権利能力なき社団が事実上所有する不動産を登記する場合、「構成員全員の共有名義」で登記をすることができる。

○　**本問の記述のとおり**である。

8 権利能力なき社団が事実上所有する不動産を登記する場合、「社団の代表者の肩書付き」の「代表者の個人名義」で登記をすることができる。

×　本問の方法は**認められていない**（最判昭47.6.2）。

9 権利能力なき社団の構成員には、原則として、持分権も分割請求権もない。

○　**本問の記述のとおり**である。なお、総有の廃止その他財産の処分に関して総社員の同意による定めがある場合は、例外的に分割請求が認められる。

10 権利能力なき社団の構成員は、社団の取引の相手方である債権者から、社団の債務について直接責任を負う。

×　権利能力なき社団の代表者が社団の名においてした取引上の債務は、その社団の構成員全員に、一個の義務として**総有的**に帰属するとともに、社団の**総有財産だけ**がその責任財産となる（最判昭48.10.9）。よって、社団の債務について、社団の構成員が個別に責任を**負うことはない**。

STEP 3

過去問にチャレンジ！

問題 1

特別区Ⅰ類（2018 年度）

権利能力のない社団に関する記述として、最高裁判所の判例に照らして、妥当なものはどれか。

1　権利能力のない社団の成立要件は、団体としての組織を備え、多数決の原則が行なわれ、構成員の変更にもかかわらず団体そのものが存続し、その組織によって代表の方法、総会の運営、財産の管理その他団体としての主要な点が確定しているものでなければならないとした。

2　権利能力のない社団の代表者が社団の名においてした取引上の債務は、その社団の構成員全員に、一個の義務として総有的に帰属するものであり、社団の総有財産がその責任財産となるだけでなく、構成員各自も、取引の相手方に対して、直接、個人的債務ないし責任を負うとした。

3　権利能力のない社団の財産は、当該社団を構成する総社員の総有に属するものであるが、総有の廃止その他財産の処分に関して総社員の同意による定めがない場合であっても、当該社団を脱退した元社員は、当然に、当該財産に関して、共有の持分権又は分割請求権を有するとした。

4　権利能力のない社団の資産は、当該社団の構成員全員に総有的に帰属しているのであり、社団自身が私法上の権利義務の主体となることはないから、当該社団の資産である不動産について、当該社団が不動産登記の申請人となることは許されないが、社団の代表者である旨の肩書きを付した代表者個人名義の登記をすることは許されるとした。

5　権利能力のない社団を債務者とする金銭債権を有する債権者が、当該社団の構成員全員に総有的に帰属し、当該社団のために第三者が登記名義人とされている不動産に対し仮差押えをする場合、仮差押命令の申立書に、当該不動産が当該社団の構成員全員の総有に属することを確認する旨の当該債権者と当該社団及び当該登記名義人との間の確定判決を必ず添付しなければならないとした。

➡解答・解説は別冊 P.014

問題 2 特別区Ⅰ類（2013年度）

権利能力のない社団に関するA～Dの記述のうち、最高裁判所の判例に照らして、妥当なものを選んだ組み合わせはどれか。

A 権利能力のない社団より脱退した元構成員は、当該社団に総有の廃止その他財産処分に関する定めがなくても、当然に、その脱退当時の当該社団の財産につき、共有の持分権又は分割請求権を有する。

B 権利能力のない社団の資産たる不動産については、社団の代表者が、社団の構成員全員の受託者たる地位において、個人の名義で所有権の登記をすることができるにすぎず、社団を権利者とする登記をし、または、社団の代表者である旨の肩書を付した代表者個人名義の登記をすることは、許されない。

C 権利能力のない社団の代表者が社団の名においてした取引上の債務は、その社団の構成員全員に、一個の義務として総有的に帰属するとともに、社団の総有財産だけがその責任財産となり、構成員各自は、取引の相手方に対し、直接には個人的債務ないし責任を負わない。

D 団体としての組織を備え、多数決の原則が行われ、構成員の変更にかかわらず団体が存続するが、その組織において代表の方法、総会の運営、財産の管理等団体としての主要な点が確定していない場合、この団体は、民法上の組合としては認められないが、権利能力のない社団としては認められる。

1 A・B
2 A・C
3 A・D
4 B・C
5 B・D

➡解答・解説は別冊P.015

問題 3 国家一般職（2019 年度）

法人に関するア～オの記述のうち、妥当なもののみを全て挙げているのはどれか。

ア 民法は、法人の設立、組織、運営及び管理についてはこの法律の定めるところによると規定しており、法人制度全体の原則規定だけでなく、法人の管理、解散等に係る一般的な規定は全て同法で定められている。

イ いわゆる権利能力のない社団の資産は、その社団の構成員全員に総有的に帰属しているのであって、社団自身が私法上の権利義務の主体となることはないから、社団の資産たる不動産についても、社団はその権利主体となり得るものではなく、したがって、登記請求権を有するものではないとするのが判例である。

ウ およそ社団法人において法人とその構成員たる社員とが法律上別個の人格であることはいうまでもなく、このことは社員が一人である場合でも同様であるから、法人格が全くの形骸にすぎない場合、又はそれが法律の適用を回避するために濫用されるような場合においても、法人格を否認することはできないとするのが判例である。

エ 税理士に係る法令の制定改廃に関する政治的要求を実現するため、税理士会が政治資金規正法上の政治団体に金員の寄附をすることは、税理士会は税理士の入会が間接的に強制されるいわゆる強制加入団体であることなどを考慮してもなお、税理士会の目的の範囲内の行為といえるから、当該寄附をするために会員から特別会費を徴収する旨の税理士会の総会決議は無効とはいえないとするのが判例である。

オ 会社による政党への政治資金の寄附は、一見会社の定款所定の目的と関わりがないものであるとしても、客観的、抽象的に観察して、会社の社会的役割を果たすためになされたものと認められる限りにおいては、会社の定款所定の目的の範囲内の行為であるとすることを妨げないとするのが判例である。

1 ア・ウ
2 ア・エ
3 イ・エ
4 イ・オ
5 ウ・オ

➡解答・解説は別冊 P.015

問題4　国家一般職（2016年度）

法人に関するア～カの記述のうち、妥当なもののみを全て挙げているのはどれか。

ア　一般社団法人及び一般財団法人は、公益社団法人及び公益財団法人とは異なり、営利法人である。

イ　一般社団法人又は一般財団法人を設立するためには、行政庁の認可を得なければならない。

ウ　一般社団法人又は一般財団法人の設立に際しては、定款を作成しなければならない。

エ　一般財団法人においては、理事会を置き、代表理事を定めなければならない。

オ　一般社団法人又は一般財団法人の理事は、その任務を怠ったときは、これによって法人に生じた損害を賠償する責任を負う。

カ　一般社団法人又は一般財団法人の代表者がその職務を行うについて第三者に損害を与えた場合には、その代表者自身に不法行為責任が生じないときであっても、法人はその損害を賠償する責任を負う。

1　ア・イ
2　ウ・カ
3　ア・ウ・オ
4　ウ・エ・オ
5　エ・オ・カ

➡解答・解説は別冊P.017

SECTION 8

物

STEP 1 要点を覚えよう！

POINT 1 物の意義

民法上、**「物」とは、**有体物のことをいう（民法85条）。有体物とは、空間の一部を占める外形的存在を有するものであり、**固体、液体、気体**のことである。

これに対して、**電気・熱・光等のエネルギーなどを無体物**といい、これは**「物」には含まれない**。

有体物が物権の対象となるためには、排他的支配**ができることを要する。**ちなみに、生きている人の身体は、民法上の「物」ではないよ。

POINT 2 物の種類

物の種類はいくつかの分類方法があるが、試験対策上は「不動産」と「動産」の分類を理解しておくこと。

（1）不動産

民法は、**土地及びその定着物**は、**不動産**とすると規定している（民法86条1項）。定着物とは、土地に継続的に付着し物理的、社会的に容易に分離しにくい物であり、具体的には、建物や立木のことである。なお、土地の数え方は「一筆（ふで又はひつ）」、建物の数え方は「一棟（とう）」である。

建物とは、土地に定着している建築物であるが、**土地とは別個独立の所有権の客体**とされている。なお、**建築中**の居住用建物については、完成前であっても、**屋根と囲壁ができれば、独立した不動産**になると解されている（大判昭10.10.1）。

立木は、一般には土地の一部として扱われるが、**立木法による登記をした樹木は独立の不動産**とみなされ、また、その**立木に明認方法*****を施せば独立した物**として**取引の対象とすることができる**（大判大10.4.14）。

また、未分離の果実や稲立毛（刈り取る前の稲）も原則として土地の一部だが、**明認方法**を備えることで独立の動産として取引対象と**なる**。

（2）動産

不動産以外の物は、すべて動産となる（民法86条2項）。

---

* **明認方法**…土地から独立して樹木等の所有権を公示する方法。対象範囲や所有権者名を示した立て札を立てる方法が一般的である。

POINT 3 主物と従物

2個以上の独立した物に客観的・経済的な**主従関係**があるときは、**主たる物を**主物、**従属している物を**従物という。例えば、家屋（主物）と畳（従物）などだ。

とある物の所有者が、その物の常用に供するため、自己の所有に属する他の物をこれに附属させたときは、その附属させた物を従物とし、**従物は、主物の処分に従う**こととなる（民法87条）。

◆ 従物の要件

①主物から独立していること（物理的独立性）
②継続的に主物の効用を助けること（経済的従属性）
③主物に付属すると認められる程度の場所的関係にあること（場所的近接性）
④主物と同一の所有者に属すること（所有者同一性）

この点、判例は、**宅地に抵当権***が**設定**された**当時、宅地上に存在する石灯籠及び取り外しができる庭石**は、**宅地の従物**であり、その**石灯籠等に対しても、「宅地」に対する抵当権の効力が及ぶ**としている（最判昭44.3.28）。

POINT 4 元物と果実

果実を生み出す元となった物を元物といい、**元物より生じる経済的収益を果実**という。**果実には、①天然果実と②法定果実の2種類**があり、**天然果実とは、**「りんごの木（元物）」と「りんご（果実）」のように、**物の用法に従い収取する産出物**をいう。

法定果実とは「不動産（元物）」と「賃料（果実）」のように、**物の使用の対価として受けるべき金銭その他の物**のことをいう（民法88条）。

天然果実は、その**元物から分離する時**に、これを**収取する権利を有する者に帰属**し、**法定果実**は、これを**収取する権利の存続期間に応じて、日割計算によりこれを取得**する（民法89条）。

◆ 元物と果実の例

元物	果実
乳牛	牛乳（天然果実）
羊	羊毛（天然果実）
畑（農地）	畑の野菜（天然果実）
アパート（建物）	賃料（法定果実）

「元物」は「げんぶつ」又は「がんぶつ」と読むよ。

＊ **抵当権**…金銭を借りた債務者が返済できなくなった場合に備えて、土地や建物に設定する担保権。詳細は278ページ以降参照。

STEP 2 一問一答で理解を確認！

1 民法における物とは、液体、気体、固体である有体物及び電気、熱、光等の無体物をいう。	× **民法上の「物」とは、有体物**のことをいう（民法85条）。**有体物**とは、固体、液体、気体のことである。これに対し、**電気・熱・光等のエネルギーなどを無体物**といい、民法上の**「物」ではない**。
2 建物は、土地に定着している建築物であるため、土地とは別個独立の所有権の客体とはされていない。	× **建物は、**土地に定着している建築物であるが、**土地とは別個独立の所有権の客体**とされている。
3 立木は、土地の定着物であるものの、一般的に土地とは独立の不動産として取り扱われる。	× **立木は、一般的には土地の一部**として扱われる。
4 立木は、一般には土地の一部として扱われるが、立木法による登記をした樹木は独立の不動産とみなされ、立木法による登記を行わないと、独立した不動産として扱われることはない。	× **立木は、立木法による登記**をすれば独立の不動産とみなされ、さらに、その立木に**明認方法**を施せば独立した物として取引の対象とすることができる（大判大10.4.14）。
5 建築中の住宅については、完成前であっても、木材を組み立てて、土地に定着させ、屋根を葺きあげたときに独立した不動産となる。	× **建築中の居住用建物**については、完成前であっても、**屋根と囲壁ができたとき**（遮蔽性の要件を充足した時）に、独立した不動産となると解されている（大判昭10.10.1）。

6	民法上、不動産以外の物はすべて動産として扱われる。	○ **本問の記述のとおり**である(民法86条2項)。
7	2個以上の独立した物に客観的・経済的な主従関係があるときは、主たる物を主物、従属している物を従物といい、従物は、主物の処分に従う。	○ 2個以上の独立した物に客観的・経済的な主従関係があるときは、**主たる物を**主物、**従属している物を**従物といい、**従物は、**主物の処分に従うこととなる(民法87条)。
8	判例は、宅地に対する抵当権の効力は、原則として、抵当権設定当時に当該宅地の従物であった石灯籠及び庭石にも及ぶとしている。	○ 宅地に抵当権が設定された当時、**宅地上に存在した石灯籠及び取り外しができる庭石は、**宅地の従物であり、**抵当権の効力が及ぶ**。
9	果実を生み出す元となった物を元物といい、元物より生じる経済的収益を果実という。	○ **本問の記述のとおり**である。
10	天然果実とは、物の使用の対価として受けるべき金銭その他の物をいい、法定果実とは、物の用法に従い収取する産出物をいう。	× 天然果実と法定果実の説明が**逆**になっている(民法88条)。

STEP 3 過去問にチャレンジ！

問題 1　特別区Ⅰ類（2020年度）

民法に規定する物に関するＡ～Ｄの記述のうち、判例、通説に照らして、妥当なものを選んだ組み合わせはどれか。

A　民法における物とは、空間の一部を占める液体、気体、固体である有体物及び電気、熱、光等の無体物をいうが、これらの物が物権の客体となるためには、法律上の排他的支配が可能である必要はない。

B　天然果実は、その元物から分離するときに、これを収取する権利を有する者に帰属し、法定果実は、これを収取する権利の存続期間に応じて、日割計算によりこれを取得する。

C　最高裁判所の判例では、宅地に対する抵当権の効力は、特段の事情がない限り、抵当権設定当時、当該宅地の従物であった石灯籠及び庭石にも及び、抵当権の設定登記による対抗力は、当該従物についても生じるとした。

D　最高裁判所の判例では、樹木は、本来、土地所有権と一体をなすものであるため、立木法による所有権保存登記をした樹木以外の個々の樹木については、樹木の譲受人が第三者に対し、樹木の所有権取得を対抗できる余地はないとした。

1　A・B
2　A・C
3　A・D
4　B・C
5　B・D

➡解答・解説は別冊P.018

問題 2 国家専門職（2021 年度）

物権に関する次の記述のうち、妥当なのはどれか。ただし、争いのあるものは判例の見解による。

1 民法は、「物権は、この法律その他の法律に定めるもののほか、創設することができない。」と規定していることから、慣習法上の物権は認められていない。

2 物権は絶対的・排他的な支配権であるから、その円満な支配状態が妨げられたり、妨げられるおそれがあるときには、その侵害の除去又は予防を請求することができる。この請求権を物権的請求権といい、当該請求権を有する者は、侵害者に故意又は過失があることを要件として、これを行使することができる。

3 物の用法に従い収取する産出物を天然果実といい、物の使用の対価として受けるべき金銭その他の物を法定果実という。このうち、天然果実は、その元物から分離する時に、これを収取する権利を有する者に帰属する。

4 物権の客体は、一個の独立した物でなければならず、一個の物の一部分や数個の物の集合体が一つの物権の客体となることはない。

5 土地に生育する立木は、取引上の必要がある場合には、立木だけを土地とは別個の不動産として所有権譲渡の目的とすることができるが、未分離の果実や稲立毛は、独立の動産として取引の対象とされることはない。

➡解答・解説は別冊 P.019

SECTION 9
法律行為と意思表示

STEP 1 要点を覚えよう！

POINT 1 法律行為の意義と種類

法律行為とは、**意思表示を要素**とする私法上の**法律要件**のことをいう。

ここで**法律要件**とは、一定の**権利変動（法律効果）が発生するための条件**のことであり、法律要件を満たすと**当然に**法律効果が発生する。

例えば、「売買契約」という法律要件を満たすと、当然に①所有権の移転、②代金債権の発生、③引渡債権の発生という法律効果が生じる。法律行為の代表的な分類は、下記のとおりである。

「法律行為」を簡単に言えば、法律効果を発生させるための意思表示とイメージすればよいよ。

◆ 法律行為の種類

種類	意義・具体例
単独行為	1個の意思表示で成立する法律行為 ①相手方のある単独行為(相手方の受領を要するもの) 例：取消し、追認、解除、債務免除、相殺 ②相手方のない単独行為(相手方の受領を要しないもの) 例：所有権の放棄、遺言
契約	相対立する2個以上の意思表示の合致により成立する法律行為 例：売買契約、賃貸借契約
合同行為	同一目的に向けられた2個以上の意思表示が合致して成立する法律行為 例：一般社団法人の設立行為

〔契約〕

意思表示 → ← 意思表示
合致

〔合同行為〕

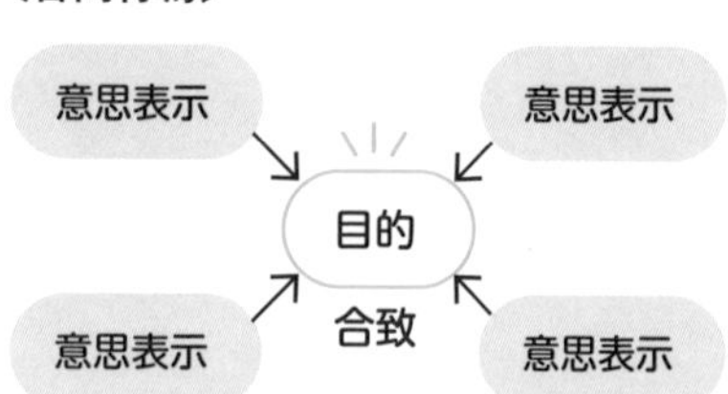

POINT 2 意思表示総説

意思表示とは、当事者が法律効果の発生を意欲し、かつその旨を表示する行為をいい、法律行為の中核の部分である。意思表示は、①**法律効果の発生を意欲する意思（内心的効果意思）**と、②**その意思を外部に表示する行為（表示行為）**から構成されている。

①の内心的効果意思と②表示行為に齟齬が生じた場合、いずれを重視するかについて、①**の内心的効果意思を重視する立場を意思主義**という。意思主義は、私的自治の原則の考え方に基づき、効果意思と表示行為の不一致を原則として無効とし、**表意者を保護**する考え方である。

これに対して、②**の表示行為を重視する立場を表示主義**という。表示主義は、原則として、表示行為どおりの効果を認め、**相手方を保護し、取引の安全**＊を確保する考え方である。

POINT 3 意思表示の効力発生

意思表示は、その通知が相手方に到達した時からその効力を生ずる（**到達**主義、民法97条1項）。これは、意思表示の相手方が遠隔地にいる場合など、発信と到達との間に時間的な間隔があるようなケースで問題となる。

相手方が正当な理由なく意思表示の通知が到達することを妨げたときは、その通知は、**通常到達すべきであった時に到達したものとみなす**（民法97条2項）。

そして、発信後に生じた事情の影響について、**意思表示は、表意者が通知を発した後に死亡し、意思能力を喪失**し、又は**行為能力の制限を受けた**ときであっても、そのためにその**効力を妨げられない**（民法97条3項）。

また、**「公示による意思表示」**という手続がある。これは、**相手方が不明、住所不明**の場合に、意思表示を有効に到達させる手続規定であり、**最後に官報に掲載した日**、又は、その**掲載に代わる掲示を始めた日**から**2週間を経過**した時に、**相手方に到達したものとみなす制度である。**

ただし、**表意者が相手方を知らない**こと、又は**その所在を知らない**ことについて**過失**があったときは、**到達の効力を生じない**（民法98条3項）。

POINT 4 意思表示の受領能力

意思表示の受領能力とは、相手方の意思表示の内容を理解して、**受領する能力**のことをいう。

意思表示の**相手方がその意思表示を受けた時に意思能力を有しなかった**とき、又は、**未成年者若しくは成年被後見人**であったときは、原則として、その意思表示をもって、**その相手方に対抗することができない**（民法98条の2）。

例外的に、①相手方の法定代理人、又は、②意思能力を回復し、又は行為能力者となった相手方がその意思表示を知った後は、意思表示の到達を対抗することができる（民法98条の2但書）。

＊ **取引の安全**…取引行為で権利等を取得しようとするとき、その取引行為が法律上保護されること。動的安全ともいう。

STEP 2 一問一答で理解を確認！

1 意思表示は、原則として、その通知が相手方に到達した時からその効力を生ずる。

○ **本問の記述のとおり**である（**到達主義**、民法97条1項）。

2 意思表示は、表意者が通知を発した後に死亡し、意思能力を喪失し、又は行為能力の制限を受けたときは、原則として、その効力が失われる。

× 意思表示は、表意者が**通知を発した後に死亡し、意思能力を喪失し**、又は**行為能力の制限を受けた**ときであっても、そのためにその**効力を妨げられない**（民法97条3項）。

3 相手方が正当な理由なく、意思表示の通知が到達することを妨げたときは、その通知は、その妨げた時に到達したものとみなされる。

× 相手方が正当な理由なく意思表示の通知が到達することを妨げたときは、その通知は、**通常到達すべき**であった時に到達したものとみなされる（民法97条2項）。

4 公示による意思表示は、原則として、最後に官報に掲載した日又はその掲載に代わる掲示を始めた日から2週間を経過した時に、相手方に到達したものとみなされる。

○ 公示による意思表示は、原則として、**最後に官報に掲載した日**、又は**その掲載に代わる掲示を始めた日から2週間を経過**した時に、相手方に到達したものとみなされる（民法98条3項）。

5 公示による意思表示は、原則として、最後に官報に掲載した日又はその掲載に代わる掲示を始めた日から2週間を経過した時に、相手方に到達したものとみなされる。そして、表意者が相手方の所在を知らなかったことに過失があったとしても、到達の効力が生じる。

× 公示による意思表示は、原則として、最後に官報に掲載した日、又はその掲載に代わる掲示を始めた日から2週間を経過した時に、相手方に到達したものとみなされるが、**表意者が相手方を知らない**こと、又は、その**所在を知らない**ことについて**過失**があったときは、**到達の効力を生じない**(民法98条3項)。

---

6 意思表示の受領能力とは、相手方の意思表示の内容を理解して、受領する能力のことをいう。

○ **本問の記述のとおり**である。

---

7 意思表示の相手方が、その意思表示を受けた時に意思能力を有しなかったとき、又は、未成年者若しくは成年被後見人であったときは、原則として、その意思表示をもって、その相手方に対抗することができない。

○ **本問の記述のとおり**である(民法98条の1本文)。

---

8 意思表示の相手方がその意思表示を受けた際に未成年者であった場合において、当該未成年者の法定代理人がその意思表示を知った後は、その意思表示をもって当該未成年者に対抗することができる。

○ 意思表示の相手方がその意思表示を受けた時に意思能力を有しなかったとき、又は未成年者若しくは成年被後見人であったときでも、①相手方の法定代理人、又は、②意思能力を回復し、又は行為能力者となった相手方がその意思表示を知った後は、**意思表示の到達を対抗することができる**(民法98条の2但書)。

STEP 3 過去問にチャレンジ！

問題 1　　国家一般職（2020 年度）

意思表示に関するア～オの記述のうち、妥当なもののみを全て挙げているのはどれか。ただし、争いのあるものは判例の見解による。

ア 意思表示は、その通知が相手方に到達した時からその効力が生じるところ、内容証明郵便を送付したが、相手方が仕事で多忙であるためこれを受領することができず、留置期間経過後に差出人に返送された場合には、相手方が不在配達通知書の記載等により内容証明郵便の内容を推知することができ、受取方法を指定すれば容易に受領可能であったとしても、その通知が相手方に到達したとはいえず、意思表示の効果が生じることはない。

イ A所有の不動産について、BがAの実印等を無断で使用して当該不動産の所有権登記名義をBに移転した場合において、Aが当該不動産につき不実の登記がされていることを知りながらこれを明示又は黙示に承認していたときであっても、AB間に通謀による虚偽の意思表示がない以上、その後にBから当該不動産を購入した善意のCが保護されることはない。

ウ 錯誤は、表意者の重大な過失によるものであった場合は、取り消すことができないが、偽物の骨董品の取引において当事者双方が本物と思っていた場合など、相手方が表意者と同一の錯誤に陥っていたときは、取り消すことができる。

エ 詐欺とは、人を欺罔して錯誤に陥らせる行為であるから、情報提供の義務があるにもかかわらず沈黙していただけの者に詐欺が成立することはない。

オ 相手方に対する意思表示について第三者が強迫を行った場合、相手方が強迫の事実を知らなかったとしても、その意思表示を取り消すことができるが、相手方に対する意思表示について第三者が詐欺を行った場合において、相手方が詐欺の事実を知らず、かつ、知ることもできなかったときは、その意思表示を取り消すことはできない。

1 ア・イ
2 ア・エ
3 イ・ウ
4 ウ・オ
5 エ・オ

➡解答・解説は別冊 P.020

問題 2　国家専門職（2022 年度）

法律行為に関するア～エの記述のうち、妥当なもののみを全て挙げているのはどれか。

ア 妻子ある男性が、いわば半同棲関係にあった女性に対し、遺産の3分の1を遺贈するという遺言を行った場合、当該遺言が不倫関係の維持継続を目的とするものではなく、専ら当該女性の生活を保全するためになされたものであり、当該遺言の内容も相続人らの生活の基盤を脅かすものではなかったとしても、当該遺言は公序良俗に反し無効であるとするのが判例である。

イ 食肉販売業を営もうとする者は、食品衛生法により営業許可を得なければならず、営業許可を得ずになされた売買契約は取締法規に違反するため、同法による営業許可を得ずになされた食肉の売買契約は無効であるとするのが判例である。

ウ 意思表示は、その通知が相手方に到達した時からその効力を生ずる。また、意思表示は、表意者が通知を発した後に死亡し、意思能力を喪失し、又は行為能力の制限を受けたときであっても、原則として、そのためにその効力を妨げられない。

エ 意思表示の相手方がその意思表示を受けた際に未成年者であった場合には、当該未成年者の法定代理人がその意思表示を知った後であっても、その意思表示をもって当該未成年者に対抗することができない。

1　ウ
2　ア、イ
3　ア、エ
4　イ、ウ
5　ウ、エ

➡解答・解説は別冊P.021

SECTION 10

心裡留保と虚偽表示

STEP 1 要点を覚えよう！

POINT 1 心裡留保の要件及び効果

心裡留保（しんりりゅうほ）とは、表意者が表示行為に対応する**真意のないことを知りながら**する単独の**意思表示**のことをいう。つまり、「その気がないのに売る」といった行為だ。

このような意思表示について、**民法はその効力を妨げられない**としており、**心裡留保による意思表示は、原則として、有効**である（表示主義）。

しかし、**相手方が**その意思表示が表意者の**真意ではないことを知り**、又は**知ることができた**ときは、**その意思表示は無効**となる（意思主義）。表意者にその気がないことを知っていた相手方を保護する必要はないからである（民法93条1項）。

ただし、**心裡留保による意思表示の無効は、善意の第三者に対抗することができない**（同条2項）。

◆ 心裡留保の第三者保護規定のイメージ

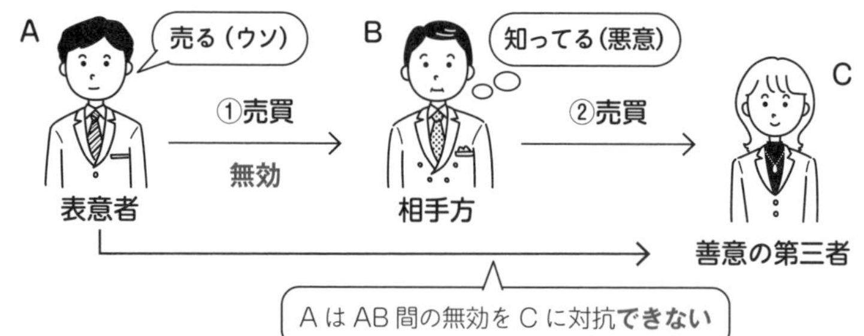

POINT 2 心裡留保と身分行為

婚姻や養子縁組*といった身分行為に対しては、93条の**心裡留保の規定は適用されない**。当事者の意思を尊重すべきだからである。したがって例えば、**真意によらない養子縁組は、常に無効**となる。

POINT 3 虚偽表示の要件及び効果

虚偽表示とは、**表意者が相手方と通謀**（つうぼう）**して行う真意でない意思表示**をいい、**このような意思表示は、無効**となる（民法94条1項、意思主義）。当事者双方に意思どおりの効果を発生させる意思がない以上、そのような意思表示を有効とする必要がないからである。なお、相手方と通謀して行うことから、虚偽表示は通謀虚偽表示とも呼ばれる。

* **養子縁組**…血縁関係にない子どもなどとの間に、法律上の親子関係を成立させる制度のこと。

そもそも、なぜこのような虚偽表示を行うのかであるが、例えば、Aが多額の借金を背負っており、返済できそうになく、このままだと強制的に自分の財産を売却させられてしまうことがある（強制執行、民法414条）。そこで、Aは強制執行から財産を守る方法として、Bに事情を話し、Bに売ってしまったことにしようとするような場合である。このようなAB間の見せかけの売買契約は**無効**となるため、Aの債権者はAの財産に強制執行を行うことができる。

契約解除のような相手方のある単独行為についても、通謀による虚偽の意思表示は成立しうるよ（最判昭31.12.28）。

POINT 4 虚偽表示の適用範囲と第三者保護

虚偽表示による意思表示の無効は、善意の第三者に対抗することができない（民法94条2項）。これは表示行為の外形（外観）を信頼した第三者の利益保護（取引の安全）という考え方に基づく（権利外観法理*）。

虚偽表示は嘘の取引であり、上のAB当事者間では**無効**であっても、事情を知らない第三者には通用しないというものである。よって、AやBは、今回の件が虚偽表示によって無効であることを**善意**のCには対抗できず、結果として、Aの財産の権利はCに移ることとなる（目的物が不動産の場合、Cに登記は不要）。

善意の第三者からは、無効を主張することも、有効を主張することもできるんだ。

* **権利外観法理**…本当は権利等がないのに、外形上はそのような権利等があるように見える外観を作り出した者は、その外観を信じた者に責任を負うという理論。

POINT 5 94条2項の第三者について

ここで虚偽表示について規定されている**94条2項の「第三者」とは、具体的にどのような者**であるかが問題となる。

この点、**94条2項の「第三者」とは、①当事者及び包括承継人**（＝相続人等）**以外の者**で、**②行為の外形を信頼して、③新たに、④独立した法律上の利害関係を有するに至った者**をいう。

また、**第三者の「善意」の存否**は、当該法律関係について**第三者が利害関係を有するに至った時期を基準**として判断されるため、**取引当時は善意であったが、後に悪意**となった場合でも、本条により**保護される**（最判昭55.9.11）。

そして、**本条の「第三者」には、転得者*が含まれる**（最判昭45.7.24）。例えば、AB間の仮装売買について**第三者Cが悪意**の場合でも、Cからの**転得者Dが善意**であったときは、Dは本条で**保護される**。

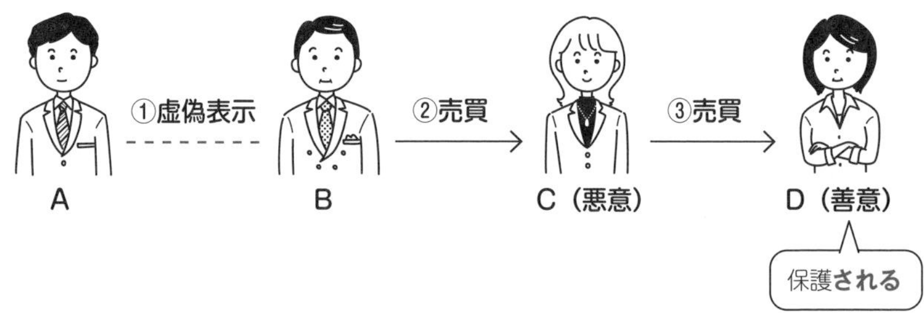

では、上記のケースで**第三者Cが善意、転得者Dが悪意**であった場合はどうか。判例は、第三者が善意であれば転得者が悪意であったとしても、94条2項によって**転得者は保護される**としている（絶対的構成：大判昭6.10.24）。つまり、**一度でも善意者が現れれば、その後の者は保護される**ということである。これは法律関係の早期安定化の要請によるものである。

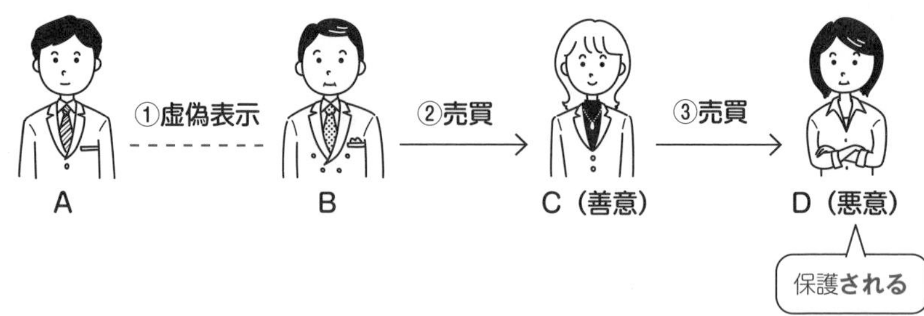

この他、94条2項の「第三者」として保護される者に該当するか否かについては、様々な事案で問題となる。この**「第三者」として保護される主な者**をまとめると

＊ **転得者**…一度、他人が取得した権利について、その者からさらに権利等を取得した者のこと。

次のようになる。そして、試験対策上はこれに含まれない**「相続人」などは、「第三者」に含まれない**と覚えておこう。

◆94条2項で保護される「第三者」の具体例

①虚偽表示により目的物を譲り受けた者から、その目的物について**抵当権**の設定を受けた者(大判昭6.10.24)
②虚偽表示の目的物に対して**差押え**をした者(最判昭48.6.28)
③**仮装債権**を譲り受けた者(大判昭13.12.17)

上記①の「抵当権」について、詳しくは担保物権の分野で確認するが、要するに、虚偽表示の対象については、**所有権自体ではなく、担保権の設定を受けた者であっても、善意であれば保護される。**

また、上記③の仮装債権を譲り受けた者とは、民法では債権の譲渡も認められており、本当は**存在しない虚偽表示に基づく債権を譲り受けた者も、善意であれば保護される**ということである。

POINT 6 94条2項の類推適用

例えば、Aが強制執行を免れるために自己所有の甲土地の登記名義をBに無断でB名義に移していたところ、それに気がついたBが勝手に甲土地をCに譲渡した場合、**AB間には通謀が存在しない**ため、Cをどのような法律構成によって保護するのかが問題となる。

この点、通謀がない以上、**94条2項を直接に適用することはできない**が、本条は権利外観法理の規定であり、**①権利の外観の存在、②外観への本人の帰責性、③外観への相手方の信頼**があれば、**94条2項を類推適用して第三者Cを保護**することができると解されている。

そして、このような場合、第三者Cを保護するためには「善意」のみならず、「無過失」まで要求すべきとされる場合があり、以下のように、ケースによって判断が分かれている。

Cに善意のみが要求されるケース

①権利者Aが、Bの承諾を得ずに不実の登記を作出したところ、Bが勝手にCに処分した場合(上記事案)
②A所有の土地をBが勝手に自己名義に移転登記していたところ、Aは後から当該事実を知りながら長期間放置していたため、BがCに売却した場合

Cに「無過失」まで要求されるケース

権利者Aの意思に基づいてB名義の仮登記*(第1の外観)がされた後、Bの行為により本登記(第2の外観)がされ、Bが本登記に基づいてCに処分したが、本登記についてAの承諾がない場合

* **仮登記**…後に行われる本登記のため、あらかじめ登記の順位を保全しておくための登記のこと。

STEP 2 一問一答で理解を確認！

1 意思表示は、表意者がその真意ではないことを知ってしたときであっても、原則として、そのためにその効力を妨げられない。

○ 意思表示は、**表意者がその真意ではないことを知ってしたとき**であっても、そのために**その効力を妨げられない**(民法93条1項本文)。つまり、**有効**である。いわゆる心裡留保の話であり、表示主義の考え方に基づく。

2 表意者が真意ではないことを知ってした意思表示は、相手方がその意思表示が表意者の真意ではないことを知り、又は知ることができたときは、有効となる。

× 心裡留保による意思表示は、原則として**有効**であるが、相手方がその意思表示が表意者の真意ではないことを知り、又は知ることができたときは、その意思表示は**無効**となる(民法93条1項但書)。

3 Aは、売却する意思がないにもかかわらず、Bとの間で、A所有の甲動産の売買契約を締結したが、売買契約当時、BはAの意思表示が真意ではないことを知っていた。その後、Bが甲動産を善意のCに転売した場合、Aは、AB間の売買契約の無効をCに対抗することができない。

○ 民法93条1項但書の規定による意思表示の無効は、**善意の第三者**に対抗することが**できない**(民法93条2項)。したがって、Aは善意の第三者であるCに対して、心裡留保によるAB間の売買契約の無効を対抗することが**できない**。

4 相手方と通じてした虚偽の意思表示は、無効であるが、その意思表示の無効は、当該行為が虚偽表示であることを知らない善意の第三者に対抗することができない。

○ **相手方と通じてした虚偽の意思表示**は、**無効**とする。しかし、**当該意思表示の無効は、善意の第三者に対抗することができない**(民法94条)。

5 Ａが自己の所有する甲土地をＢに仮装譲渡して登記を移転した後、Ｂがその不動産を善意のＣに譲渡した場合、Ｃは、ＡＢ間の甲土地の譲渡が無効であることを主張することができない。

× 虚偽表示による意思表示は無効であるが、善意の第三者に対抗することはできない(民法94条)。これに対して、善意の第三者からは、無効を主張することも、有効を主張することもできる。

6 ＡＢ間において、Ａ所有の甲土地が仮装売買された。当該売買の後、Ｂが死亡し、Ｂの唯一の相続人である善意のＣがＢを相続して甲土地を取得した場合、Ａは、Ｃに対してＡＢ間の売買の無効を対抗することができない。

× 民法94条2項の「第三者」とは、虚偽表示に基づく法律関係に対して、**①当事者及び包括承継人(＝相続人等)以外の者で、②行為の外形を信頼して、③新たに、④独立した法律上の利害関係を有するに至った者**をいう。Ｃは、Ｂの相続人(包括承継人)であり、相続人は本条の第三者に該当しないため、Ａは、Ｃに対して甲土地の売買の無効を対抗することができる。

7 ＡＢ間において、Ａ所有の甲土地が仮装売買された。当該売買の後、Ｂは、善意のＣに対して甲土地を売却し、さらにＣは、悪意のＤに甲土地を転売した場合、Ａは、Ｄに対してＡＢ間の売買の無効を対抗することができない。

○ 判例は、民法94条2項の規定によって保護される善意の第三者からの転得者の地位の考え方について、第三者が善意である場合は、その者が絶対的・確定的に権利を取得するので、**転得者は、通謀虚偽表示について悪意であっても、有効に権利を**取得すると解している(絶対的構成：大判昭6.10.24)。

STEP 3

過去問にチャレンジ！

問題 1 特別区Ⅰ類（2018 年度）

民法に規定する意思表示に関する記述として、妥当なものはどれか。

1 表意者が真意ではないことを知ってした意思表示は、表意者の内心を考慮して無効となるが、相手方がその意思表示が表意者の真意ではないことを知り、又は知ることができたときは、その意思表示は有効である。

2 相手方と通じてした虚偽の意思表示は、無効であるが、その意思表示の無効は、当該行為が虚偽表示であることを知らない善意の第三者に対抗することができない。

3 詐欺による意思表示は、取り消すことができるが、相手方に対する意思表示について第三者が詐欺を行った場合においては、相手方がその詐欺の事実を知っていたときに限り、取消しができるものとはならず、当然に無効となる。

4 強迫による意思表示は、意思表示の相手方以外の第三者が強迫した場合に取り消すことができるが、強迫を理由とする取消しの効果は善意の第三者に対抗することができない。

5 隔地者に対する意思表示は、表意者が通知を発した後に死亡したときであってもその効力は妨げられず、契約の申込みの意思表示において、相手方が表意者の死亡を申込通知の到達前に知っていた場合にも、その効力は妨げられない。

➡解答・解説は別冊 P.022

問題 2　特別区Ⅰ類（2015 年度）

民法に規定する意思表示に関する記述として、妥当なものはどれか。

1　表意者が真意でないことを知ってした意思表示は、表意者の内心を考慮して無効となるので、相手方がその意思表示が表意者の真意ではないことを知り、又は知ることができたときであっても、その意思表示は無効である。

2　詐欺による意思表示は、意思表示の相手方以外の第三者が詐欺を行った場合に、相手方が詐欺の事実を知っていたと否とにかかわりなく取り消すことができる。

3　強迫による意思表示は、意思表示の相手方以外の第三者が強迫した場合にも取り消すことができ、また、強迫を理由とする取消しの効果を善意の第三者に対して主張することもできる。

4　相手方と通じてした虚偽の意思表示は、当然無効となり、虚偽表示が無効だという効果を、当該行為が虚偽表示であることを知らない善意の第三者に対しても主張することができる。

5　公示による意思表示は、最後に官報に掲載した日から2週間を経過した時に、表意者が相手方を知らないことまたはその所在を知らないことについて、過失があったとしても、相手方に到達したものとみなされる。

➡解答・解説は別冊 P.023

問題3 裁判所職員（2020年度）

意思表示に関する次のア～エの記述の正誤の組み合わせとして最も妥当なものはどれか(争いのあるときは、判例の見解による。)。

ア Aが自己の所有する不動産をBに仮装譲渡して登記を移転した後、Bがその不動産を善意のCに譲渡した場合、CはAB間の譲渡が無効であることを主張することができない。

イ Aが自己の所有する不動産をBに仮装譲渡して登記を移転した後、Cがその不動産を差し押さえた場合、Cは民法第94条2項の第三者にあたる。

ウ AがBの詐欺により意思表示をした場合、Aに重過失があっても、Aはその意思表示を取り消すことができる。

エ AがBの強迫を受けて畏怖したことにより意思表示をしたが、意思の自由を完全に失った状態ではなかった場合、Aは意思表示を取り消すことができない。

	ア	イ	ウ	エ
1	誤	誤	正	正
2	誤	正	正	誤
3	正	誤	誤	正
4	正	正	誤	誤
5	正	誤	正	誤

➡解答・解説は別冊P.024

問題 4 裁判所職員（2019 年度）

Aは、Bに対し、通謀虚偽表示により、甲土地を売却した(以下「本件売買」という。)。この事例に関する次のア～オの記述のうち、妥当なもののみを全て挙げているものはどれか(争いのあるときは、判例の見解による。)。

ア 本件売買後、Bが死亡し、Bの唯一の相続人であるCがBを相続して甲土地を取得した場合、Cは、民法第94条第2項の「第三者」に該当する。

イ 本件売買後、Bが甲土地上に建物を建築して、当該建物をCに賃貸した場合、Cは民法第94条第2項の「第三者」に該当する。

ウ 本件売買後、Bは、甲土地をCに売却したところ、Cは、甲土地を購入した時点では善意であったが、その後、悪意となった。この場合、Cは民法第94条第2項の「第三者」として保護される。

エ 本件売買後、Bは、甲土地をCに売却した。この場合、Cは、Aと対抗関係に立つから、Cは、善意であり、甲土地の登記を具備すれば、民法第94条第2項の「第三者」として保護される。

オ 本件売買後、Bは、甲土地をCに売却し、Cは、甲土地をDに売却した。Cは善意であったが、D自身は悪意であった。この場合、Dは民法第94条第2項の「第三者」として保護される。

1 ア・イ
2 ア・エ
3 イ・オ
4 ウ・エ
5 ウ・オ

➡解答・解説は別冊P.025

問題 5　国家一般職（2017年度）

意思表示に関するア～オの記述のうち、妥当なもののみを全て挙げているのはどれか。ただし、争いのあるものは判例の見解による。

ア 表意者が真意でないことを知りながらした意思表示は、原則として有効であるが、相手方がその真意を知っている場合や知ることができた場合は無効となる。

イ 相手方と通じてした虚偽の意思表示の無効は、善意の第三者に対抗することはできないが、第三者が利害関係を持った時点では善意であっても、その後に虚偽であることを知った場合は、善意の第三者ではなくなるから、意思表示の無効を対抗することができる。

ウ 相手方と通じてした虚偽の意思表示の無効を対抗することができないとされている第三者は、善意であることに加えて、無過失であることが必要である。

エ 錯誤により意思表示をした者に重大な過失があり、その表意者自ら意思表示を取り消すことができない場合は、その代理人若しくは承継人も取り消すことができない。

オ 詐欺による意思表示は、善意無過失の第三者に対してもその取消しを対抗することができ、強迫による意思表示は、詐欺と比べて表意者を保護すべき要請が大きいため、過失ある善意の第三者に対しても、その取消しを対抗することができる。

1　ア・イ
2　ア・エ
3　イ・ウ
4　イ・エ
5　ウ・オ

➡解答・解説は別冊P.026

問題 6 国家専門職（2013年度）

意思表示に関するア～オの記述のうち、妥当なもののみを全て挙げているのはどれか。ただし、争いのあるものは判例の見解による。

ア　Aは、その意思がないにもかかわらず、Bに対して自分の所有している甲土地を売却すると話を持ちかけたところ、Bは、Aの話を過失なく信じて、甲土地を購入する意思を示した。この場合、Aの意思表示は無効であり、Bは甲土地の所有権を取得することができない。

イ　Aは、その意思がないにもかかわらず、Bに対して自分の所有している甲土地を売却すると話を持ちかけたところ、Bは甲土地を購入する意思を示した。しかし、Bは、甲土地の上にAが自宅を建設中であるため、Aには甲土地を売却する意思がないと知っていた。この場合、Aの意思表示は無効であり、Bは甲土地の所有権を取得することができない。

ウ　Aは債権者Xからの強制執行を免れるため、Bと通謀し、その意思がないにもかかわらず、自分の所有している甲土地をBに売却したことにしてその登記をBに移した。この場合、AB間の売買契約は有効に成立しているため、Xは甲土地に対して強制執行をすることはできない。

エ　Aは債権者Xからの強制執行を免れるため、Bと通謀し、その意思がないにもかかわらず、自分の所有している甲土地をBに売却したことにしてその登記をBに移した。その後、Bは甲土地を自分のものであると偽ってCに売却し、登記もCに移した。この場合において、Cが、甲土地の真の所有者はBであると過失なく信じて購入したときは、Cは甲土地の所有権を取得することができる。

オ　Aは債権者Xからの強制執行を免れるため、Bと通謀し、その意思がないにもかかわらず、自分の所有している甲土地をBに売却したことにしてその登記をBに移した。その後、Bは甲土地を自分のものであると偽って、過失なくBの話を信じたCに売却し、登記もCに移した。後日、Cが甲土地の真の所有者はBではないことを知った場合、AはCに対してAB間の売買契約の無効を主張することができる。

1　ア・ウ　　2　ア・エ
3　イ・ウ　　4　イ・エ　　5　エ・オ

➡解答・解説は別冊P.027

SECTION 11

錯誤・詐欺・強迫

STEP 1 要点を覚えよう！

POINT 1 錯誤による意思表示概説

民法95条は、意思表示は、一定の**錯誤に基づくもの**であって、その**錯誤が法律行為の目的及び取引上の社会通念に照らして重要**なものであるときは、**取り消す**ことができると規定する。つまり、一定の勘違いに基づく意思表示は**取り消せる**ということである。

そして、**錯誤には、①表示行為の錯誤と②動機の錯誤**がある。①の表示行為の錯誤とは、書き間違いや言い間違いなど、表示行為に対する意思がない場合をいい、②の動機の錯誤とは、表示行為と意思は一致しているものの、その基礎となった事実に誤解がある場合をいう。

「A土地が欲しい（意思）」→「A土地を買う（表示）」に不一致はないけれども、A土地が欲しいと思った事情（土地に産業廃棄物が埋まっているとは思わなかった）に錯誤がある場合が②の動機の錯誤なんだ。

POINT 2 錯誤の要件

錯誤が成立するための要件をまとめると、以下のようになる（民法95条1項、2項）。どちらの錯誤であっても、その**錯誤が法律行為の目的及び取引上の社会通念に照らして重要**なものであることは必要となる。

表示行為の錯誤の要件

①意思表示に対応する意思を欠く錯誤があること
☞例えば、Aを買うつもりだったのに「Bを買う」と言ってしまうなど。
②**その錯誤が法律行為の目的及び取引上の社会通念に照らして重要**なものであること

動機の錯誤の要件

①表意者が法律行為の**基礎とした事情**についてのその**認識が真実に反する錯誤**があること
②その事情が法律行為の**基礎とされている**ことが**表示**されていること
③**その錯誤が法律行為の目的及び取引上の社会通念に照らして重要**なものであること

POINT 3 錯誤の効果

錯誤による意思表示は、**取り消す**ことができる（民法95条1項柱書）。

「取り消すことができる」ということは、取り消すまでは有効であることを意味するよ。

しかし例外的に、**錯誤が表意者の**重大な過失によるものであった場合には、**取り消すことができない**。“かなりのうっかり者”までは保護しないのである。

表意者に重過失がある場合、**「相手方」からの取消しも**認められない。錯誤は表意者保護の規定だからだよ。

そして、再例外として、**錯誤が表意者の重大な過失によるものであった場合**でも、①**相手方**が表意者に錯誤があることを**知り**、又は**重大な過失**によって**知らなかったとき**、又は、②**相手方**が表意者と**同一の錯誤**に陥っていたときは、取り消すことができる（民法95条3項）。

原則	**取り消すことができる**
例外	**錯誤が表意者の重大な過失によるものであれば、取り消せない**
再例外	**錯誤が表意者の重大な過失によるものであっても、以下の場合には、取り消すことができる** **①相手方が表意者に錯誤があることを知っていたとき、②相手方が表意者に錯誤があることを重大な過失によって知らなかったとき、③相手方が表意者と同一の錯誤に陥っていたとき**

POINT 4 錯誤における第三者保護規定

錯誤による意思表示の取消しは、善意でかつ過失がない第三者に対抗することができない（民法95条4項）。例えば、A所有の甲土地がA→B→Cと順次売却された後、AがBとの間の売買について錯誤を理由として取り消した場合において、BC間の売買契約時にCがAの錯誤について**善意無過失**であったときは、AはCに取消しを対抗することが**できない**。

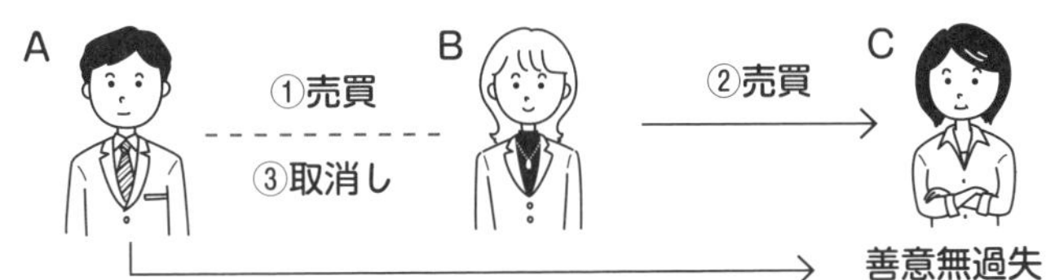

POINT 5 詐欺及び強迫の要件及び効果

民法96条1項は、**詐欺又は強迫による意思表示は、取り消すことができる**と規定する。詐欺による意思表示とは、相手方（又は第三者）からの欺罔（ぎもう）行為（だますこと）により、表意者が錯誤に陥り、その錯誤に基づいて意思表示をすることをいう。

また、強迫による意思表示とは、害悪の告知により表意者が畏怖（いふ）し、その畏怖に基づいて意思表示をすることをいう。**畏怖の程度について判例は**、強迫により畏怖した事実があり、その畏怖の結果、意思表示したという関係があれば、**意思決定の選択の自由を完全に失うことまでは要しない**としている（最判昭33.7.1）。

強迫を受けた人が、完全に恐れおののいていなかったとしても、「強迫」に該当するということだよ。

また、表意者の相手方に対する意思表示について**第三者が詐欺を行った場合**においては、**相手方がその事実を知り、又は知ることができたときに限り、その意思表示を取り消すことができる**（民法96条2項）。

これに対して、**第三者による強迫**があった場合、**表意者は、常に取り消すことができる**。強迫を受けた者の保護を強くしているためだ。

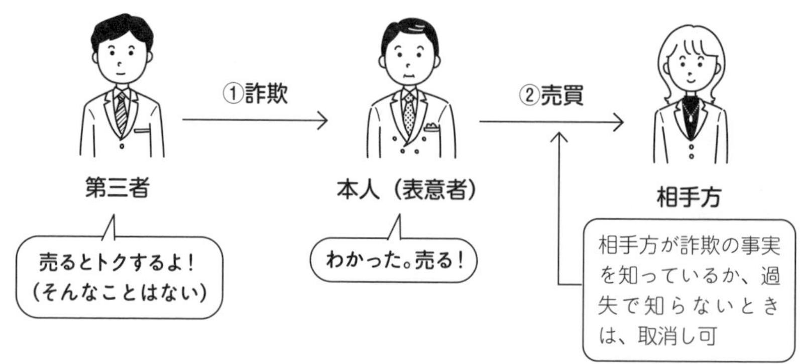

POINT 6 「詐欺」における第三者保護規定

詐欺**による意思表示の取消しは、善意でかつ過失がない第三者に対抗することができない**（民法96条3項）。また、判例は、**第三者について登記などの対抗要件*を備えた者に**限定されないとするため（最判昭49.9.26）、第三者が保護されるために登記は必要ではなく、**善意無過失**であればよい。

* **対抗要件**…当事者間で効力が生じた権利関係について、第三者に主張できるための法律的な要件。不動産では登記である（民法177条）。

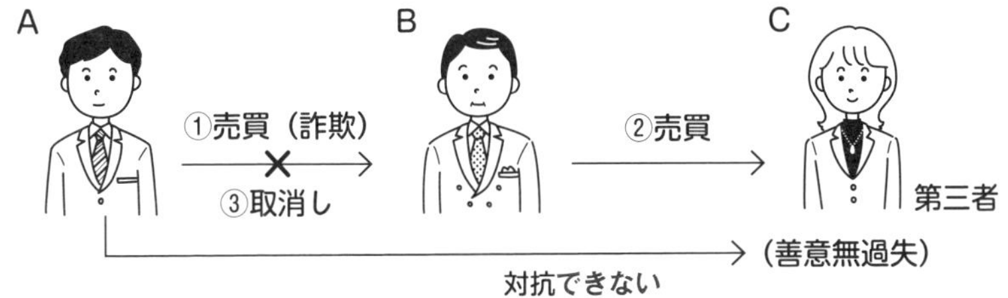

そして、この「詐欺」における第三者保護規定については注意点がある。**第三者保護規定があるのは「詐欺」についてのみであり、「強迫」には第三者保護規定がない。**

これは、詐欺の場合は、騙されたとはいえ表意者に落ち度があるといえるが、強迫を受けた表意者については、落ち度がないといえる。それらの事情を知らずに利害関係に入った第三者と、強迫を受けた表意者のどちらを保護するかを考えた際、強迫を受けた表意者の保護に重きをおいているということである。

ここで覚きめる！ 詐欺・強迫の要件・効果のまとめ

①第三者が「詐欺」を行った場合、表意者が取り消せる要件は？
☞**相手方**がその事実を**知り**、又は**知ることができた**とき

②第三者が「強迫」を行った場合、表意者が取り消せる要件は？
☞表意者は**常に取り消せる**。

③詐欺による取消前に利害関係に入った第三者が保護される要件は？
☞詐欺について、**善意・無過失**であること
↓
④この場合、第三者に登記などの対抗要件は必要か？
☞**不要**

⑤強迫による取消前に利害関係に入った第三者が保護される要件は？
☞強迫に第三者保護規定はない。

STEP 2 一問一答で理解を確認！

1 意思表示は、表意者が法律行為の基礎とした事情についてのその認識が真実に反する錯誤であって、その錯誤が法律行為の目的及び取引上の社会通念に照らして重要なものであるときは、取り消すことができる。

× 意思表示は、表意者が**法律行為の基礎とした事情についてのその認識が真実に反する錯誤**であって、その錯誤が法律行為の目的及び取引上の社会通念に照らして重要なものであるときは、**その事情が法律行為の基礎**とされていることが**表示**されていたときに**限り、取り消すことができる**(民法95条1項2号、2項)。

2 錯誤による意思表示が表意者の重大な過失によるものであった場合であっても、相手方が表意者に錯誤があることを知り、又は重大な過失によって知らなかったときは、意思表示の取消しをすることができる。

○ **本問の記述のとおり**である(民法95条3項)。

3 錯誤は、表意者の重大な過失によるものであった場合は、取り消すことができないが、相手方が表意者と同一の錯誤に陥っていたときは、取り消すことができる。

○ **本問の記述のとおり**である(民法95条3項柱書、同項2号)。

4 錯誤は、表意者の重大な過失によるものであった場合は、錯誤に基づく契約を取り消すことができないが、この場合、相手方からは当該契約を取り消すことができる。

× **錯誤の表意者に重大な過失**がある場合、その**相手方からも取り消すことはできない**。錯誤規定は表意者を保護するためのものであり、錯誤によって取り消すことができる行為は、錯誤による**意思表示をした者**又はその**代理人**若しくは承継人に限り、取り消すことができる(民法120条2項)。

5 意思表示は、当該意思表示に対応する意思を欠くという錯誤があり、その錯誤が法律行為の目的及び取引上の社会通念に照らして重要なものであるときは、取り消すことができるが、この取消しは、善意でかつ過失がない第三者に対抗することができない。

○ **本問の記述のとおり**である(民法95条4項)。

6 相手方に対する意思表示について第三者が強迫を行った場合においては、相手方がその事実を知り、又は知ることができたときに限り、その意思表示を取り消すことができる。

× **「強迫」の場合は、「詐欺」の場合の民法96条2項のような規定がない。**

7 AがBの強迫を受けて畏怖したことにより意思表示をしたが、意思の自由を完全に失った状態ではなかった場合、Aは意思表示を取り消すことができない。

× 強迫による意思表示は取り消すことができる(民法96条1項)。「強迫」とは、他人に害意を示し畏怖心を生じさせる行為をいい、**意思の自由を完全に失った状態でなくても、畏怖心が生じている状態であれば本条が適用される。**

8 詐欺による意思表示は取り消すことができ、強迫と同様、善意無過失の第三者にも取消しを対抗できる。

× **詐欺による意思表示は、**取り消すことができるが、**善意でかつ過失がない第三者に対抗することができない**(民法96条3項)。

STEP 3 過去問にチャレンジ！

問題 1 裁判所職員（2018 年度）

意思表示に関する記述として最も妥当なものはどれか(争いのあるときは、判例の見解による。)。

1 表示と内心の意思とが一致していないときは、たとえ表意者がその不一致を知って意思表示をした場合であっても、意思表示の効力は生じない。

2 虚偽表示を理由とする意思表示の無効は、善意の第三者にも対抗することができる。

3 表意者が法律行為の基礎とした事情についてのその認識が真実に反する錯誤は、取り消すことができない。

4 第三者の強迫により意思表示を行った者は、相手方が強迫の事実を知っていたときに限り、その意思表示を取り消すことができる。

5 隔地者に対する意思表示は、原則として、その通知が相手方に到達した時から、その効力を生ずる。

➡解答・解説は別冊 P.028

問題2 裁判所職員（2014年度）

Aは、自らの所有する甲建物をBに対して売却し、BはCに対して甲建物を転売したが、その後、AはAB間の売買契約をBの詐欺又は強迫を理由に取り消すとの意思表示をした。この事例に関する次のア～ウの記述の正誤の組み合わせとして最も適当なものはどれか(争いのあるときは、判例の見解による。)。

ア　AB間の売買契約はBの詐欺に基づくものであった。Cが民法96条3項に基づき保護されるためには、Aの取消前に、甲建物について所有権移転登記を備えることが必要である。

イ　AB間の売買契約はBの強迫に基づくものであった。Cは、Bの強迫について善意であるにとどまらず、無過失であったとしても、民法96条3項に基づき保護されない。

ウ　AB間の売買契約はBの暴行によるものであったが、その際、Aは完全に意思の自由を失うには至らなかった。この場合であっても、AがBの暴行によって畏怖し、畏怖の結果甲建物を売却したという関係が主観的に存在すれば、AはBの強迫を理由としてAB間の売買契約を取り消すことができる。

	ア	イ	ウ
1	正	正	正
2	誤	正	正
3	正	正	誤
4	正	誤	誤
5	誤	誤	正

➡解答・解説は別冊P.029

問題 3 国家一般職（2013 年度）

意思表示に関するア～オの記述のうち、判例に照らし、妥当なもののみを全て挙げているのはどれか。

ア 強迫による意思表示における強迫とは、違法に相手方を恐怖させて意思表示をさせることであるが、相手方が意思の自由を完全に奪われる必要はない。しかし、相手方の意思の自由が完全に奪われたときであっても、意思表示は当然無効ではなく、相手方はその意思表示を強迫による意思表示として取り消すことができる。

イ 詐欺による意思表示の取消しは、これをもって取消前の善意の第三者に対抗することができない。そして、詐欺の被害者を保護する要請から、この第三者は対抗要件を備えた者に限定され、目的物が不動産の場合、その対抗要件とは仮登記ではなく本登記まで必要である。

ウ 隔地者に対する意思表示は、その通知が相手方に到達した時点で効力を生じる。そして、相手方が不在のため、意思表示を記載した内容証明郵便が配達されず、留置期間が満了し差出人に還付された場合であっても、不在配達通知書の記載その他の事情から相手方が郵便内容を十分に推知でき、相手方に受領の意思があれば容易に受領できた事情があるときは、遅くとも留置期間満了時には、相手方に到達したと認められる。

エ 意思表示は、意思表示に対応する意思を欠く錯誤に基づくものであって、その錯誤が法律行為の目的及び取引上の社会通念に照らして重要なものであるときは、取り消すことができる。しかし、錯誤が表意者の重大な過失によるものであった場合には、原則として、表意者自身は取り消すことができないが、相手方は、取り消すことができる。

オ 相手方と通じてした虚偽の意思表示は無効であるが、この無効は虚偽表示の外形が除去されない間に取引関係に入った善意の第三者に対抗することはできず、その理由は外形を信頼して取引をした者の権利を保護し、取引の安全を図ることにある。よって、虚偽の意思表示をした者は、目的物が不動産の場合において、この善意の第三者が登記を備えていないときであっても、登記の不存在を主張して物権変動の効果を否定することはできない。

1 ア・イ　**2** イ・ウ　**3** ウ・エ　**4** ウ・オ　**5** エ・オ

➡解答・解説は別冊 P.030

問題 4 国家専門職（2021 年度）

意思表示に関するア～オの記述のうち、妥当なもののみを全て挙げているのはどれか。ただし、争いのあるものは判例の見解による。

ア 意思表示は、表意者がその真意ではないことを知ってしたときであっても、そのためにその効力を妨げられないが、相手方がその意思表示が表意者の真意ではないことを知り、又は知ることができたときは、その意思表示は無効である。また、かかる意思表示の無効は、善意の第三者に対抗することができない。

イ AがBとの間で土地の仮装売買を行い、A所有の土地の登記名義をBとしていたところ、Bがその土地を自分のものであるとしてCに売却した。この場合、Cが保護されるためには、AB間の売買契約が通謀虚偽表示に基づくものであることにつき、Cが善意かつ無過失であることが必要である。

ウ 意思表示に対応する意思を欠く錯誤があり、その錯誤が法律行為の目的及び取引上の社会通念に照らして重要なものであるときは、当該意思表示は、原則として取り消すことができる。

エ Aは、Bから金銭を借りる際に、Cを欺罔し、Cは自らがAの保証人となる保証契約をBと結んだ。この場合、BがAの欺罔行為を知っていたとしても、Cは当該保証契約を取り消すことができない。

オ Aは、Bから金銭を借りる際に、Cを強迫し、Cは自らがAの保証人となる保証契約をBと結んだ。この場合、BがAの強迫行為を過失なく知らなかったときは、Cは当該保証契約を取り消すことができない。

1 ア、イ
2 ア、ウ
3 イ、エ
4 ウ、オ
5 エ、オ

➡解答・解説は別冊 P.031

問題 5　国家専門職（2015 年度）

法律行為に関するア～オの記述のうち、妥当なもののみを全て挙げているのはどれか。

ア　法律行為が公の秩序に反する場合には、当該法律行為は無効であり、当該法律行為をした者以外の第三者であっても、かかる無効を主張することができる。

イ　意思表示の表意者が、表示行為に対応する意思のないことを知りながら単独でした意思表示は、原則として無効である。

ウ　意思表示は、意思表示に対応する意思を欠く錯誤に基づくものであって、その錯誤が法律行為の目的及び取引上の社会通念に照らして重要なものであるときは、表意者自身は、取り消すことができる。しかし、意思表示を行った本人が、当該意思表示に何らの瑕疵も認めず、錯誤を理由として取り消しをする意思がないときには、第三者が当該意思表示の取り消しをすることは、許されない。

エ　強迫による意思表示は、取り消すことができるが、当該意思表示の取消しは、善意の第三者に対抗することができない。

オ　相手方に対する意思表示について第三者が詐欺を行った場合、当該意思表示には瑕疵が存在することから、当該意思表示の相手方が詐欺の事実について知らなかったときであっても、表意者は当該意思表示を取り消すことができる。

1　ア・イ
2　ア・ウ
3　イ・オ
4　ウ・エ
5　エ・オ

➡解答・解説は別冊 P.032

問題 6　　国家専門職（2014 年度）

意思表示に関するア～エの記述のうち、妥当なもののみを全て挙げているのはどれか。ただし、争いのあるものは判例の見解による。

ア　意思表示は、意思表示に対応する意思を欠く錯誤に基づくものであれば、その錯誤が法律行為の目的及び取引上の社会通念に照らして重要なものでなくとも、取り消すことができる。

イ　Aは、Bにだまされて、Bの債務についてAが保証人となる旨の保証契約をCとの間で締結した。この場合、CがBの詐欺の事実を知っていたときは、AはBの詐欺を理由にCとの保証契約を取り消すことができる。

ウ　Aは、Bにだまされて、自己所有の甲土地をBに売却した。AはBの詐欺を理由にBとの売買契約を取り消したが、その後、まだ登記名義がBである間に、Bは甲土地を詐欺の事実を知らないCに転売し、Cへ登記を移転した。この場合、Cは民法第96条第3項の「第三者」として保護される。

エ　Aは、Bに強迫されて、自己所有の甲土地をBに売却した。Bは甲土地を強迫の事実を知らないCに転売し、Cへ登記を移転した。その後、AがBの強迫を理由にBとの売買契約を取り消した場合、AはCに甲土地の返還を請求することができる。

1　ア・ウ
2　ア・エ
3　イ・ウ
4　イ・エ
5　ウ・エ

➡解答・解説は別冊 P.033

SECTION 12

代理①

STEP 1 要点を覚えよう！

POINT 1 代理の意義と種類

代理とは、本人と一定の関係にある**他人（代理人）が、本人のために意思表示**をし、又は相手方からの**意思表示を受ける**ことにより、その**法律効果を本人に帰属**させる制度である。「代理人と相手方」との法律行為の効果が「**本人**と相手方」に帰属すること、つまり、「法律行為を行う者」と「効果の帰属先」が別人となる点が特徴である。

代理制度は、①私的自治*の補充、及び、②私的自治の拡張という二つの考え方に基づく。①は「法定代理」、すなわち本人の意思によらず法律上当然に代理が適用される制度と結びつき、②は「任意代理」、すなわち本人の意思に基づく代理制度と結びつく。

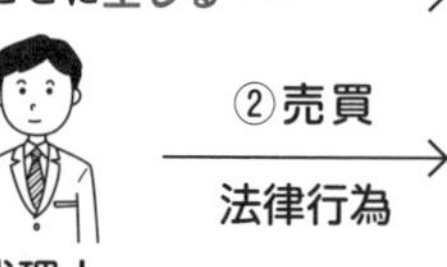

POINT 2 代理と類似する制度（使者）

代理と類似する制度に「使者」というものがある。**使者とは、本人の決定した効果意思を相手方に表示し（表示機関）**、又は完成した意思表示を**伝達する者（伝達機関）**をいう。**代理と異なる点は、意思決定（意思表示）をするのが本人**である点である。

◆ 代理人と使者の比較

項目	代理人	使者
意思決定者	**代理人**が行う	**本人**が行う
代理人・使者の意思能力の要否	意思表示を**行う**ので**必要**	意思表示を**行わない**ので **不要**
代理人・使者の行為能力の要否	効果は**本人**に帰属するので**不要**	**不要**
意思表示の瑕疵の基準	原則として、**代理人**を基準に決する（101条1項）	**本人**を基準に決する
責任の存否	復代理についての責任（105条）、無権代理人の責任（117条）などあり	**なし**

* **私的自治**…法律関係を各人の自由な意思によって決めること。自分のことは自分で治めること。

POINT 3 代理の要件と効果

代理の要件は、①**代理権の存在、**②**顕名**（けんめい）**、**③**有効な法律行為**である。**顕名**とは、代理人が代理意思を有すること、つまり、**効果帰属の主体（本人）を明らかにすること**をいう。

このように、**代理人**がその権限内において、**本人のためにすることを示して（顕名）行った意思表示は、本人に対して直接にその効力を生ずる**（民法99条1項）。したがって、代理行為の瑕疵による効果、例えば、代理人が相手方から強迫されて意思表示をした場合、瑕疵ある意思表示を理由とする取消権は**本人**に帰属する。

他方、**代理人が本人のためにすること（顕名）を示さないで行った意思表示は、自己のため**にしたものとみなされる。ただし、**相手方が、**代理人が本人のためにすることを**知り**、又は**知ることができた**ときは、**本人**に対して代理の効果が帰属する（民法100条）。

POINT 4 代理行為の瑕疵

例えば、BがAの代理人としてCからC所有の甲動産を購入した場合において、Bが、Cからの詐欺による意思表示をしたときに、騙されたわけではない本人Aは、甲動産の売買契約を取り消すことができるだろうか。

この点、**錯誤、詐欺、強迫、ある事情を知っていたこと、知らなかった**ことといった主観的な事実の有無は、**代理人について決する**ものとされる。よって、上の事例では、Aは**取り消せる**ことになる。

ただし、**特定の法律行為をすることを委託された代理人がその行為**をしたときは、**本人は、**①**自ら知っていた事情**について、又は、②**本人が過失によって知らなかった事情**について、**代理人が知らなかったことを主張することができない**（民法101条）。

「特定の法律行為」とは、「甲動産の売買契約をして」などと依頼することであり、一般的な代理の依頼である。要するに、主観的な事情は原則として**代理人**が基準となるが、本人が**悪意有過失**の場合は、**本人**基準になるということである。

POINT 5 代理人の行為能力の要否

代理人に意思能力は必要であるが、**行為能力までは不要**である。なぜならば、代理の**効果はすべて本人に帰属**するため、代理人が制限行為能力者であったとしても、制限行為能力者には不利益がないためである。

したがって、**制限行為能力者の代理行為は、行為能力の制限によっては取り消すことができない**。ただし、**制限行為能力者**が他の制限行為能力者の「**法定**」代理人としてした行為については、取り消すことが**できる**（民法102条）。

「任意」代理の場合は、制限行為能力者を代理人とすることを本人がよしとしているので問題ない。でも、「法定」代理は、一定の要件で成立するから、本人がそれをよしとするとは限らないためなんだ。

POINT 6 代理権の範囲

法定代理の場合の代理権は、**法令の規定により当然に発生**し、**代理権の範囲も各法令によって規定**されている。

しかし、**任意代理**の場合、本人が代理人となるべき者に**代理権を与える行為（代理権授与行為）**をすることで**代理権が発生**する。よって、任意代理権の範囲は授権行為によって決まるが、その**範囲が明らかでない場合、権限の定めのない代理人**として、①**保存行為**、②代理の目的である物又は**権利の性質を変えない範囲内において、その利用又は改良を目的とする行為**のみをする権限を有する（民法103条）。①の具体例としては家屋の修繕、②は金銭を利息付きで貸し付けたり、家屋に造作を施すことなどである。

POINT 7 復代理

復代理とは、代理人（原代理人）が自己の名義で**代理人（復代理人）を選任**し、**原代理人の権限の範囲内**で、その**復代理人が直接本人を代理**することをいう。要するに「再代理」である。**復代理人は、**その権限内の行為について**本人**を代理し、本人及び第三者に対して、その権限の範囲内において、**代理人と同一の権利を有し、義務を負う**（民法106条）。

任意代理人は、本人から「その人」だから依頼されていることもある。そこで、**本人の許諾**を得たとき、又は**やむをえない事由**があるときでなければ、**復代理人を選任することができない**（民法104条）。そして、原代理人は、復代理人の行為について、本人と代理人との間の事務処理契約違反を理由とする債務不履行責任を負う。

これに対して、法定代理人は、自らの意思とは関係なく、法律の規定に基づき当然に代理人となっており、法定代理権の範囲は一般に広範である。したがって、**法定代理人は、自己の責任で復代理人を選任することができ、**この場合において、**やむをえない事由**があるときは、本人に対して**その選任及び監督についての責任のみを負う**（民法105条）。

原代理人は、復代理人を選任しても、代理権を失わないことに注意しよう。

POINT 8 代理権の濫用(らんよう)、自己契約及び双方代理

代理人が本人のためではなく、「自己」又は「第三者」の利益を図る目的で、代理行為（代理権の範囲内）を行ってしまうことがある。これを**代理権の濫用**というが、濫用しようとする意図は代理人の内心の問題なので、この場合も原則として、**効果は本人に帰属する。**

しかし、**相手方が代理人の目的を知り、又は知ることができた**ときは、その行為は**無権代理行為（代理権を有しない者がした行為）**とみなされ（民法107条）、**本人が追認しない限り、本人に効力を生じない（民法113条1項）。**

また、**代理人が法律行為の相手方**となり（**自己契約**）、**当事者双方の代理人**としてした行為（**双方代理**）も**無権代理**とみなされる。ただし、①債務の履行、及び、②本人があらかじめ許諾した行為については、無権代理とはならない（民法108条1項）。

さらに、**代理人と本人との利益が相反する行為**については、本人があらかじめ許諾した行為を除き、やはり**無権代理**行為とみなされる（同条2項）。

◆ 自己契約・双方代理・利益相反行為の意義等

意義	①自己契約：代理人が法律行為の相手方になること ②双方代理：同一人が当事者双方の代理人となること ③利益相反行為：代理人と本人との利益が相反する行為のこと
効果（原則）	**無権代理**行為とみなされる
効果（例外）	下記の場合は、代理の効果が生じ、本人に効果が帰属する ①②：**債務の履行、本人があらかじめ許諾**した行為 ③：**本人があらかじめ許諾**した行為

POINT 9 代理権の消滅

代理権の消滅原因は下表のとおりなので、これは押さえておこう。「本人」に「破産手続*開始の決定」がされた場合など、「消滅しない」事由を押さえておくことが重要である。

代理権消滅事由	法定代理		任意代理	
	本人	代理人	本人	代理人
死亡	消滅	消滅	消滅（※）	消滅
破産手続開始の決定	**消滅しない**	消滅	消滅	消滅
後見開始の審判	**消滅しない**	消滅	**消滅しない**	消滅
委任の終了	（委任関係なし）		消滅	消滅

（※）代理権が消滅しない特約（委任契約）も可能（最判昭 31.6.1）。

* **破産手続**…債務者が支払不能等に陥ったとき、裁判所が債務者の財産を処分し、債権者に公平に配当するとともに、債務者が自然人の場合は、債務者の経済生活の再生を図る手続。

STEP 2 一問一答で理解を確認！

1 代理は、本人の意思で他人に代理権を授与する場合に限り始まるものであるから、本人から何らの権限も与えられていない者が行った代理行為は、無権代理行為となる。

× 代理には**「法定代理」**と**「任意代理」**があり、**法定代理は、本人の意思によらず、法律上当然に代理が適用**される。よって、本人から何らの権限も与えられていない場合であっても、法定代理の場合は、無権代理行為とは**ならない**。

2 代理人が、本人のためにすることを示さずに相手方との間で売買契約を締結した場合、相手方が、代理人が本人のために売買契約を締結することを知り又は知ることができたときは、本人と相手方との間に売買契約の効力が生ずる。

○ **代理人が本人のためにすること(顕名)を示さないでした意思表示は、自己のため**にしたものとみなされ、**代理人**に効果が帰属する。ただし、相手方が、代理人が本人のためにすることを**知り**、又は**知ることができた**ときは、本人に対して代理の効果が帰属する(民法100条)。

3 代理人が相手方に対してした意思表示の効力が、ある事情を知っていたこと又は知らなかったことにつき過失があったことによって影響を受けるべき場合には、その事実の有無は、原則として、代理人を基準として決する。

○ **本問の記述のとおり**である(民法101条2項)。

4 未成年者Aの法定代理人Bは、Aの許諾を得ずに、またやむをえない事由もないのに、友人Cを復代理人に選任した。この場合、Cは適法な復代理人とはならない。

× 法定代理人は、**自己の責任**で復代理人を選任することができる(民法105条)。法定代理人は自らの意思で代理人となるわけではないためである。

5 本人Aから権限の定めなく代理権を授与されたBが、Cに対し、Aの代理人として、A宅の修繕を注文した場合、この修繕契約の効果はAに帰属する。

○ 任意代理権の範囲は授権行為によって決まるが、その**範囲が明らかでない場合、権限の定めのない代理人**として、①**保存行為**及び②代理の目的である物又は権利の**性質を変えない範囲内**において、**その利用又は改良を目的とする行為**のみをする**権限を有する**（民法103条）。「A宅の修繕を注文する行為」は**保存行為に該当**するため、代理行為は**有効に成立**し、効果は、本人Aに**帰属する**。

6 Aが、意思能力ある未成年者Bに対して土地を購入する代理権を授与し、BがAの代理人として、Bが未成年者であることを知っているCとの間で、C所有の乙土地を購入する契約を締結した場合、Aは、代理人Bが未成年者であったことを理由に、乙土地の売買契約を取り消すことができる。

× **代理人は**意思能力があれば、**行為能力者であることを要しない**。よって、**制限行為能力者が代理人としてした行為は**、原則として、**行為能力の制限によっては取り消すことができない**（民法102条）。

7 代理人が自己又は第三者の利益を図る目的で代理権の範囲内の行為をした場合において、相手方がその目的を知り、又は知ることができたときは、本人は、その行為について、取り消すことができる。

× **代理権の濫用**については、相手方がその目的を**知り**、又は**知ることができた**ときは、その行為は**無権代理**行為とみなされる（民法107条）。この場合、本人が追認しない限り、そもそも本人に代理行為の効力が**生じていない**ので、無権代理行為を取り消すことは**できない**。

STEP 3 過去問にチャレンジ！

問題 1　特別区Ⅰ類（2019 年度）

民法に規定する代理に関する記述として、通説に照らして、妥当なものはどれか。

1　代理は、本人の意思で他人に代理権を授与する場合に限り始まるものであるから、本人から何らの権限も与えられていない者が行った代理行為は、無権代理行為となる。

2　代理人が本人のためにすることを示さないでした意思表示は、代理人が本人のためにすることを相手方が知り、又は知ることができたとき、代理人に対して直接にその効力を生じる。

3　権限の定めのない代理人は、保存行為及び代理の目的である物又は権利の性質を変えない範囲内において、その利用又は改良を目的とする行為をする権限を有する。

4　無権代理人と契約を締結した相手方は、本人に対し、相当の期間を定めて、追認をするかどうかを確答すべき旨の催告をすることができるが、この場合において、本人がその期間内に確答をしないときは、追認したものとみなす。

5　本人の完成した意思表示を相手に伝えるために、本人の意思表示を書いた手紙を届けたり、本人の口上を伝えたりする行為は代理行為であり、本人のために自ら意思を決定して表示する者は使者である。

➡解答・解説は別冊 P.034

問題 2 特別区Ⅰ類（2016 年度）

民法に規定する代理に関する記述として、通説に照らして、妥当なものはどれか。

1 代理人がその権限内において本人のためにすることを示してした意思表示は、本人に対して直接にその効力を生ずるが、任意代理人は、行為能力者でなければならず、制限行為能力者である任意代理人のなした代理行為を、制限行為能力の理由で取り消すことができる。

2 特定の法律行為をすることを委託された場合において、代理人が本人の指図に従ってその行為をしたときは、本人は、自ら知っていた事情について代理人が知らなかったことを主張することができない。

3 権限の定めのない代理人は、保存行為をする権限を有するが、代理の目的である物又は権利の性質を変えない範囲内において、その利用又は改良を目的とする行為をする権限は有しない。

4 法定代理人は、本人の許諾を得たとき、又はやむを得ない事由があるときでなければ、復代理人を選任することはできず、その選任及び監督について、本人に対してその責任を負う。

5 無権代理人と契約を締結した相手方は、本人に対し、相当の期間を定めて、その期間内に追認をするかどうかを確答すべき旨の催告をすることができ、この場合において、本人がその期間内に確答をしないときは、追認したものとみなされ、当該追認は契約のときにさかのぼってその効力を生ずる。

➡解答・解説は別冊 P.035

問題 3　　裁判所職員（2015年度）

代理人に関する次のア～ウの記述の正誤の組み合わせとして最も適当なものはどれか（争いのあるときは、判例の見解による。）。

ア　権限の定めのない代理人であっても、保存行為をする権限は有しているから、Ａから権限の定めなく代理権を授与されたＢが、Ｃに対し、Ａの代理人として、Ａ宅の修繕を注文した場合、この修繕契約の効果はＡに帰属する。

イ　ＡがＢに対してＡ所有の甲自動車を売却する代理権を授与し、他方で、ＣもＢに対して甲自動車を購入する代理権を授与していたところ、Ｂは、Ａ及びＣから事前にその許諾を得ることなく、Ａ及びＣの代理人として、甲自動車の売買契約を締結した。この場合、甲自動車の売買契約の効果はＡ及びＣに帰属する。

ウ　Ａが、未成年者であるＢに対して土地を購入する代理権を授与し、Ｂが、Ａの代理人として、Ｂが未成年者であることを知っているＣとの間で、Ｃ所有の乙土地を購入する契約を締結した場合、Ｃの利益を保護する必要はないから、Ａは、代理人であるＢが未成年者であったことを理由に、乙土地の売買契約を取り消すことができる。

	ア	イ	ウ
1	正	正	正
2	正	正	誤
3	正	誤	誤
4	誤	正	正
5	誤	誤	誤

➡解答・解説は別冊P.036

問題4 裁判所職員（2013年度）

復代理人に関する次のア～オの記述のうち、適当なもののみを全て挙げているのはどれか(争いのあるときは、判例の見解による。)。

ア 委任による代理人は、本人の許諾がある場合とやむを得ない事由がある場合以外は復代理人を選任することができない。

イ 法定代理人は、自己の責任で復代理人を選任することができるが、本人による指名がある場合には、当該指名に基づいてこれを行わなければならない。

ウ 復代理人が復代理の権限の範囲を越えて行為をしたが、それが代理人の代理権の範囲を越えない場合には、復代理人の当該行為は無権代理とはならない。

エ 代理人が本人の許諾を得て復代理人を選任した場合、本人が後見開始の審判を受けたときであっても、そのことによって復代理人の代理権が消滅することはない。

オ 代理人が本人の許諾を得て復代理人を選任した場合、代理人が死亡したときであっても本人が生存していれば、復代理人の代理権が消滅することはない。

1 ア・エ
2 ア・オ
3 イ・ウ
4 イ・エ
5 ウ・オ

➡解答・解説は別冊P.037

問題5 国家一般職（2022年度）

代理に関するア～オの記述のうち、妥当なもののみを全て挙げているのはどれか。

ア 代理人が、本人のためにすることを示さないで相手方に意思表示をした場合において、相手方が、代理人が本人のためにすることを知り、又は知ることができたときは、その意思表示は、本人に対して直接に効力を生ずる。

イ 代理人が相手方に対してした意思表示の効力が、ある事情を知っていたこと又は知らなかったことにつき過失があったことによって影響を受けるべき場合には、その事実の有無 は、原則として、代理人を基準として決する。

ウ 制限行為能力者が他の制限行為能力者の法定代理人としてした行為は、行為能力の制限を理由として取り消すことができない。

エ 委任による代理人は、自己の責任で復代理人を選任することができるが、法定代理人は、本人の許諾を得たとき、又はやむを得ない事由があるときでなければ、復代理人を選任することができない。

オ 復代理人は、その権限内の行為について代理人を代表し、また、本人及び第三者に対して、その権限の範囲内において、代理人と同一の権利を有し、義務を負う。

1 ア、イ
2 ア、エ
3 イ、ウ
4 ウ、オ
5 エ、オ

➡解答・解説は別冊 P.038

問題 6　　国家一般職（2013 年度）

代理に関する次の記述のうち、妥当なものはどれか。ただし、争いのあるものは判例の見解による。

1　権限を定めずに代理権が授与された場合に代理人が行い得る代理行為の範囲は、代理の目的たる財産を維持・保存する行為に限られ、当該財産を利用又は改良する行為は、当該財産の性質を変えない範囲内のものであっても、これに含まれない。

2　任意代理の場合、代理人は本人の信任を得て代理人となっており、本人の死亡後その相続人との間で代理人の地位が継続するのは適当ではないから、代理権は本人の死亡により消滅し、本人の死亡によっても代理権は消滅しない旨の合意があったとしても、当該合意は無効である。

3　復代理人の選任については、任意代理の場合には、代理人は、自己の責任でこれをすることができるが、法定代理の場合には、代理人は、本人若しくは家庭裁判所の許諾を得たとき又はやむを得ない事由があるときに限り、これをすることができる。

4　任意代理人が復代理人を選任した場合には、当該任意代理人は、復代理人の選任につきやむを得ない事由があるときに限り、その選任及び監督について、本人に対して責任を負う。

5　同一の法律行為についてであっても、債務の履行や本人があらかじめ許諾した行為については、相手方の代理人となり、又は当事者双方の代理人となることができる。

➡解答・解説は別冊 P.039

SECTION 13

代理②

STEP 1 要点を覚えよう！

POINT 1 無権代理の意義と効果

無権代理とは、代理人として行為をした者に**代理権がない**場合をいう。

無権代理行為は、原則として、**本人に効果が帰属しない**（民法113条１項）。しかし、**完全に無効となるのではなく**、**一定の要件**を満たしている場合、**表見代理**（POINT6参照）**が成立し、本人に効果が帰属**する（民法109条、110条、112条）。

代理権がない者が勝手に代理行為をした場合、本人に効果が帰属してしまうとたまったものではない。しかし、本人がその行為を認めた場合（追認）や、そうでなくとも、一定の要件の下で本人に効果が帰属する場合がある。

POINT 2 本人の追認権・追認拒絶権

本人は、**無権代理行為を追認**することができ、また、**追認拒絶**することもできる（民法113条1項）。追認拒絶は当然として、無権代理行為を認めることもできる。いずれも単独行為である。

追認は、無権代理人又は相手方のいずれに対しても行うことができるが、**無権代理人に対して行った場合**には、**相手方が追認の事実を知るまで**は、**相手方に対して追認の効果を主張することができない**（民法113条2項）。

そして、追認は、原則として、**契約の時**にさかのぼってその効力を生じる。ただし、第三者の権利を害することはできない（民法116条）。

POINT 3 相手方の催告権・取消権

無権代理行為は確定的な無効ではないため、**相手方は、本人が追認又は追認拒絶をするまで不安定な状態**に置かれる。そこで、相手方の不安定な地位を解消するため、**相手方には、①催告権と、②取消権**が認められている。

①について、無権代理の相手方は、**本人に対し、相当の期間**を定めて、その期間内に**追認をするかどうかを確答すべき旨の催告**をすることができる。この場合において、**本人がその期間内に確答をしないときは、追認を拒絶**したものとみなされる（民法114条）。

②について、無権代理行為について**本人が追認をしない間は、契約時に代理権を有しないことを知らなかった相手方は、取り消すことができる**（民法115条）。ここは催告権と異なり、**相手方は無権代理について善意**であることを要する。

POINT 4 無権代理人の責任

無権代理人は、自己の代理権を証明したとき、又は本人の追認を得たときを除き、**相手方の選択**に従い、相手方に対して**履行又は損害賠償の責任を負う**（民法117条1項）。

これは**無権代理人が自己に代理権があると過失なく信じていたとしても、責任は免れない（無過失責任***）。そして、この責任を追及するためには、相手方の取消権と異なり、**相手方は原則として善意無過失**であることを要する。

無権代理人の責任の成立要件

①**無権代理人が自己の代理権を証明できないこと**
②**本人の追認がないこと**
③**無権代理人が代理権を有しないことにつき相手方が善意無過失であること**
☞**ただし、相手方に「過失」があるときでも、無権代理人が無権代理行為について悪意であれば、責任が発生する**（民法117条2項2号）
④**無権代理人が制限行為能力者でないこと**（民法117条2項3号）

POINT 5 無権代理と相続

本人が死亡して、**無権代理人が本人の地位を相続**した場合、無権代理行為は当然に有効となるのか、また、無権代理人が死亡して、**本人が無権代理人の地位を相続**した場合はどうなるかが問題となる。これはケースにより結論が異なるので、整理して覚えておこう。

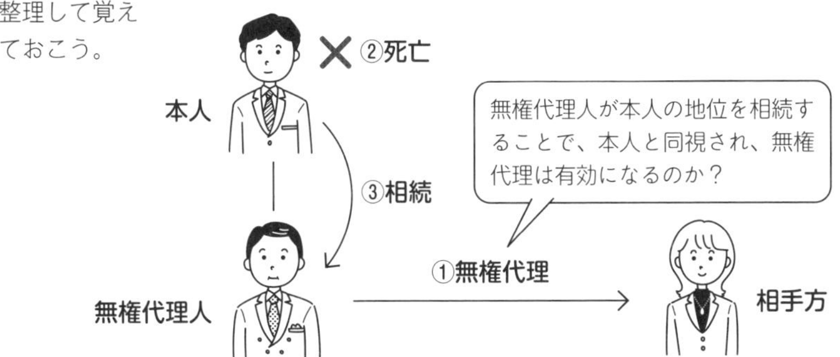

無権代理人が本人の地位を相続した場合（本人が死亡したケース）

①**単独相続の場合は、無権代理行為は当然に有効になる**
②**共同相続の場合は、共同相続人全員が共同して追認しない限り、無権代理人である相続人の相続分であっても当然に有効とはならない**

本人が無権代理人の地位を相続した場合（無権代理人が死亡したケース）

当然に有効とはならず、本人の地位をもって追認を拒絶することができる
ただし、相手方が善意無過失である場合、本人は無権代理人の責任は負いうる

---

* **無過失責任**…損害の発生について、故意や過失といった帰責性がなくても責任を負うこと。

POINT 6 表見代理

表見代理とは、無権代理行為であるものについて、**一定の要件**の下、**相手方が真実の代理人であると誤信して取引**した場合には、**有権代理と同様に扱い、本人に対して効力を生じさせる**制度のことをいう。

これは権利外観法理の考え方に基づく制度であり、①**虚偽の外観、**②虚偽の外観について**本人の帰責性、**③相手方の**善意無過失、**が基本的な要件となる。

表見代理は取引の相手方を保護する制度であり、表見代理が成立する場合であっても、**相手方は民法115条により取り消すこともできる**し、表見代理を主張することなく、**無権代理人に対して117条の責任追及をすることもできる。**

他方、**無権代理人の側からは、表見代理の成立を主張して、無権代理人の責任を免れることはできない**（最判昭62.7.7)。以下、３つの表見代理のケースを確認していく。

POINT 7 「代理権授与の表示」による表見代理

例えば、本人Ａが相手方Ｃに対して「Ｂに**代理権を授与した**」といいながら、**実際は代理権を授与していない場合、**無権代理人Ｂと取引をした**善意無過失の相手方Ｃは、表見代理を主張することができ、本人Ａは責任を負う**（民法109条1項)。これが「代理権授与の表示」による表見代理の規定である。

表示の方式に限定はなく、書面でも口頭でもよいが、本人の関与しない委任状の偽造などは本条に含まれない。なお、**代理人に自己の名前や商号の使用を許した場合**でも、判例は**本条の「他人に代理権を与えた旨を表示した」に該当する**としている（大判昭15.4.24)。

また、**無権代理人が表示された代理権の「範囲外」の行為**をした場合、その**相手方**が、その無権代理行為について、その無権代理人に**代理権があると信ずべき正当な理由があるときも、表見代理が成立**する（109条2項)。

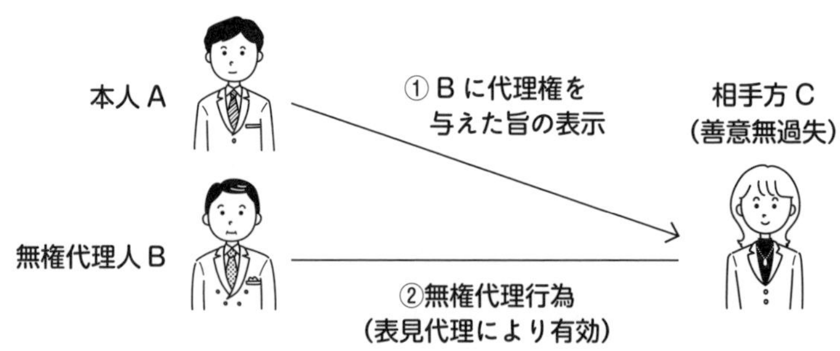

POINT 8 「権限外の行為」の表見代理

適法な代理権（基本代理権）を有する者が、その**代理権の範囲外の代理行為（越権代理）**をした場合、**相手方が**代理人の権限があると信ずべき正当な理由（**善意無過失**）があるときは、**表見代理が成立**する（民法110条)。

越権には、量的越権（10個購入の代理権を有する者が50個購入）、質的越権（「賃貸」の代理権を有する者が「売却」の代理をする）の双方が含まれる。

そして、**本条の基本となる代理権は、私法上の法律行為**に関する代理権に限られ、①事実行為の代行権限や、②公法上の行為の代理権は、原則として該当しない。しかし、②については、公法上の代理権が特定の私法上の取引行為の一環として与えられた場合には、110条の基本代理権に該当すると解されている（最判昭46.6.3）。

日常家事債務の連帯責任*と表見代理（最判昭44.12.18）

判例（事案と判旨） Aが、配偶者B所有の甲不動産をBに無断でCに売却した場合、Cは甲不動産を取得することができるか。

☞民法761条は、**夫婦が相互に日常の家事に関する法律行為につき他方を代理する権限を有する**ことをも規定しているものと解すべきである。

☞夫婦の一方が民法761条所定の日常の家事に関する代理権の範囲を越えて第三者と法律行為をした場合においては、その代理権を基礎として一般的に同法110条所定の表見代理の成立を肯定すべきではなく、その越権行為の**相手方である第三者においてその行為がその夫婦の日常の家事に関する法律行為に属すると信ずるにつき正当の理由のあるときに限り**、110条の趣旨を類推して**第三者の保護を図るべき**である。

☞結論として、不動産売買は日常家事の範囲を越えるため、Cは甲不動産を取得できない。

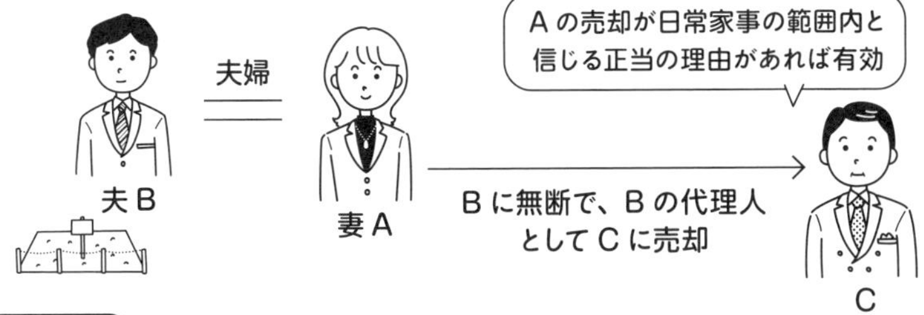

POINT 9 「代理権消滅後」の表見代理

代理人の代理権が消滅したにもかかわらず、なお代理人として代理行為をした場合、**代理権消滅の事実について善意無過失の第三者との間で表見代理が成立**する（民法112条1項）。

無権代理人が消滅した**代理権の範囲外**の行為をした場合、その相手方が、その無権代理行為について、その無権代理人に代理権があると信ずべき**正当な理由**があるときも、表見代理が成立する（同条2項）。

なお、本条の表見代理が成立するためには、**相手方が、代理権の消滅する前に、その代理人と取引をしたことがあることを要しない**。それは相手方の善意無過失に関する認定のための一資料となるにとどまる（最判昭44.7.25）。

* **日常家事債務の連帯責任**…夫婦の一方が日常の家事に関して第三者と法律行為をしたとき、他の一方はこれによって生じた債務について連帯責任を負うこと（民法761条）。

STEP 2 一問一答で理解を確認！

1 本人が、相手方に対して無権代理行為を追認した場合には、別段の意思を表示しない限り、契約の時にさかのぼって本人に効果が帰属する。	○ **追認は、**別段の意思表示がないときは、**契約の時にさかのぼってその効力を生ずる**(民法116条)。つまり、無権代理行為の追認には**遡及効**がある。
2 無権代理行為の相手方は、本人に対し、相当の期間を定めて、その期間内に追認をするかどうかを確答すべき旨の催告をすることができ、この場合において、本人がその期間内に確答をしないときは、追認をしたものとみなされる。	× 相手方は、本人に対し、相当の期間を定めて、その期間内に追認をするかどうかを確答すべき旨の催告をすることができる。この場合、**本人がその期間内に確答をしないときは追認を拒絶**したものとみなされる(民法114条)。
3 無権代理人がした契約について、契約の時において代理権を有しないことを相手方が知らなかった場合、本人が追認をしない間は、相手方はこれを取り消すことができる。	○ 無権代理の**相手方が善意の場合**には、**本人が追認をしない間は、無権代理でなされた法律行為を取り消すことができる**(民法115条)。
4 Aは、妻であるBに無断で自己の借金の返済のためにB所有の自宅建物をCに売却した。Cが、Aがした B所有の自宅建物の売却について、日常家事に属すると信じて取引をして、そう信じるについて正当の理由があるといえる場合には、民法110条の趣旨を類推適用して、Cは、B所有の自宅建物の所有権を取得する。	○ **夫婦の一方が無権代理行為**をする場合、**行為の相手方**である第三者において**その行為が当該夫婦の日常の家事に関する法律行為の範囲内に属すると信ずるにつき正当の理由**のあるときに限り、民法110条の趣旨を類推適用して、**第三者は保護される**(最判昭44.12.18)。Cは建物売却について、日常家事に属すると信じるについて正当の理由があり、Cは所有権を取得する。

5 無権代理人と他の相続人が本人を共同して相続した場合、他の共同相続人全員の追認がなくても、無権代理人の相続分に該当する部分については、当然に有効になる。

× **無権代理人が本人を共同相続**した場合には、**共同相続人全員が共同して無権代理行為を追認しない限り、**無権代理人の相続分に相当する部分においても、無権代理行為は当然に有効とならない(最判平5.1.21)。

6 民法109条は、本人が、第三者に対して他人に代理権を与えた旨を表示した場合の規定であるが、本人が、第三者に対して他人に自己の名前や商号の使用を許したことを表示したときには適用されない。

× 第三者に対して他人に代理権を与えた旨を表示した者は、その代理権の範囲内においてその他人が第三者との間でした行為について、その責任を負う(民法109条1項)。判例は、本人が取引の相手方(第三者)に対して、代理人に**自己の名前や商号の使用を許した場合**でも、本条の「**他人に代理権を与えた旨を表示した」に該当する**としている(大判昭15.4.24)。

7 無権代理行為の相手方は、表見代理が成立する場合であっても、表見代理の主張をせずに、直ちに無権代理人に対して、履行又は損害賠償の請求をすることができるが、これに対して無権代理人は、表見代理の成立を主張して、その責任を免れることができる。

× **表見代理は取引の相手方を保護する制度**であり、これを主張するか否かは**相手方の自由**である。そして、無権代理人が相手方から117条の責任追及をされた場合において、**無権代理人から表見代理の成立を主張して、本条の責任を免れることはできない**(最判昭62.7.7)。

STEP 3 過去問にチャレンジ！

問題 1　　裁判所職員（2020 年度）

代理に関する次のア～オの記述のうち、妥当なもののみを全て挙げているものはどれか(争いのあるときは、判例の見解による。)。

ア 無権代理人がした契約について、契約の時において代理権を有しないことを相手方が知らなかった場合、本人が追認をしない間は、相手方はこれを取り消すことができる。

イ 相手方が本人に対して無権代理行為の追認をするかどうかを確答すべき旨の催告を行い、本人がその期間内に確答をしないときは、追認を拒絶したものとみなされる。

ウ 本人が無権代理行為を追認した場合には、別段の意思を表示しない限り、追認した時から本人に効果が帰属する。

エ 本人が無権代理行為の追認を拒絶して死亡した後、無権代理人が本人を相続した場合には、無権代理行為が無効であることを主張することができない。

オ 無権代理人と他の相続人が本人を共同して相続した場合、他の共同相続人全員の追認がなくても、無権代理人の相続分に該当する部分については、当然に有効になる。

1　ア・イ
2　ア・ウ
3　イ・エ
4　ウ・オ
5　エ・オ

➡解答・解説は別冊 P.040

問題 2　　裁判所職員（2019 年度）

代理に関する次のア～エの記述の正誤の組み合わせとして最も妥当なものはどれか(争いのあるときは、判例の見解による。)。

ア　民法第109条は、本人が、第三者に対して他人に代理権を与えた旨を表示した場合の規定であるから、本人が、第三者に対して他人に自己の名前や商号の使用を許したことを表示した場合には、適用されない。

イ　登記申請行為は公法上の行為であるから、これが契約上の債務の履行という私法上の効果を生ずる場合であっても、登記申請行為についての代理権は民法第110条の基本代理権とはならない。

ウ　民法第112条は、代理権が消滅した場合の規定であるから、いったんは正規の代理権が存在していたことが必要である。

エ　無権代理行為の相手方は、当該無権代理行為につき表見代理が成立する可能性がある場合であっても、民法第117条に基づき、無権代理人に対し、履行又は損害賠償の請求をすることができる。

	ア	イ	ウ	エ
1	正	正	誤	正
2	正	誤	正	誤
3	誤	誤	誤	正
4	誤	誤	正	正
5	誤	正	誤	誤

➡解答・解説は別冊P.041

問題 3　裁判所職員（2018年度）

代理に関する次のア～エの記述の正誤の組み合わせとして最も妥当なものはどれか（争いのあるときは、判例の見解による。）。

ア 本人が無権代理の相手方から、相当期間を定めて、追認をするかどうか催告を受けたにもかかわらず、相当期間を経過しても何ら回答をしなかった場合、本人は、追認を拒絶する機会を与えられていたのだから、無権代理行為を追認したものとみなされる。

イ 無権代理人Aは、Bの代理人であるとして、Cから自動車を購入した。その後、Aが死亡し、BがAを相続した。この場合、Bは、無権代理人の地位を相続しているが、本人の地位も有しているため、Cに対し、追認を拒絶することができ、また、民法第117条の無権代理人の責任を負うこともない。

ウ Aは、妻であるBに無断で、自己の借金の返済のためにB所有の自宅建物をCに売却した。Cが、AとBが夫婦であることから、AにB所有の自宅建物の売却について代理権が存在すると信じて、取引をした場合には、民法第110条の趣旨を類推適用して、CはB所有の自宅建物の所有権を取得する。

エ Aは、B社から、高級時計の仕入れの代理権を与えられていたが、仕入れた高級時計を転売して代金を着服しようと考え、B社の代理人として、時計メーカーCから高級時計を購入し、これを転売して代金を着服した。この場合、Aは代理権を濫用しているといえるから、Cが、Aの代金着服の意図を知り、又は知ることができた場合には、Cは、B社に高級時計の代金を請求することができない。

	ア	イ	ウ	エ
1	正	誤	正	誤
2	正	誤	誤	正
3	誤	正	正	正
4	誤	誤	誤	正
5	誤	正	誤	誤

➡解答・解説は別冊P.042

問題4 裁判所職員（2014年度）

成年者Bは、Aの代理人と称して、Cに対し、Aの所有する甲土地を売却した（以下、この売買契約を「本件契約」という。）。この事例に関する次の記述のうち、最も適当なものはどれか（争いのあるときは、判例の見解による。）。

1 Bは、本件契約の際、Cに対して、Bに甲土地を売却する代理権を付与する旨が記載されたAの委任状を示したが、その委任状はBがAに無断で偽造したものであり、BはAから何ら代理権を授与されていなかった。この場合、Cが、本件契約締結時に、BがAから代理権を授与されていないことを知らず、そのことについて過失がなければ、代理権授与の表示による表見代理が成立する。

2 Bは、Aから授与された代理権を越えて本件契約を締結したものであったが、Cは甲土地を更にDに転売した。この場合、Dが、CD間の売買契約締結時に、Bに本件契約を締結する代理権があると信じ、信じたことについて正当な理由があったとしても、権限外の行為の表見代理は成立しない。

3 BはAから甲土地を売却する代理権を授与されていたが、この代理権は本件契約を締結する前に消滅していた。この場合、Cが、Aに対して相当の期間を定めて追認するかどうかを確答すべき旨の催告をするためには、Cは、本件契約締結時に、Bの行為が無権代理であることについて善意である必要がある。

4 BはAから何らの代理権を授与されていなかったが、Aは、本件契約の後、Cに対してBの無権代理行為を追認した。この場合、Cは、本件契約締結時に、BがAから代理権を授与されていなかったことを知らず、そのことについて過失がなければ、本件契約を取り消すことができる。

5 BはAから何らの代理権を授与されていなかった。この場合、Cは、本件契約締結時に、BがAから代理権を授与されていないことを知らず、そのことについて過失がなかったとしても、Bが自身の無権代理行為について無過失であれば、Bに対して民法117条に基づき無権代理人の責任を追及することはできない。

➡解答・解説は別冊P.043

問題 5　　国家一般職（2018 年度）

代理権に関するア～オの記述のうち、妥当なもののみを全て挙げているのはどれか。ただし、争いのあるものは判例の見解による。

ア 任意代理における代理人は、意思能力を有している必要はあるが、行為能力は要しないとされていることから、本人が制限行為能力者を代理人とした場合は、本人は、代理人の行為能力の制限を理由に代理行為を取り消すことはできない。

イ 民法第761条は、夫婦が相互に日常の家事に関する法律行為につき他方を代理する権限を有することをも規定していると解すべきであるから、夫婦の一方が当該代理権の範囲を越えて第三者と法律行為をした場合は、当該代理権を基礎として、一般的に権限外の行為の表見代理が認められる。

ウ 無権代理人が、本人所有の不動産を相手方に売り渡す契約を締結し、その後、本人から当該不動産を譲り受けて所有権を取得した場合において、相手方が、無権代理人に対し、民法第117条による履行を求めたときは、売買契約が無権代理人と相手方との間に成立したと同様の効果を生じる。

エ 無権代理行為の相手方が、本人に対し、相当の期間を定めて、その期間内に追認をするかどうかを確答すべき旨の催告をしたにもかかわらず、本人がその期間内に確答をしなかったときは、本人による追認があったものとみなされる。

オ 民法第117条による無権代理人の責任は、法律が特別に認めた無過失責任であり、同条第1項が無権代理人に重い責任を負わせた一方、同条第2項は相手方が保護に値しないときは無権代理人の免責を認めた趣旨であることに照らすと、無権代理人の免責要件である相手方の過失については、重大な過失に限定されるべきものではない。

1 ア・ウ
2 エ・オ
3 ア・イ・エ
4 ア・ウ・オ
5 イ・ウ・オ

➡解答・解説は別冊P.044

問題6 国家一般職（2012年度）

無権代理に関するア～オの記述のうち妥当なもののみを全て挙げているのはどれか。ただし争いのある場合は判例の見解による。

ア Ｂは代理権がないのにＡの代理人であると称して、Ｃとの間でＡ所有の不動産について売買契約を締結した。その後に、ＡがＣに対してこの売買契約を追認したときは、代理権のある代理人が代理行為をしたことになるが、本人も相手方も、当該売買契約を遡って有効にすることを期待していないから、Ａの追認の効果は、別段の意思表示がない限り、追認の時点から生ずる。

イ 民法第117条により自己に代理権がないことを知らない無権代理人が相手方に対して負う責任について、無権代理人が代理権を有しないことを相手方が知っていたとき又は重過失によって知らなかったときは、無権代理人は責任を負わない。しかし、無権代理人が代理権を有しないことを相手方が過失により知らなかったときは、無権代理人は責任を負う。

ウ 無権代理行為の相手方は、本人が追認又は追認拒絶するまで不安定な状態に置かれるため、主導的に効果を確定させる手段として、本人に対する催告権を有している。この催告権とは、本人に対して相当の期間を定めて期間内に追認をするかどうかの確答をすべき旨の催告をなし得るとし、その期間内に本人が確答しなければ追認を拒絶したものとみなすものである。

エ Ａの子であるＢが、代理権がないのにＡの代理人であると称して、Ｃとの間でＡ所有の不動産について売買契約を締結したが、ＡはＢの無権代理行為を追認することを拒絶した。このＡの追認拒絶により無権代理行為の効力が本人Ａに及ばないことが確定し、その後、Ａが死亡した結果、無権代理人ＢがＡを単独相続しても、無権代理行為が有効になるものではない。

オ Ａの子であるＢが、代理権がないのにＡの代理人であると称して、Ｃとの間でＡ所有の不動産について売買契約を締結したが、Ａは、Ｂの無権代理行為に対する追認も追認拒絶もしないままに、死亡した。Ａの相続人がＢとＡの配偶者Ｄの２名であって、Ｄが無権代理行為の追認を拒絶している場合でも、無権代理行為をしたＢが責任を免れることは許されるべきではないから、当該無権代理行為は無権代理人Ｂの相続分に限って当然に有効になる。

1 ア・イ　**2** ア・オ
3 イ・エ　**4** ウ・エ　**5** ウ・オ

➡解答・解説は別冊P.045

SECTION 14

無効と取消し

STEP 1 要点を覚えよう！

POINT 1 無効と取消しの異同

無効と取消しは、法律行為の効力を否定するという点で共通する。

しかし、**無効は、法律行為の効力が当初から生じない**のに対し、**取消しは、法律行為の効力が**不確定的ではあるが**有効に生じており**、後から**取消しの意思表示**をすることによって、法律行為の**成立時に遡って効力が否定**される。

また、原則として、**無効は誰からでも、誰に対しても、主張できる**のに対し、**取消しは、取消権者が条文上限定**されており、一定期間、取消権の行使がないときは、取消権が消滅し、法律行為が確定的に有効なものとなる。

無効な行為 ----------> 当初から法律行為の効力は生じない

取り消しうる行為 ———————> 取り消すまでは法律行為の効力が有効！

なお、**無効と取消しの双方の要件を具備**している場合には、**無効と取消しを自由に選択して主張することができる**（二重効肯定説）。

◆ 主な「無効」事由と「取消し」事由

無効事由
①法律行為の当事者が意思表示をした時に**意思能力を有しなかった**とき（民法3条の2）
②**公の秩序又は善良の風俗に反する**法律行為（民法90条）
③心裡留保の相手方が表意者の真意について悪意有過失（民法93条1項但書）
④（通謀）虚偽表示（民法94条）
取消し事由
①**制限行為能力者**が保護者の関与なしにした法律行為（民法5条、9条、13条、17条）
②**錯誤**による意思表示（民法95条）
③**詐欺・強迫**による意思表示（民法96条）

POINT 2 無効な行為の処理

無効な行為は、追認によっても、その効力を生じない。ただし、**当事者が**その行為の**無効であることを知って追認をしたときは、新たな行為**をしたものとみなす（民法119条）。

無効は元から何も発生していない状態だから、「追認」も何もないんだ。

そして、無効に対する追認は、取り消しうる行為の追認とは異なり、遡及効はないが、当事者間の合意により行為時に遡及させることは可能であると解されている。

なお、このように当事者が意図した本来の行為としては無効であるが、**他の行為として効果が認められることを「無効行為の転換」**という。その一例として、秘密証書による遺言*は、その方式に欠けるものがあっても、自筆証書遺言としての要件を具備しているときは、自筆証書による遺言としてその効力を有する（民法971条）。

無効行為の転換（最判昭53.2.24）

判例（事案と判旨） 嫡出でない子につき、父からこれを**嫡出子とする出生届**がされ、又は嫡出でない子としての出生届がされた場合において、これらの出生届が戸籍事務管掌者によって受理されたときは、その各届は**認知届**としての効力を有するとした。

POINT 3 取消権者

行為能力の制限によって取り消すことができる行為は、制限行為能力者又はその代理人、承継人若しくは同意をすることができる者に限り、取り消すことができる（民法120条1項）。

また、**錯誤、詐欺又は強迫**によって取り消すことができる行為は、**瑕疵ある意思表示をした者又はその代理人若しくは承継人に限り、取り消すことができる**（民法120条2項）。この「代理人」には、法定代理人・任意代理人の双方が、また同様に「承継人」には、包括承継人・特定承継人の双方が含まれる。

「承継人」は、相続などでその地位を受け継いだ者と考えよう。また、契約上の地位を承継した者も含まれると解されているよ。

POINT 4 取消しの方法とその効果

取消しの方法は、取り消すことができる行為の**相手方が確定している場合**には、その取消し又は追認は、**単独行為として、相手方に対する一方的な意思表示**によって行う（民法123条）。

* **遺言**…人が自らの死亡後に法律上の効力を発生させる目的で、民法上の方式に従って行う単独の意思表示のこと。一般的に、法律上は「いごん」と読む。

そして、**取消しには遡及効があり、**取り消された行為は、**初めから無効**であったものとみなされる（民法121条）。

よってその後、**無効となった行為**に基づく債務の履行として**給付を受けた者は、**原則として、**相手方を原状に復させる義務**を負う。

ただし、その**給付を受けた者は、**給付を受けた当時、**その行為が無効であること**（給付を受けた後に初めから無効であったものとみなされた行為にあっては、給付を受けた当時その行為が取り消すことができるものであること）を**知らなかった（善意）**ときは、**その行為によって現に利益を受けている限度において、返還の義務を負う**こととなる（**現存利益**による返還、民法121条の2第2項）。

また、①行為の時に**意思能力を有しなかった者**、②行為の時に**制限行為能力者**であった者は、**善意・悪意を問わず、その行為によって現に利益を受けている限度において、返還の義務を負う**（民法121条の2第３項）。

無効となった行為によって、当事者がお金や物などを受け取っていた場合、相手方に返還しなければならない。でも、**一定の者は現存利益の限度での返還でよい**、という話だよ。

なお、**金銭の給付**を受けていた場合の「**現に利益を受けている限度**」について、そのお金を**生活費などに充てていた場合は、現存利益がある（＝返還する）**とされる。どちらにせよ消費しなければならなかった費用は、給付された金銭がなかったとしても消費していたからである。

しかし、**遊興費*として消費**してしまっていた場合は、**現存利益がない（＝返還の必要なし）**と考えられている点に注意しておこう。

POINT 5 意思表示に基づく追認

取り消すことができる行為は、民法120条に規定する者が**追認したときは、以後、取り消すことができない。**追認権者は、民法120条の取消権者であり、取り消すことができる行為の**追認とは、**不確定的に有効な**法律行為を確定的に有効にする**単独行為である意思表示をいう。つまり、**追認は取消権の放棄**を意味する。

そして、取り消すことができる行為の**追認は、**原則として、**取消しの原因となっていた状況が消滅**し、かつ、**取消権を有することを知った後にしなければ、その効力を生じない**（民法124条1項）。しかし、次の例外がある（同条2項）。

◆ **取消原因となっていた状況の消滅前に追認できるケース**

①法定代理人又は制限行為能力者の保佐人若しくは補助人が追認をするとき
☞つまり、保護者と呼ばれる者が追認する場合。
②制限行為能力者（成年被後見人を除く）が法定代理人、保佐人又は補助人の同意を得て追認をするとき

＊　**遊興費（ゆうきょうひ）**…生活費ではなく、旅行などの趣味や遊びに使う費用のこと。

POINT 6 法定追認

法定追認とは、取り消すことができる行為について、**意思表示による追認と等しい事実**があったときに、**法律上当然に追認したものとみなす**制度である（民法125条）。ただし、追認権者が異議をとどめた*とき、法定追認は生じない。

例えば、錯誤により物を購入した買主が、取り消すことができる契約であるにもかかわらず、売主に物の引渡しを請求したような場合だ。この場合、取り消す気はないとみなされるということである。

法定追認の要件

①追認権者によってされること
②追認をすることができる時以後であること
③民法125条所定の事由のいずれかがあること
④追認権者が異議をとどめなかったこと

法定追認事由（民法125条）

①全部又は一部の**履行**
②**履行の請求**
③更改
④担保の供与
⑤取り消すことができる行為によって取得した権利の全部又は一部の**譲渡**
⑥強制執行

POINT 7 取消権の期間の制限

取り消すことができる行為を不確定な状態で長期間とどめておくことは、相手方及び第三者の法的地位を不安定にする。

そこで、**取消権は、追認をすることができる時から5年間行使しないときは、時効によって消滅する。また、行為の時から20年**を経過したときも同様とする（民法126条）。

＊ **異議をとどめる**…ある法律行為等を行う際に、異論・別意見をとなえておくこと。

STEP 2 一問一答で理解を確認！

1 公の秩序又は善良の風俗に反する法律行為は無効であるが、当該無効は、善意の第三者に対抗することができない。

× **公の秩序又は善良の風俗に反する法律行為は無効**とされる（民法90条）。そして、この無効は**絶対的無効**であり、誰でも誰に対しても無効を主張することができる。

2 無効な行為は、原則として、追認によっても、その効力を生じないが、当事者がその行為の無効であることを知って追認をしたときは、遡って初めから有効であったものとみなす。

× **無効な行為は、追認によっても、その効力を生じない。**ただし、**当事者がその行為の無効であることを知って追認**をしたときは、**新たな行為**をしたものとみなされる（民法119条）。遡及効はない。

3 行為能力の制限によって取り消すことができる法律行為は、制限行為能力者の承継人が取り消すことができるが、この「承継人」に相続人は含まれる。

○ **行為能力の制限によって取り消すことができる行為**は、**制限行為能力者自身**又はその**代理人**、**承継人**若しくは**同意をすることができる者**に限り、取り消すことができる（民法120条1項）。本条の「承継人」には、包括承継人である**相続人**及び**契約上の地位を承継した者**も含まれると解されている。

4 取り消すことができる行為の相手方が確定している場合には、その取消し又は追認は、相手方に対する一方的な意思表示によってする。

○ **本問の記述のとおり**である（民法123条）。

5 無効な無償行為に基づく債務の履行として給付を受けた者は、給付を受けた当時その行為が無効であることを知らなかったときは、その行為によって現に利益を受けている限度において、返還の義務を負う。

○ **本問の記述のとおり**である（民法121条の2第2項1号）。

6 法定代理人又は制限行為能力者の保佐人若しくは補助人が追認をするときは、取消しの原因となっていた状況が消滅する前であっても追認をすることができる。

○ **本問の記述のとおり**である（民法124条2項1号）。

7 追認をすることができる時以後に、取り消すことができる行為について、異議をとどめて追認権者から履行の請求があったときは、追認をしたものとみなす。

× **追認をすることができる時以後に、取り消すことができる行為について履行の請求**があったときは、**追認をした**ものとみなされる。いわゆる法定追認である。ただし、**異議をとどめたときは、この限りでない**（民法125条2号）。

8 詐欺や強迫を受けたことで行われた意思表示は、無効である。

× **詐欺や強迫に基づく意思表示は、取り消す**ことができるのであり（民法96条1項）、**無効ではない**。

9 錯誤に基づく意思表示は、無効である。

× **錯誤に基づく意思表示は、取り消す**ことができるのであり（民法95条1項、2項）、**無効ではない**。

10 成年被後見人が行った意思表示は、無効である。

× 成年被後見人が行った**意思表示は、原則として、取り消す**ことができるのであり、**無効ではない**。

STEP 3 過去問にチャレンジ！

問題 1 特別区Ⅰ類（2022 年度）

民法に規定する無効又は取消しに関する記述として、通説に照らして、妥当なものはどれか。

1 当事者が、法律行為が無効であることを知って追認をしたときは、追認の時から新たに同一内容の法律行為をしたものとみなすのではなく、初めから有効であったものとみなす。

2 錯誤、詐欺又は強迫によって取り消すことができる法律行為は、瑕疵ある意思表示をした者又はその代理人により取り消すことができるが、瑕疵ある意思表示をした者の承継人は取り消すことができない。

3 取り消された法律行為は、取り消された時から無効になるため、その法律行為によって現に利益を受けていても返還の義務を負うことはない。

4 取り消すことができる法律行為の相手方が確定している場合には、その取消し又は追認は、相手方に対する意思表示によって行う。

5 取り消すことができる法律行為を法定代理人が追認する場合は、取消しの原因となっていた状況が消滅し、かつ、取消権を有することを知った後にしなければ、追認の効力を生じない。

➡解答・解説は別冊 P.046

問題 2 特別区Ⅰ類（2016 年度）

民法に規定する無効又は取消しに関する記述として、通説に照らして、妥当なものはどれか。

1 無効な法律行為は、追認によっても、その効力を生じないため、当事者がその法律行為の無効であることを知って追認をしたときにおいても、新たな法律行為をしたものとみなすことが一切できない。

2 行為能力の制限によって取り消すことができる法律行為は、制限行為能力者の承継人が取り消すことができるが、この承継人には相続人は含まれるが、契約上の地位を承継した者は含まれない。

3 行為能力の制限によって取り消された法律行為は、初めから無効であったものとみなすので、取消しによる不当利得が生じても、制限行為能力者は現存利益の返還義務を負うことはない。

4 取り消すことができる法律行為の追認について、法定代理人が追認をする場合には、取消しの原因となっていた状況が消滅した後にしなければ、効力を生じない。

5 取り消すことができる法律行為について、取消しの原因となっていた状況が消滅した後に、取消権者が履行の請求をした場合には、異議をとどめたときを除き、追認をしたものとみなす。

➡解答・解説は別冊 P.046

問題 3　国家一般職（2022 年度）

無効及び取消しに関するア～オの記述のうち、妥当なもののみを全て挙げているのはどれか。

ア　無効な行為は、追認によっても、その効力を生じない。ただし、当事者がその行為の無効であることを知って追認をしたときは、遡及的に有効となる。

イ　無効な無償行為に基づく債務の履行として給付を受けた者は、給付を受けた当時その行為が無効であることを知らなかったときは、その行為によって現に利益を受けている限度において、返還の義務を負う。

ウ　無効は、取消しとは異なり、意思表示を要せず、最初から当然に無効であり、当事者に限らず誰でも無効の主張ができるものであるから、無効な行為は、強行規定違反又は公序良俗違反の行為に限られる。

エ　取り消すことができる行為の追認は、原則として、取消しの原因となっていた状況が消滅し、かつ、取消権を有することを知った後にしなければ、その効力を生じない。

オ　追認をすることができる時以後に、取り消すことができる行為について取消権者から履行の請求があった場合は、取消権者が異議をとどめたときを除き、追認をしたものとみなされる。

1　ア、ウ
2　イ、エ
3　エ、オ
4　ア、ウ、オ
5　イ、エ、オ

➡解答・解説は別冊 P.047

問題 4 国家一般職（2014年度）

無効と取消しに関するア～カの記述のうち、妥当なもののみを全て挙げているのはどれか。

ア 意思表示は、意思表示に対応する意思を欠く錯誤に基づくものであって、その錯誤が法律行為の目的及び取引上の社会通念に照らして重要なものであるときは、無効とする。

イ 表意者は、強行法規に反する法律行為を取り消すことができる。

ウ 公の秩序又は善良の風俗に反する事項を目的とする法律行為は無効とされる。

エ 強迫による意思表示は無効とされる。

オ 不法な条件を付した法律行為は無効とされる。

カ 成年被後見人の法律行為は無効とされる。

1 イ・エ
2 ウ・オ
3 ア・ウ・カ
4 イ・エ・カ
5 ウ・エ・オ

➡解答・解説は別冊P.048

SECTION 15

条件及び期限

STEP 1 要点を覚えよう！

POINT 1 条件の意義と種類

法律効果の発生又は消滅を、将来の成否が不確実な事実に係らせるものを**条件**という。例えば、「試験に合格したら自転車を贈与する」といったもので、試験に合格するかは確実な事実ではない。

そして、条件には、①**停止条件**と、②**解除条件**があり、①**の停止条件付法律行為は、停止条件が成就**した時からその**効力を生じ**、②**の解除条件付法律行為は、解除条件が成就**した時からその**効力を失う**（民法127条1項、2項）。

「合格したら贈与する（＝効力発生）」は停止条件で、「不合格なら贈与を取り消す（＝効力消滅）」という場合が、解除条件だよ。

条件成就の効果は、原則として、遡及しない。しかし、**当事者が、**条件が成就した場合の**効果をその成就した時以前にさかのぼらせる意思を表示したときは、その意思に従う**こととなる（民法127条3項）。

POINT 2 条件付権利の保護

条件付法律行為の**各当事者は、条件の成否が未定である間**は、条件が成就した場合に、その法律行為から生ずべき**相手方の利益を害することができない**（民法128条）。上の「試験に合格したら自転車を贈与する」という例の場合において、合格前にその自転車を捨てるようなことはできない、ということである。

また、**条件付の権利義務は、**一般の規定に従い、**処分し、相続し、若しくは保存し、又はそのために担保を供することができる**（民法129条）。

POINT 3 特殊な条件

①条件が法律行為の時に**既に成就**していた場合、又は②**成就しないことが既に確定**していた場合を**既成条件**という。①**の場合、その条件が停止条件**であるときはその法律行為は**無条件**となり、その条件が**解除条件**であるときはその法律行為は**無効**となる。

また、②**の場合、**その条件が**停止条件**であるときはその法律行為は**無効**となり、その条件が**解除条件**であるときはその法律行為は**無条件**となる(民法131条1項2項)。

さらに、**不法な条件**を付した法律行為及び**不法な行為をしないことを条件**とする法律行為は、**無効**となる（民法132条）。

また、**不能の停止条件**を付した法律行為は、**無効**となり、**不能の解除条件**を付した法律行為は、**無条件**となる（民法133条）。

そして、**停止条件付法律行為は、**その**条件が単に債務者の意思のみに係るとき（随意条件）**は、**無効**となり、それ以外は有効である。

既成条件の種類	条件の種類	効果
既に成就していた場合	停止条件であるとき	無条件
	解除条件であるとき	無効
成就しないことが既に確定していた場合	停止条件であるとき	無効
	解除条件であるとき	無条件

POINT 4　期限の意義と種類

法律効果の発生又は消滅を、将来の成否が確実な事実に係らせるものを**期限**という。**到来する時期が確定**している期限を、確定期限といい、**到来することは確実であるが、それがいつかが不確定**である期限を不確定期限という。

「来月5日に贈与する」という場合が確定期限だよ。「晴れたら贈与する」という場合、いつか「晴れる」ことは確実だけど、いつ晴れるかが不確定だから不確定期限なんだ。

効力発生時期や債務の履行期のことを始期といい、法律行為に始期を付したときは、その法律行為の履行は、期限が到来するまで、これを請求することができない（民法135条1項）。逆に、**効力の消滅時期を**終期といい、法律行為に終期を付したときは、その法律行為の効力は、期限が到来した時に消滅する。

なお、**いわゆる「出世払い（特約）」は不確定期限**とされ、仮に出世できなかったとしても、出世できないことが明らかになった際に期限が到来するものと解されている。

POINT 5　期限の利益

期限の利益とは、**期限が付されていることにより当事者が受ける利益**のことをいう。期限は、**債務者**の利益のために定めたものと推定される（民法136条1項）。

期限の利益は放棄できるが、これによって相手方の利益を害することはできない（同条2項）。次に掲げる場合、債務者は期限の利益を喪失する（民法137条）。

①債務者が**破産手続開始の決定**を受けたとき
②債務者が**担保を滅失***させ、**損傷**させ、又は**減少**させたとき
③債務者が**担保を供する義務**を負う場合において、これを供しないとき

*　滅失（めっしつ）…なくなること。

STEP 2 一問一答で理解を確認！

1 不能の停止条件を付した法律行為は無条件であり、不能の解除条件を付した法律行為は無効とする。

× 不能の停止条件を付した法律行為は、**無効**であり、不能の解除条件を付した法律行為は、**無条件**である（民法133条）。

2 ＡＢ間において「Ａが今年Ｘ試験に合格したら甲動産を贈与する」という内容の契約を締結した場合において、契約時点で既にＡの不合格が確定していたときであっても、Ｂは一度は当該贈与契約にかかる債務を負担する。

× 条件が**成就しない**ことが法律行為の時に**既に確定**していた場合において、その条件が**停止条件**であるときはその法律行為は**無効**となる（民法131条2項）。よって、Bが当該贈与契約にかかる債務を負担する**ことはない**。

3 「将来出世したら返す」という約束で金銭消費貸借契約を締結した場合、その約束は、停止条件であると解される。

× 金銭消費貸借契約とは、お金の貸し借りであるが、本問はいわゆる**「出世払い特約」**であり、これは**不確定期限**と解されている。一見、出世するか否かは成就が不確実に思えるので「条件」とも思えるが、いつかは「出世できる」「出世できない」ことが確実となるため「**期限**」と解されている。

4 法律行為に始期を付したときは、その法律行為の履行は、期限が到来するまで、これを請求することができず、法律行為に終期を付したときは、その法律行為の効力は、期限が到来した時に消滅する。

○ **本問の記述のとおり**である（民法135条）。

5 相殺の意思表示には、条件又は期限を付することができない。

○ 相殺は、当事者の一方から相手方に対する意思表示によってするが、**相殺の意思表示には、条件又は期限を付することができない**(民法506条1項)。なお、相殺とは、例えば、互いに10万円ずつの相対する債権債務を有している場合、それらを現実的に履行することなく、対当額で帳消しにすることである。

6 条件が成就することによって不利益を受ける当事者が故意にその条件の成就を妨げたときは、その条件は、当然に成就したものとみなされる。

× 条件が成就することによって不利益を受ける当事者が故意にその条件の成就を妨げたときは、**相手方は、その条件が成就したものとみなすことができる**(民法130条1項)。成就したものとみなすことが「**できる**」だけであり、「当然に成就」する**わけではない**。

7 期限は、債務者の利益のために定めたものとみなされ、債務者は、期限の利益を放棄することができる。

× 期限は、**債務者**の利益のために定めたものと**推定**され、「みなされる」**わけではない**。なお、期限の利益は、放棄することが**できる**(民法136条)。

8 債務者が破産手続開始の決定を受けたときは、債務者は、期限の利益を主張することができない。

○ ①債務者が**破産手続開始の決定**を受けたとき、②債務者が**担保**を**滅失**させ、**損傷**させ、又は**減少**させたとき、③債務者が**担保を供する義務**を負う場合において、これを**供しない**ときは、債務者は、期限の利益を喪失する(民法137条)。

STEP 3 過去問にチャレンジ！

問題 1 特別区Ⅰ類（2017 年度）

民法に規定する条件又は期限に関する記述として、妥当なものはどれか。

1 条件が成就することによって不利益を受ける当事者が、故意にその条件の成就を妨げたときであっても、相手方は、その条件が成就したものとみなすことができない。

2 解除条件付法律行為は、条件が成就した時からその効力を生ずるが、当事者が、条件が成就した場合の効果をその成就した時以前にさかのぼらせる意思を表示したときは、その意思に従う。

3 条件が成就しないことが法律行為の時に既に確定していた場合において、その条件が停止条件であるときはその法律行為は無条件とし、その条件が解除条件であるときはその法律行為は無効とする。

4 法律行為に始期を付したときは、その法律行為の履行は、期限が到来するまで、これを請求することができず、法律行為に終期を付したときは、その法律行為の効力は、期限が到来した時に消滅する。

5 期限は、債務者の利益のために定めたものと推定されるので、債務者が担保を供する義務を負う場合において、これを供しないときであっても、債務者は期限の利益を主張することができる。

➡解答・解説は別冊 P.049

問題2　特別区Ⅰ類（2013年度）

民法に規定する条件又は期限に関する記述として、妥当なものはどれか。

1　条件の成否が未定である間における当事者の権利義務は、この条件の成就によって取得される権利義務に関する規定に従って、保存し、相続し、又はそのために担保を供することができるが、処分することはできない。

2　条件が成就しないことが法律行為の時に既に確定していた場合において、その条件が停止条件であるときはその法律行為は無効となり、その条件が解除条件であるときはその法律行為は無条件となる。

3　不能の停止条件を付した法律行為は無効であり、不能の解除条件を付した法律行為も同様に無効である。

4　民法は、期限は債務者の利益のために定めたものと推定しているので、期限の利益は債務者のみが有し、債権者が有することはない。

5　民法は、期限の利益喪失事由を掲げており、列挙された事由のほかに、当事者が期限の利益を失うべき事由を特約することはできない。

➡解答・解説は別冊P.049

問題3　　裁判所職員（2022年度）

条件及び期限に関する次のア～エの記述のうち、妥当なもののみを全て挙げているものはどれか（争いのあるときは、判例の見解による。）。

ア　AがBに対し「Bが今年甲大学に入学したら、入学金を贈与する。」と約束した場合、その約束の時点でBが今年甲大学に入学できないことが確定していたときも、Aは一旦はその贈与契約に基づく債務を負担する。

イ　AがBに対し「将来気が向いたら、私が所有する甲時計を贈与する。」と約束した場合、その贈与契約は無効である。

ウ　条件が成就することによって利益を受ける当事者が、故意に条件を成就させた場合には、相手方は、条件が成就していないものとみなすことができる。

エ　相殺の意思表示には、期限を付することができるが、条件を付することはできない。

1　ア、イ
2　ア、ウ
3　イ、ウ
4　イ、エ
5　ウ、エ

➡解答・解説は別冊P.050

問題 4　　裁判所職員（2015年度）

条件又は期限に関する記述として最も適当なものはどれか（争いのあるときは、判例の見解による。）。

1　不法な行為をしないことを条件とする法律行為は、無条件となる。

2　将来出世したら返すという約束で金銭消費貸借契約を締結した場合、その約束は、停止条件であると解されるから、出世できず、貸金債務を履行するのに十分な資力ができる可能性のないことが確定すると、貸主は、借主に対し、貸金債務の履行を請求することはできない。

3　履行期限を定めて利息付金銭消費貸借契約を締結した場合には、債権者も期限の利益を有するため、当事者の一方の意思表示によって期限の利益を放棄することはできない。

4　気が向いたら100万円を贈与するとの合意をした場合、当該贈与は無効である。

5　取消し、追認、解除等の単独行為に条件を付けると、相手方の法的地位が不安定になるため、単独行為に条件を付けることはできず、債務者が弁済しないことを停止条件として解除の意思表示をすることは許されない。

➡解答・解説は別冊P.051

SECTION 16

時効①

STEP 1 要点を覚えよう！

POINT 1 時効の意義と種類

時効とは、一定の事実状態が継続した場合に、その**事実状態に即した権利関係が確定しうる**とする制度である（民法162条、166条）。

時効制度の趣旨としては、永続する事実状態の尊重、立証の困難の救済、権利の上に眠るものは保護しない、が挙げられる。

時効には、**取得時効と消滅時効**があり、**取得時効**は一定期間の占有の継続により**権利の取得**が認められるもので、**消滅時効は**一定期間、権利を行使しないことにより**権利が消滅**するものである。

取得時効にせよ、消滅時効にせよ、**時効完成に必要な期間を経過しただけでは効果が確定しない。当事者による時効の援用**が必要だよ。

POINT 2 時効の効果

時効の効力は、その起算日にさかのぼる（民法144条）。

取得時効における**「起算日」とは、**時効の基礎たる事実の開始された時、つまり**占有開始時**である。そして、時効の援用を行うことで、**占有開始時**から権利を**原始取得***する。

他方、**消滅**時効における**「起算日」とは、**①主観的起算点として**権利を行使することができることを知った時**と、②客観的起算点として**権利を行使しうる時**の二つがある（民法166条1項、2項）。

上記のとおり、消滅時効の援用により権利が遡及的に消滅することとなるが、例えば、**消滅時効にかかった金銭債権の債務者は、元本債権が遡及的に消滅**することで、元本債権から発生するはずだった**遅延損害金の支払債務も免れる。**

そして、**時効の援用の効力は、時効を援用した者にのみ**生じ、**他の者には及ばない**。これを**時効の相対効**という。

* **原始取得**…権利を他者から譲り受けて取得するのではなく、自分の下で新たに発生したものとして取得すること。

POINT 3 時効の援用

時効は、**当事者**（**消滅時効**にあっては、**保証人**、**物上保証人**、**第三取得者**その他権利の消滅について正当な利益を有する者を**含む**）**が援用しなければ、裁判所がこれによって裁判をすることができない**（民法145条）。

本条の**「援用」とは、時効の利益を享受する旨の意思表示**であり、判例は、時効期間の経過によって生じた権利の得喪の効果は、この援用によって確定的に生じると解している。

例えば、10万円の金銭債権の消滅時効に必要な期間が経過しても、債務者が「ちゃんと支払いたい」と思うかもしれない。自動的に消滅させないで、当事者の「援用」によって効果を発生させるんだ。

ここで問題となるのは、**誰が「当事者」にあたり、時効利益の援用をできるのか**という点であり、押さえておきたい主なケースは以下のものである。

時効の援用が「認められた」ケース

- **詐害行為**[*]**の受益者**による、**詐害行為取消債権者の被保全債権の消滅時効の援用**（最判平10.6.22）
- 被相続人に取得時効が完成した場合の**共同相続人の1人は、自己の相続分の限度で取得時効を援用できる**（最判平13.7.10）
- 譲渡担保権者から担保目的不動産を譲り受けた者による譲渡担保権設定者が有する清算金支払請求権の消滅時効の援用（最判平11.2.26）

時効の援用が「認められなかった」ケース

①**借地上の建物の賃借人**による**建物賃貸人の土地所有権の取得時効の援用**（最判昭44.7.15）
②**抵当目的物の後順位抵当権者**による**先順位抵当権の被担保債権の消滅時効の援用**（最判平11.10.21）

◆時効の援用が「認められない」上記①のイメージ

＊ **詐害行為（さがいこうい）**…債務者が債権者を害することを知りながら、自己の財産を減少させる行為（民法424条参照）。債権者は一定の要件で詐害行為を取り消すことができる。

POINT 4 時効の「更新」と「完成猶予」

時効の更新とは、これまで**進行してきた**時効期間の経過が**効力を失い**、時効期間が**新たに進行を始める**ことをいう。

また、**時効の完成猶予とは**、これまで**進行してきた時効期間の経過はそのまま**で、**時効の完成を**一定の期間猶予することをいう。

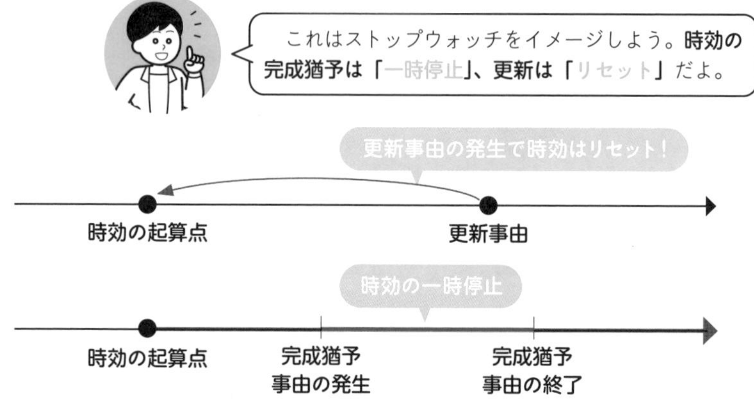

試験では、**どのような事由があると「更新」や「完成猶予」となるのか**が問われるが、この点に関する規定は複雑である。よって、**特に押さえておきたいポイント**をまとめたのが次のものである。

◆「更新」の効果のみが認められる事由

☞**権利の承認**（相手方が権利を有することを認めること。民法152条1項）

◆「完成猶予」の効果のみが認められる事由

①仮差押え、仮処分(民法149条)

☞事由が終了した時から6か月を経過するまでの間は、時効は完成しない。

②催告(民法150条)

☞催告時から6か月を経過するまでの間は、時効は完成しない。

☞催告により猶予されている間の再度の催告は、完成猶予の効力がない。

◆「完成猶予」の後に「更新」されるもの

条文	「完成猶予」事由	更新
147条(注1)	**裁判上の請求**	**判決の確定時**に更新の効力発生
	支払督促*	権利関係が調書に記載される等で確定すると、確定判決と同一の効力を有し、更新の効力発生。

＊ **支払督促(しはらいとくそく)**…債権者の申立てに基づき、裁判所(原則は簡易裁判所の裁判官)が債務者に金銭の支払いを命ずること。

148条 (注2)	強制執行 担保権の実行	未回収の債権が残っている限り、これらの手続きの終了時の度に更新の効力発生。

(注1) 確定判決又は確定判決と同一の効力を有するものによって権利が確定することなくその事由が終了した場合にあっては、その終了の時から6か月を経過するまでの間は、時効は、完成しない。
(注2) 申立ての取下げ又は法律の規定に従わないことによる取消しによってその事由が終了した場合にあっては、その終了の時から6か月を経過するまでの間は、時効は、完成しない。

なお、**時効期間の満了後**に、**天災その他避けることのできない事変**のため、上記の**民法147条1項又は148条1項各号に掲げる事由に係る手続を行うことができない**ときは、その**障害が消滅した時から3か月を経過するまでの間は、時効は完成しない**（民法161条）。

POINT 5 時効の利益の放棄

時効の利益は、あらかじめ放棄することができない。しかし、**時効完成後の放棄は認められる**（民法146条）。

あらかじめの放棄を認めると、弱い立場の者がお金を借りる際に「この債権は時効で消滅しない」という特約を結ばざるをえなくなるんだ。

なお、金銭債務の**債務者が消滅時効の完成を知らずに債務の承認**をした場合、時効利益の放棄は意思表示であるため、知らずに行っている以上はその効力は生じないものの、債務者は**信義則に照らし、もはや時効を援用することはできない**と解されている（最大判昭41.4.20）。

また、**時効は「権利の承認」**があったときは、**その時から新たにその進行を始める**（民法152条1項）。つまり、**「権利の承認」は時効の更新事由**である。

そして、**本条の権利の承認をするには、**相手方の権利についての処分につき**行為能力の制限を受けていないこと又は権限があることを要しない**（民法152条2項）。例えば、被保佐人は制限行為能力者であるが、管理能力を**有する**ため、本条による権利（債務）の承認をする場合、保佐人の同意を得ることを**要しない**。これに対し、成年被後見人、未成年者には管理能力が**なく**、単独で本条の承認は**できない**。

被保佐人が、時効「完成後」に債務者が債務の承認（時効の利益の放棄）をする場合は、保佐人の同意が必要なので比較しておこう。

STEP 2 一問一答で理解を確認！

1 時効の効力は、その起算日にさかのぼるとされている。

○ **時効の効力は**、その**起算日にさかのぼる**(民法144条)。

2 取得時効における「起算日」とは、占有開始時であり、時効の援用によって、前所有者から取得時効を援用した者に所有権が移転する。

× 取得時効における「起算日」とは、**占有開始時**であり、時効の援用により権利を**原始取得**する。前所有者から援用した者に対して権利が移転(承継取得)する**のではない**。

3 消滅時効は、一定の期間権利を行使しないことによってその権利を失う制度であるから、金銭債権の債務者は、時効の起算日以降に発生した遅延損害金について支払義務を負う。

× **時効の効力**は、その**起算日にさかのぼる**(民法144条)。これにより**金銭債権**の**元本債権**が**遡及**して**消滅**することとなるため、**遅延損害金債権**も**発生しなかった**ことになる。

4 裁判上の請求及び支払督促は、時効の完成猶予及び更新事由である。

○ **裁判上の請求及び支払督促**がある場合には、原則として、**その事由が終了するまでの間は、時効は完成しない。** つまり、**時効の完成猶予の事由**である(民法147条1項)。また、これらが**確定判決又は確定判決と同一の効力を有するものによって権利が確定**したときは、時効はこれらが終了した時から**新たにその進行を始める**。つまり、時効の**更新事由**でもある(民法147条2項)。

5 権利の承認は、時効の更新事由である。

○ **本問の記述のとおり**である(民法152条1項)。

6 時効の更新とは、これまで進行してきた時効期間の経過が効力を失い、時効期間が新たに進行を始めることをいい、時効の完成猶予とは、これまで進行してきた時効期間の経過はそのままで、時効の完成を一定の期間猶予することをいう。

○ **本問の記述のとおり**である。

7 時効の利益は、あらかじめ放棄することができない。

○ **本問の記述のとおり**である(民法146条)。

8 時効の利益は、時効の完成後であれば、放棄することができる。

○ **本問の記述のとおり**である(民法146条)。

9 物上保証人は、当該抵当権の被担保債権について、その消滅時効を援用することができる。

○ 時効は、当事者(**消滅時効**にあっては、**保証人、物上保証人**、第三取得者その他権利の消滅について正当な利益を有する者を**含む**)が援用しなければ、裁判所がこれによって裁判をすることができない(民法145条)。つまり、**物上保証人は当該抵当権の被担保債権について、消滅時効を援用することができる**。

10 後順位抵当権者は、先順位抵当権者の被担保債権について、その消滅時効を援用することができない。

○ **本問の記述のとおり**である(最判平11.10.21)。

11 土地の所有権を時効取得すべき者から、土地上に同人が所有する建物を賃借している者は、土地の所有権の取得時効を援用することができる。

× **建物賃借人は、建物賃貸人による敷地所有権の取得時効を援用することはできない**(最判昭44.7.15)。

STEP 3 過去問にチャレンジ！

問題 1

特別区Ⅰ類（2017年度）

民法に規定する時効に関する記述として、通説に照らして、妥当なものはどれか。

1 裁判上の請求及び支払督促は、時効の完成猶予及び更新事由であるが、権利の承認は観念の通知であって、それ自体は法律行為ではないため、時効の更新事由とはならない。

2 更新された時効は、その更新事由が終了した時から、新たにその進行を始めるが、裁判上の請求によって更新された時効については、その訴えの提起の時から、新たにその進行を始める。

3 時効の期間の満了の時に当たり、天災その他避けることのできない事変のため民法所定の時効の更新手続を行うことができないときは、その障害が消滅した時から3か月を経過するまでの間は、時効は、完成しない。

4 他人の物を所有の意思をもって平穏かつ公然と、占有開始の時から善意無過失で10年間占有した者はその所有権を取得するが、占有開始後に悪意となった場合は、占有開始の時から20年間占有しなければその所有権を取得できない。

5 確定判決又は確定判決と同一の効力を有するものによって確定した権利については、10年より短い時効期間の定めがあるものは、その時効期間は、5年とする。

➡解答・解説は別冊P.052

問題 2 国家一般職（2022 年度）

時効に関する記述として最も妥当なものはどれか(争いのあるときは、判例の見解による。)。

1 所有権自体は消滅時効にかからないが、所有権に基づく返還請求権は、所有権から発生する独立の権利であるから、消滅時効にかかる。

2 土地の所有権を時効取得すべき者から、土地上に同人が所有する建物を賃借している者は、土地の所有権の取得時効を援用することができる。

3 A所有の不動産をBが占有し、取得時効が完成した後、登記を具備しないでいる間に、CがAから当該不動産を譲り受けて登記を経由した場合、Bは、Cに対し、当該不動産の時効による所有権取得を対抗することができる。

4 消滅時効は、一定の期間権利を行使しないことによってその権利を失う制度であるから、債務者とされる者は時効の起算日以降に発生した遅延損害金について支払義務を負う。

5 保証人が主債務に係る債権の消滅時効を援用しても、その効力は主債務者に及ばないが、主債務者が消滅時効を援用する場合、主債務だけでなく保証債務も消滅する。

➡解答・解説は別冊 P.053

問題3 国家一般職（2021年度）

時効に関するア～オの記述のうち、妥当なもののみを全て挙げているのはどれか。ただし、争いのあるものは判例の見解による。

ア 時効が完成し、当事者がそれを援用したときには、時効の効力はその起算日に遡って発生するため、目的物を時効取得した者は、占有の開始時から正当な権利者であるが、時効期間中に生じた果実を取得する権限はない。

イ 時効の援用は、債務者の個人意思に委ねる性質のものであって、代位の対象とはなり得ないことから、債権者は、自己の債権を保全するのに必要な限度であっても、債権者代位権に基づいて債務者の援用権を代位行使することはできない。

ウ 後順位抵当権者は、先順位抵当権の被担保債権が消滅すると抵当権の順位が上昇し、配当額が増加することとなり、時効による債務の消滅について正当な利益を有する者であるから、先順位抵当権の被担保債権の消滅時効を援用することができる。

エ 物上保証人として自己の所有する不動産に抵当権を設定した者は、被担保債権の消滅時効が完成すると抵当権の実行を免れることとなり、時効による債務の消滅について正当な利益を有する者であるから、被担保債権の消滅時効を援用することができる。

オ 時効が完成した後に、債務者がその事実を知らずに債務を承認した場合、債権者は債務者がもはや時効を援用しない趣旨であると考えるであろうから、その後においては、債務者は、信義則上、時効を援用することができない。

1 ア、イ
2 ア、オ
3 イ、ウ
4 ウ、エ
5 エ、オ

➡解答・解説は別冊P.053

問題4 裁判所職員（2015年度）

時効の援用に関する次のア～ウの記述の正誤の組み合わせとして最も適当なものはどれか(争いのあるときは、判例の見解による。)。

ア 他人の債務のために自己の所有する不動産に抵当権を設定したいわゆる物上保証人は、被担保債権が消滅することにより抵当権の実行を免れることができる利益を受けるが、その利益は時効の直接の効果ではないから、被担保債権の消滅時効を援用することができない。

イ 債務者が、債務の消滅時効が完成した後、時効完成の事実を知らずに、債権者に対し、当該債務の承認をした場合は、以後その時効の援用をすることは信義則に照らし許されない。

ウ 詐害行為の受益者は、詐害行為取消権を行使する債権者の債権が消滅すれば、受益者の取得した利益の喪失を免れることができるが、その利益は時効の直接の効果ではなく、反射的利益にすぎないというべきであり、直接利益を受ける者に当たらないから、同債権の消滅時効を援用することができない。

	ア	イ	ウ
1	正	誤	誤
2	誤	正	正
3	正	正	誤
4	誤	正	誤
5	正	誤	正

➡解答・解説は別冊P.054

SECTION 17

時効②

STEP 1 要点を覚えよう！

POINT 1 所有権の取得時効

20年間、所有の意思をもって、**平穏に、かつ、公然***と**他人の物を占有**した者は、**その所有権を取得する。**

また**10年間、所有の意思**をもって、**平穏に、かつ、公然**と**他人の物を占有**した者は、その**占有の開始時に善意であり、かつ、過失がなかったときは、**その**所有権を取得する**（民法162条）。

要するに、「他人の物」であったとしても、一定の状態で20年又は10年間の占有を継続すれば、取得時効が成立し、自分の物となるということである。

上記のとおり、取得時効の要件は、①**所有の意思**をもって**（自主占有）**、②**平穏かつ公然**に、③**一定期間（20年又は10年）**、④**他人の物の占有を継続**することであるが、①②**は推定される。**

また、**「善意」についても民法186条1項により推定され、**10年又は20年間の占有が継続している点については、同条2項により占有の開始と占有期間最後の両時点において占有をした証拠があるときは、その間、占有が継続していたものと推定される。

色々と自動的に推定されるため、取得時効を主張する者が立証すべきことは多くないんだ。

これに対して、**10年での取得時効で必要となる「無過失」は推定されない**ため、取得時効を援用する者から立証しなければならない。

ここで差をつける！ 取得時効の要件

・20年間での取得時効 ☞他人の物であることについて悪意の場合、20年間の占有。

・10年間での取得時効 ☞**占有開始時**に他人の物であることについて**善意無過失**であること。

※「所有の意思」「平穏かつ公然」「善意」は推定される。

☞**なお、占有期間の起算点は占有開始時であり、占有者が任意に起算点を選択する(ずらす)ことはできない。**

* **平穏かつ公然**…暴力的に占有を奪ったりせず、また、隠し持つなどせずに堂々と占有していること。

POINT 2 取得時効の要件についての検討

取得時効の要件である前記①の**自主占有とは、所有の意思をもってする占有**をいい、要するに、**自分の物だと思って、**若しくは、**自分の物にするつもりで占有**することである。なお、対義語は**他主占有**であり、これは自分の物ではない認識での占有を指す。

自主占有か他主占有かの判断は、占有者の内心によって決まるのではなく、**占有取得の原因**である事実の性質（権原*の性質）によって**客観的に決まる。**

例えば、占有者の内心がどうあれ、**不法占拠者の占有は自主占有**であり、**賃借人の借りている物に対する占有は他主占有**と判断される。賃借人は借りている物を"自分の物"と考えて占有しているわけではないので、賃借人であるという事実から**他主**占有と判断される（→よって、賃借物の取得時効は原則成立しない）。

また、取得時効の要件のうち前記④の**「他人の物」の占有**について、条文上は「他人の物」と規定されているが、これは通常、自己の所有物について取得時効を援用することは無意味であるためである。よって、**自己の物について取得時効の援用を許さない趣旨ではない**と解されており、**自己の物についても、取得時効は可能**である（最判昭42.7.21）。

例えば、大昔に土地を買ったけれども契約書などの証拠がなく、自分に所有権があることを証明できないことがある。その際、自分の物であっても、取得時効を主張してしまうんだ。

POINT 3 途中で占有が奪われた場合など

取得時効は、占有者が任意にその占有を中止し、又は他人によってその**占有を**奪われた**ときは、**中断**する**（民法164条）。**占有が**奪われたとは、占有していた物が盗まれたような場合である。

ただし、この場合でも**占有者が占有回収の訴えを提起**したときは、**占有権は**消滅しない（民法203条但書）。なお、占有回収の訴えについては、207ページ以降を参照のこと。

POINT 4 占有の承継と取得時効

相続などにより**占有がA→Bと移転**した場合、**占有の承継人（B）は、**その選択**に従い、自己の占有のみを主張**し、又は**自己の占有に前の占有者の占有を併せて主張することができる**（民法187条1項）。

そして、前の占有者の占有を併せて主張する場合には、その**瑕疵をも承継する**（民法187条2項）。

つまり、前占有者（A）が他人の物であることについて悪意の占有者である場合、承継人（B）が善意無過失であっても、BはAの占有を併せて主張するのであれば、善意無過失の取得時効を主張できない。

＊　**権原（けんげん）**…ある法律的行為や事実的行為をすることを正当とする法律上の「原因」のこと。法律上の行為等が「できる」能力を意味する「権限」と異なる。

POINT 5 所有権「以外」の権利の取得時効

所有権以外の権利、例えば、**地上権などの用益物権も取得時効の対象となる。** また、**地役権については、継続的に行使され、かつ、それが外形上認識することができるものに限り、**時効によって取得することができる（民法283条）。地上権や地役権といった「用益物権」の具体的内容は、226ページ以降で解説しているので、そちらを参照してほしい。

これに対して、**占有を伴わない抵当権などの担保物権**や、原則として1回性の権利である**債権、取消権などは、取得時効の対象とはならない。**

ただし、債権の中でも**「土地賃借権」**については、判例が一定の要件で取得時効を認めている。

最判昭43.10.8（土地賃借権の時効取得）

判例(事案と判旨) **債権である(土地)賃借権が取得時効の対象となるか**問題となった事案。

☞**土地の継続的な用益**という**外形的事実が存在**し、かつ、それが**賃借の意思に基づくことが客観的に表現(＝賃料を支払っているなど)**されているときは、**土地賃借権を時効により取得することができる。**

ここで取得時効が認められるのは「土地賃借権」であり、土地の所有権ではないよ。以後、**「自分は賃借人だ！」**と主張できるということだよ。

ここで፧きめる！ 時効取得ができる権利

- 所有権 ☞**できる。**
- 地役権 ☞**継続的に行使され、かつ、それが外形上認識することができるものであればできる。**
- 債権 ☞**原則としてできない。ただし、「土地賃借権」を除く。**
- 抵当権などの担保物権 ☞**できない。**

POINT 6 消滅時効の起算点

次に「消滅時効」についての話に移る。SECTION16でも触れたが、**債権は、**①債権者が権利を**行使することができることを知った時**から**5年間行使しない**とき、又は、②権利を**行使することができる時**から**10年間行使しない**ときには、**時効によって消滅する**（民法166条1項）。

①を主観的起算点、②を客観的起算点というが、どちらの要件を満たした場合でも消滅時効は成立する。

また、**人の生命又は身体に対する侵害に対する、債務不履行に基づく損害賠償**

請求権の消滅時効については、10年でなく、20年とされる（民法167条）。これは人の生命身体に関する損害に対して、厚く保護しようという趣旨に基づく。

そして、**債権又は所有権以外の財産権は、**権利を行使することができる時から20年間行使しないときは、**時効によって消滅する**（民法166条2項）。

確定判決又は確定判決と同一の効力を有するものによって確定した権利については、10年より短い時効期間の定めがあるものであっても、その時効期間は、10年とする。しかし、確定の時に弁済期の到来していない債権については、本条は適用されない（民法169条）。

◆ 主な権利の消滅時効の起算点

権利	消滅時効の起算点
確定期限ある債権	期限到来時
不確定期限ある債権	**期限到来**時（**債務者の知・不知は無関係**）
停止条件付債権	条件成就の時
解除条件付債権	債権成立時
債務不履行による損害賠償債権	本来の履行を請求しうる時
不法行為に基づく損害賠償債権	**損害及び加害者を知った**時又は **不法行為**の時

上記のうち**「不法行為に基づく損害賠償債権」**とは、契約関係にはないが、故意・過失に基づいて損害を被った際、その加害者に対して損害賠償を請求できる権利である。この不法行為に基づく損害賠償請求権の消滅時効の起算点は、原則として、**損害「及び」加害者を知った**時となり、**3年間**で時効期間が完成する（民法724条1号）。被害者であれば損害を受けたことはわかるであろうが、被害者保護の観点から、「加害者」が誰であるか判明しない限り、消滅時効は起算されないということだ。とはいえ、あまりに期間が経過してしまうと証拠がなくなってしまう等の理由から「不法行為」の時から20年が経過することでも消滅時効にかかる（同条2号）。

さらに、「人の生命又は身体」を害する不法行為による損害賠償請求権の消滅時効期間についても特例があって、時効にかかる期間が「3年間」から「5年間」となるよ（民法724条の2）。

POINT 7 消滅時効にかかる権利

消滅時効にかかる権利は、債権及び所有権以外の財産権である。つまり、**所有権は、消滅時効にかからない**。

また、**所有権から派生する物権的請求権、登記請求権、共有物分割請求権、隣地通行権（民法210条）も消滅時効にかからない**。所有権に基づく物権的請求権とは、所有権から当然に認められる返還請求権などである（参171ページ）。

STEP 2 一問一答で理解を確認！

1 占有者は、所有の意思をもって、平穏かつ公然に、善意・無過失で占有するものと推定されるため、10年の取得時効を主張する者は、これらの要件について立証する必要はない。	× 10年の取得時効を主張する場合、**無過失で占有を開始したことまでは推定されない。**したがって、取得時効の援用権者は、自らこれを立証しなければならない。なお、その他のものは推定される。
2 賃借人が、内心では所有の意思をもって占有している場合、その占有は自主占有となる。	× **自主占有か他主占有かの判断は、**占有者の内心によって決せられるのではなく、占有取得の**原因である事実の性質（権原の性質）によって客観的に決まる。賃借権者は権原の性質上、他主占有者**である。
3 取得時効の占有期間の起算点については、占有者が任意に選択することができる。	× **占有期間の起算点は占有開始時**であり、**占有者が任意に起算点を選択する（ずらす）ことはできない。**
4 債権であっても、原則として、時効取得が可能である。	× 債権は原則として、時効取得が**できない**。
5 土地の継続的な用益という外形的事実が存在し、かつ、それが賃借の意思に基づくことが客観的に表現されているときは、土地賃借権の時効取得が可能である。	○ **本問の記述のとおり**である（最判昭43.10.8）。上記のとおり、原則として、債権の時効取得は認められないが、土地賃借権については、本問の要件により時効取得が認められている点に注意しておこう。

6 取得時効は、占有者が任意にその占有を中止し、又は他人によってその占有を奪われたときは、中断する。

○ **本問の記述のとおり**である(民法164条)。

7 取得時効は、他人にその占有を奪われたときは中断するが、占有者が占有回収の訴えを提起したときは、占有権は消滅しない。

○ **本問の記述のとおり**である(民法203条但書)。

8 所有権は、時効によって消滅することがない。

○ **本問の記述のとおり**である。なお、所有権から派生する所有権に基づく物権的請求権、登記請求権、共有物分割請求権も消滅時効にかからない。

9 占有の承継人は、その選択に従い、自己の占有のみを主張し、又は自己の占有に前の占有者の占有を併せて主張することができるが、前の占有者の占有を併せて主張する場合、前占有者の瑕疵までは承継しない。

× **占有の承継人は、**その選択**に従い、**自己の占有のみ**を主張**し、又は**自己の占有に前の占有者の占有を**併せて主張**することができ**(民法187条1項)、**前の占有者の占有を併せて主張する場合**には、その**瑕疵をも**承継する(民法187条2項)。

10 不確定期限の定めのある債権の消滅時効は、債務者が期限の到来を知った時から進行する。

× 不確定期限の定めのある債権の消滅時効は、債権者の知・不知に関係なく、**期限到来時**から進行する。

11 不法行為による損害賠償の請求権は、原則として、被害者又はその法定代理人が損害及び加害者を知った時から3年間行使しないとき、又は、不法行為の時から20年間行使しないときは、時効によって消滅する。

○ **本問の記述のとおり**である(民法724条)。なお、例外規定として、人の生命又は身体を害する不法行為による損害賠償請求権については3年間ではなく**5年間**となる。

STEP 3 過去問にチャレンジ！

問題 1

裁判所職員（2022 年度）

取得時効に関する次のア～オの記述のうち、妥当なもののみを全て挙げているものはどれか（争いのあるときは、判例の見解による。）。

ア 土地の継続的な用益という外形的事実が存在し、かつ、それが賃借の意思に基づくことが客観的に表現されているときは、土地賃借権の時効取得が可能である。

イ 占有者がその占有開始時に目的物について他人の物であることを知らず、かつ、そのことについて過失がなくても、その後、占有継続中に他人の物であることを知った場合には、悪意の占有者として時効期間が計算される。

ウ 時効取得を主張する相続人は、自己の占有のみを主張することも、被相続人の占有を併せて主張することもできる。

エ 賃借人が、内心では所有の意思をもって占有している場合、その占有は自主占有となる。

オ 他人の物を占有することが取得時効の要件であるから、所有権に基づいて不動産を占有していた場合には、取得時効は成立しない。

1 ア、ウ
2 ア、エ
3 イ、オ
4 ウ、エ
5 エ、オ

➡解答・解説は別冊 P.055

問題 2 裁判所職員（2021 年度）

取得時効に関する次のア～オの記述のうち、妥当なもののみを全て挙げているものはどれか(争いのあるときは、判例の見解による。)。

ア Aが、B所有の甲土地を5年間継続して占有していたCから、甲土地を購入して引渡しを受け、さらに6年間継続して占有している場合、甲土地がB所有であることについてCが善意無過失であっても、Aが善意無過失でなければ、Aは甲土地を時効取得することができない。

イ Aが、B所有の甲土地をBから購入して10年間継続して占有している場合、Aにとって甲土地は他人の物ではないから、Aは甲土地を時効取得することができない。

ウ Aが、B所有の甲土地を自己所有の土地として、第三者であるCに賃貸し、Cが甲土地を20年間継続して占有している場合、Aは甲土地を時効取得することができる。

エ Aが、B所有の甲土地をB所有であると知りながら5年間継続して占有していたCから、甲土地を購入して引渡しを受け、さらに11年間継続して占有している場合、Aが、甲土地がB所有であることにつき善意無過失であれば、Aは甲土地を時効取得することができる。

オ AがB所有の甲土地をBから賃借して20年間継続して占有している場合、Aは甲土地を時効取得することができる。

1 ア、イ
2 ア、オ
3 イ、ウ
4 ウ、エ
5 エ、オ

➡解答・解説は別冊P.055

問題 3

裁判所職員（2019 年度）

消滅時効に関する次のア～エの記述のうち、妥当なもののみを全て挙げているものはどれか(争いのあるときは、判例の見解による。)。

ア 抵当不動産の第三取得者は、その抵当権の被担保債権の消滅時効を援用することができない。

イ 債務者が消滅時効の完成後に債権者に対して債務を承認した場合において、その後さらに消滅時効の期間が経過したときは、債務者は、その完成した消滅時効を援用することができる。

ウ 契約不適合責任による買主の売主に対する損害賠償請求権の消滅時効は、買主が目的物の引渡しを受けた時から進行する。

エ 不確定期限の定めのある債権の消滅時効は、債務者が期限の到来を知った時から進行する。

1 ア・イ
2 ア・ウ
3 イ・ウ
4 イ・エ
5 ア・エ

➡解答・解説は別冊 P.056

問題 4 裁判所職員（2019年度）

取得時効に関する次のア～オの記述のうち、妥当なもののみを全て挙げているものはどれか(争いのあるときは、判例の見解による。)。

ア 占有者は、所有の意思をもって、平穏かつ公然に、善意・無過失で占有するものと推定されるため、10年の取得時効を主張する者は、これらの要件について立証する必要はない。

イ Bが自己の占有と前占有者であるAの占有を併せて取得時効を主張する場合において、Aがその占有開始の時点において善意・無過失であっても、B自身がその占有開始時において悪意であるときは、Bは、期間10年の取得時効を主張することはできない。

ウ AがB所有の甲土地を占有し、取得時効が完成した場合において、その取得時効が完成する前に、CがBから甲土地を譲り受けその所有権移転登記をしていたときは、Aは、Cに対し、登記なくして甲土地の所有権を時効取得したことを主張することはできない。

エ 時効期間の起算点は、時効の基礎となる占有の事実が開始した時点であり、取得時効を援用する者が任意に起算点を選択することはできない。

オ 占有の途中で他人に占有を奪われても、占有者が占有回収の訴えにより占有物の占有を回復すれば、取得時効は中断しない。

1 ア・イ
2 ア・ウ
3 イ・ウ
4 ウ・エ
5 エ・オ

➡解答・解説は別冊P.057

問題 5 裁判所職員（2017 年度）

取得時効に関する記述として最も適当なものはどれか（争いのあるときは、判例の見解による）。

1 被相続人の占有により取得時効が完成した場合において、その共同相続人の一人は、自己の相続分の限度においてのみ、取得時効を援用することができる。

2 他人の物を占有することが取得時効の要件であるので、自己の所有物については、取得時効は成立しない。

3 取得時効を主張する者は、占有を開始した以後の任意の時点を時効の起算点として選択することができる。

4 所有権以外の財産権についても時効取得は可能であるが、財産権のうち債権に関しては、特定の債務者に対して一定の行為を要求しうるにすぎないので、時効取得することはない。

5 動産については、即時取得が所有権の原始取得の制度として特別に設けられているので、動産の所有権を時効取得することはない。

➡解答・解説は別冊 P.058

CHAPTER

物権

SECTION1　物権の効力
SECTION2　不動産物権変動①
SECTION3　不動産物権変動②
SECTION4　動産物権変動と即時取得
SECTION5　占有権
SECTION6　所有権（相隣関係と共有）
SECTION7　用益物権（地上権と地役権）

この章で学ぶこと

物権は、不動産物権変動を優先的に押さえよう

CHAPTER2・物権では、人と物との法律関係を中心に学んでいきます。物をめぐる法律をどのように定めるべきか、物に関する権利はそれぞれどのような性質を有するのかが学習の中心となります。具体的には**不動産と動産の物権変動**、**所有権・占有権**や**用益物権**といった、**物への法的規律と権利の性質・種類**を扱います。このうち、**不動産（土地と建物）をめぐる法律関係（不動産物権変動）**について、事例をもとに問われる問題が多くなっています。そのため、条文や解釈論に関する問題を多く解いて、対策をするとよいでしょう。そのため、「民法総則」同様条文や解釈論に関する知識を付けるとともに、それらが問題となる実際の場面を想定しながら学習を進めましょう。

理解を深めるためにはまず、「不動産」と「動産」の法制度の違いについて理解しておくとよいでしょう。

簡単な図を自分なりに書いてみよう

物権に関する問題では、当事者が複数登場することが多いので、**当事者の関係を整理するための図**を書いてみるのがおすすめです。図は、自分なりに簡単なものが書ければよいので、過去問演習の際には積極的に図を書くようにしてみましょう。

細かい条文知識もカバーして合格へ近づこう

物権では、**所有権における相隣関係や用益物権**など、細かい条文知識が問われることもあります。ただ、そのような問題にとらわれることなく、まずは「不動産物権変動」などの頻出分野を優先して確実に押さえましょう。頻出分野をきちんと押さえてから、細かい条文知識を身に付けていくことにより、安定して正解が出せるようになります。

試験別対策

国家一般職

不動産物権変動と即時取得を中心に、まんべんなく問われる傾向にある。不動産物権変動は事例をもとに問われやすいので、自分なりに図を書きながら過去問を解いてみるのが望ましい。

国家専門職

全範囲からまんべんなく問われる傾向にある。問われる知識自体は基礎的なものが大半なので、広く浅く確実に本書の内容を押さえれば対応可能である。

地方上級

所有権や共有関係が比較的出題されやすい。この分野の条文知識をしっかりと理解しておくことが望ましい。それに加えて、不動産物権変動などの頻出分野も押さえておくこと。

裁判所職員

まんべんなく全範囲から問われるので、穴を作らない学習が求められる。難易度はそこまで高くないので、基礎知識をしっかりと習得すること。

特別区Ⅰ類

まんべんなく問われやすいが、用益物権の出題頻度が他の試験種よりも高い。用益物権の学習は後手に回りやすいので、不動産物権変動などの頻出分野を終えたら、速やかに取り組んでおくのが望ましい。

市役所

まんべんなく広い範囲から問われる傾向にある。裁判所職員と同様、可能な限り全範囲をカバーするように学習を進めるとよい。

SECTION 1

物権の効力

STEP 1 要点を覚えよう！

POINT 1 物権の意義

物権とは、物を直接かつ排他的に支配する権利のことをいう。

直接性と排他性が特徴となるが、**直接性とは、他人の行為を介在せず、**自己の意思のみに基づいて**物を支配**することができることをいい、**排他性とは、同一の物の上に、同一内容の物権が複数成立することが認められない**ことをいう。

これに対して、**債権とは、特定の者が、特定の他人**に対して**一定の行為を請求することができる権利**をいう。この権利を有する者を債権者、この義務を負う者を債務者という。物権と異なり、債権には直接性と排他性がない。

物権と債権が競合する場合、原則として物権が優先されるけれども、登記を備えた不動産賃借権については、**物権にも対抗することができる**よ。

POINT 2 一物一権主義

一物一権主義とは、①排他性、②独立性及び単一性の二つの考え方からなっている。**①排他性とは、1個の物の上には同じ内容の物権は1個しか存在することができない**ことをいう（矛盾する複数物権の成立の否定）。

また、**②独立性及び単一性とは、1個の物権が物の「一部」には成立せず、「複数」の物に対して1個の物権は成立しない**ことをいう。これは物の一部に1個の物権を認める社会的必要性がないこと、また、物の集団の上に一つの物権を認めると公示が困難となり、取引の安全を害するおそれがあることを理由とする。したがって、社会的必要性があり、かつ、**公示方法があれば例外が認められている。**

独立性（＝物の一部には成立しない）の例外としては、本来、**樹木は土地の一部**であるため、原則として、樹木のみ独立して処分することができないところ、**立木法による登記**や**明認方法***により公示することで、樹木のみを独立した対象として取引を認めている。また、**明認方法**を施せば、**未分離の果実や稲立毛も独立の動産として取引の対象となる**（大判大5.9.20）。

単一性（＝複数には成立しない）の例外としては、構成部分の変動する**集合動産**（例：倉庫内の多数の商品）でも、一定の要件を充たすことで**1個の譲渡担保権の目的**とすることが**認められている**（最判昭62.11.10、参309ページ）。

---

* **明認方法（めいにんほうほう）**…樹木等の登記できない土地定着物に対して慣習で認められている公示方法。所有者の名前が入った立て札を立てるなどを行う。

POINT 3 物権法定主義

物権は、民法その他の**法律に定めるもののほか、創設することができない**（民法175条）。この考え方を**物権法定主義**という。物権は強力な権利であるため、取引の安全のために公示を必要とするが、当事者が自由に物権を創設した場合、それらについてすべて公示するのが困難であることなどを理由とする。

したがって、**例外として、公示方法があり、取引の安全を図ることができる譲渡担保権や温泉権***といった物権は**慣習法上、認められる**（大判昭15.9.18 など）。

◆ 物権の概観

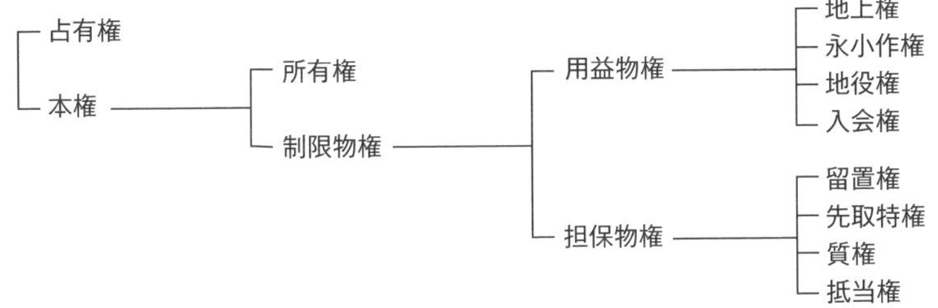

POINT 4 物権的請求権

例えば、A所有の甲土地上に、BがAに無断で乙建物を建築した場合、Aは甲土地の所有権を有しているだけで、このようなBに対して何ら請求権を有しないのであれば、Aの権利は実効性のないものとなる。

そこで、物権の円満な支配状態が妨害され、又はそのおそれがある場合に、その妨害の原因を作出した者に対して、**妨害状態の回復**又は**妨害の予防**を求める請求権が認められている。これを**物権的請求権**という。**物権的請求権は、妨害者の故意・過失を問わず発生**し、物権的請求権のみを基本となる物権から分離して譲渡できない。また、**所有権に基づく物権的返還請求権は消滅時効にはかからない**。

◆ 物権的請求権の種類と内容

物権的「返還」請求権	所有権者が目的物の占有を失った場合に、**占有の回復**を求める権利
物権的「妨害排除」請求権	上記以外の態様で、物権の実現が妨害されている場合に**妨害状態の解消**を求める権利
物権的「妨害予防」請求権	物権の**実現妨害のおそれ**がある場合にその**予防**を求める権利

なお、債権についても**不動産賃借権は、民法所定の対抗要件（登記等）を備えた場合、**①その不動産の占有を第三者が妨害しているときは、その第三者に対する**妨害の停止の請求、**②その不動産を第三者が占有しているときは、その第三者に対する**返還の請求**をすることができる（民法605条の4）。

* **温泉権**…土地に存在する温泉（源）の利用権のこと。

STEP 2 一問一答で理解を確認！

1 物権は、物を直接かつ排他的に支配する権利のことをいうので、債権と競合する場合、常に物権が優先することになる。	× 物権と債権が競合する場合、**原則として、物権が優先するが、不動産賃借権**については、**登記等の対抗力を備えることを前提に、物権に対抗することができる。**
2 土地に生立する樹木の集団の所有権は、立木法の定める立木登記をしなくても、明認方法を施すことによって、第三者に対抗することができる。	○ **本問の記述のとおり**である。
3 民法上「物権は、この法律その他の法律に定めるもののほか、創設することができない」と規定されているため、慣習法上の物権は認められていない。	× 民法175条において物権法定主義の原則が規定されているが、**慣習法上の物権を認めるか否かについて、判例は、温泉権等の慣習法上の物権を認めている。**
4 民法に定められている物権は、いずれも登記をすることができる。	× 民法に定められている物権のなかでも、占有権（民法180条）、留置権（民法295条1項）、動産の先取特権（民法311条）など、**登記することができない物権がある**。これはSTEP1では触れていなかったが、押さえておこう。
5 所有権に基づく物権的返還請求権は、所有権と別に物権的請求権のみが消滅時効にかかることはない。	○ **所有権に基づく物権的返還請求権は**、所有権から派生する権利であり、**消滅時効にはかからない**。

6 倉庫に搬入されるビールすべてを対象とする包括的な譲渡担保権を設定することは、一物一権主義に反しない。	○ 一物一権主義は、一つの物権の客体は、一つの独立物（物の集合体ではない単一物）でなければならないという意味を有するが、例外として、**構成部分の変動する集合動産でも、一定の要件を充たすことで1個の譲渡担保権の目的とすることが認められている**（最判昭62.11.10）。
7 所有権に基づく物権的請求権は、所有権から独立して物権的請求権のみを第三者に対して譲渡することができる。	× 所有権に基づく物権的請求権は、債権ではなく、物権から派生して常に物権に依存する独立の請求権であるため、**物権的請求権のみをその基本となる物権から分離して譲渡することはできない**。
8 物権的返還請求権とは、物権の実現妨害のおそれがある場合にその予防を求める権利である。	× 物権的**返還**請求権とは、所有権者が目的物の占有を失った場合に、**占有の回復**を求める権利である。
9 Ａ所有の甲土地上に、ＢがＡに無断で甲動産を占有している場合において、Ｂの不法占有に故意がなかったときは、Ａは、Ｂに対して、所有権に基づく妨害排除請求をすることができない。	× **物権的請求権は**、物権が物を直接支配する権利であることから当然に導かれるものであるため、**妨害者の故意・過失に関係なく発生する**。
10 判例によれば、明認方法を施せば、立木ではない未分離の果実や稲立毛についても、独立の動産として取引の対象となるとされている。	○ **本問の記述のとおり**である（大判大5.9.20）。**明認方法**が認められているのは**立木のみではない**ことに注意しておこう。

STEP 3 過去問にチャレンジ！

問題 1　特別区Ⅰ類（2013 年度）

民法に規定する物権に関する記述として、通説に照らして、妥当なものはどれか。

1 民法は、物権は民法その他の法律に定めるもののほか、創設することができないという物権法定主義を採用しており、その他の法律に慣習法は含まれていないため、慣習法上の物権は認められないとするのが通説である。

2 物権の債権に対する優先的効力とは、同一物について物権と債権とが競合するときは、いかなる場合であっても、常に物権が債権に対して優先することをいう。

3 土地に生立する樹木の集団の所有権は、立木法の定める立木登記をしなくても、木の皮を削って取得者の指名を墨書するなどの明認方法を施すことによって、第三者に対抗することができる。

4 物権変動の公示の原則とは、物権の変動は第三者から分かるような外形を備えなければならないという原則のことであり、公示のない物権の変動は効力を生じない。

5 物権変動の公信の原則とは、物権の公示を信頼した者は、その公示が真実の権利関係と異なる場合でも、その信頼が保護されるという原則であり、不動産についてはこの原則が採用されているが、動産には採用されていない。

➡解答・解説は別冊 P.059

問題 2 国家専門職（2021 年度）

物権に関する次の記述のうち、妥当なものはどれか。ただし、争いのあるものは判例の見解による。

1 民法は、「物権は、この法律その他の法律に定めるもののほか、創設することができない。」と規定していることから、慣習法上の物権は認められていない。

2 物権は絶対的・排他的な支配権であるから、その円満な支配状態が妨げられたり、妨げられるおそれがあるときには、その侵害の除去又は予防を請求することができる。この請求権を物権的請求権といい、当該請求権を有する者は、侵害者に故意又は過失があることを要件として、これを行使することができる。

3 物の用法に従い収取する産出物を天然果実といい、物の使用の対価として受けるべき金銭その他の物を法定果実という。このうち、天然果実は、その元物から分離する時に、これを収取する権利を有する者に帰属する。

4 物権の客体は、一個の独立した物でなければならず、一個の物の一部分や数個の物の集合体が一つの物権の客体となることはない。

5 土地に生育する立木は、取引上の必要がある場合には、立木だけを土地とは別個の不動産として所有権譲渡の目的とすることができるが、未分離の果実や稲立毛は、独立の動産として取引の対象とされることはない。

➡解答・解説は別冊 P.060

SECTION 2

不動産物権変動①

STEP 1 要点を覚えよう！

POINT 1 物権変動の意義及び時期

物権変動とは、物権の発生、変更、消滅の総称である。**物権の設定及び移転（＝物権変動）は、当事者の意思表示のみによって、効力を生じる**（民法176条）。これを物権変動の**意思主義**という。

コンビニエンスストアで「パンを買う」と言い、「お店が承諾」すれば、パンの所有権は移転する。**他に何の形式も必要としないんだ。**

物権変動の時期についての明文規定はないが、例えば、**売買契約**においては、当事者が特段の意思表示をしない限り、**契約成立時に所有権が買主に移転**するものと解されている。その他、以下の物権変動の時期は押さえておこう。

◆ 押さえておきたい物権変動の時期

法律行為	物権変動の時期
特定物売買	**契約締結時** ただし、特約がある場合はそれに従う
不特定物（種類物）売買	目的物が**特定**した時（民法401条2項）
特定物の他人物売買	他人物の**売主**が目的物の**所有権を取得**した時（大判大8.7.5）

「特定物」売買とは、目的物の個性に着目した売買であり、まさに**目の前の「それ」を購入したい場合**の売買である。対して、同じ製品の缶コーヒーが3本（ABC）並んでいる場合、通常はＡ～Ｃのどれでもよく、こういう売買を**「不特定物（種類物）」**売買という。しかし、同じ製品でも、人気キャラクターとコラボレーションされた「Ａが欲しい」と特定して購入する場合、**特定物売買となり、この場合は契約締結時に所有権は移転する。**

他方、**「不特定物」売買**においては、一定の条件で目的物の特定がされるが、その**特定時に所有権は移転する。**

また、**他人の物であっても売買契約自体は有効**である。売主が所有権を取得する前に、先行して転売契約を行うことはあるからである。このような場合、その**他人物の売主が目的物の所有権を取得した時点**で、買主に所有権は移転すると解されている。

POINT 2 公示の原則と公信の原則

物権変動は、常に外部から認識できるよう公示がされなければならないという考え方を**公示の原則**という。例えば、A所有の甲不動産をBに売却したものの、Bが所有権移転登記を経由していない場合、第三者であるCから見れば、AからBへの移転登記（公示）がないため、甲不動産はAのものであると考える。これを防ぐため、物権変動が公示を備えていなければ完全な効力を生じさせないとする考え方である（消極的信頼に対する保護）。

これに対して、**外形的表象を信頼して取引**に入った者は、**真実と外形的表象が不一致**であったとしても、**その信頼（期待）どおりの権利が認められる**という考え方を**公信の原則**という（積極的信頼に対する保護）。

民法では、**動産の物権変動において公信の原則を採用**しており、具体的には、即時取得制度がある（民法192条、参195ページ以降）。それに対して、**不動産の物権変動においては、公信の原則は採用されていない**（不動産登記に公信力は**ない**）。

POINT 3 不動産物権変動の対抗要件

不動産に関する物権の得喪及び変更は、不動産登記法その他の登記に関する法律の定めるところに従いその**登記をしなければ、第三者に対抗することができない**（民法177条）。つまり、**不動産物権変動の対抗要件は登記**である。

例えば、A所有の甲土地をBに売却（第一売買）したものの、所有権移転登記を経由しないまま、Aが甲土地をさらにCに売却（第二売買）することがあり、これを**「二重譲渡（二重売買）」**という。この場合、第一売買、第二売買ともに、当事者間においては**有効**である。

しかし当然、甲土地の所有権は一つしかないため、**BCどちらに所有権が帰属するかについては登記を基準**に決する。仮に**Cが先に登記を経由**した場合、**CはBに対して、甲土地の所有権を対抗することができる。**逆に、BCどちらも登記を経由しないうちは、BCは取得した所有権を、互いに対抗することが**できない。**

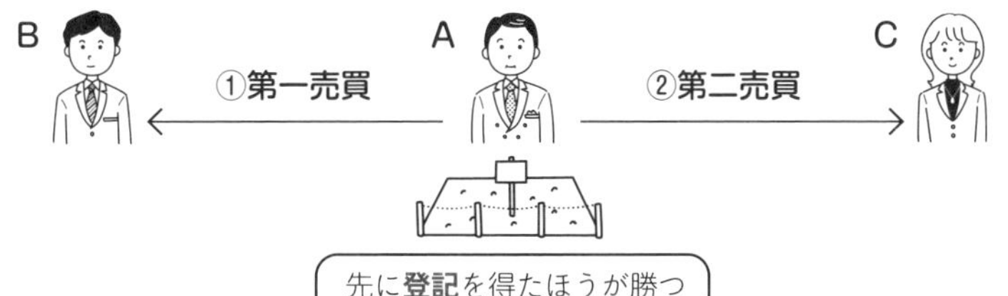

POINT 4 177条の「第三者」の意義

例えば、Aから甲土地を購入したものの未登記の所有者Bが、**甲土地の不法占拠者X**に対して権利主張をするために登記を経由（登記を具備）している必要があるだろうか。民法177条では「第三者」に不動産物権変動を対抗するためには登記を必要としているため問題となる。

判例によると、**民法177条の「第三者」とは、①当事者若しくはその包括承継人以外の者**で、かつ、**②登記の欠缺（けんけつ）（不存在）を主張する正当の利益を有する者**に限られると解している（大連判明41.12.15）。

①の当事者とは、売主と買主を考えればよい。売主Aが買主Bに土地を売却した場合、**買主Bが売主Aに所有権を主張するために登記は不要**である（前主後主の関係）。売買契約の当事者は当然、所有権が移転していることがわかるからである。

また、包括承継人も除かれるため、例えば、**売主Aが死亡して、その子Cが相続**した場合、**買主Bは子Cに対して所有権を主張するために登記は不要**である。

②に関して、登記の欠缺を主張する**正当の利益を「有しない」者**には、**不法占拠者（無権利者）**などが該当し、これらの者には登記なくして対抗**できる**。

また、本条の**「第三者」は、善意であることを要しない**。しかし、単なる悪意者でなく、はじめから嫌がらせ目的であるなど、自由競争原理を逸脱し、登記の不存在の主張を認めることが信義に反する者**（背信的悪意者）は、177条の「第三者」に含まれない**（不動産登記法5条など）。

さらに、AB間の売買契約をCが知っていた（悪意）としても、「もっとお金を払うから売って！」ということは自由競争社会では認められるんだ。

背信的悪意者が民法177条の「第三者」に含まれないということは、**背信的悪意者に対しては、登記を具備していなくとも所有権を対抗できる**ことを意味する。しかし、さらに**背信的悪意者から所有権の移転を受けた転得者**については、**転得者自身が背信的悪意者でない限り、民法177条の「第三者」に該当する**と解されている（最判平8.10.29、相対的構成）。

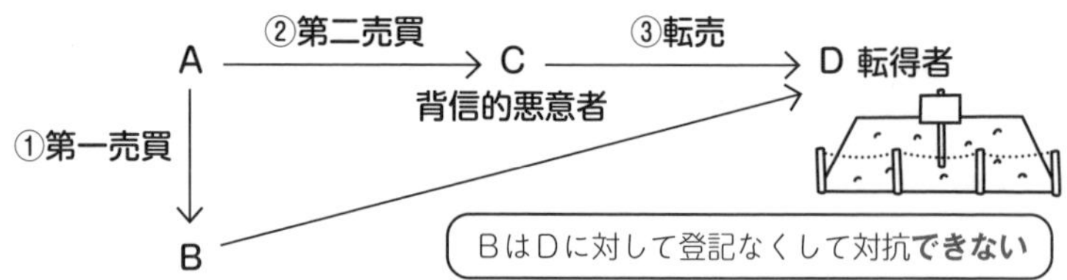

POINT 5 中間省略登記の問題

「A→B→C」と不動産が移転した場合、登記も「A→B→C」と順次移転することが原則であるが、「A→C」と直接に移転登記を行う中間省略登記の有効性が問題となる。

この点、試験対策上は、**中間者Bの同意を得ずになされた中間省略登記は、登記の現状が実質上の権利者と一致している限り有効**であること、また、**中間者Bが中間省略登記の抹消を求める正当な利益を有しない**ときは、**Bからの抹消請求は許されない**（最判昭35.4.21）、という結論を覚えておこう。

POINT 6 取消しと第三者

例えば、AがBの欺罔行為によりA所有の甲不動産をBに売却し、さらにBがCに転売した後に、AがAB売買につき詐欺を理由に取り消した場合、**Cは、善意無過失であれば登記を具備していなくても保護される**（参 094ページ）。この場合のCを**「取消前の第三者」**という。

これに対して、AB間の詐欺売買が取り消された後に、BがCに転売した場合のCを**「取消後の第三者」**というが、**この場合のCは、民法96条3項では保護されず、民法177条が適用**され、**Cは登記なくして所有権を対抗することができない**（大判昭17.9.30）。

◆「取消前の第三者」

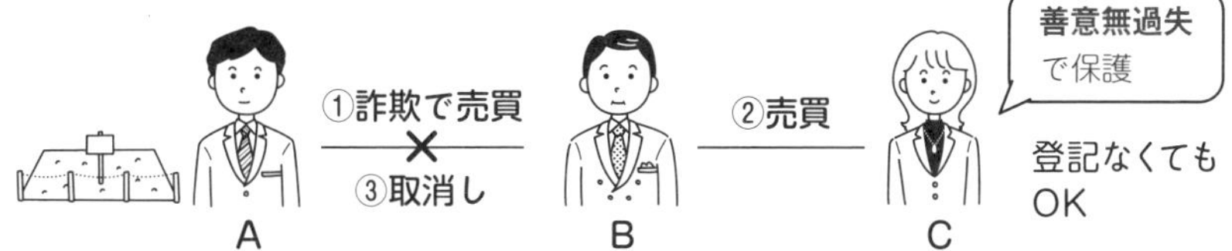

◆「取消後の第三者」

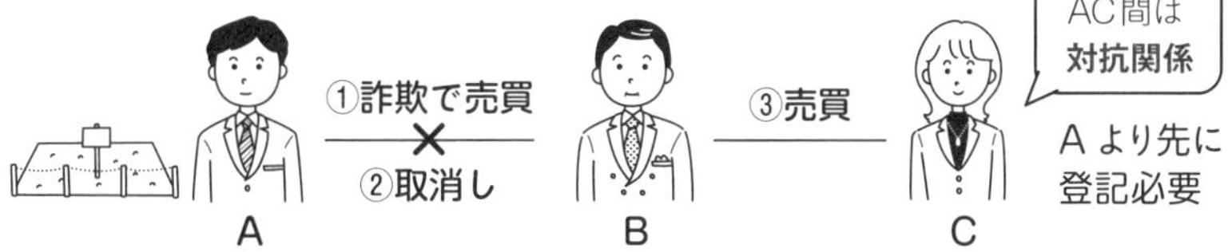

◆「取消前の第三者」と「取消後の第三者」の関係

制限行為能力	取消前	制限行為能力者は、**登記なくして**第三者に対抗することができる
	取消後	**対抗関係**となる（**登記**で決する）
詐欺	取消前	詐欺を受けた者は**善意無過失**の第三者には対抗することができない（民法96条3項）
	取消後	**対抗関係**となる（**登記**で決する）
強迫	取消前	強迫を受けた者は**登記なくして**第三者に対抗することができる
	取消後	**対抗関係**となる（**登記**で決する）

詐欺や強迫を受けた者でも**「取消後」に現れた第三者との関係は**対抗関係となるよ。取り消したのであれば、すぐに登記を戻しておけばよかったんだ。

STEP 2 一問一答で理解を確認！

1 物権の設定及び移転は、原則として、当事者の意思表示のみによって効力を生じる。	○ **物権変動は、当事者の意思表示のみによって効力を生じる**（民法176条）。これを物権変動の**意思主義**という。
2 外形的表象を信頼して取引に入った者は、真実と外形的表象が不一致であったとしても、その信頼（期待）どおりの権利が認められるという考え方を公信の原則という。	○ **本問の記述のとおり**である。
3 民法では、不動産の物権変動においてのみ、公信の原則を採用している。	× **公信の原則は動産の物権変動にのみ**採用されている（民法192条）。
4 不特定物の売買においては、原則として、契約時に所有権移転の効力が生ずる。	× **不特定物の売買**においては、特段の事情のない限り、**目的物が特定した時**に買主に所有権が移転する（民法401条2項）。
5 不動産に関する物権の得喪及び変更は、不動産登記法その他の登記に関する法律の定めるところに従いその登記をしなければ、第三者に対抗することができない。	○ **本問の記述のとおり**である（民法177条）。
6 不動産の二重譲渡において、第二譲受人が二重譲渡について悪意である場合、登記を備えたとしても、第一譲受人に対して不動産所有権の取得を対抗することはできない。	× **単なる悪意者は、民法177条の第三者に該当するため、登記を備えれば、第一譲受人に所有権の取得を対抗することができる。**

7 不動産の二重譲渡において、第二譲受人が背信的悪意者である場合、背信的悪意者は登記を備えたとしても、第一譲受人に対し不動産所有権の取得を対抗することはできない。	○ **本問の記述のとおり**である（不動産登記法5条参照）。
8 不動産の二重譲渡において、第二譲受人が背信的悪意者である場合、背信的悪意者は無権利者であるから、背信的悪意者からの譲受人は登記を備えたとしても、第一譲受人に対し不動産所有権の取得を対抗することはできない。	× 第二譲受人が背信的悪意者にあたるとしても、**背信的悪意者からの譲受人は、自身が背信的悪意者と評価されるのでない限り、不動産の所有権取得を対抗することができる**（最判平8.10.29）。
9 AがBに土地を売却した場合、BがAに所有権を主張するためには、登記が不要である。	○ **売主と買主は当事者**であり、いわゆる**前主後主の関係**にあるため、**民法177条の第三者に該当しない**。よって、**買主Bが売主Aに所有権を主張するために登記は不要**である。
10 Aが所有する甲土地をBに売却し、その旨の所有権移転登記がされた後、AがBの詐欺を理由としてBに対する甲土地の売買の意思表示を取り消した。その後、BがCに対し甲土地を売却し、その旨の所有権移転登記がされた場合、AはCに対し、甲土地の所有権の復帰を対抗することができない。	○ Cは、Bの詐欺を理由にAがその所有する土地の売買契約を取り消した後に取引関係に入った「**取消後の第三者**」である。**取消後の第三者は、登記を備えれば、自己の権利を主張することができる。**

STEP 3 過去問にチャレンジ！

問題 1 裁判所職員（2022 年度）

物権変動に関する次のア～オの記述のうち、妥当なもののみを全て挙げているものはどれか（争いのあるときは、判例の見解による。）。

ア 不特定物の売買においては、原則として、契約時に所有権移転の効力が生ずる。

イ Ａが、Ｂに不動産を譲渡したが、所有権移転登記手続をしないまま死亡して唯一の相続人であるＣが相続した場合において、Ｂは、Ｃに対し、所有権移転登記を具備していない以上、所有権を主張することはできない。

ウ Ｂが、Ａから動産を買い受け、占有改定の方法で引渡しを受けたが、その後、ＣもＡから当該動産を買い受け、占有改定の方法で引渡しを受けた場合、ＣがＡのＢに対する動産の売却について善意無過失であっても、Ｂは、当該動産の所有権をＣに対抗することができる。

エ ＡからＢへ、ＢからＣへ不動産が順次売買され、それぞれ所有権移転登記が行われたが、ＡＢ間及びＢＣ間の所有権移転原因が無効であった場合に、Ａは、ＣからＡへ直接に所有権移転登記手続を請求することができる。

オ 不動産の二重譲渡において、第二譲受人が背信的悪意者である場合、背信的悪意者は無権利者であるから、背信的悪意者からの譲受人は登記を備えたとしても、第一譲受人に対し不動産所有権の取得を対抗することはできない。

1　ア、イ
2　ア、オ
3　イ、ウ
4　ウ、エ
5　エ、オ

➡解答・解説は別冊 P.061

問題 2　　裁判所職員　(2019 年度)

不動産物権変動に関する次のア～エの記述の正誤の組み合わせとして最も妥当なものはどれか（争いのあるときは、判例の見解による。）。

ア　Aが、その所有する甲土地をBに売却し、その旨の所有権移転登記がされた後、Aが、Bの詐欺を理由としてBに対する甲土地の売買の意思表示を取り消した。その後、BがCに対し甲土地を売却し、その旨の所有権移転登記がされた場合、Aは、Cに対し、甲土地の所有権の復帰を対抗できない。

イ　Aがその所有する甲土地をBに譲渡し、その旨の所有権移転登記が未了の間に、AがCに対しても甲土地を譲渡し、さらにCが甲土地をDに譲渡して、AC間及びCD間の所有権移転登記がされた場合、CがBとの関係で背信的悪意者に当たるとしても、DがBとの関係で背信的悪意者に当たらない限り、Dは、Bに対し甲土地の所有権の取得を対抗できる。

ウ　Aが、その所有する乙建物をBに賃貸し、Bに対し乙建物を引き渡した後、AがCに対し乙建物を売却したが、その旨の所有権移転登記は未了であった場合において、Bは、Cから所有権に基づき乙建物の明渡しを求められたときは、Cの登記の欠缺を主張してこれを拒むことができるが、Cから乙建物の賃料を請求されたときは、Bは、Cの登記の欠缺を主張してこれを拒むことはできない。

エ　Aがその所有する乙建物をB及びCに二重に譲渡し、AからBへの所有権移転登記も、AからCへの所有権移転登記もされていない間に、Dが乙建物を勝手に占拠した場合、Bは、Aから所有権移転登記をするまでは、Dに対し、乙建物の所有権を主張することができない。

	ア	イ	ウ	エ
1	正	正	誤	誤
2	正	誤	正	誤
3	正	誤	誤	正
4	誤	正	誤	正
5	誤	誤	正	誤

➡解答・解説は別冊 P.062

問題 3

国家一般職（2021 年度）

不動産の物権変動に関するア〜オの記述のうち、妥当なもののみを全て挙げているのはどれか。ただし、争いのあるものは判例の見解による。

ア Ａの所有する土地に地上権の設定を受けて建物を所有していたＢが、Ａからその土地の所有権を取得した場合、地上権は土地所有権に吸収される形で消滅するが、地上権を目的とする抵当権が設定されていたときは、地上権は消滅しない。

イ 土地がＡからＢ、ＢからＣへと譲渡された場合、その土地の登記をＡからＣに直接移転することは、中間省略登記となり無効であるから、Ｂは、Ｃからその土地の代金を受け取っていたとしても、Ｂの同意なくＡからＣに直接移転された登記の抹消を請求することができる。

ウ Ａは、Ｂにだまされて自己の土地をＢに譲渡し、その登記をＢに移した後に、詐欺であることに気付きＡＢ間の契約を取り消したが、登記がまだＢに残っている間に、Ｂがその土地をＣに譲渡し、Ｃが登記を完了した。この場合、Ａは、その土地の所有権を、登記なくしてＣに対抗することができる。

エ Ａが、Ｂに土地を譲渡した後、Ｂがいまだ登記をしていないことを奇貨として、その土地をＣにも譲渡した場合において、Ｃが背信的悪意者であるときは、Ｃからその土地の譲渡を受けて登記を完了したＤは、善意であったとしても、その土地の所有権をＢに対抗することができない。

オ Ａが死亡し、いずれもＡの子であるＢとＣが相続財産の土地を2分の1ずつの持分で共同相続したが、Ｂは、その土地を単独で相続したものとして登記し、更にＤに譲渡して移転登記も完了した。この場合、Ｃは、その土地の自己の持分の所有権を、登記なくしてＤに対抗することができる。

1 ア、イ
2 ア、オ
3 イ、エ
4 ウ、エ
5 エ、オ

➡解答・解説は別冊 P.063

問題 4 裁判所職員（2018 年度）

Aは、自己の所有する甲土地をBに対して売却したが、その所有権移転登記は未了であった。この事例に関する次のア～ウの記述の正誤の組み合わせとして最も妥当なものはどれか（争いのあるときは、判例の見解による。）。

ア Cは、Aに対する貸金債権を回収するために甲土地の差押えをした。Bは、Cに対し、甲土地の所有権移転登記なくして、甲土地の所有権の取得を対抗することはできない。

イ Aは、甲土地をCに対しても売却し、Cは、甲土地をDに対して売却し、それぞれの売買に伴い、甲土地の所有権移転登記がされた。Cが、AからBに対する甲土地の所有権の移転について悪意であり、かつ、その所有権の移転についてBの登記の欠缺を主張することが信義に反すると認められる事情のある第三者（背信的悪意者）であった場合には、Bは、AからBに対する甲土地の所有権の移転について善意であるDに対し、甲土地の所有権移転登記なくして、甲土地の所有権の取得を対抗することができる（ただし、AB間の売買契約は、公序良俗に反しないものとする。）。

ウ Bから甲土地を購入したCは、Aに対し、甲土地の所有権移転登記なくして、甲土地の所有権の取得を対抗することができない。

	ア	イ	ウ
1	正	正	正
2	正	誤	正
3	正	誤	誤
4	誤	誤	正
5	誤	正	誤

➡解答・解説は別冊 P.064

SECTION 3

不動産物権変動②

STEP 1 要点を覚えよう！

POINT 1 解除と登記

SECTION 2の最後に「取消しと第三者」について確認したが、このSECTION3では似たようないくつかのケースを確認していく。まずは「解除」が行われた場合の話だ。

例えば、A所有の甲不動産がBに売却され、さらにBがCに転売後、AがAB間の売買契約について債務不履行を理由に解除した場合、Cは民法545条1項但書により保護されうる。この場合のCを**「解除前の第三者」**という。

このケースについて判例は、**Cが保護されるためには善意であることは要しない**が、**Cの権利保護要件として登記の具備**が必要であるとしている（大判大10.5.17）。

他方、AがAB間の売買契約を解除した後、BがCに転売した場合の**「解除後の第三者」**については、取消しの場合と同様に、**AとCは民法177条の対抗関係になる**と解されている（最判昭35.11.29）。

◆「解除前の第三者」

◆「解除後の第三者」

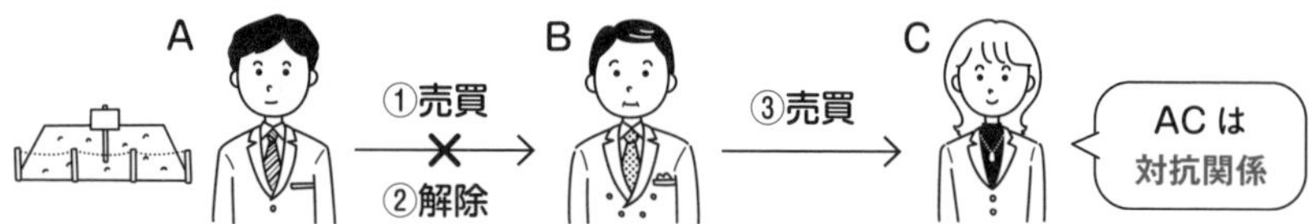

POINT 2 取得時効と登記

例えば、A所有の甲不動産についてBが占有を開始したとする。甲不動産をAがCに対して売却し、Cが登記を具備した後にBの時効期間が経過して、Bが取得時効の援用をした場合、時効取得したBは登記なくして甲不動産の所有権をCに対抗できるか。この場合のCを**「時効完成前の第三者」**という。

この事例において、時効完成前のBがCより先に登記を具備することは不可能であり、また、占有者Bから見て、不動産の譲受人Cは物権変動の当事者といえるため、**占有者Bは、登記なくして時効完成前の第三者Cに時効取得した所有権を対抗することができる**（最判昭41.11.22）。

他方、**時効完成後の第三者**については、取消しの場合と同様に民法177条の**対抗関係になる**と解されている（最判昭33.8.28、参178ページ）。

なお、このような結論は、時効の起算点は**占有開始時**に固定され、起算点を任意に定めることは**できない**（最判昭35.7.27）ことが前提となっている。

◆「時効完成前の第三者」

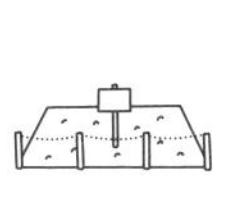

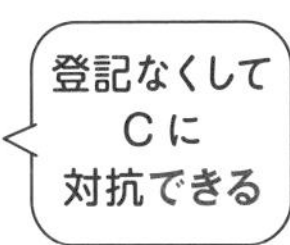

◆「時効完成後の第三者」

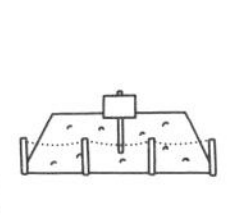

BCは
対抗関係

POINT 3 相続と登記

例えば、甲土地の所有者Aが死亡し、相続人がB及びCであった場合において、Bが無断で甲土地の名義をB単独所有にしてDに売却したときは、Bには甲不動産の法定相続分を超える部分は処分権が**なく**、単なる**無権利者**による売却であるため、**Cは、自己の持分について登記なくしてDに対抗することができる**（最判昭38.2.22）。

なお、**相続による権利の承継は、**遺産の分割によるものかどうかにかかわらず、**法定相続分を超える部分**については、**登記、登録その他の対抗要件を備えなければ、第三者に対抗することができない**と規定されている（民法899条の2第1項）。

相続放棄後の第三者（最判昭42.1.20）

判例（事案と判旨） **相続の放棄をした相続人の債権者**が、**相続の放棄後**に、**相続財産たる**未登記の**不動産**について、右相続人も共同相続したものとして、代位による所有権保存登記をしたうえ、**持分に対する仮差押登記をした場合の効力**が争われた事案。

☞相続人が相続の放棄をした場合、**相続開始時にさかのぼって相続開始がなかったと同じ地位**に立ち、**当該相続放棄の効力は、**登記等の有無を問わず、**何人に対してもその効力を生ずべきもの**と解すべきであって、その**仮差押登記は無効**である。

☞判例は多くの「○○後の第三者」の事案について対抗関係になるとしているが、本事案では遡及効を徹底し、民法177条を適用していない。

STEP 2 一問一答で理解を確認！

1 A所有の不動産がBに売却され、BがCに転売後、AがAB間の売買契約について債務不履行を理由に解除した。この場合のCは「解除前の第三者」にあたる。	○ **本問の記述のとおり**である。なお、第三者の保護要件については、**2**を参照。
2 不動産売買において、いわゆる「解除前の第三者」が保護されるためには、善意である必要はないが、登記が必要となる。	○ **本問の記述のとおり**である（大判大10.5.17）。なお、厳密には解除が債務不履行による解除か、合意解除かで事情は異なるが、結論として**第三者が所有権を主張するために登記が必要となる点は変わらない。**
3 AがAB間における不動産の売買契約を解除した後、BがCに当該不動産を転売した。この場合のCは「解除後の第三者」にあたる。	○ **本問の記述のとおり**である。
4 いわゆる「解除後の第三者」の事例において、原所有者と第三者の関係は対抗関係となる。	○ いわゆる**「解除後の第三者」**については、民法177条の**対抗関係になる**と解されている（最判昭35.11.29）。つまり、原所有者が解除後の第三者に対して所有権を主張するためには**登記**が必要である。
5 BがA所有の甲土地を占有し、取得時効が完成した後、Aが甲土地をCに売却した場合は、いわゆる「時効完成前の第三者」の事例である。	× 本問の事例は「時効完成**後**の第三者」の事例である。

6 BがA所有の甲土地を占有し、取得時効が完成した後、Aが甲土地をCに売却した場合、BがCに対して甲土地の所有権を主張するために登記は不要である。	× いわゆる**「時効完成後の第三者」の事例**においては、民法177条の**対抗関係になる**と解されている（最判昭33.8.28）。つまり、BがCに対して所有権を主張するためには**登記**が必要である。
7 BがA所有の甲土地を占有し、Bの取得時効が完成する前に、Aが甲土地をCに売却した場合は、いわゆる「時効完成前の第三者」の事例である。	○ **本問の記述のとおり**である。
8 BがA所有の甲土地を占有し、Bの取得時効が完成する前に、Aが甲土地をCに売却した。その後にBの取得時効が完成した場合、BがCに対して甲土地の所有権を主張するために登記が必要である。	× いわゆる**「時効完成前の第三者」**の事例において、時効完成前のBがCより先に登記を具備することは不可能であり、また、占有者Bから見て、不動産の譲受人Cは物権変動の当事者といえるため、**時効完成前の第三者Cに対して、Bは登記なくして時効取得した所有権を対抗することができる**（最判昭41.11.22）。
9 Aが死亡し、相続人であるBとCがAの所有する甲土地を共同相続した。その後、Bは、甲土地を単独相続した旨の虚偽の登記を備え、これに基づいて甲土地をDに売却して登記を移転した。DがBとCの共同相続について善意である場合でも、Cは、Dに対して甲土地の自己の相続分を対抗することができる。	○ 共同相続における不動産登記の冒用により登記簿上単独相続とされ、第三者が不動産全部の譲渡を受けた場合、冒用された**共同相続人は自己の法定相続分について第三者がたとえ善意であっても、登記なくして所有権を対抗することができる**（最判昭38.2.22）。

過去問にチャレンジ！

問題 1　　裁判所職員（2021 年度）

不動産物権変動に関する次のア～オの記述のうち、妥当なもののみを全て挙げているものはどれか（争いのあるときは、判例の見解による。）。

ア Aは、その所有する甲土地をBに売却し、Bへの所有権移転登記がされたが、Bの債務不履行を理由としてAB間の売買契約を解除した場合、その解除後に、Bが、甲土地をCに売却し、Cへの所有権移転登記がされれば、Aは、Cに対し、契約解除による甲土地の所有権の復帰を対抗することができない。

イ Aが、その所有する甲土地をBに売却した後、Bが、甲土地をCに売却した場合、甲土地につきCへの所有権移転登記がされていなければ、Cは、Aに対し、甲土地の所有権の取得を対抗することができない。

ウ BがA所有の甲土地を占有し、取得時効が完成した後、Aが、甲土地をCに売却した場合、甲土地につきCへの所有権移転登記がされていたとしても、Bは、Cに対し、甲土地の所有権の時効取得を対抗することができる。

エ Aが、A所有の甲土地をBに売却し、Cに対しても甲土地を売却した後で、AB間で上記売買契約を合意解除した場合、Cへの所有権移転登記がされていなければ、Cは、Bに対し、甲土地の所有権の取得を対抗することができない。

オ Aは、A所有の甲土地をBに売却した後、Cに対しても甲土地を売却し、さらにCがDに対して甲土地を売却した場合、CがBとの関係で背信的悪意者にあたるが、DがBとの関係で背信的悪意者と評価されないとき、Bへの所有権移転登記がされていなければ、Bは、Dに対し、甲土地の所有権の取得を対抗することができない。

1　ア、イ
2　ア、オ
3　イ、ウ
4　ウ、エ
5　エ、オ

➡解答・解説は別冊 P.065

問題 2 国家専門職（2022 年度）

不動産の物権変動に関する次の記述のうち、判例に照らし、妥当なものはどれか。

1 Aが所有する甲不動産について、Bが自己に所有権がないことを知りながら20年間占有を続けた。その占有開始から15年が経過した時点でAはCに甲不動産を譲渡していた。Cは民法第177条にいう第三者に当たるので、Bは登記がなければ甲不動産の所有権の時効取得をCに対抗することができない。

2 Aが自己の所有する甲不動産をBに譲渡し登記を移転したが、Bが代金を支払わなかったため、AがBとの売買契約を解除した場合において、契約解除後にBが甲不動産をCに譲渡したときは、Aは登記がなくとも甲不動産の所有権をCに対抗することができる。

3 Aが自己の所有する甲不動産をBに譲渡した後、その登記が未了の間に、Cが甲不動産をAから二重に買い受け、さらにCからDが買い受けて登記を完了した。この場合において、Cが背信的悪意者であるときは、Cの地位を承継したDも背信的悪意者とみなされるため、Bは登記がなくとも甲不動産の所有権の取得をDに対抗することができる。

4 Aが自己の所有する甲不動産をBに譲渡したが、Cが甲不動産を不法に占有している場合、不法占有者は民法第177条にいう第三者に当たらないため、Bは、登記がなくとも甲不動産の所有権の取得をCに対抗することができ、その明渡しを請求することができる。

5 Aが、自己の所有する甲不動産をBに譲渡し、その後、甲不動産をCにも二重に譲渡した場合において、AがBに甲不動産を譲渡したことについてCが悪意であるときは、Cは、登記の欠缺を主張することが信義則に反すると認められる事情がなくとも、登記の欠缺を主張するにつき正当の利益を有する者とはいえず、民法第177条にいう第三者に当たらない。

➡解答・解説は別冊 P.066

問題3 国家専門職（2018年度）

民法第177条に関するア～エの記述のうち、妥当なもののみを全て挙げているのはどれか。

ア 時効期間経過中の登記名義の変更は、取得時効とは無関係であり、取得時効の主張者は、時効完成時の登記名義人に対し、登記なくして時効による所有権の取得を対抗することができるとするのが判例である。

イ Aが死亡し、その子B及びCが共同相続人となったが、Bが相続放棄をした場合において、Cは、相続財産たる不動産がBの相続放棄により自己の単独所有となったことにつき登記を経なければ、当該相続放棄後に当該不動産につきBに代位してB及びCの共有の相続登記をした上でBの持分を差し押さえたBの債権者Dに対して、当該相続放棄の効力を対抗することはできないとするのが判例である。

ウ A名義の不動産を、Bが文書を偽造して自分の名義に移転し、Cに譲渡して所有権移転登記を経た場合であっても、Cは民法第177条にいう「第三者」に当たり、Aから当該不動産を有効に譲り受けたDは、登記なくしてその所有権取得をCに対抗することができない。

エ 売主から不動産を買い受けた買主が所有権移転登記を経ていない場合において、売主の債権者が当該不動産を差し押さえたときは、買主は当該不動産の所有権取得を登記なくして当該債権者に対抗することができず、また、売主の一般債権者に対しても同様であるとするのが判例である。

1 ア
2 イ
3 ア、イ
4 ウ、エ
5 イ、ウ、エ

➡解答・解説は別冊P.067

問題 4　　裁判所職員（2016 年度）

不動産物権変動に関する次のア～エの記述の正誤の組み合わせとして、最も適当なものはどれか（争いのあるときは、判例の見解による。）。

ア　Aは、自己の所有する甲土地をBに売却し、その後、Aは、甲土地をCに売却して登記を移転した。Cは、いわゆる背信的悪意者であったが、甲土地をDに売却して登記を移転した。DがAB間の売買契約について単なる悪意である場合、Dは、Bに対して甲土地の所有権を対抗することができる。

イ　Aは、Bの所有する甲土地を時効取得した。その後、Bは、甲土地をCに売却して登記を移転した。CがAの時効取得について単なる悪意である場合、Aは、Cに対して甲土地の所有権を対抗することができる。

ウ　Aは、自己の所有する甲土地をBに売却し、Bは、甲土地をCに転売したが、登記はBとCのいずれにも移転していなかった。その後、Aは、AB間の売買契約をBの債務不履行を理由として解除した。CがAB間の売買契約について単なる悪意である場合、Cは、Aに対して甲土地の所有権を対抗することができる。

エ　Aが死亡し、相続人であるBとCがAの所有する甲土地を共同相続した。その後、Bは、甲土地を単独相続した旨の虚偽の登記を備え、これに基づいて甲土地をDに売却して登記を移転した。DがBとCの共同相続について善意である場合、Cは、Dに対して甲土地の自己の相続分を対抗することができる。

	ア	イ	ウ	エ
1	正	誤	正	誤
2	正	正	誤	誤
3	正	誤	誤	正
4	誤	正	正	誤
5	誤	誤	誤	正

➡解答・解説は別冊 P.068

SECTION 4

動産物権変動と即時取得

STEP 1 要点を覚えよう！

POINT 1 動産物権変動の対抗要件

動産に関する物権の譲渡は、その**動産の引渡しがなければ、第三者に対抗することができない**（民法178条）。

つまり、**動産物権変動における対抗要件は「引渡し」**であり、**「引渡し」とは、意思に基づく占有の移転**のことをいう。

対抗要件としての**引渡しには、①現実の引渡し**（民法182条1項）、**②簡易の引渡し**（民法182条2項）、**③占有改定**（民法183条）、**④指図による占有移転**（民法184条）の四つの態様があり、**いずれも対抗要件として認められている。**

現実に物が移動する引渡しは①のみで、他は合意のみで占有が移転する観念的な引渡しである。

POINT 2 引渡しの種類

四つの「引渡し」について、次ページのイメージ図を見ながら確認しよう。

まず、**①占有権の譲渡は、占有物の引渡し**によってする（民法182条1項）。これを**現実の引渡し**という。つまり、現実的に物を相手に渡すという、一般的な引渡しのイメージそのものであり、原則的な形態である。

次に、**②譲受人又はその代理人が現に占有物を所持**する場合には、**占有権の譲渡は、当事者の意思表示のみ**によってする（民法182条2項）。これを**簡易の引渡し**という。つまり、動産の譲受人等が既に目的物を占有している場合、その者に「譲渡する」という意思表示をすることで、引渡しが行われたとするものだ。

そして、**③代理人が自己の占有物を以後本人のために占有する意思を表示**したときは、本人は、これによって占有権を取得する（民法183条）。これを**占有改定**という。例えば、AがBに動産を売却後、AがBから当該動産を賃借して、引き続き、Aが動産を占有する場合、占有代理人たるAが、以後、本人Bのために占有する意思表示をした場合である。

最後に、**④代理人によって占有をする場合**において、**本人がその代理人に対して以後第三者のためにその物を占有することを命じ、**その**第三者がこれを承諾**したときは、その**第三者は占有権を取得**する。これを**指図による占有移転**という。

例えば、Aが所有する動産をCに寄託している（預けている）場合に、AがBに甲動産を売却したとする。この際、A（本人）がC（代理人）に対して、以後B（第三者）のためにその物を占有することを命じ、そのB（第三者）がこれを承諾することで、この**指図による占有移転**は完了する。

◆ 四つの占有移転（引渡し）のイメージ

種類	引渡前	引渡後
①現実の引渡し	A B	A → B
②簡易の引渡し	A（間接占有） B 占有者	A「あげる」 B 所有者
③占有改定	A 所有者 B	（間接占有） 売却＋賃貸 A 賃借人 B 所有者
④指図による占有移転	代理人 C A 所有者（間接占有） B	「Bのために占有して」 代理人 C 「了解」 A 売却 B 所有者（間接占有）

POINT 3 即時取得の意義

民法192条は「**取引行為によって**、平穏に、かつ、公然と**動産の占有を始めた者は**、**善意**であり、かつ、**過失がない**ときは、即時にその**動産について行使する権利を取得する**」とし、**即時取得**を規定する。

要するに、**相手方が動産の権利者ではない**にもかかわらず、**権利者であると善意無過失で信用して取引**をした者は、**その動産の権利を取得**するという制度である。本条は、**公信の原則**に基づく規定である。

即時取得の要件は、①**動産**であること、②**前主が無権利者**であること、③**取引行為による取得**であること、④**平穏、公然、善意無過失**であること、⑤**占有を取得**することである。それぞれの要件を確認していこう。

POINT 4 即時取得の要件① 動産

即時取得の目的物は**動産**である。しかし、**動産**であっても**登録等の公示制度がある動産は含まれない**。例えば、道路運送車両法により**登録された自動車**については、**民法192条の適用が否定され**（最判昭62.4.24）、即時取得の目的物には**含まれない**。これに対して、**未登録自動車**や、一旦登録したものの**登録を廃止した自動車**は、占有のみが公示方法とされるため、**即時取得の適用がある**（最判昭45.12.4）。

また、**金銭の所有権は**、原則として、**占有とともに移転**するものとして、**金銭には、即時取得は適用されない**（所有と占有の一致）。

金銭は即時取得うんぬんではなく、「占有」＝「所有者」になるということなんだ。

POINT 5 即時取得の要件② 前主が無権利者

即時取得は「前主の無権限」という瑕疵(かし)*のみを治癒する制度であるため、**制限行為能力者や無権代理人の直接の取引の相手方には適用されない**。

また同様に、**錯誤、詐欺、強迫などの取消事由があるときも即時取得は認められない**。

POINT 6 即時取得の要件③ 取引行為による取得

即時取得は、動産の**「取引の安全」を図る制度**であるため、**取引による動産取得の場合に認められ、相続や事実行為について即時取得は成立しない**。

例えば、他人の山林の樹木を自己の所有物と誤信して伐採して占有しても、「伐採すること」は事実行為であるため、即時取得は**認められない**。

他人の伐木を占有している無権利者から、さらに伐木を購入した者には、即時取得の可能性があるよ。

そして、取引行為については、**売買、贈与、質権設定、代物弁済、消費貸借、譲渡担保が対象となる**。

強制執行による売却は、任意の取引行為とはいえないが、一種の取引行為であることから、買受人が要件を備えれば、競落した動産を即時取得することが**できる**（最判昭42.5.30）。

POINT 7 即時取得の要件④ 平穏、公然、善意無過失

即時取得の要件のうち、**善意、平穏、公然は推定される**（民法186条1項）。ま

* **瑕疵**…欠けていること。欠陥があること。

た、**占有者が占有物について行使する権利は、適法に有するものと推定**される（民法188条）ため、**無過失も推定される**（最判昭41.6.9）。

なお、**「善意無過失」は、占有を承継した取引行為時に満たされていれば足り、占有取得後に悪意となっても即時取得の効力は失われない**（最判昭26.11.27）。

POINT 8 即時取得の要件⑤ 占有の取得

占有を取得することに、**現実の引渡し、簡易の引渡しが該当する**ことに争いはない。判例は、**占有改定には即時取得が認められない**（最判昭35.2.11）としつつ、**指図による占有移転には、即時取得を認める**（最判昭57.9.7）。

POINT 9 即時取得の効果

即時取得の効果としては、動産上に行使する権利を**原始取得**する。即時取得により**取得しうる権利は、所有権、質権、譲渡担保権**となる。

なお、即時取得者が動産の所有権を原始取得すると、**元の所有者である原所有者の所有権は反射的に消滅**し、**即時取得者は、原所有者に対して、不当利得の返還義務***（民法703条）を**負わない**。

POINT 10 盗品又は遺失物の特則

即時取得が成立する場合において、**占有物が盗品又は遺失物**であるときは、**被害者又は遺失者は、盗難又は遺失の時から2年間、占有者に対してその物の回復を請求することができる**（民法193条）。

民法193条は「盗品又は遺失物」つまり、原権利者の意思によらずに占有を離れた場合に適用され、**詐取された場合や横領された場合には適用されない**。また、「被害者又は遺失者」は、所有者に限られず、動産の受寄者や賃借人も含まれる（大判大4.12.11）。

そして、民法194条は、**占有者が、盗品又は遺失物を競売若しくは公の市場**において、又はその物と**同種の物を販売する商人から、善意で買い受けたときは、被害者又は遺失者は、**占有者が支払った**代価を弁償しなければ、その物を回復することができない**と規定する。

要するに、公の市場（店舗等）で動産を購入したが、実はそれが盗品だった場合、元の所有者である被害者は、購入者（占有者）が支払った代価を弁償しなければ、その物の回復を請求できないという規定である。

そして、最判平12.6.27は、盗品又は遺失物の占有者は、民法194条に基づき盗品等の引渡しを拒むことができる場合、**代価の弁償の提供があるまで当該盗品等の使用収益権を有する**としている。

* **不当利得の返還義務**…誰かの損失を前提に、法律上の原因なくして利得を得た者は、その利得を損失者に返還する義務があること。

STEP 2 一問一答で理解を確認！

1 動産物権変動の第三者に対する対抗要件は、その動産の引渡しである。

○ **動産に関する物権の譲渡**は、その**動産の引渡しがなければ、第三者に対抗することができない**（民法178条）。

2 動産物権変動の対抗要件としての引渡しは、現実の引渡し、簡易の引渡し、占有改定の三つである。

× 動産の対抗要件としての**引渡しには、①現実の引渡し**（民法182条1項）、②**簡易の引渡し**（同条2項）、③**占有改定**（民法183条）、④**指図による占有移転**（民法184条）の**四つ**の態様がある。

3 占有改定とは、代理人が自己の占有物を以後本人のために占有する意思を表示したときに、本人が、これによって占有権を取得することをいう。

○ **代理人が自己の占有物**を**以後本人のために占有する意思を表示**したときは、本人は、これによって占有権を取得する（民法183条）。これを占有改定という。

4 代理人によって占有をする場合において、本人がその代理人に対して以後第三者のためにその物を占有することを命じ、その代理人がこれを承諾したときは、その第三者は、占有権を取得する。

× 代理人によって占有をする場合において、本人がその代理人に対して以後第三者のためにその物を占有することを命じ、その**第三者がこれを承諾**したときは、その第三者は、占有権を取得する（民法184条）。承諾をするのは、占有を取得する**第三者**であり、代理人**ではない**。これを指図による占有移転という。

5 金銭についても、即時取得の適用がある。

× **金銭の所有権**は、原則として、**占有**とともに**移転**する（所有と占有の一致）から、**金銭には、即時取得は認められない**。

6 道路運送車両法により抹消登録を受けた自動車については、即時取得の適用がない。

× 道路運送車両法による**登録を受けていない自動車と同様**に、同法に基づき**抹消登録を受けた場合**においても一般の動産として**即時取得の規定の適用を受ける**（最判昭45.12.4）。

7 即時取得は、動産取引の安全を図る制度であるため、当該取引行為には、売買、贈与、質権設定のほか、代物弁済も含まれる。

○ 即時取得の対象となる取引行為は、**売買**、**贈与**、**質権**設定、**代物弁済**、**消費貸借**、**譲渡担保**によって占有を取得したものである。

8 即時取得者は、即時取得の効果として、所有権等を取得するが、これらの権利は原始取得されるため、前主に付いていた権利の制限、負担は消滅する。

○ 即時取得の効果として占有を取得した者が所有権を原始取得すると、**原所有者の所有権は反射的に消滅し、それに伴い前主に付いていた権利の制限、負担も消滅する**。

9 即時取得は、前主が所有者を名乗っていたが、真実は無権利者であった場合だけでなく、前主が所有者の代理人を名乗っていたが、真実は無権代理人であった場合にも成立する。

× 即時取得の成立要件の一つには「取引行為によって取得すること」があり、この場合の取引行為は有効な行為であることを要するため、**無権代理行為であった場合**には、当該要件を満たさず**即時取得は成立しない**。なお、表見代理により保護される可能性はある（参118ページ）。

過去問にチャレンジ！

問題 1 特別区Ⅰ類（2019 年度）

民法に規定する即時取得に関する記述として、最高裁判所の判例に照らして、妥当なものはどれか。

1 金銭の占有者は、特段の事情のない限り、その占有を正当づける権利を有するか否かにかかわりなく、金銭の所有者とみるべきではないから、金銭については即時取得の適用があるとした。

2 執行債務者の所有に属さない動産が強制競売に付された場合であっても、競落人は、即時取得の要件を具備するときは、当該動産の所有権を取得することができるとした。

3 寄託者が倉庫業者に対して発行した荷渡指図書に基づき倉庫業者が寄託者台帳上の寄託者名義を変更して、その寄託の目的物の譲受人が指図による占有移転を受けた場合には、即時取得の適用がないとした。

4 道路運送車両法により抹消登録を受けた自動車については、登録が所有権の得喪並びに抵当権の得喪及び変更の公示方法とされているから、即時取得の適用がないとした。

5 物の譲渡人である占有者が、占有物の上に行使する権利はこれを適法に有するものと推定されない以上、譲受人たる占有取得者自身において過失のないことを立証することを要するとした。

➡解答・解説は別冊 P.069

問題 2　特別区Ⅰ類（2017年度）

民法に規定する即時取得に関する記述として、判例、通説に照らして、妥当なものはどれか。

1 即時取得は、動産取引の安全を図る制度であるため、その適用は有効な取引行為による動産取得の場合に限られ、当該取引行為には売買、贈与、質権設定のほか、代物弁済も含まれる。

2 即時取得は、前主の占有を信頼した者を保護する制度であるため、前主が制限行為能力者である場合に、これと取引する者が行為能力者であると信じていれば、即時取得の適用を受けることができる。

3 即時取得者は、即時取得の効果として、所有権又は留置権を取得するが、これらの権利は原始取得されるため、前主についていた権利の制限、負担は消滅する。

4 最高裁判所の判例では、占有者は、所有の意思をもって、善意で、平穏に、公然と占有をするものと推定されるが、無過失については推定されないため、即時取得を主張する占有者は、無過失を立証する責任を負うとした。

5 最高裁判所の判例では、寄託者が倉庫業者に対して発行した荷渡指図書に基づき倉庫業者が寄託台帳上の寄託者名義を変更して、寄託の目的物の譲受人が指図による占有移転を受けた場合は、即時取得の適用はないとした。

➡解答・解説は別冊P.070

問題3 裁判所職員（2021年度）

即時取得に関する記述として最も妥当なものはどれか（争いのあるときは、判例の見解による。）。

1 Aが落とした時計Xについて、Bが自己の所有物であると過失なく信じて、平穏・公然に占有を開始した場合、Bによる時計Xの即時取得が認められる。

2 Aが、Bに対して登録された自動車Xを売却し、Bが、自動車XについてAの所有物であると過失なく信じて現実に引渡しを受けた場合、Bによる自動車Xの即時取得が認められる。

3 Aが、Bに対して指輪Xを売却し、Bが、指輪XについてAの所有物であると過失なく信じて占有改定の方法による引渡しを受けた場合、Bによる指輪Xの即時取得が認められる。

4 A所有の絵画Xについて、BがAから賃借して占有していたところ、Cが、Bから絵画Xを盗み、その後Dに対して絵画Xを売却して、現実に引き渡した場合、Dが即時取得の要件を満たしていれば、Bが絵画Xを盗まれた時点から2年以内であっても、BはDに対して絵画Xを返還するよう請求することができない。

5 Aが、Bに対してA所有の宝石Xを売却し、占有改定の方法で引き渡した後、Cに対しても宝石Xを売却し、Cが、宝石XについてAの所有物であると過失なく信じて現実に引渡しを受けた場合、Cによる宝石Xの即時取得が認められる。

➡解答・解説は別冊P.071

問題4　　裁判所職員（2016年度）

即時取得に関する記述として最も適当なものはどれか（争いのあるときは、判例の見解による。）。

1　即時取得の対象は、動産に限られる。したがって、道路運送車両法による登録を受けている自動車は即時取得の対象となるが、土地から分離されていない立木は即時取得の対象とならない。

2　即時取得は、前主が所有者を名乗っていたが真実は無権利者であった場合だけでなく、前主が所有者の代理人を名乗っていたが真実は無権代理人であった場合にも成立する。

3　即時取得が成立するためには、占有の取得が平穏かつ公然と行われ、取得者が前主の無権限について善意かつ無過失であることが必要である。これらの要件のうち、平穏、公然及び善意は推定されるが、無過失は推定されない。

4　即時取得は、現実の引渡し、簡易の引渡し又は占有改定によって占有を取得した場合には成立するが、指図による占有移転によって占有を取得した場合には成立しない。

5　即時取得が成立する場合であっても、原所有者が盗難によって占有を喪失したときは取得者又は転得者に対して回復請求をすることができるが、詐欺によって占有を喪失したときは回復請求をすることができない。

➡解答・解説は別冊P.072

SECTION 5

占有権

STEP 1 要点を覚えよう！

POINT 1 占有権の意義と要件

占有権とは、物の事実的支配状態によって生じる権利をいう。つまり、占有権の制度は、**人が物を事実上支配**している場合に、**それが法律上の権原に基づくか否かに関係なく、**それ自体に**一定の法律上の効果を与える制度**である。

占有権は、①**自己のためにする意思（所持による利益を自己に帰属させる意思）**をもって、②**物を所持**することによって取得する（民法180条）。

とにかく「物を持っている」ことだけで占有権は成立し、一定の法律上の効果が発生すると考えよう。

なお、これに対して、**所有権や賃借権など、占有を正当ならしめる権原を本権**という。物を持っている人が本当に本権を有しているかはわからないため、まずは占有自体を保護するのである。

POINT 2 占有の種類 ①自主占有と他主占有

占有には、**自主占有と他主占有**がある。**自主占有とは、所有の意思（所有者として振る舞う意思）をもってする占有**をいい、**所有の意思のない占有を他主占有**という。**自主占有か他主占有かの判断は、占有取得の原因である事実の性質（権原の性質）によって客観的に決まる。**よって、売買の買主や不法占拠者、盗人の占有は**自主**占有であり、賃借人の占有は**他主**占有となる。

「自主占有」か「他主占有」かは、占有者の意思（内心）で決まるものではないということなんだ。

POINT 3 占有の種類 ②自己占有と代理占有

占有には、現実に占有しているか否かに着目したものとして、**自己占有（直接占有）と代理占有（間接占有）**がある。**自己占有とは、占有者本人が自ら物を所持**する占有をいい、**代理占有とは、本人が占有代理人の占有を通じて占有を取得**するものをいう。例えば、**A所有の動産をBに貸し渡した**場合、現実に所持している**Bの占有は自己占有であり、Aの占有は代理占有である。**このケースの**Aを本人、Bを占有代理人**という。

POINT 4 占有の承継

占有者の承継人は、その**選択に従い**、**自己の占有のみ**を主張し、又は自己の占有に**前の占有者の占有を併せて主張**することができる。そして、**前の占有者の占有を併せて主張する場合**には、前の占有者の**瑕疵をも承継**する（民法187条）。

「瑕疵をも」ということは、**瑕疵のないこと（善意無過失）も承継する**と解されている（最判昭53.3.6）。

例えば、A所有の甲不動産を悪意のBが6年間占有後、Cが善意無過失で占有を承継して12年間占有している場合、Cは、Bの占有を併せて主張することができるが、その場合、Bの悪意も承継するため、10年の取得時効を援用することができない（参157ページ）。悪意の場合には、20年間占有を継続する必要がある。

しかし、Cが自己の占有のみを主張する場合は、Bの悪意が承継されないため、10年の取得時効を援用することができる。

なお、この規定は、売買のような特定承継の場合だけでなく、**相続のような包括承継の場合にも適用される**（最判昭37.5.18）。

POINT 5 占有の性質の変更

賃借人は他主占有者であるため、賃借物の占有を継続しても賃借物を時効取得することはない。そこで、他主占有者が自主占有者となることはないのかが問題となる。

この点、権原の性質上、占有者に所有の意思がないものとされる場合には、その**占有者が**、①**自己に占有をさせた者に対して所有の意思**があることを**表示**し、又は、②**新たな権原**により、更に**所有の意思**をもって**占有を始める**のでなければ、占有の性質は変わらない（民法185条）。

②の**新たな権原**について最判昭46.11.30は、**相続について、一定の要件を満たした場合は、この新権原*に該当する**としている。

例えば、賃借人がこれからは「自分の物」とすることを表示した場合（①）、他主占有者から自主占有者に変わるということだよ。

POINT 6 権利の推定

占有者は、**所有の意思**をもって、**善意で**、**平穏に**、**かつ**、**公然と占有**をするものと**推定される**。また、前後の両時点において占有をした証拠があるときは、占有は、その間継続したものと推定される（民法186条）。

本条の「善意」とは、占有者が占有するための本権があると確信している場合をいい、占有に関して疑いをもつ者は悪意占有者とされる。

さらに、占有者が占有物について行使する権利は、適法に有するものと推定される（民法188条）。

---

* **新権原**…自主占有を基礎づける原因（外形的な事情）のこと。例えば、借りていた自動車を購入した場合、その購入した事実。

POINT 7 占有者と本権者との利益調整

善意の占有者は、占有物から生ずる**果実を取得する。**そして、善意の占有者が本権の訴えにおいて**敗訴したときは、その訴えの提起の時から悪意の占有者とみなされる**（民法189条）。なお、本条の「果実」には、天然果実、法定果実のほか、占有物の利用による利益も含まれる（大判大14.1.20）。

そして、**悪意の占有者は、果実を返還**し、かつ、既に**消費**し、**過失によって損傷**し、又は**収取を怠った**果実の**代価を償還**する義務を負う（民法190条1項）。

POINT 8 占有物の滅失、損傷に対する責任

占有物が占有者の責めに帰すべき事由によって滅失し、又は損傷したときは、その回復者に対し、**悪意の占有者はその損害の全部の賠償をする義務**を負い、**善意の占有者は**その滅失又は損傷によって**現に利益を受けている限度において賠償をする義務**を負う。

ただし、**所有の意思のない占有者（他主占有者）は、善意であるときであっても、全部の賠償**をしなければならない（民法191条）。

ここで覚きめる！ **占有物の滅失等の責任（民法191条）**

- 悪意の占有者 ☞**全損害**の賠償責任を負う。
- 善意の「自主」占有者 ☞**現存利益**の賠償責任を負う。
- 善意の「他主」占有者 ☞**全損害**の賠償責任を負う。

POINT 9 費用償還請求権

占有者が占有物を返還する場合には、**善意悪意を問わず、**その物の保存のために**支出した金額その他の必要費を回復者から償還させることができる。**ただし、占有者が**果実を取得**したときは、**通常の必要費は、占有者の負担**に帰する。ここで「必要費」とは、修繕費用など、物の保存と管理に必要な費用をいう（民法196条1項）。

そして、占有者が**占有物の改良のために支出した金額その他の有益費**については、その**価格の増加が現存**する場合に限り、**回復者の選択**に従い、その**支出した金額又は増価額を償還させることができる。**有益費とは、物の改良又は物の価値の増加の費用をいう。

ただし、悪意の占有者に対しては、裁判所は、回復者の請求により、その償還について相当の期限を許与することができる（同条2項）。

POINT 10 占有訴権の意義と種類

占有者がその**占有を妨害された**とき又はその**占有を妨害されるおそれ**があるときなどに、**占有者は、その妨害者に対して妨害の停止等を請求することができる。**これを**占有訴権**（せんゆうそけん）という。

占有訴権の主体は占有者であり、占有者の**善意・悪意は問わない。占有代理人であっても可能**である。また、占有訴権は物権的請求権の一種であると解されているため、原則として、**相手方の故意過失を問わず請求することができる。**占有訴権には、以下の3種類がある。

◆ 三つの占有訴権の要件等

①占有保持の訴え（民法198条）	
要件	占有が妨害されていること
請求内容	妨害の停止及び損害の賠償の請求（※）
②占有保全の訴え（民法199条）	
要件	占有が妨害される「おそれ」があること
請求内容	妨害の予防又は損害賠償の担保の請求
③占有回収の訴え（民法200条）	
要件	占有が奪われたこと
請求内容	物の返還及び損害の賠償の請求（※）

（※）損害賠償を請求する場合は、相手方の故意・過失が必要となる。

POINT 11 占有回収の訴え

上記③のとおり、占有者がその**占有を奪われた**ときは、**占有回収の訴え**により、その**物の返還及び損害の賠償を請求**することができる（民法200条1項）。ただし、この訴えは、**占有を奪われた時から1年以内**に提起しなければならない（民法201条3項）。

本条はあくまで**占有を「奪われた」場合**に適用され、**詐取された場合**（大判大11.11.27）、**遺失した場合**、賃貸借終了後に賃借人が占有を継続している場合（大判昭7.4.13）は**含まれない。**

また、占有回収の訴えは、**占有を侵奪（しんだつ）した（奪った）者の特定承継人に対しては提起できない。**ただし、その**承継人が侵奪の事実**を**知っていた**ときは、**この限りでない**（民法200条2項）。例えば、Aが占有する甲動産をBが侵奪した場合において、Bが善意のCに甲動産を貸し渡したときは、Aは、特定承継人であるCに対して占有回収の訴えによる請求を**できない。**

POINT 12 本権の訴えとの関係

民法202条2項は、占有の訴えについては、本権に関する理由に基づいて裁判をすることができないと規定する。

例えば、Aが占有するA所有の甲動産をBが侵奪した場合において、Aが自力救済*によりBから取り返したとする。Bは、Aから占有を奪われているため、Aに対して占有回収の訴えを提起することができるが、これに対してAは、**当該訴えにおいて、自己に所有権があることを主張しても排斥される。**この場合、**Aは本権に基づく反訴の提起を行えばよい**（最判昭40.3.4）。

＊ **自力救済**…自己の権利が侵害されたときに、法律上の手続によらずに、自己の力で侵害を排除すること。

STEP 2 一問一答で理解を確認！

1 不法占拠者や盗人の占有は、他人の物であることを認識しているため他主占有となる。

× **自主占有**とは、**自分の物である認識**で行う占有であり、**自主占有か他主占有かの判断は、占有取得の原因である事実の性質（権原の性質）によって客観的に決まる。**よって、**不法占拠者や盗人の占有は、自分の物とする認識**である以上、**自主**占有となる。

2 占有者の承継人は、その選択に従い、自己の占有のみを主張し、又は自己の占有に前の占有者の占有を併せて主張することができ、前の占有者の占有を併せて主張する場合であっても、その瑕疵は承継しない。

× **占有者の承継人**は、その**選択に従い、自己の占有のみ**を主張し、又は**自己の占有に前の占有者の占有を併せて主張することができる**（民法187条1項）。そして、**前の占有者の占有を併せて主張する場合**には、その**瑕疵をも承継**する（民法187条2項）。

3 占有物が、占有者の責めに帰すべき事由により滅失したときは、その回復者に対し、善意であって、所有の意思のない占有者は、その滅失により現に利益を受けている限度で賠償する義務を負う。

× **占有物が占有者の責めに帰すべき事由によって滅失し、又は損傷**したときは、その回復者に対し、**悪意の占有者はその損害の全部の賠償**をする義務を負い、**善意の占有者は**その滅失又は損傷によって**現に利益を受けている限度において賠償**をする義務を負う。ただし、**所有の意思のない占有者**は、**善意であるときであっても、全部の賠償をしなければならない**（民法191条）。

4 善意の占有者は、占有物から生ずる果実を取得できるが、善意の占有者が本権の訴えにおいて敗訴したときは、その敗訴した時から悪意の占有者とみなされ、既に消費した果実の代価を償還する義務を負う。	× **善意の占有者が本権の訴えにおいて敗訴**したときは、その**訴えの提起の時から悪意の占有者とみなされる**（民法189条2項）。
5 占有者が占有物を返還する場合には、その物の保存のために支出した金額その他の必要費を回復者から償還させることができるが、占有者が果実を取得したときは、通常の必要費は、占有者の負担に帰する。	○ **本問の記述のとおり**である（民法196条1項）。
6 占有者が占有物の改良のために有益費を支出した場合、その価格の増加が現存しているか否かにかかわらず、回復者はその費用を償還しなければならない。	× 占有者が占有物の改良のために支出した金額その他の**有益費**については、その**価格の増加が現存する場合に限り**、回復者の選択に従い、その支出した金額又は増価額を償還させることができる（民法196条2項）。
7 善意の占有者は、その占有を奪われたときは、占有の侵奪者に対して、占有回収の訴えにより、その物の返還及び損害の賠償を請求することができ、これは悪意の占有者でも同様である。	○ 占有者がその占有を奪われたときは、占有回収の訴えにより、その物の返還及び損害の賠償を請求することができる（民法200条1項）。また、**占有回収の訴えは、悪意の占有者でも行使できる**。
8 占有者が他人に欺かれて物を交付した場合、当該占有者の占有移転の意思には瑕疵があるといえるため、当該占有者は、占有回収の訴えにより、その物の返還及び損害の賠償を請求することができる。	× 占有者がその占有を**奪われた**ときは、占有回収の訴えにより、その物の返還及び損害の賠償を請求することができる（民法200条1項）。**「詐取」の場合は、占有回収の訴えはできない**。

STEP 3 過去問にチャレンジ！

問題 1　　特別区Ⅰ類（2021 年度）

民法に規定する占有権に関する記述として、妥当なものはどれか。

1　占有者の承継人は、その選択に従い、自己の占有のみを主張し、又は自己の占有に前の占有者の占有を併せて主張することができ、前の占有者の占有を併せて主張する場合であっても、その瑕疵は承継しない。

2　悪意の占有者は、果実を返還し、かつ、既に消費し、又は過失によって損傷した果実の代価を償還する義務を負うが、収取を怠った果実の代価を償還する義務は負わない。

3　占有物が占有者の責めに帰すべき事由により滅失したときは、その回復者に対し、善意であって、所有の意思のない占有者は、その滅失により現に利益を受けている限度で賠償する義務を負い、その損害の全部を賠償することはない。

4　占有者が、盗品又は遺失物を、競売若しくは公の市場において、又はその物と同種の物を販売する商人から、善意で買い受けたときは、被害者又は遺失者は、占有者が支払った代価を弁償しなければその物を回復することができない。

5　占有者がその占有を妨害されたときは、占有保持の訴えにより、損害の賠償を請求することができるが、他人のために占有をする者は、その訴えを提起することができない。

➡解答・解説は別冊 P.073

問題 2　特別区Ⅰ類（2018 年度）

民法に規定する占有権に関する記述として、妥当なものはどれか。

1　善意の占有者は、占有物から生ずる果実を取得することができるが、善意の占有者が本権の訴えにおいて敗訴したときは、その敗訴した時から悪意の占有者とみなされ、既に消費した果実の代価を償還する義務を負う。

2　占有物が占有者の責めに帰すべき事由によって滅失し、又は損傷したときは、その回復者に対し、占有者はその善意、悪意を問わず、いかなる場合であっても、その損害の全部の賠償をする義務を負う。

3　占有者が占有物を返還する場合には、その物の保存のために支出した金額その他の必要費を回復者から償還させることができるが、占有者が果実を取得したときは、通常の必要費は、占有者の負担に帰する。

4　占有者がその占有を妨害されるおそれがあるときは、占有保全の訴えにより、その妨害の予防を請求することはできるが、損害賠償の担保を請求することはできない。

5　善意の占有者は、その占有を奪われたときは、占有侵奪者に対し、占有回収の訴えにより、その物の返還及び損害の賠償を請求することができるが、悪意の占有者は、その物の返還及び損害の賠償を請求することができない。

➡解答・解説は別冊 P.074

問題3　特別区Ⅰ類（2015年度）

民法に規定する占有権の取得に関する記述として、妥当なものはどれか。

1　占有権は、自己のためにする意思をもって物を所持することによって取得するので、代理人によって占有権を取得することはできない。

2　占有権の譲渡は、占有物の引渡しによってするが、譲受人またはその代理人が現に占有物を所持する場合には、当事者の意思表示のみによってすることができる。

3　代理人によって占有をする場合において、本人がその代理人に対して以後第三者のためにその物を占有することを命じたときは、当該代理人の承諾があれば当該第三者の承諾がなくとも、当該第三者は占有権を取得することができる。

4　占有者は、善意で、平穏に、かつ、公然と占有をするものと推定するが、所有の意思は推定されないので、所有の意思を表示する必要がある。

5　占有者の承継人は、その選択に従い、自己の占有のみを主張し、又は自己の占有に前の占有者の占有を併せて主張することができ、前の占有者の占有を併せて主張する場合であっても、その瑕疵まで承継する義務はない。

➡解答・解説は別冊P.075

問題 4　　国家一般職（2019 年度）

占有権に関するア～オの記述のうち、妥当なもののみを全て挙げているのはどれか。ただし、争いのあるものは判例の見解による。

ア 賃貸借契約に基づき、Aが自己の所有物をBに賃貸した場合、BがAの代理人として占有することにより、Aは本人として占有権を取得するが、当該賃貸借契約が無効となったときには、Bの代理権の消滅により、Aの占有権は消滅する。

イ 善意の占有者は、占有物から生ずる果実を取得することができるが、本権の訴えにおいて敗訴した場合は占有開始時から悪意の占有者とみなされるため、占有開始時から収取した果実を返還しなければならない。

ウ 相続人が、被相続人の死亡により相続財産の占有を承継したばかりでなく、新たに相続財産を事実上支配することによって占有を開始し、その占有に所有の意思があるとみられる場合においては、被相続人の占有が所有の意思のないものであったときでも、相続人は、民法第185条にいう新たな権原により当該相続財産の自主占有をするに至ったものと解される。

エ 占有権に基づく訴えに対し、所有権者が防御方法として自己の所有権の主張をすることは認められないが、所有権者が所有権に基づく返還請求の反訴を提起することは認められる。

オ 占有権は占有者が占有物の所持を失うことにより消滅するが、占有者は、占有回収の訴えを提起して勝訴すれば、現実にその物の占有を回復しなくても、現実に占有していなかった間も占有を失わず占有が継続していたものと擬制される。

1　ア・イ
2　ア・ウ
3　ウ・エ
4　ウ・オ
5　エ・オ

（参考）
民法（占有の性質の変更）第185条　権原の性質上占有者に所有の意思がないものとされる場合には、その占有者が、自己に占有をさせた者に対して所有の意思があることを表示し、又は新たな権原により更に所有の意思をもって占有を始めるのでなければ、占有の性質は、変わらない。

➡解答・解説は別冊 P.075

問題 5　国家一般職（2013 年度）

占有権に関する次の記述のうち、妥当なものはどれか。ただし、争いのあるものは判例の見解による。

1　AがB所有の甲山林を自己の所有と信じて占有し、甲山林から生じた果実を採取して消費した場合であっても、Aが甲山林を自己の所有と信じたことに過失があるときは、Aの果実収取権は否定され、Aは、Bに対し、消費した果実の代価を返還しなければならない。

2　A所有の甲土地をBが過失により自己の所有と信じ17年間にわたり占有した後、事情を知らないCがBから甲土地を買い受け3年間にわたり甲土地を占有した場合でも、Cは、Cの3年間の占有とBの17年間の占有を併せて、20年間の占有に基づき時効取得を主張することはできない。

3　AB間でB所有の甲土地についてBを貸主としAを借主とする賃貸借契約が成立している場合において、賃貸借契約期間中に、AがBに対し、今後は所有の意思をもって甲土地を占有すると表示したときは、Aの占有は自主占有となる。

4　AはCに対しA所有の甲絵画を寄託していたところ、AB間で甲絵画の売買契約が成立し、BはAに対し代金を支払った。その後、BがCに対し、以後、Bのために甲絵画を占有するように指示し、Cがこれを承諾した場合には、Bは甲絵画の占有権を取得する。

5　BはA所有の甲絵画を自己の所有と信じて占有している。Aの友人CがAに渡す目的でBから甲絵画を奪った場合、BはCに対し、占有回収の訴えにより、甲絵画の返還及び損害賠償を請求することはできない。

➡解答・解説は別冊 P.076

問題 6　　国家専門職（2017 年度）

占有に関するア～オの記述のうち、妥当なもののみを全て挙げているのはどれか。ただし、争いのあるものは判例の見解による。

ア　Aは、Bのりんご畑のりんごを自己の畑の物と誤信して収穫した。Aが占有取得時に善意無過失の場合、Aは当該りんごを即時取得する。

イ　Aは、古美術商Bから50万円の絵画を購入したが、当該絵画がC宅から盗まれた物であった場合、Aが当該絵画が盗品であることにつき善意であれば、Aは、Cから50万円の代価の弁償の提供があるまで、当該絵画を自宅に飾るなど使用収益することができる。

ウ　占有者がその占有を奪われたときは、占有回収の訴えにより、その物の返還を請求することができるが、占有回収の訴えは、占有を奪われたことを知った時から1年以内に提起しなければならない。

エ　占有者が占有物の改良のために有益費を支出した場合、その価格の増加が現存しているか否かにかかわらず、回復者はその費用を償還しなければならない。

オ　Aは、Bの家をBから賃借しているものと誤信して占有していたところ、Aの不注意によってBの家の壁を損壊した。この場合、Aは、自己に占有権原がないことにつき善意であっても、損害全部の賠償をしなければならない。

1　ア、ウ
2　ア、エ
3　イ、ウ
4　イ、オ
5　エ、オ

➡解答・解説は別冊 P.077

SECTION 6

所有権（相隣関係と共有）

STEP 1 要点を覚えよう！

POINT 1 所有権の意義

所有権は、物を全面的に支配できる物権である。つまり、所有者は、法令の制限内において、自由にその所有物の①**使用、**②**収益、**③**処分をする権利**を有する（民法206条）。

POINT 2 隣地使用権

土地の所有者は、①**境界又はその付近における障壁**、建物その他の**工作物の築造、収去又は修繕**、②境界標の調査又は境界に関する測量、③民法233条3項の規定による**枝の切取り**のため必要な範囲内で、**隣地を使用**することができる。

ただし、**隣地の「住家」**については、その**居住者の承諾**がなければ、**立ち入ることはできない**（民法209条1項）。

上記①～③を行う場合に、隣地の所有者又は隣地使用者が損害を受けたとき、隣地所有者等はその償金を請求することができる（民法209条4項）。

POINT 3 隣地通行権（囲繞地通行権）

例えば、B所有のB宅地が公道に接していない場合（袋地）、そのままではB宅地を有効に活用することができない（次ページ図参照）。このように他の土地に囲まれて公道に通じない土地の所有者は、公道に至るため、その土地を囲んでいる他の土地を通行することができる（民法210条1項）。これを**隣地通行権（囲繞地通行権）**という。なお、この権利は相隣関係*と呼ばれるものの一つだ。

隣地通行権は、隣接する土地所有者間の所有権の調整を図るための権利であり、**袋地の所有権の一内容として当然に発生する権利**である。よって、**袋地の所有権を取得した者は、所有権移転登記を経由していなくても、**囲繞地の所有者に対して、**隣地通行権を主張することができる**（最判昭47.4.14）。

また、**通行の場所及び方法は、**隣地通行権を有する者のために必要であり、かつ、**他の土地のために損害が最も少ないもの**を選ばなければならない（民法211条1項）。そして、隣地通行権を有する者は、**必要があるときは、通路を開設することもできる**（同条2項）。

隣地通行権者は、原則として、その通行する他の**土地の損害に対して償金を支払わなければならない。**ただし、通路の開設のために生じた損害に対するものを除き、**1年ごとにその償金を支払うことができる**（民法212条）。一括で支払わなくてもよいということである。

* **相隣関係（そうりんかんけい）**…隣り合う不動産の所有者が、相互にその利用を調整し合う関係のこと。

◆ 袋地のイメージ

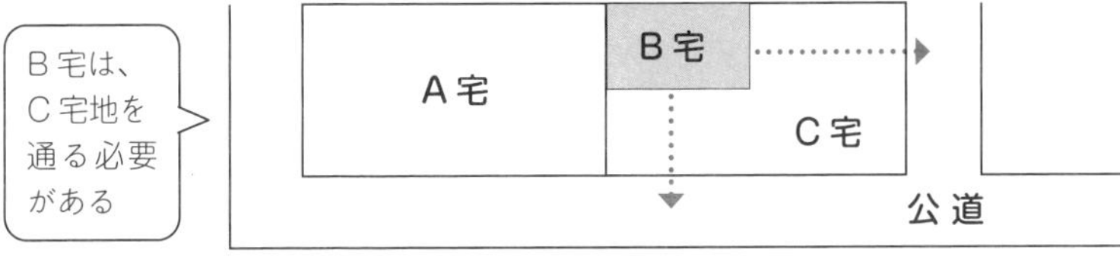

POINT 4 無償の隣地通行権

分割によって公道に通じない土地が生じたときは、その土地の所有者は、公道に至るため、**他の分割者の所有地のみを通行**することができる。この場合においては、**償金を支払うことを要しない**（民法213条1項）。

例えば、B宅地とC宅地はもともと一筆*の土地だったが、分筆してB宅地が袋地となった場合、Bは、無償でC宅地のみを通行することができる。

本条の隣地通行権は、通行の対象となる土地に特定承継が生じた場合にも消滅しない（最判平2.11.20）。つまり、BがB宅地をDに売却した場合、Dは、C宅地のみを無償で通行することができる。

POINT 5 竹木の枝の切除及び根の切取り

隣地の竹木の根が境界線を越えてきたときは、**土地所有者は自ら切り取る**ことができる（民法233条4項）。

これに対して、**隣地の竹木の枝が境界線を越えてきた**ときは、原則として、その**竹木の所有者に、その枝を切除させる**ことができる（同条1項）。しかし、以下の場合は自ら切除できる（同条3項）。

ここで覚きめる！ 土地所有者が「自ら」枝を切り取ることができる例外

①竹木の所有者に切除をするように**催告**したにもかかわらず、竹木の所有者が相当の期間内に**切除しない**とき
②竹木の**所有者**又はその**所在を知ることができない**とき
③**急迫の事情**があるとき

POINT 6 共同所有の形態と意義

共同所有の形態について、民法上は「共有」のみが規定されているが、講学上、共同所有には、①**共有**、②**合有**、③**総有の三つの形態**があるとされる。詳細は060ページで触れているので、再確認しておこう。

①**の共有**とは、複数の者が同一物について所有権を有しているものの、それが複数人であるため、各人の所有権が他の者の所有権に制限される状態をいう（共有の弾力性）。**各共有者は、目的物に対して持分を有し、その持分を自由に処分する権利を有する**。また、各共有者は、いつでも**共有物を持分の割合に応じて分割**（共

* **一筆（いっぴつ）**…登記上の土地の個数を表す単位のこと。独立した1個の土地を「一筆の土地」という。

有関係の解消）の請求をする権利を有している（民法256条1項本文）。

これに対して、**③の総有**とは、共同所有者は収益権を有するが、管理・処分権は共同所有者がメンバーとなっている団体に属する状態をいう。典型例が**権利能力なき社団**である。総有の場合、**各構成員はその団体財産について持分を持たず、団体財産に対する持分分割請求もすることができない。**

POINT 7 持分権の対外的主張

持分とは、各共有者が共有物に対して有する所有の割合をいい、持分に基づく各共有者の共有物に対する権利を持分権という。

持分の割合は、共有者の意思又は法律の規定によって定まるが、それが明らかでないときは、**各共有者の持分は、相等しいものと推定**される（民法250条）。

また、**各共有者**は、他の共有者又は**第三者に対して、単独で持分権の確認を求めることができ**（大判大11.2.20）、**単独で共有物全部について妨害排除請求権を行使することができる**（大判大10.6.3）。さらに各共有者は、**第三者が共有物を不法に占有**するときは、その不法占有者に対し、**単独で共有物全部について自己に引渡しを請求することができる**（大判大7.4.19）。

共有者の1人による登記抹消請求の可否（最判昭31.5.10）

判例(事案と判旨) 不動産の**共有者の1人**がその持分に基づき、当該不動産につき登記簿上所有名義者たるものに対して**その登記の抹消を求めることの可否**が争われた事案。

☞これは妨害排除の請求に外ならず、いわゆる**保存行為**に属するものというべく、したがって、**共同相続人の1人が単独で本件不動産に対する所有権移転登記の全部の抹消を求めることができる。**

共有者の1人による不実の持分移転登記の登記抹消請求の可否（最判平15.7.11）

判例(事案と判旨) **共有者の1人による不実の持分移転登記の登記抹消請求の可否**が争われた事案。

☞**不実の持分移転登記**がされている場合には、その登記によって**共有不動産に対する妨害状態**が生じているということができるから、共有者は**単独でその持分移転登記の登記抹消を請求することができる。**

☞これは、**自己の持分を侵害されていない場合でも可能**である。

POINT 8 共有の対内的関係

各共有者は、共有物の全部について、その**持分に応じた使用**をすることができ、共有物を使用する共有者は、原則として、**他の共有者に対し、自己の持分を超える使用の対価を償還する義務を負う**（民法249条1項、2項）。

このように各共有者は、他の共有者の協議を経ないで当然に共有物を単独で占有する権原を有するものではないが、**共有者の1人が共有物を独占的に使用している場合でも、他の共有者はその者に対して、当然には明渡しを請求することができない**（最判昭41.5.19）。そして、共有物の明渡しを求めるためには、明渡しを求める理由を主張し立証しなければならないとされる。

家屋をAB２人で共有する場合、トイレはAのみ、キッチンはBのみが使用できるというわけではない。ABとも家屋全部を使用できるよ。そのためBが独占的に使用していたとしても、Aは家屋の明渡しを当然に認められるわけではないんだ。

なお、各共有者は、**他の共有者の同意**を得なければ、**共有物に変更を加えることができない**（民法251条1項）。そして、**共有物の管理**に関する事項は、**各共有者の持分の価格に従い、その過半数で決する。保存行為**については、各共有者が**単独**ですることができる（民法252条1項、5項）。

この点、共有物を目的とする**賃貸借契約の解除**は、民法252条1項の「共有物の**管理**に関する事項」に該当するとして、**各共有者の持分の価格に従い、その過半数で決する**とされる（最判昭39.2.25）。

POINT 9 共有物の分割

共有関係の解消をすることを共有物の分割という。**各共有者は、いつでも共有物の分割を請求することができる**が、**5年を超えない期間内は分割をしない旨の契約**をすることができる（民法256条1項）。これを共有物不分割特約という。

この共有物不分割特約は更新できるが、その更新後の期間は、**更新の時から5年を超えることができない**（民法256条2項）。

なお、共有物の分割は、**まずは、①共有者全員による協議で行い**（協議分割）、②共有者間に**協議が調わない**とき、又は**協議**をすることが**できない**ときは、その**分割を裁判所に請求することができる**（民法258条1項）。そして、**裁判による共有物の分割方法**は、以下のものとなる。

ここで覚きめる！ 裁判による共有物の分割方法

①共有物の**現物を分割**する方法（現物分割）
　☞ABの共有地を二つに分けるなど。
②共有者に**債務を負担**させて、**他の共有者の持分の全部又は一部を取得**させる方法（価格賠償）
　☞ABの共有地をA所有として、AはBに対する金銭債務を負担する。
③上記①②で分割できないとき、又は分割によってその価格を著しく減少させるおそれがあるときは、裁判所は、その**競売**を命ずることができる(代金分割)。

STEP 2 一問一答で理解を確認！

1 隣地通行権は袋地の所有権の一内容として当然に発生する権利であるが、だからといって、袋地の所有権者は登記なくして、囲繞地の所有者に対して、隣地通行権を主張することはできない。	× 隣地通行権は、隣接する土地所有者間の所有権の調整を図るための権利であり、**袋地の所有権の一内容として当然に発生する権利**である。よって、**袋地の所有権を取得した者は、所有権移転登記を経由していなくても、**囲繞地の所有者に対して、**隣地通行権を主張することができる**（最判昭47.4.14）。
2 分割によって公道に通じない土地が生じたとき、その土地の所有者は、公道に至るため、他の分割者の所有地のみを通行することができるが、この場合においては、償金を支払うことを要しない。	○ 分割によって**公道に通じない土地が生じたときは、**その土地の所有者は、**公道に至るため、他の分割者の所有地のみを通行することができる。**この場合においては、**償金を支払うことを要しない**（民法213条1項）。
3 各共有者が分割を請求することができる共有物については、5年を超えない期間内は分割をしない旨の契約をすることができる。	○ **各共有者は、原則として、いつでも共有物の分割を請求することができる**が、**5年を超えない期間内は分割をしない旨の契約（不分割特約）をすることができる**（民法256条1項）。
4 各共有者は、共有物を分割しない特約を締結することができるが、当該契約は5年を超えない期間で更新することもできる。	○ **本問の記述のとおり**である（民法256条2項）。

5 共有物について権利を有する者及び各共有者の債権者は共有物の分割に参加することができる。

○ **共有物について権利を有する者及び各共有者の債権者は、自己の費用で、分割に参加することができる**（民法260条1項）。

この知識はSTEP1で紹介していないものなので、ここで確認しておこう。

6 共有に係る建物を第三者に賃貸している場合、当該賃貸借契約の解除は、共有者全員の同意がない限り、することができない。

× 共有物を目的とする**貸借契約の締結及び解除**は、民法252条1項にいう**「共有物の管理に関する事項」に該当する**と解されている（最判昭39.2.25）。よって、**持分の価格の過半数**によって決せられるため、共有者全員の同意がなくても**できる**。

7 A及びBが甲土地を共有している場合に、Bの持分についてC名義の不実の持分移転登記がなされた場合、AはCに対し、自己の持分権に基づき、単独で当該持分移転登記の抹消登記手続を請求することができる。

○ **本問の記述のとおり**である（最判平15.7.11）。なお、不実の登記がなされていること自体が、妨害状態が生じていると解されているため、Aは自己の持分を侵害されている必要は**ない**。

8 共有物の分割について、共有者全員による協議を行う前に、その分割を裁判所に請求することができる。

× 共有物の分割は、まずは、①共有者全員による協議で行い（協議分割）、②共有者間に**協議が調わない**とき、又は**協議をすることができない**ときは、**その分割を裁判所に請求することができる**（民法258条1項）。

過去問にチャレンジ！

問題 1　　特別区Ⅰ類（2019 年度）

民法に規定する相隣関係に関する記述として、判例、通説に照らして、妥当なものはどれか。

1　土地の所有者は、境界付近において障壁を修繕するため、隣人の承諾があれば、隣人の住家に立ち入ることができるが、隣人が承諾しないときは、裁判所で承諾に代わる判決を得て、その住家に立ち入ることができる。

2　分割によって公道に通じない土地が生じたとき、その土地の所有者は、公道に至るため、他の分割者の所有地のみを通行することができるが、この場合においては、償金を支払わなければならない。

3　土地の所有者は、隣地の所有者と共同の費用で境界標を設けることができるが、境界標の設置及び保存並びに測量の費用は、土地の所有者と隣地の所有者が土地の広狭にかかわらず等しい割合で負担する。

4　最高裁判所の判例では、共有物の分割によって袋地を生じた場合、袋地の所有者は他の分割者の所有地についてのみ囲繞地通行権を有するが、この囲繞地に特定承継が生じた場合には、当該通行権は消滅するとした。

5　最高裁判所の判例では、袋地の所有権を取得した者は、所有権取得登記を経由していなくても、囲繞地の所有者ないしこれにつき利用権を有する者に対して、囲繞地通行権を主張することができるとした。

➡解答・解説は別冊 P.078

問題2　特別区Ⅰ類（2017年度）

民法に規定する共有に関する記述として、判例、通説に照らして、妥当なものはどれか。

1　各共有者は、共有物の全部について、その持分に応じた使用をすることができるが、各共有者が自己の持分を譲渡し又は担保を設定するときは、他の共有者の同意を得なければならない。

2　各共有者は、その持分に応じ、管理の費用を支払い、その他共有物に関する負担を負うが、共有者が1年以内にこの負担義務を履行しないときは、他の共有者は、相当の償金を支払ってその者の持分を取得することができる。

3　共有者の一人が、その持分を放棄したときは、その持分は、他の共有者に帰属するが、共有者の一人が死亡して相続人がないときは、その持分は、国庫に帰属する。

4　最高裁判所の判例では、共有物に対して妨害する無権利者があれば、各共有者は単独でその排除を請求でき、共有にかかる土地が不法に占有されたことを理由として不法占有者に対して損害賠償を求める場合には、共有者はそれぞれの共有持分の割合を超えて請求することも許されるとした。

5　最高裁判所の判例では、共有物を共有者のうちの特定の者に取得させるのが相当であると認められれば、当該共有物を取得する者に支払能力があるなどの特段の事情がなくても、当該共有物を共有者のうちの一人の単独所有とし、他の共有者に対して持分価格を賠償させる方法による分割も許されるとした。

➡解答・解説は別冊P.079

問題 3 裁判所職員（2020 年度）

Ａが3分の1、Ｂが3分の2の持分で甲土地を共有している場合に関する次のア～エの記述のうち、妥当なもののみを全て挙げているものはどれか（争いのあるときは、判例の見解による。）。

ア 第三者Ｃが無断で甲土地を占有している場合、Ａは単独でＣに対して、甲土地全部の明渡請求をすることができる。

イ Ａ及びＢが賃貸人となり、第三者Ｄとの間で甲土地を目的とする賃貸借契約を締結した場合、Ｂは単独で上記賃貸借契約の解除をすることができる。

ウ Ａ及びＢが甲土地を分割する場合、甲土地をＡの単独所有とし、ＡからＢに対して持分の価格を賠償させる方法による分割は許されない。

エ ＡがＢに無断で甲土地全体を単独で占有している場合、Ｂは、自己の共有持分が過半数を超えることを理由として、Ａに対し、甲土地全体の明渡しを求めることができる。

1 ア・イ
2 ア・ウ
3 ア・エ
4 イ・ウ
5 ウ・エ

➡解答・解説は別冊 P.080

問題 4　国家一般職（2022 年度）

A、B及びCが甲建物を同一の持分で共有している場合に関するア～オの記述のうち、妥当なもののみを全て挙げているのはどれか。ただし、争いのあるものは判例の見解による。

ア 甲建物について、無権利者Dが単独名義の登記を有する場合、Aは、Dに対して、単独で登記の全部抹消登記手続を求めることができる。

イ 甲建物について、CがA及びBに無断で単独名義の登記を有する場合であっても、A及びBは、Cに対して、自己の持分を超えて更正の登記手続を請求することはできない。

ウ Aは、B及びCに対して、いつでも甲建物の分割を請求することができ、A、B及びCの三者間の契約によっても、これを制限することはできない。

エ 甲建物について、A、B及びCの各持分の登記がされている場合において、CがEに対しその持分を譲渡し、登記も移転したが、当該譲渡が無効であったときは、Aは、自己の持分を侵害されているわけではないため、Eに対して、単独で持分移転登記の抹消登記手続を求めることができない。

オ Cが単独で甲建物に居住してこれを占有している場合であっても、A及びBは、甲建物の明渡しを求める理由を主張・立証しない限り、Cに対して、甲建物の明渡しを請求することはできない。

1 ア、イ
2 ア、オ
3 ウ、エ
4 ア、イ、オ
5 ウ、エ、オ

➡解答・解説は別冊 P.081

SECTION 7

用益物権(地上権と地役権)

STEP 1 要点を覚えよう!

POINT 1 用益物権の意義

用益物権(ようえきぶっけん)とは、一定の目的のために、**他人が所有する土地を使用・収益**するための権利である。所有権のようにその土地を完全に自由に使用できるわけではないため「制限物権」に分類される。

この用益物権には、地上権、地役権、永小作権(農業等をする権利)などがあるが、試験対策上は地上権と地役権を押さえておこう。

◆ **物権の概観**

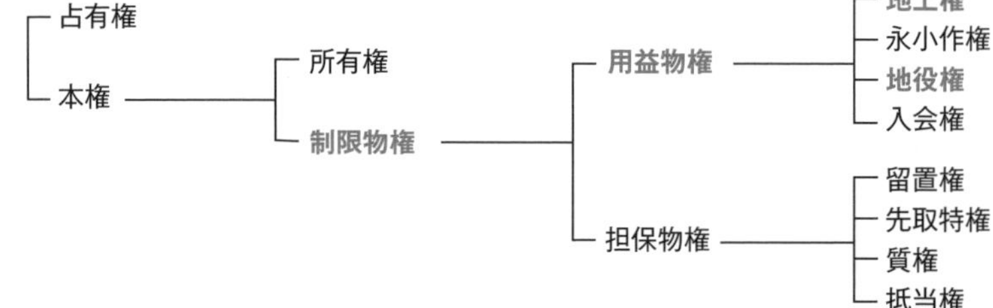

POINT 2 地上権の意義

地上権とは、他人の土地において**工作物又は竹木を所有するため、その土地を使用する**ことができる用益物権である(民法265条)。

「工作物」とは、建物、橋、駐車場、送電設備などをいい、**「竹木」とは、杉、檜などの植林の目的となる植物**をいう。

なお、桑・茶・果樹など耕作の目的となる植物は「永小作権」の対象であり、地上権の対象とはならない。地上権は設定時点で工作物や竹木が存在しなくても設定することができ、また工作物等が消滅しても地上権は消滅しない。

民法266条1項は、地上権者が土地の所有者に定期の**地代を支払わなければならない場合**、民法274条から276条の永小作権の規定を準用する旨を規定する。つまり、**地上権は原則として無償**であり、**地代の支払は地上権の要素ではない。**

使用料を支払うことが当然のように思えるけれど、地上権は特約を結ばない限り無償だよ。

また、**地上権者は、地上権という権利を自由に処分することができる。**地上権設定者との間で、地上権の**譲渡禁止特約をすることはできるが、当該特約は地上権の譲受人に対抗することはできない。**つまり、そのような特約があったとしても、地上権を譲り受けた者は、自らが取得した地上権を主張できることとなる。

なお、「永小作権」に関して規定する民法274条は、永小作人は、**不可抗力により収益について損失を受けたときであっても、小作料の免除又は減額を請求することができない**と規定している。そしてこの規定は、**地上権者が土地の所有者に定期の地代を支払わなければならない場合について準用されている**（民法266条）。

農作物のために永小作権を設定したものの不作となってしまった場合、小作料の**減額を請求できない**という規定がある。これが**地上権にも準用**されているということだよ。

POINT 3 地上権の取得原因

地上権は、土地所有者（設定者）と地上権者となる者との**設定契約によって成立**する。また、民法388条の法定地上権など、法律上当然に発生するものもある（参 288ページ）。

なお、土地の**継続的な使用**という**外形的事実**が存在するほかに、その使用が地上権行使の意思に基づくものであることが**客観的に表現**されている場合（土地上に建物を建てるなど）、**地上権には取得時効が成立する**（最判昭45.5.28）。

なお、一筆の土地の一部を目的として（分筆登記をしないで）設定することができる。

POINT 4 地上権の効力

地上権は物権であるため、その使用する土地に侵害等が生じた場合は、**地上権に基づく物権的請求権を行使することができる。**また、登記が対抗要件であるため、設定者に対して、当然に登記請求権を有する（民法177条）。

地上権の**存続期間は、当事者の契約によって自由に定める**ことができる。設定行為で地上権の**存続期間を定めなかった場合**において、別段の慣習がないときは、**地上権者は、いつでもその権利を放棄することができる。**ただし、地代を支払うべきときは、1年前に予告をし、又は期限の到来していない1年分の地代を支払わなければならない（268条1項）。

POINT 5 原状回復・工作物等の収去

地上権者は、その権利が消滅した時に、土地を原状に復してその工作物及び竹木を収去することができる。つまり、所有者に土地を返す場合は、土地を元通りに戻し、土地上の工作物等を自分の物として、持っていくことができるということである。

ただし、その工作物等について、**土地の所有者が時価相当額を提供してこれを**

買い取る旨を通知したときは、**地上権者は、正当な理由がなければ、これを拒むことができない**（民法269条1項）。

POINT 6 区分地上権

地下又は空間について工作物を所有するため、**上下の範囲を定めて地上権の目的とすることができる。**これを**区分地上権**という。普通地上権と異なり「竹木所有」は目的とされていない（民法269条の2第1項）。

「地下」を利用したいというのは、地下鉄を通すケースをイメージしよう。**土地の上下の空間**についての話だよ。

区分地上権を設定する場合、地上権の行使のためにその土地の使用に制限を加えることができる。

また、**第三者がその土地の使用又は収益をする権利を有する場合においても、**その権利又はこれを目的とする権利を有する**すべての者の承諾**があるときは、**区分地上権を設定することができる**（民法269条の2第2項）。

POINT 7 地役権

地役権（ちえきけん）**は、**設定行為で定めた目的に従い、**他人の土地を「自己の土地」の便益に供することができる用益物権**である（民法280条本文）。例えば、A所有の甲土地の利便性を向上させるため、B所有の乙土地を通行するための地役権を設定する場合などだ。この場合、**甲土地を要役地**（ようえき）**、乙土地を承役地**（しょうえき）という。

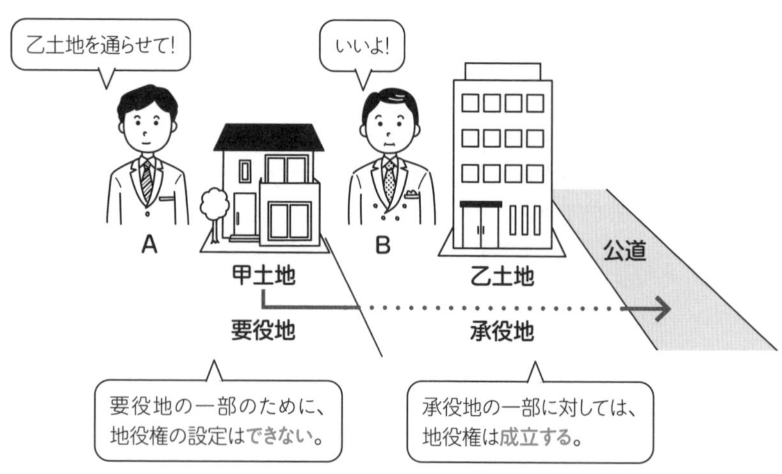

STEP 1 要点を覚えよう!

地役権の設定目的に制限はないため、通行地役権以外にも、引水地役権、眺望地役権、電線路施設のための地役権など多様な地役権がある。そのため、**要役地と承役地は、隣接している必要はない**。例えば、眺望地役権とは、マンションの近くに別のマンションが建設されると眺望が害されるという場合、眺望地役権を設定し、大きな建設物が建設されるのを防ぐというケースである。

なお、**地役権の設定行為又は設定後の契約**により、**承役地の所有者が、自己の費用で地役権の行使のために工作物を設け**、又はその**修繕をする義務を負担**したときは、**承役地の所有者の特定承継人も、その義務を負担する**（民法286条）。要役地所有者を保護するためである。

POINT 8 地役権と第三者の関係

地役権は、要役地（便益を受ける土地）の所有権に従たる権利として、その所有権とともに移転し、又は要役地について存する他の権利の目的となるものとする（民法281条1項本文）。したがって、**「所有権」の移転を承役地の所有者に対抗しうるときは、地役権の移転も登記なく対抗できる**。なお、地役権の移転の登記はすることができない。

また、判例は、**通行地役権の承役地が譲渡**され、**地役権の登記がされていなかった場合**であっても、当該譲渡時に**承役地が継続的に通路として使用されていることが物理的状況から客観的に明らか**であり、かつ、**譲受人がそのことを認識**していたときは、譲受人が通行地役権の設定を知らなかったとしても、**特段の事情がない限り、地役権設定登記の欠缺を主張するにつき正当な利益を有する第三者にあたらない**とした（最判平10.2.13）。

このような場合、譲受人は何らかの通行権があることを容易に推認することができ、また、要役地の所有者に照会するなどして通行権の有無、内容を容易に調査することができるからである。

POINT 9 地役権と時効

地役権は、継続的に行使され、かつ、外形上認識することができるものに限り、時効取得することができる（民法283条）。

そして、**土地の共有者の1人が時効によって地役権を取得**したときは、**他の共有者もこれを取得する**（民法284条1項）。

なお、**土地の共有者の1人は、その持分のみであっても、そこに存する地役権を消滅させることができない**（民法282条1項）。

地役権は、いわば取得しやすく、消滅しにくい形になっているんだ。

STEP 2 一問一答で理解を確認！

1 地代の支払は地上権の要素であるため、無償で地上権を設定することはできない。

× **地上権は、原則として無償**であり、**地代の支払は地上権の要素ではない**（民法265条）。

---

2 地上権者は、地上権に抵当権を設定し、地上権を譲渡し、又は賃貸することができるが、いずれの場合にも、土地の所有者の承諾を必要とし、自由に処分することはできない。

× **地上権は物権**であり、地上権者は、賃借権者と異なり、**所有権者の承諾なく自由に譲渡、賃貸、担保権の設定をすることができる**（物権の直接性、参170ページ）。

---

3 地上権者が土地の所有者に定期の地代を支払わなければならない場合において、不可抗力により収益に損失を受けたときであっても、地上権者は、土地の所有者に地代の免除又は減額を請求することができない。

○ 民法274条は、永小作人は、**不可抗力により収益について損失を受けたとき**であっても、**小作料の免除又は減額を請求することができない**と規定しており、**この規定は地上権に準用されている**（民法266条1項）。

---

4 地上権者は、その権利が消滅した時に、土地を原状に復してその工作物及び竹木を収去することができるが、土地の所有者が時価相当額を提供してこれを買い取る旨を通知した場合、地上権者は、これを拒むことができない。

× 地上権者は、その権利が消滅した時に、土地を原状に復してその工作物及び竹木を収去することができる。ただし、**土地の所有者が時価相当額を提供してこれを買い取る旨を通知**したときは、**地上権者は、正当な理由がなければ、これを拒むことができない**（民法269条1項）。つまり、**正当な理由があれば、これを拒むことができる**。

---

5 地下又は空間は、工作物を所有するため、上下の範囲を定めず区分地上権の目的とすることができる。

× **地下又は空間は**、工作物を所有するため、**上下の範囲を定めて地上権の目的とすることができる**（民法269条の2第1項）。

---

6 A所有の甲土地の利便性を向上させるため、B所有の乙土地を通行するための地役権を設定する場合、甲土地を承役地、乙土地を要役地という。

× 本問の場合、**甲土地を要役地、乙土地を承役地**という。要役地と承役地という言葉は、問題で使用されるため理解しておくこと。

---

7 設定行為又は設定後の契約により、承役地の所有者が自己の費用で地役権の行使のために工作物を設け、又はその修繕をする義務を負担したときは、承役地の所有者の特定承継人は、その義務を負担しない。

× 本問の場合、**承役地の所有者の特定承継人も、その義務を負担する**（民法286条）。

---

8 AB共有の甲土地を要役地とする地役権が設定されている場合において、Aは、単独で自己の持分について地役権を放棄して甲土地上の地役権を消滅させることはできない。

○ **土地の共有者の1人は、その持分につき**、その土地のために又はその土地について存する**地役権を消滅させることができない**（民法282条1項）。地役権は取得しやすく、消滅しにくいという観点を持っておこう。

---

9 土地の一部について要役地として地役権を設定することはできないが、承役地は、一筆の土地であることは要せず、土地の一部の上にも成立する。

○ **要役地は**、一筆の土地であることを要し、**土地の一部のために地役権を設定することはできない**。これに対して、**承役地は、一筆の土地であることは要せず、土地の一部の上にも成立する**。例えば、通行地役権は承役地のすべてを利用するわけではない。

STEP 3 過去問にチャレンジ！

問題 1 特別区Ⅰ類（2022 年度）

民法に規定する地上権に関する記述として、判例、通説に照らして、妥当なものはどれか。

1 地上権は、土地の所有者の承諾なしに賃貸することができるが、土地の所有者の承諾なしに譲渡することはできない。

2 第三者が土地の使用又は収益をする権利を有する場合において、その権利又はこれを目的とする権利を有する全ての者の承諾があるときは、地下又は空間を目的とする地上権を設定することができる。

3 地代の支払は地上権の要素であるため、無償で地上権を設定することはできない。

4 地上権者が土地の所有者に定期の地代を支払わなければならない場合において、不可抗力により収益に損失があったときは、地上権者は、土地の所有者に地代の免除又は減額を請求することができる。

5 最高裁判所の判例では、地上権を時効取得する場合、土地の継続的な使用という外形的事実が存在すればよく、その使用が地上権行使の意思に基づくことが客観的に表現されている必要はないとした。

➡解答・解説は別冊 P.082

問題 2 特別区Ⅰ類（2021 年度）

民法に規定する地役権に関するＡ～Ｄの記述のうち、判例又は通説に照らして、妥当なものを選んだ組み合わせはどれか。

A 設定行為又は設定後の契約により、承役地の所有者が自己の費用で地役権の行使のために工作物を設け、又はその修繕をする義務を負担したときは、承役地の所有者の特定承継人は、その義務を負担しない。

B 土地の共有者の一人が時効によって地役権を取得したときは、他の共有者も、これを取得するが、地役権を行使する共有者が数人ある場合には、その一人について時効の完成猶予の事由があっても、時効は、各共有者のために進行する。

C 最高裁判所の判例では、要役地が数人の共有に属する場合、各共有者は、単独で共有者全員のため共有物の保存行為として、要役地のために地役権設定登記手続を求める訴えを提起することができないというべきであって、当該訴えは固有必要的共同訴訟に当たるとした。

D 最高裁判所の判例では、通行地役権の承役地が譲渡された場合において、譲渡の時に、当該承役地が要役地の所有者によって継続的に通路として使用されていることがその位置、形状、構造等の物理的状況から客観的に明らかであり、かつ、譲受人がそのことを認識していたときは、譲受人は、通行地役権が設定されていることを知らなかったとしても、特段の事情がない限り、地役権設定登記の欠缺を主張するについて正当な利益を有する第三者に当たらないとした。

1 A B
2 A C
3 A D
4 B C
5 B D

➡解答・解説は別冊 P.083

問題 3　特別区Ⅰ類（2020年度）

民法に規定する地上権に関する記述として、通説に照らして、妥当なものはどれか。

1　地上権は、他人の土地において工作物又は竹木を所有するため、その土地を使用する権利であり、地上権自体を他人に譲渡することもできるが、地上権の譲渡については土地の所有者の承諾を要する。

2　地上権者は、その権利が消滅した時に、土地を原状に復してその工作物及び竹木を収去することができるが、土地の所有者が時価相当額を提供してこれを買い取る旨を通知したときは、地上権者は、いかなる場合もこれを拒むことはできない。

3　設定行為で地上権の存続期間を定めなかった場合において、別段の慣習がないときは、地上権者は、いつでもその権利を放棄することができるが、地代を支払うべきときは、1年前に予告をし、又は期限の到来していない1年分の地代を支払わなければならない。

4　地上権者は、土地の所有者に定期の地代を支払わなければならない場合において、不可抗力により収益について損失を受けたときは、地代の免除又は減額を請求することができる。

5　地下又は空間は、工作物を所有するため、上下の範囲を定めず区分地上権の目的とすることができ、この場合においては、設定行為で、区分地上権の行使のためにその土地の使用に制限を加えることができる。

➡解答・解説は別冊P.083

問題 4　　特別区Ⅰ類（2018 年度）

次の民法に規定する物権Ａ～Ｅのうち、用益物権を選んだ組み合わせとして、妥当なものはどれか。

Ａ：留置権
Ｂ：永小作権
Ｃ：先取特権
Ｄ：入会権
Ｅ：地役権

1　Ａ・Ｂ・Ｄ　　2　Ａ・Ｃ・Ｄ　　3　Ａ・Ｃ・Ｅ
4　Ｂ・Ｃ・Ｅ　　5　Ｂ・Ｄ・Ｅ

➡解答・解説は別冊 P.084

問題 5　　特別区Ⅰ類（2016 年度）

民法に規定する地上権に関する記述として、妥当なものはどれか。

1　地上権は、他人の土地において工作物又は竹木を所有するため、その土地を使用する権利であり、工作物又は竹木が現存しないときに、地上権を設定することはできない。

2　地上権者は、地上権に抵当権を設定し、地上権を譲渡し、又は賃貸することができるが、いずれの場合にも、土地の所有者の承諾を必要とし、自由に処分することはできない。

3　地上権者が地上権に基づき土地上に植栽した竹木は、地上権者の所有に属するため、地上権者は、その権利が消滅した場合に、別段の慣習がないときは、土地の所有者に時価相当額でこれを買い取るよう請求することができる。

4　地代の支払は、地上権の成立要件であり、地上権者は土地の所有者に定期の地代を支払わなければならないが、不可抗力により収益について損失を受けたときは、地代の免除又は減額を請求することができる。

5　地下又は空間は、工作物を所有するため、上下の範囲を定めて地上権の目的とすることができ、この場合においては、設定行為で、地上権の行使のためにその土地の使用に制限を加えることができる。

➡解答・解説は別冊 P.084

問題 6　　特別区Ⅰ類（2013 年度）

民法に規定する地役権に関する記述として、妥当なものはどれか。

1　地役権は、設定行為に別段の定めがない限り、要役地の所有権に従たるものとして、その所有権とともに移転し、所有権の移転を承役地の所有者に対抗しうるときは、地役権の移転も登記なく対抗できる。

2　地役権は、通行地役権のように地役権者が一定の行為をすることを目的とする場合にのみ設定できるので、眺望や日照を確保するために承役地の利用者が建物を建てないことを目的として地役権を設定することはできない。

3　地役権は、要役地の所有者と承役地の所有者との間の設定行為という合意がある場合にのみ成立するものであり、時効によってその取得が認められることはない。

4　要役地又は承役地が数人の共有に属する場合に、その土地の各共有者は、単独では地役権全体を消滅させることはできないが、自己の持分についてだけ地役権を消滅させることはできる。

5　地役権は、設定行為によって定めた目的に従い、承役地を要役地の便益に供する権利であるので、要役地に隣接しない土地を承役地として地役権を設定することはできない。

➡解答・解説は別冊 P.085

CHAPTER

担保物権

SECTION1 担保物権総論
SECTION2 留置権
SECTION3 先取特権
SECTION4 質権
SECTION5 抵当権①（総論）
SECTION6 抵当権②（法定地上権など）
SECTION7 根抵当権
SECTION8 譲渡担保

この章で学ぶこと

担保物権は、まずは留置権・抵当権を押さえよう

CHAPTER3・**担保物権**では、物権を債務不履行になった際の保険として扱う場合の法律に関する内容を学習します。

私たちが取引をして、その対価として相手にお金を払ってもらうときに、常に相手がお金を払うとは限りません。そこで、いわゆる借金のカタとして物権を行使することがあります。つまり担保物権は、相手がお金を払えない、もしくは払ってくれない場合の保険として機能する物権というイメージです。

担保物権のうち**留置権**・**抵当権**は比較的イメージが持ちやすく、出題頻度も高いです。まずはこの2つの権利についてじっくり理解することで、担保物権を攻略する足掛かりにしましょう。

頻出分野を確実に押さえてから根抵当権など詳細知識に挑もう

担保物権においては、根抵当権などのかなり細分化された項目もあり、民法総則や物権に比べると覚えにくい知識も一定数あります。重要なのは、そのような知識を際限なく追求することではなく、**頻出分野を手堅く押さえ**たうえで、細かな項目はできる範囲で押さえるという割り切りです。

担保物権の具体的な知識は、それを知らなければ直ちに不合格になるというものではないので、まずは頻出分野の学習を積み重ねてから、その後に、より詳細な知識を押さえることが得策でしょう。あくまで合否を分けるのは、**基本事項と頻出分野を確実に理解する**ことだと意識しましょう。

担保物件は過去問演習から必要な知識を洗い出そう

担保物権はややイメージしにくい内容が多いので、慣れるために**学習の早い段階から過去問に挑戦**しましょう。過去問を解くことで、どんな知識がどのように問われるかというイメージがはっきり得られるので、担保物件では何が重要な知識で、何から学ぶべきかがわかり、効率的な学習につながります。

極める!

試験別対策

国家一般職

抵当権が問われやすいが、他の分野からの出題も増えている。判例の知識も問われやすいので、条文と判例をバランスよく押さえることが必要である。

国家専門職

抵当権に加えて、留置権も出題されやすい。今後は抵当権・留置権以外の出題も予想されるので、まんべんなく押さえることが望ましい。

地方上級

抵当権がやや出題されやすい。この分野の条文と判例をしっかりと押さえておくことが望ましい。他の分野の学習も怠らないように。

特別区Ⅰ類

抵当権の出題が多いが、留置権・先取特権が他の試験種より問われやすい。先取特権はとっつきにくい分野なので、抵当権・留置権を学習したあとに学ぶと理解がしやすく効率的である。

裁判所職員

抵当権を中心にまんべんなく全範囲から問われるので、穴を作らない学習が求められる。やや細かい知識が問われることもあるので、どこまで理解ができているか確認しながら学習を進めよう。

市役所

他の試験種に比べると、担保物権からの出題頻度は少なく、この分野が問われない年度も多い。しかし油断せずに、担保物権の性質などは整理しておこう。

SECTION 1

担保物権総論

STEP 1 要点を覚えよう！

POINT 1 担保物権の意義

CHAPTER 3では担保物権について学習する。**担保物権とは、債権者が、債務者等の有する財産上**に、**債権回収の確実化のため優先的な権利行使が認められる物権**をいう。

例えば、AがBに500万円を貸したものの、Bが返すことができなくなった際、AがBの財産に対して担保物権を有していると、その財産をお金に変えることなどで、貸金債権を回収する可能性が高まる。いわゆる借金のカタである。

この担保物権は、一定の要件を満たすことで**法律上成立する法定担保物権**と、**当事者の設定契約で成立する約定担保物権**に分けることができる。

民法で規定されている担保物権には**「留置権」「先取特権」「質権」「抵当権」**の四つがある。このうち**「留置権」「先取特権」**は、一定の要件を満たすことで、法律上当然に成立する**法定担保物権**であり、**「質権」「抵当権」**は、当事者間の設定契約で成立する**約定担保物権**となる。

このSECTION 1の内容は、**これから学習する各種担保物権の基礎**となる知識であり、**重要な前提知識**となるよ。それぞれの内容について整頓して、しっかりと押さえておこう。

POINT 2 担保物権の四つの性質

担保物権とは、債権を回収するのに役立つ権利である。そのため担保物権は、円滑に債権を回収するために、原則として、次の四つの性質を有する。

（1）付従性

担保物権は被担保債権*を回収するために存在する権利である以上、**被担保債権が消滅すれば、担保物権も消滅する。**このような性質を担保物権の付従性という。

＊ **被担保債権**…担保物権により担保される債権のこと。

(2) 随伴性

担保物権は債権を回収するために存在する権利である以上、担保物権と被担保債権はセットでなければならない。したがって、**被担保債権が譲渡されれば、担保物権もそれについていく**こととなる。このような性質を担保物権の随伴性という。

例えば、AがBに対し債権を有しており、その債権を担保するためにAがBの財産に担保物権（例：抵当権）を有している場合、Aが被担保債権をCに譲渡すると、それに伴って担保物権もAからCに移る。

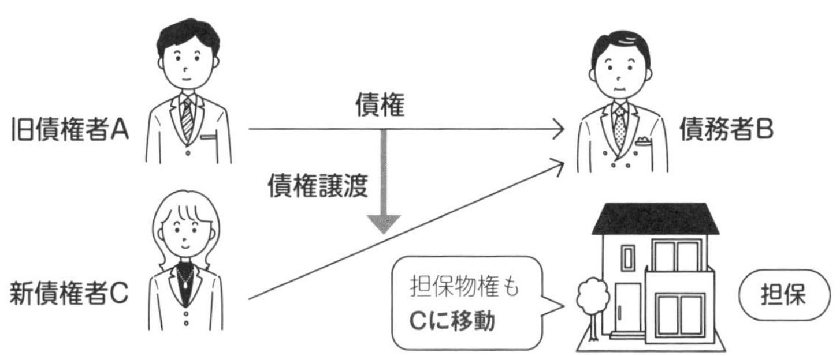

(3) 不可分性

担保物権は、**被担保債権の一部を弁済**してもらったからといって、**その分だけ、担保物権の効力が減ずるということはない**。つまり、**担保物権は、被担保債権のすべてを回収するまで、財産すべてに効力が及び、**このような性質を担保物権の不可分性という。

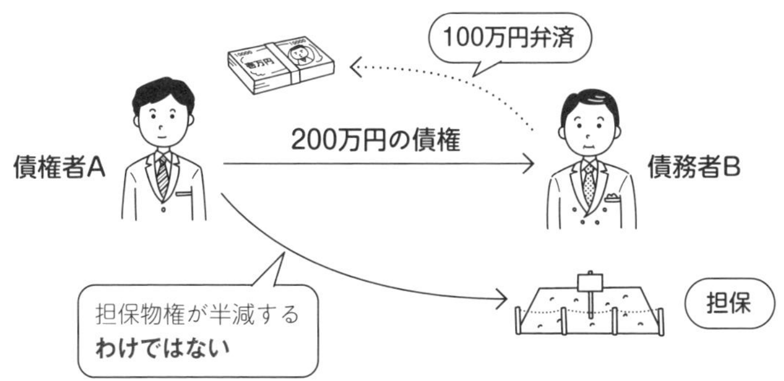

(4) 物上代位性

例えば、AがBに対し3000万円の貸金債権を有していて、その3000万円の貸金債権を担保するためにBの家に担保物権（例：抵当権）を有しているとする。しかしその後、Bの家が火災によって焼失し、Bは火災保険金を受領できる状態になったとする。この場合、Bの家に有していた担保物権の効力を、Bが受領できる火災保険金に及ぼすことができる。

つまり、担保物権の目的物が滅失した場合などにおいて、担保物権の設定者であるBが、滅失等した目的物に代わって受け取るべき金銭等に対しても、担保物権は効力を及ぼすことができる。このような性質を担保物権の**物上代位性**という。

なお、**物上代位は、目的物の売却、賃貸、滅失又は損傷によって債務者が受けるべき金銭その他の物に対しても行使することができるが、担保権者は、それらの払渡し又は引渡しの前に差押えをしなければならない**（民法304条1項）。

この四つが担保物権の性質だけど、すべての担保物権がこの四つの性質を有しているわけではないよ。各担保物権において、何が認められて、何が認められないかが出題されるんだ。

POINT 3 担保物権の効力

以上の担保物権の「性質」に加えて、担保物権の「効力」という観点もあり、**担保物権には、①優先弁済的効力と、②留置的効力という2 種類の効力**がある。

（1）優先弁済的効力

優先弁済的効力とは、他の（一般）債権者に先立って、担保物権の目的物から債権を回収することができる効力のことをいう。

例えば、AがBに対し1000万円の貸金債権を有していて、その1000万円の貸金債権を担保するために、AがBの家に担保物権（例：抵当権）を有していたとする。さらに、BはCからも100万円を借りていたとしよう。

この場合、Aは担保権者だが、Cは担保を有していない。この場合のCを「一般債権者」という。

その後、Bが返済できなくなり、Bの唯一の財産は、Aが担保物権を有している家だけとなった場合、Aはこの家を売却して、その売却金から優先的に債権を回収できる。その唯一の財産である家を売却して、AC間で分配するわけではなく、Aは**担保物権を行使**することで、**優先的に弁済を受ける**ことができる効力があるということだ。

（2）留置的効力

留置的効力とは、担保物権の目的物を留置して（手元に置き留めること）、弁済を促していく効力をいう。

例えば、時計屋であるAが、Bから時計の修理を依頼され、時計を預かったとする。Aは修理後、Bに対して修理代金を請求できるが、Bが代金を支払う前に時計の返却を求めた場合、Aは「修理代金を支払うまで、時計は返せない（留置する）」と言える。このような効力を留置的効力という。

これら二つの効力も、すべての担保物権が有しているというわけではない。各担保物権の特徴に応じて、有する効力が変わるんだ。

以上、**担保物権の「四つの性質」と「二つの効力」の内容をしっかりと押さえたうえで、この先の各担保物権の確認**に入ろう。

◆ 担保物権の成立と効力のまとめ（原則）※1　○…認められる ×…認められない

性質・効力	留置権	先取特権	質権	抵当権
付従性	○	○	○	○※2
随伴性	○	○	○	○※2
不可分性	○	○	○	○
物上代位性	×	○	○	○
優先弁済的効力	×	○	○	○
留置的効力	○	×	○	×

※1 この他、**不動産質権**については、**目的物の使用・収益**ができるという**収益的効力**がある（民法356条）。

※2 ただし、**「確定前の根抵当権」には、認められない**（参 298ページ）。また判例は、**将来発生する可能性のある条件付債権を担保する抵当権の設定も有効**としており、この場合、付従性が緩和されている（最判昭33.5.9）。

CHAPTER 3 担保物権

1 担保物権総論

STEP 2 一問一答で理解を確認！

1 担保物権とは、債権者が、債務者等の有する財産上に、債権回収の確実化のため優先的な権利行使が認められる物権をいう。

○ **本問の記述のとおり**である。

2 担保物権は、一定の要件を満たすことで法律上成立する法定担保物権と、当事者の設定契約で成立する約定担保物権に分けることができる。

○ **本問の記述のとおり**である。

3 「留置権」「先取特権」は、約定担保物権であり、「質権」「抵当権」は、法定担保物権である。

× **「留置権」「先取特権」**は、**法定担保物権**であり、**「質権」「抵当権」**は、**約定担保物権**である。

4 被担保債権が消滅すれば、担保物権も消滅する。このような性質を担保物権の付従性という。

○ **本問の記述のとおり**である。

5 担保物権の付従性は、すべての担保物権について認められる性質である。

× **担保物権の付従性は、確定前の根抵当権には認められない**。よって、すべての担保物権について**認められるわけではない**。

6 被担保債権が譲渡されれば、担保物権もそれに付随してついていく。このような性質を担保物権の付従性という。

× この性質は**随伴性**である。このようなヒッカケ問題には注意しよう。

7 担保物権は、被担保債権のすべてを回収するまで、財産すべてに効力が及ぶ。このような性質を担保物権の不可分性という。

○ **本問の記述のとおり**である。

8 担保目的物の売却、賃貸、滅失又は損傷によって債務者が受けるべき金銭その他の物に対して行使することができる効力を物上代位性という。

○ **本問の記述のとおり**である。

9 担保物権の物上代位性は、担保物権の性質である以上、物上代位が認められるためには担保権者において特別な要件は必要とされていない。

× 目的物の売却、賃貸、滅失又は損傷によって債務者が受けるべき金銭その他の物に対して行使することができる性質を物上代位性というが、物上代位を行う場合、**担保権者は、それらの払渡し又は引渡しの前に差押えをしなければならない**（民法304条1項）。

10 優先弁済的効力とは、他の債権者に先立って、担保物権の目的物から債権を回収することができる効力のことをいい、すべての担保物権について認められる。

× 優先弁済的効力とは、他の（一般）債権者に先立って、担保物権の目的物から債権を回収することができる効力のことをいうが、**留置権には認められていない**。

11 留置的効力とは、担保物権の目的物を留置して、債務者に間接的に心理的圧迫を加えることで弁済を促していく効力をいい、留置権にのみ認められている。

× 留置的効力は、**留置権**と**質権**に認められている効力である。

12 一部の担保物権には、優先弁済的効力と留置的効力のほか、担保目的物の使用・収益ができるという収益的効力もある。

○ **本問の記述のとおり**である。

13 担保目的物の使用・収益ができるという収益的効力は、抵当権にのみ認められる効力である。

× 収益的効力が認められるのは**不動産質権のみ**である（民法356条）。

STEP 3 過去問にチャレンジ！

問題 1

国家一般職（2020 年度）

担保物権の性質及び効力に関するア～オの記述のうち、妥当なもののみを全て挙げているのはどれか。

ア 担保物権には、被担保債権が発生しなければ担保物権も発生せず、被担保債権が消滅すれば担保物権も消滅するという性質がある。この性質は、担保物権が債権の強化のために存在するものであることから、全ての担保物権に共通して当然に認められるものである。

イ 担保物権には、被担保債権の全部の弁済を受けるまでは、目的物の全部についてその権利を行使することができるという性質がある。この性質は、留置権、先取特権及び質権には認められるが、抵当権については、目的物の一部に対して実行することも可能であるから、認められない。

ウ 担保物権には、目的物の売却、賃貸、滅失又は損傷によって債務者が受けるべき金銭その他の物に対しても行使することができるという性質がある。この性質は、担保の目的物を留置することによって間接的に債務の弁済を促そうとする留置権には認められない。

エ 担保物権には、担保権者が被担保債権の弁済を受けるまで目的物を留置することができるという効力がある。この効力は、留置権にのみ認められるもので、その他の担保物権には認められない。

オ 担保物権には、担保権者が目的物の用法に従いその使用及び収益をすることができるという効力がある。この効力が認められるものとして、不動産質権が挙げられる。

1　ア・イ
2　ア・エ
3　イ・ウ
4　ウ・オ
5　エ・オ

➡解答・解説は別冊 P.086

問題 2 国家一般職（2015 年度）

担保物権の効力及び性質に関するア～オの記述のうち、妥当なもののみを全て挙げているのはどれか。ただし、争いのあるものは判例の見解による。

ア 担保物権の優先弁済的効力は、債務の弁済が得られないとき、担保権者が担保の目的物の持つ価値から他の債権者に優先して弁済を受けることのできる効力であり、これは担保物権の債権担保としての効果をあげるための効力であるから、留置権、先取特権、質権、抵当権のいずれにも認められる。

イ 担保物権の収益的効力は、担保権者が担保の目的物を収益し、これを債務の弁済に充当できる効力であり、抵当権には収益的効力が認められていないが、動産質権及び不動産質権には収益的効力が認められる。

ウ 担保物権は、特定の債権を担保するために設定されるものであり、その債権が発生しなければ担保物権も発生せず、その債権が消滅すれば担保物権も消滅するという付従性を有するから、債権の額が増減変動する不特定の債権を担保する目的の担保物権は認められない。

エ 留置権、先取特権、質権、抵当権のいずれにも不可分性があり、担保権者は、被担保債権の一部の弁済があっただけで債権全額の弁済がない場合には、債権全額の弁済を受けるまでは、担保目的物の全部についてその権利を行使することができる。

オ 抵当権は、担保目的物の売却、賃貸、滅失又は損傷によって債務者が受けるべき金銭その他の物に対しても行使することができるという物上代位性を有し、抵当権者は、担保目的物である不動産の賃借人が供託した賃料の還付請求権について抵当権を行使することができる。

1 ア・ウ
2 ア・エ
3 イ・ウ
4 イ・オ
5 エ・オ

➡解答・解説は別冊 P.086

SECTION 2

留置権

STEP 1 要点を覚えよう！

POINT 1 留置権の意義

他人の物の占有者は、その物に関して生じた債権を有するときは、その債権の**弁済を受けるまで、その物を留置することができる**（民法295条1項）。これを**留置権**という。要するに、「支払をするまでは返さない」という権利である。

例えば、ＡＢ間でＢ所有の甲動産の修理契約をした場合において、Ａによる修理完了後に、Ｂが所有権に基づく返還請求をしたときは、Ｂが修理代金を支払うまでは、Ａは適法に甲動産を占有（留置）することができる。「代金の支払」と「物の返還」を引換えとすることが公平の原則に資するからである。

この留置権に基づき、**物の引渡請求訴訟**において**被告の留置権の主張が認められた**場合、**引換給付**判決*（請求一部認容判決）が言い渡される（最判昭33.3.13）。

留置権は、目的物を留置することによって、その物から生ずる債権の弁済を間接的に強制するものであり、**留置的効力はあるが、**他の担保物権と異なり、被担保債権について**優先弁済的効力**及び**物上代位性がない**のが特徴である。

POINT 2 留置権の成立要件

留置権の成立要件は、①**「その物に関して生じた債権」**であること、②**他人の物を占有**していること、③**債権が弁済期**にあること、④**占有が不法行為によって始まった場合でない**ことである。これらの要件を満たすと当然に発生する法定担保物権であるが、それぞれの要件を確認していく。

POINT 3 要件①「その物に関して生じた債権」

この要件を物と債権の牽連性という。具体的には、①債権が物自体から発生した場合、又は、②債権が物の返還請求権と同一の法律関係又は事実関係から発生した場合に牽連性があるといえる。次の具体例を覚えておこう。

牽連性が認められるもの

ア　賃借人が賃貸目的物に支出した必要費又は有益費の**費用償還請求権**と賃貸借契約の目的物
　☞この場合、建物賃借人が居住を継続することは、特別の事情のない限り、民法298条2項の保存行為として**許される**（大判昭10.5.13）。

イ　売買契約の解除による**代金返還請求権**と売買契約の目的物

* **引換給付判決**…原告の請求権を認める一方、同時に、被告に対しても給付をするよう、原告に命じる判決のこと。

牽連性が認められないもの

ウ　借地借家法33条の造作買取請求権*と賃貸借契約の目的不動産

エ　不動産の二重売買で第二の買主に登記がされ、第二の買主から第一の買主へ行われた所有権に基づく明渡請求と売買契約の不履行に基づく第一の買主の損害賠償債権

前ページの例アは、賃貸借契約において賃借人が目的物に費用をかけた場合、賃借人には、賃貸人に対する費用償還請求権が認められるが、その支払があるまで目的物を留置できるというものである。

他方、上記の例ウについて、建物の賃貸借契約において、その建物に造作（据え付き型のシステムキッチン等）を付けた場合などは、賃貸借契約の終了時、賃借人には賃貸人に対する造作買取請求権が認められる。取り付けた造作を買い取ってくれという請求である。

ところが、この**造作買取請求権に基づいて、目的物である建物を留置することはできない**。目的物たる不動産と造作では、価格がアンバランスであるといった理由に基づくが、似ている話で結論が異なるので注意しよう。

ここで覚きめる！　牽連性に関する留置権の成否

・費用償還請求権と賃貸借契約の目的物　☞**留置権は認められる**
・造作買取請求権と賃貸借契約の目的物　☞**留置権は認められない**

POINT 4　要件② 他人の物の占有

民法295条1項の「他人」とは、債務者又は第三者を指す。例えば、Bが賃借物である甲動産の修理をAに依頼して預けた場合において、甲動産の所有者Cが所有権に基づく返還請求をしたときは、Bが修理代金を支払うまでは、Aは、適法に甲動産を留置することができる。

また、**「占有」は自己占有に限られず、代理占有でもよい**。そして、留置権における「占有（の継続）」は成立要件だが、対抗要件でもあり、**効力存続要件でもある。つまり、任意に返却する場合も含めて、何らかの事由で占有を失った場合、留置権は消滅する**（民法302条本文）。

不動産にも留置権は成立するけれど、留置権の登記はできないよ。

POINT 5　要件③ 債権が弁済期にあること

留置権は「支払をするまでは返さない」という権利である以上、支払わねばならない状態が必要であるし、もし弁済期の到来前に留置権が成立すると、弁済期

* **造作買取請求権**…賃貸人の同意を得て、賃貸建物に付加した造作（据え付き型のシステムキッチン等）について、賃借人等が賃貸人に買い取るよう請求する権利（借地借家法33条）。

前に債務の履行を強制されることになる。そこで、留置権の成立には債権が弁済期にあることが必要となる。

なお、賃貸借契約における**敷金返還請求権***は「賃貸借が終了し、かつ、**賃貸物の返還**を受けたとき」に**発生し、弁済期が到来**するため、**借家人は、敷金返還請求権を被担保債権として家屋を留置することができない**(民法622条の2第1項1号)。

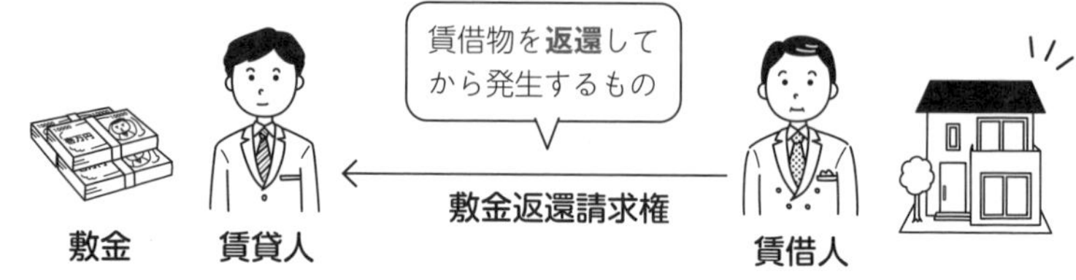

POINT 6 要件④ 占有が不法行為によって始まった場合でない

例えば、B所有の甲動産を盗んだAが甲動産を修繕した場合において、Bが所有権に基づく返還請求をしたときに、Aに留置権を認めることは公平の原則に反する。よって、占有が不法行為によって始まっていないことも成立要件となる。

なお、**占有開始時には適法な占有**であったが、**その後に無権原の占有**となった場合についての規定はないが、**判例は、留置権の成立を否定している。**

建物賃貸借契約解除後の不法占有と留置権の成否(最判昭46.7.16)

判例(事案と判旨) **建物の賃借人が、債務不履行により賃貸借契約を解除**された後、**権原のないことを知りながら右建物を不法に占有する間に有益費を支出**した場合、この**費用償還請求に基づき留置権が成立するか**争われた。

☞民法295条2項の類推適用により、右費用の償還請求権に基づいて右建物に**留置権を行使することはできない**。

POINT 7 留置権の効力

留置権の効力について、先述のとおり、**留置権には留置的効力はあるが、優先弁済的効力はない。**ただし、留置権に優先弁済的効力は**ない**ものの、民事執行法上、留置権者は、**競売**により目的物を**換価**することができるので注意しよう(民事執行法195条)。

なお、**留置権は物権**であるため、**債務者以外の第三者にも対抗することができる。**

また、留置権の性質について、その担保物権としての性質から、**付従性、随伴性、不可分性が認められる**が、優先弁済的効力がない以上、**物上代位性は認められない。**

不可分性があるということは、留置権者は、**留置物の一部を債務者に引き渡した場合**においても、特段の事情のない限り、**債権の全部の弁済を受けるまで、留置物の残部につき留置権を行使することができる**(最判平3.7.16)。

* **敷金返還請求権**…賃貸借契約において、賃借人から敷金が交付された場合、目的物の返還時に発生する返還請求権のこと。

POINT 8 果実収取権及び費用償還請求権

留置権者は、留置物から生ずる果実を収取し、他の債権者に先立って、これを自己の債権の弁済に充当することができる。これを果実収取権という。

留置権者が果実を収取した場合、まず債権の利息に充当し、なお残余があるときは元本に充当しなければならない（民法297条）。

また、**留置権者は、留置物について必要費を支出**したときは、所有者にその償還をさせることができ、また、**留置物について有益費を支出**したときは、これによる価格の増加が現存する場合に限り、所有者の選択に従い、その支出した金額又は増価額を償還させることができる。

ただし、裁判所は、所有者の請求により、その償還について相当の期限を許与することができる（民法299条）。

POINT 9 留置権者の義務

留置権者は、**善良な管理者の注意**をもって、**留置物を占有**しなければならない（民法298条1項）。そして、留置権者は、保存行為を除き、**債務者の承諾を得なければ、留置物を使用、賃貸、担保に供することができない**（民法298条2項）。

なお、家屋の賃借人が、賃借家屋につき支出した必要費又は有益費のため留置権を行使し、その償還を受けるまで従前どおり家屋に居住することは、原則として、留置物の保存に必要な使用と解される（大判昭10.5.13）。

POINT 10 留置権の消滅

留置権者が上記の民法298条1項又は2項に違反したときは、債務者は、留置権の消滅を請求することができる（民法298条3項）。この消滅請求は、違反行為が終了したか否か、これによって債務者が損害を受けたか否かを問わず**認められる**（最判昭38.5.31）。

民法298条3項は「請求することができる」と規定されているので、当然に消滅するわけではないよ。

また、債務者は、相当の担保（代担保）を供して、留置権の消滅を請求することができる（民法301条）。代担保は、物的担保でも人的担保でもよいが、本条に基づく消滅請求をする場合には、留置権者の同意が必要である。

そして、留置権は、**留置権者が留置物の占有を失うことによって消滅**する（民法302条本文）。しかし、**占有を奪われた留置権者が、占有回収の訴えを提起して勝訴し、現実にその物の占有を回復**した場合には、占有の継続が擬制されるため、**留置権は回復する**（最判昭44.12.2）。

なお、**留置権を行使しても、被担保債権の消滅時効は進行する**（民法300条）。

留置権の行使は、債権の弁済を間接的に促す作用はあるが、債権の行使そのものではないからである。

STEP 2 一問一答で理解を確認！

1 留置権は、その担保物権としての性質から、付従性・随伴性・不可分性が認められるが、物上代位性は認められない。	○ **本問の記述のとおり**である。
2 留置権の成立要件は、①「その物に関して生じた債権」であること、②他人の物を占有していること、③債権が弁済期にあること、④占有が不法行為によって始まった場合でないことである。	○ **本問の記述のとおり**である（民法295条）。
3 留置権は、当事者間の公平を図るため、目的物を留置することにより債務者に対して債務の弁済を間接的に強制することのできる権利であり、弁済期が到来していない債権についても留置権が発生する。	× 2のとおり、留置権の成立要件の1つには、債権が**弁済期にある**ことがある（民法295条1項但書）。
4 不動産の二重売買において、第二の買主のため所有権移転登記がされた場合、第一の買主は、第二の買主の不動産の所有権に基づく明渡請求に対し、売買契約不履行に基づく損害賠償債権をもって、留置権を主張できる。	× **不動産の二重売買**において、第二の買主のため所有権移転登記がされた場合、**第一の買主は、第二の買主の不動産の所有権に基づく明渡請求に対し、売買契約不履行に基づく損害賠償債権をもって、留置権を主張することは許されない**（最判昭43.11.21）。
5 留置権は、債権がなければ存在せず、債権が消滅すれば留置権も消滅するので、留置権者が留置権を行使して留置物の引渡しを拒絶している間は、その留置権が担保している債権の消滅時効は進行しない。	× **留置権の行使は、債権の消滅時効の進行を妨げない**（民法300条）。留置権を行使したとしても、被担保債権の消滅時効は**進行する**。留置権の行使は物権の行使であり、債権の行使ではないからである。

6 留置権者は、留置物から生ずる果実を収取し、他の債権者に先立って、これを自己の債権の弁済に充当することができる。

○ **本問の記述のとおり**である（民法297条1項）。

7 留置権者が、保存行為を除き、債務者の承諾を得ないで留置物を使用し、賃貸し、又は担保に供したときは、留置権は当然に消滅する。

× 留置権者は、債務者の承諾を得なければ、保存行為を除き、留置物を使用し、賃貸し、又は担保に供することができない。**留置権者がこれに違反したときは、**債務者は、留置権の**消滅**を**請求**することができる（民法298条3項）。**消滅**を**請求**できるだけであり、当然に消滅する**わけではない**。

8 建物の賃借人Ａが、債務不履行により賃貸人Ｂから賃貸借契約を解除された後、権原のないことを知りながら不法に建物を占有していた場合であっても、建物を不法に占有する間に有益費を支出していたときは、Ａは、有益費の償還請求権を被担保債権として、Ｂに対し、留置権を行使することができる。

× **建物の賃借人が、債務不履行により賃貸借契約を解除**された後、**権原のないことを知りながら建物を不法に占有する間に有益費を支出**しても、その者は、民法295条2項の類推適用により、当該費用の償還請求権に基づいて当該建物に**留置権を行使することはできない**（最判昭46.7.16）。

9 債務者は、留置権者に対し、相当の担保を提供すれば、留置権の消滅を請求することができる。

○ **債務者は、相当の担保を供して、留置権の消滅を請求することができる**（民法301条）。

STEP 3 過去問にチャレンジ！

問題 1 裁判所職員（2017 年度）

留置権に関する次のア～エの記述の正誤の組み合わせとして最も適当なものはどれか（争いのあるときは、判例の見解による。）。

ア 留置権者は、債務者の承諾を得て留置物を賃貸した場合、賃貸によって得た利得を被担保債権の弁済に充当することができる。

イ 留置権者は、債務者の承諾を得なくても、留置物を使用することができる。

ウ 留置権者は、競売により目的物を換価することができる。

エ 債務者は、留置権者に対し、相当の担保を提供すれば、留置権の消滅を請求することができる。

	ア	イ	ウ	エ
1	正	正	誤	正
2	正	正	誤	誤
3	正	誤	正	正
4	誤	誤	正	正
5	誤	誤	正	誤

➡解答・解説は別冊 P.087

問題 2 国家一般職（2022 年度）

留置権に関する次の記述のうち、妥当なものはどれか。ただし、争いのあるものは判例の見解による。

1 Ａは、自己の所有する甲土地をＢに売却したが、これを引き渡していなかったところ、Ｂは、弁済期が到来したにもかかわらず、Ａに代金を支払わないまま甲土地をＣに売却した。この場合において、ＣがＡに対し甲土地の引渡しを請求したときは、Ａは、ＡがＢに対して有する代金債権のために、Ｃに対して、甲土地につき留置権を行使することができる。

2 Ａは、自己の所有する甲土地をＢに売却し引き渡したが、所有権移転登記を経由していなかったところ、甲土地をＣにも売却して、所有権移転登記を経由した。この場合において、ＣがＢに対し甲土地の引渡しを請求したときは、Ｂは、Ａに対して有する債務不履行に基づく損害賠償請求権のために、Ｃに対して、甲土地につき留置権を行使することができる。

3 Ａが、Ｂに対して有する代金債権のためにＢ所有の乙土地につき留置権を有する場合において、Ｂがその代金の一部を支払ったときは、Ａは、その金額に応じて、乙土地の一部を引き渡さなければならない。

4 Ａが、Ｂに対して有する代金債権のためにＢ所有の乙土地につき留置権を有する場合、Ａは、自己の財産に対するのと同一の注意をもって、乙土地を占有しなければならない。

5 Ａが、Ｂに対して有する代金債権のためにＢ所有の乙土地につき留置権を有する場合、Ａは、原則として、乙土地をＢの承諾なく自由に使用することができる。

➡解答・解説は別冊 P.088

問題 3 国家一般職（2018 年度）

留置権に関するア～オの記述のうち、判例に照らし、妥当なもののみを全て挙げているのはどれか。

ア AがBに土地を売却して引き渡したが、その登記がされないうちに、AがCに当該土地を二重に売却し、Cが登記をした場合において、Cが当該土地を占有するBに対して土地明渡請求をしたときは、Bは、Aに対して有する当該土地の売買契約の不履行に基づく損害賠償請求権を被担保債権として、Cに対し、留置権を行使することができる。

イ AがBに土地を売却し、Bが、Aに代金を支払わないうちに、Cに当該土地を転売した場合において、Cが当該土地を占有するAに対して土地明渡請求をしたときは、Aは、Bに対する代金債権を被担保債権として、Cに対し、留置権を行使することができる。

ウ 建物の賃借人が、賃貸借契約の終了時に、賃借中に支出した必要費若しくは有益費の償還請求権を被担保債権として、建物について留置権を行使したときは、特段の事情のない限り、その償還を受けるまで従前のとおり建物に居住することができる。

エ AがBから宅地造成工事を請け負い、工事が完了した土地を順次Bに引き渡した場合において、Aが、Bの工事代金の未払を理由に残りの土地について留置権を行使するときは、特段の事情のない限り、被担保債権の範囲は、工事代金のうち、工事を請け負った土地全体に占める未だ引き渡していない土地の面積の割合に相当する部分に限られる。

オ 建物の賃借人Aが、債務不履行により賃貸人Bから賃貸借契約を解除された後、権原のないことを知りながら不法に建物を占有していた場合であっても、建物を不法に占有する間に有益費を支出していたときは、Aは、有益費の償還請求権を被担保債権として、Bに対し、留置権を行使することができる。

1 ア・イ
2 ア・ウ
3 イ・ウ
4 イ・オ
5 エ・オ

➡解答・解説は別冊 P.088

問題 4　国家一般職（2012 年度）

留置権に関するア～オの記述のうち妥当なもののみを全て挙げているのはどれか。ただし争いのある場合は判例の見解による。

ア 留置権は、当事者間の公平を図るため、目的物を留置することにより債務者に対して債務の弁済を間接的に強制することのできる権利であり、弁済期が到来していない債権についても留置権が発生する。

イ 留置権の効力は、債務の弁済がなされるまで目的物を留置することができるという効力であるから、留置権を有する者は、債務の弁済がなされるまでは留置物の引渡しを拒絶することができるが、留置している間は、留置物を善良な管理者の注意をもって占有しなければならない。

ウ 留置権は、先取特権、質権、抵当権と同様に担保物権である以上、物の交換価値を把握するものであるから、留置権者は、留置物の競売代金に対して優先弁済権を有している。

エ 留置権が成立するためには、他人の物を占有していることが必要であるが、この留置権の目的物は債務者本人の所有物である必要があり、債権者が占有する第三者の物は留置権の目的物にはならない。

オ A所有の不動産を購入したBが売買代金を支払わずにその不動産をCに転売し、AがCから不動産の引渡請求をされた場合には、Aは、Cからの引渡請求に対し、未払の代金債権を被担保債権とする留置権の抗弁を主張することができる。

1　ア、イ
2　ア、ウ
3　イ、オ
4　ウ、エ
5　エ、オ

➡解答・解説は別冊 P.089

問題 5 国家専門職（2021 年度）

留置権に関するア〜オの記述のうち、妥当なもののみを全て挙げているのはどれか。ただし争いのあるものは判例の見解による。

ア 留置権は、その担保物権としての性質から、付従性・随伴性・不可分性・物上代位性が認められる。

イ 借地借家法に基づく造作買取代金債権は、造作に関して生じた債権であって、建物に関して生じた債権ではないが、建物の賃借人が有益費を支出した場合との均衡から、建物の賃借人は、造作買取代金債権に基づき建物全体について留置権を行使することができる。

ウ AはBに不動産を譲渡し、Bは未登記のまま当該不動産の引渡しを受けた。さらに、Aは、当該不動産をCにも譲渡し、C名義の登記を済ませた。この場合、Bは、Cからの不動産引渡請求に対し、BのAに対する損害賠償請求権に基づき、当該不動産について留置権を行使することができる。

エ 留置権者は、留置物の保管につき善管注意義務があり、また、債務者の承諾を得なければ、留置物を使用し、賃貸し、又は担保に供することができない。

オ 建物の賃借人は、賃借中に支出した費用の償還請求権に基づいて、賃貸借契約終了後も、その償還を受けるまで、建物全体に留置権を行使することができ、他に特別の事情のない限り、建物の保存に必要な使用として引き続き居住することができる。

1 ア・イ
2 イ・エ
3 ウ・エ
4 ウ・オ
5 エ・オ

➡解答・解説は別冊 P.090

問題 6　　国家専門職（2015年度）

留置権に関する次の記述のうち、妥当なものはどれか。

1　他人の物の占有者は、その物に関して生じた債権を有するときは、その債権の弁済を受けるまで、留置権の成立を根拠として、その物を留置することが認められるから、当該占有が不法行為によって始まった場合であっても、留置権を主張することができる。

2　留置権者は、債権の弁済を受けるまでの担保として、物の占有を継続することが認められるにすぎないから、留置物から果実が生じた場合にこれを収取することは許されない。

3　留置権者は、留置権が成立する間、物の占有を継続することが認められる以上、当該物に関する必要費は自己の負担で支出する必要があり、所有者に当該必要費の償還を請求することはできない。

4　債務者の承諾を得た場合であっても、留置権者が第三者に留置物を賃貸したときは、留置権は消滅する。

5　債権者において留置権が成立している場合であっても、債務者は、相当の担保を提供して、留置権の消滅を請求することができる。

➡解答・解説は別冊P.090

SECTION 3

先取特権

STEP 1 要点を覚えよう！

POINT 1 先取特権の意義

先取特権は、法律の定める特殊の債権を有する者が、債務者の財産から優先弁済を受けることのできる法定担保物権である（民法303条）。

先取特権は、留置権と同じ法定担保物権であるが、留置権と異なる点は、**優先弁済効力はあるが、留置的効力がない**点である。

つまり、**先取特権には、付従性、随伴性、不可分性、物上代位性があるが、留置的効力は有しない。**

先取特権は大きく二つに分けることができる。**債務者の総財産を目的**とする「**一般**の先取特権」と、債務者の**特定の財産（動産又は不動産）を目的**とする「**特別**の先取特権」の二つである。

そして、特別の先取特権には「**動産**先取特権」と「**不動産**先取特権」がある。先取特権は覚えることが多いため、以下ポイントを確認していく。

◆ 先取特権の全体像

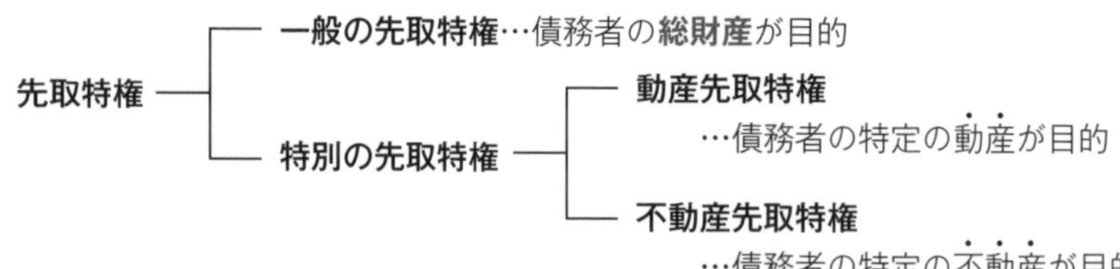

POINT 2 一般の先取特権

①共益の費用*、**②雇用関係、③葬式の費用、④日用品の供給によって生じた債権を有する者**は、**債務者の総財産について先取特権を有する**（民法306条）。「債務者の総財産」とは、動産、不動産、債権その他**すべての財産である。**

例えば、葬式費用の債権者は、債務者の総財産について先取特権をもっている。弁済できない場合、債務者の財産を換価して弁済に充てられるんだ。

ただし、**一般の先取特権者は、まずは不動産「以外」の財産から**弁済を受けなければならない。それでもなお不足がある場合、**不動産**から弁済を受けることと

* **共益の費用**…ある債権者が、他の債権者との共同の利益のために支出した費用のこと。強制執行のための費用など。

なる（民法335条1項）。

そして、**不動産について行使**する場合であっても、まず**特別担保（不動産先取特権、不動産質権、抵当権）の目的とされていないものから**弁済を受けなければならない（同条2項）。

しかし、この規定は、不動産以外の財産の代価に先立って不動産の代価を配当し、又は他の不動産の代価に先立って特別担保の目的である不動産の代価を配当する場合には適用されない（同条4項）。つまり、先に特別担保が実行・配当された場合などは、その配当に参加して弁済を受けられる。

なお、**④日用品の供給債権の先取特権の債務者は、自然人に限られ、法人は債務者に含まれない**（最判昭46.10.21）。

一般の先取特権は、**「今日（共益の費用）は、雇い人（雇用関係の費用）の、葬式（葬式の費用）の日（日用品の供給）だ」**と覚えよう。

POINT 3 動産先取特権の意義

動産先取特権とは、**債務者の「特定の動産」を目的**とする先取特権である（民法311条）。民法では8種類が規定され、とりわけ重要なのは、**不動産賃貸借の先取特権**である。

これは、**その不動産の賃料その他の賃貸借関係から生じた賃借人の債務**に関し、**土地賃貸人の先取特権は、**その土地又はその利用のための建物に備え付けられた動産、その土地の利用に供された動産、賃借人が占有するその土地の果実について存在し、**建物賃貸人の先取特権は、賃借人がその建物に備え付けた動産**について存在する（民法313条）。

この**「備え付けた動産」**については、賃借人が**ある程度の時間継続して存置するため建物内に持ち込んだ動産**であれば足り、**金銭・有価証券・宝石類など、賃借人やその家族の使用に供する物も該当する**（大判大3.7.4）。

なお、**賃貸人が敷金を受け取っている場合**には、その**敷金で弁済を受けない**債権の部分についての**み先取特権**を有する（民法316条）。

POINT 4 不動産先取特権の意義

不動産先取特権とは、**不動産を目的物**とする先取特権である。不動産の先取特権は、被担保債権の種類により、**①不動産保存の先取特権、②不動産工事の先取特権、③不動産売買の先取特権**の三つに分けられる。

①不動産「保存」の先取特権とは、**家屋を修繕**したときの**修繕代金債権**を担保する先取特権である（民法326 条）。例えば、工務店が家屋を修繕したにもかかわらず、注文者が修繕代金を支払わないとき、工務店は修繕した家屋に対し先取特権を行使して、修繕代金債権を回収することができる。

②不動産「工事」の先取特権とは、工事の設計、施工又は監理をする者が債務者の**不動産に関してした工事の費用を担保**する先取特権である。

この先取特権は、工事によって生じた**不動産の価格の増加が現存する場合に限り、**その**増価額についてのみ存在**する（民法327条）。例えば、建築会社が家屋を新築したにもかかわらず注文者が工事代金を支払わないときは、建築会社はその新築家屋に対し先取特権を行使して、工事代金を回収することができる。

③不動産売買の先取特権とは、例えば、宅建業者等が**不動産を売却**したときの**売買代金債権を担保**する先取特権である。

POINT 5 不動産先取特権の登記のポイント

不動産先取特権は、登記をすれば第三者に対抗できる。

この登記に関して、**不動産「保存」の先取特権**は、**保存費用を登記**することで、**登記の順位に関係なく、抵当権に優先する**（民法339条）。

例えば、ある家屋に抵当権が設定されており、その抵当権が第1順位で登記されていたとしても、その後、その家屋を修繕し、修繕代金債権を担保するために、修繕費用を第2順位でも登記さえすれば、第2順位の不動産保存の先取特権が、第1順位の抵当権よりも優先され、修繕代金債権が抵当権の被担保債権よりも優先され、債権の回収ができることとなる。

次に、**不動産「工事」の先取特権の効力を保存**するためには、**工事を始める前にその費用の予算額を登記**しなければならない。もし**工事の費用が予算額を超えて**しまったときは、**先取特権は、その超過額については存在しない**ものとなる（民法338条1項）。

また、この**予算額の登記をする**ことで、**登記の順位に関係なく、抵当権に優先する**こととなる（民法339条）。

なお、**不動産「売買」の先取特権**については、**売買契約と同時に、不動産の代価と利息を登記**する必要があるが、**この登記は順位どおり**に扱われる。つまり、ある不動産について、第1順位で抵当権が登記されており、その後、その不動産の売買契約が成立し、代価と利息を第２順位で登記した場合、第2順位の不動産売買の先取特権が第１順位の抵当権に優先するということはない。

POINT 6 先取特権の順位

先取特権が「他の担保物権」と競合した場合や、**「複数の先取特権」が競合**した場合について、民法は優先順位を規定している。すべての規定を押さえておくことは難しいため、ここでは押さえておきたい主な規定を紹介する。

◆ 先取特権が他の担保物権等と競合した場合の優先順位

・同一の目的物に「同一順位の先取特権者」が競合する場合
☞各先取特権者は、その**債権額の割合**に応じて弁済を受ける（民法332条）。

・同一物上に「一般先取特権」が競合する場合
☞①**共益**の費用、②**雇用**関係、③**葬式**の費用、④**日用品**の供給の先取特権の順となる（民法329条1項）。
☞ 261 ページで紹介した覚え方の順である。

・「一般」の先取特権と「特別」の先取特権が競合する場合
☞**特別**の先取特権が**優先**する（民法 329 条 2 項）。
☞ただし、**共益**の費用の先取特権は、その利益を受けたすべての債権者に対して優先する（同項但書）。

・動産先取特権が競合する場合
☞第 1 順位は、不動産の賃貸、旅館の宿泊、運輸の先取特権
第 2 順位は、動産の保存の先取特権
第 3 順位は、動産の売買、種苗又は肥料の供給、農業の労務及び工業の労務の先取特権となる（民法 330 条 1 項）。

☞「動産の保存」（動産の保存等に要した費用に関するもの）の先取特権について数人の保存者があるときは、**後の保存者**が前の保存者に優先する。

・先取特権と「動産質権」が競合する場合
☞動産質権者は、第 1 順位の先取特権（不動産の賃貸、旅館の宿泊及び運輸の先取特権）と同順位となる（民法 334 条）。

・一般先取特権と「抵当権」が競合する場合（民法 336 条）
☞双方ともに登記がないときは、**先取特権**が優先する。
☞抵当権に登記があり、先取特権に登記がないときは、**抵当権**が優先する。
☞双方とも登記があるときは、**登記の先後**によると解されている。

POINT 7 先取特権と第三取得者

先取特権の目的物が動産の場合には、公示方法が存在しないため、追及力を制限して第三者を保護し、動産取引の安全を図る必要がある。

そこで、**先取特権は、債務者がその目的である動産をその第三取得者に引き渡した後**は、その動産について**行使することができない**（民法333条）。本条の**「第三取得者」とは所有権取得者**をいい、**質権の設定を受けたにすぎない者は、**引渡しを受けていても第三取得者に**あたらない**（大判昭16.6.18）。

しかし、**譲渡担保権者は「第三取得者」に該当し、**占有改定によって目的物の引渡しがされると、動産売買先取特権の効力は**及ばなくなる**（最判昭62.11.10）。

また、**物上代位の目的債権が譲渡**され、第三者に対する**対抗要件が備えられた後**は、目的債権を差し押さえて物上代位権を行使**できない**（最判平17.2.22）。

STEP 2 一問一答で理解を確認！

1 先取特権は、法律上当然に生ずる法定担保物権であり、当事者間の契約で発生させることはできない。	○ **本問の記述のとおり**である。法定担保物権は、法律で定められた要件を満たした場合に成立する。
2 先取特権は、担保物権の性質である付従性、随伴性、不可分性を有している。	○ **本問の記述のとおり**である。
3 先取特権には、債務者の総財産を目的とする一般の先取特権と債務者の特定の財産を目的とする特別の先取特権とがあり、民法は、共益費用、雇用関係、旅館の宿泊及び日用品供給の4種類の債権について、一般の先取特権を付与している。	× 一般の先取特権によって担保される債権は、**共益**費用、**雇用**関係、**葬式**の費用、**日用品**の供給の4種である（民法306条）。
4 共益の費用、雇用関係、葬式の費用、日用品の供給によって生じた債権を有する者は、債務者の総財産について先取特権を有し、この総財産には、債務者が所有する動産、不動産、債権のいずれも含まれる。	○ **本問の記述のとおり**である。
5 日用品の供給の先取特権は、債務者の生活に必要な飲食料品、燃料及び電気の供給について存在し、この債務者には、自然人のみならず法人も含まれる。	× **日用品の供給債権の先取特権の債務者は、自然人に限られ、法人は債務者に含まれない**（最判昭46.10.21）。
6 同一の動産について特別の先取特権が互いに競合する場合において、動産の保存の先取特権について数人の保存者があるときは、必ず前の保存者が後の保存者に優先する。	× **動産の保存の先取特権について数人の保存者**があるときは、**後の保存者が前の保存者に優先する**（民法330条1項柱書）。

7 一般の先取特権者は、まず不動産から弁済を受け、なお不足があるのでなければ、不動産以外の財産から弁済を受けることができない。	× **一般の先取特権者は、まず不動産以外の財産から弁済を受け、**なお不足があるのでなければ、**不動産**から弁済を受けることができない（民法335条1項）。
8 一般の先取特権と特別の先取特権とが競合する場合には、特別の先取特権が一般の先取特権に優先するが、共益の費用の先取特権は、その利益を受けたすべての債権者に対して優先する効力を有する。	○ **本問の記述のとおり**である（民法329条2項）。
9 先取特権は、債務者がその目的である動産をその第三取得者に引き渡した後は、その動産について行使することができない。	○ **本問の記述のとおり**である（民法333条）。
10 動産売買の先取特権は、物上代位の目的債権が譲渡され、第三者に対する対抗要件が備えられた後は、自ら目的債権を差し押さえて物上代位権を行使することができない。	○ **本問の記述のとおり**である（最判平17.2.22）。
11 不動産工事の先取特権とは、工事の設計、施工又は監理をする者が債務者の不動産に関してした工事の費用を担保する先取特権である。	○ **本問の記述のとおり**である（民法327条1項）。
12 不動産工事の先取特権は、工事によって生じた債権であれば、目的となった不動産について先取特権を行使することができる。	× 不動産工事の先取特権は、工事によって生じた**不動産の価格の増加が現存する場合に限り、**その**増価額についてのみ存在**する（民法327条2項）。

STEP 3 過去問にチャレンジ！

問題 1 特別区Ⅰ類（2021年度）

民法に規定する先取特権に関する記述として、妥当なものはどれか。

1 先取特権は、その目的物の売却、賃貸、滅失又は損傷によって債務者が受けるべき金銭その他の物に対し、行使することができるが、先取特権者がその払渡し又は引渡しの前に差押えをしても、債務者が先取特権の目的物につき設定した物権の対価については、行使することができない。

2 農業の労務の先取特権は、その労務に従事する者の最後の1年間の賃金に関し、その労務によって生じた果実について存在するが、工業の労務の先取特権は一切存在しない。

3 不動産の工事の先取特権は、工事の設計、施工又は監理をする者が債務者の不動産に関してした工事の費用に関し、その不動産について存在し、この先取特権は、工事によって生じた不動産の価格の増加が現存する場合に限り、その増価額についてのみ存在する。

4 同一の動産について特別の先取特権が互いに競合する場合において、動産の保存の先取特権について数人の保存者があるときは、必ず前の保存者が後の保存者に優先する。

5 一般の先取特権者は、不動産については、まず特別担保の目的とされていないものから弁済を受けなければならず、不動産以外の財産の代価に先立って不動産の代価を配当する場合も同様である。

➡解答・解説は別冊 P.092

問題 2 特別区Ⅰ類（2017 年度）

民法に規定する先取特権に関する記述として、通説に照らして、妥当なものはどれか。

1 先取特権は、債務者の財産について、他の債権者に先立って自己の債権の弁済を受ける権利であり、質権や抵当権と同様に約定担保物権であるため、当事者の契約で先取特権を発生させることができる。

2 共益の費用、雇用関係、葬式の費用又は日用品の供給によって生じた債権を有する者は、債務者の総財産について先取特権を有し、この総財産には、債務者が所有する動産、不動産は含まれるが、債権は含まれない。

3 賃貸人の先取特権は、賃借権の譲渡の場合には、譲受人の動産に及び、譲渡人が受けるべき金銭についても同様に及ぶため、賃貸人が先取特権を行使するには、この金額をその払渡し前に差押えることを必要としない。

4 一般の先取特権と特別の先取特権とが競合する場合には、特別の先取特権が一般の先取特権に優先するが、共益の費用の先取特権は、その利益を受けたすべての債権者に対して優先する効力を有する。

5 不動産の工事の先取特権の効力を保存するためには、工事着手後にその費用の予算額を登記しなければならないが、この場合、工事の費用が予算額を超えるときは、先取特権は、その超過額についても存在する。

➡解答・解説は別冊 P.093

問題 3 国家一般職（2017 年度）

物上代位に関するア～オの記述のうち、判例に照らし、妥当なもののみを全て挙げているのはどれか。ただし、抵当権は抵当権設定登記を備えているものとする。

ア 抵当権者が物上代位権を行使して賃料債権の差押えをした後は、抵当不動産の賃借人は、抵当権設定登記の前に賃貸人に対して取得した債権を自働債権とする賃料債権との相殺をもって、抵当権者に対抗することはできない。

イ 動産売買の先取特権者は、物上代位の目的債権が譲渡され、第三者に対する対抗要件が備えられた後においては、自ら目的債権を差し押さえて物上代位権を行使することはできない。

ウ 抵当権者は、物上代位の目的債権が譲渡され、第三者に対する対抗要件が備えられた後においては、自ら目的債権を差し押さえて物上代位権を行使することはできない。

エ 敷金が授受された賃貸借契約に係る賃料債権につき抵当権者が物上代位権を行使してこれを差し押さえた場合においても、当該賃貸借契約が終了し、目的物が明け渡されたときは、賃料債権は、敷金の充当によりその限度で消滅する。

オ 転付命令に係る金銭債権が抵当権の物上代位の目的となり得る場合においては、転付命令に係る金銭債権が転付債権者に移転するだけであり、転付債権者が第三債務者から弁済を受けない限り、抵当権者は転付命令に係る金銭債権について抵当権の効力を主張することができる。

1 ア、イ
2 ア、ウ
3 イ、エ
4 ウ、オ
5 エ、オ

➡解答・解説は別冊 P.094

問題 4 国家専門職（2020 年度）

先取特権に関するア～オの記述のうち、妥当なもののみを全て挙げているのはどれか。

ア　先取特権は、債務者がその目的である動産をその第三取得者に引き渡した後であっても、その動産について行使することができる。

イ　一般の先取特権は、不動産について登記をしていなくても、その不動産に登記をした抵当権者に対抗することができる。

ウ　同一の目的物について同一順位の先取特権者が数人あるときは、各先取特権者は、それぞれ等しい割合で弁済を受ける。

エ　一般の先取特権者は、まず不動産以外の財産から弁済を受け、なお不足があるのでなければ、不動産から弁済を受けることができない。

オ　不動産の賃貸人は、賃貸借契約に際して敷金を受け取っている場合には、その敷金で弁済を受けない債権の部分についてのみ先取特権を有する。

1　ア、ウ
2　ア、オ
3　イ、ウ
4　イ、エ
5　エ、オ

➡解答・解説は別冊 P.095

SECTION 4

質権

STEP 1 要点を覚えよう！

POINT 1 質権の意義と要件

質権とは、その**債権の担保として債務者又は第三者から受け取った物を占有**し、かつ、その物について他の債権者に先立って自己の債権の弁済を受ける権利を有する担保物権である（民法342条）。

質権は約定担保物権であり、付従性、随伴性、不可分性、物上代位性を有する。質権は目的物によって動産質、不動産質、権利質に分けられ、要件効果が少しずつ異なる。

質権は、①**債権者と債務者（又は第三者）**との間の**質権設定の合意**、及び②**目的物の引渡しによって成立**する（民法344条）。本条の**「引渡し」には、現実の引渡し、簡易の引渡し、指図による占有移転は含まれるが、占有改定は含まれない。**

質権の**成立には目的物の引渡しが必要**となるため、**譲り渡すことができない物を目的とすることができない**（民法343条）。他方、質権の目的は広く認められ、動産、不動産、地上権、地役権も目的となるし、賃借権も賃貸人の承諾があれば目的とできる。また、元本、利息、違約金、質権の実行の費用、質物の保存の費用及び債務の不履行又は質物の隠れた瑕疵によって生じた損害の賠償をも担保する（民法346条本文）。

しかし、**立木法による立木、登記船舶、登録自動車、**動産抵当の認められる**航空機などは、**政策的配慮から、質権の設定が禁止されている。

POINT 2 質物の任意返還

質権者が契約の際に引渡しを受けた**質権の目的物を任意に設定者に返還した場合、**留置権と異なり、**質権そのものは失われない**（大判大5.12.25）。

ただし、**動産質の場合、占有の継続が対抗要件**であるため、**動産質権者は対抗力を失う。**不動産質の場合は、登記が対抗要件であるため、登記を備えているときは、不動産質権に影響はない。

POINT 3 転質

質権者は、その権利の存続期間内において、**自己の責任で、質物について、転質**をすることができる（民法348条）。例えば、質権者Ａが占有する質物（所有者B）を目的として、ＡのＣに対する債務を担保するために、Ｂの承諾を得ずに、ＡＣ間で質権を設定することができる。これを**責任転質**という。

この場合において、**転質をしたことによって生じた損失**については、**不可抗力**

によるものであっても、設定者（前記A）は責任を負う。

POINT 4 動産質

「動産」質権者は、継続して質物を占有しなければ、その**質権を第三者に対抗することができない**（民法352条）。この点、動産質権者が目的動産を奪われた場合は対抗力を失うため、奪った者に対しても質権に基づく返還請求をすることは**できない**。この場合、質権者は**占有回収の訴えによってのみ、その質物を回復することができる**（民法353条）。

POINT 5 不動産質

不動産質権は、登記が対抗要件となる（民法177条）。また、不動産質権は、担保物権ではあるものの、原則として、**質権者に目的物の使用収益の権能がある**ところが特徴である（民法356条）。

不動産質権の**存続期間は10年を超えることができない。これより長い期間を定めたとき**であっても、その期間は**10年に短縮**される。

また、**存続期間は更新することができるが、更新の時から10年を超えることができない**（民法360条）。

ここで覚える！ 不動産質権の特徴

①不動産質権者は、質物である不動産の**使用**及び**収益**をすることができる。
②その代わりに不動産質権者は、不動産の**管理費用**その他不動産に関する負担を負い、**被担保債権の利息を請求することができない。**
☞①②は、いずれも設定行為で別段の定めをすることができる。

POINT 6 債権質

債権に質権を設定することもでき、これを**債権質**という。**指図証券*を目的とする質権の設定**は、その**証券に質入れの裏書をして質権者に交付**しなければ、その効力を生じない（民法520条の7による520条の2の準用）。

そして、**債権質の設定は、**民法467条の規定に従い、**第三債務者にその質権の設定を通知し、又は第三債務者がこれを承諾しなければ、**これをもって第三債務者その他の第三者に**対抗することができない。**

また、債権質は、**質権者が質権の目的である債権を直接に取り立てることができる**特徴がある（民法366条1項）。ただし、目的債権が**金銭債権**であるときは、質権者は、**自己の債権額に対応する部分に限る**（同条2項）。

被担保債権の弁済期が質権者の債権の弁済期前に到来したときは、質権者は、**第三債務者にその弁済をすべき金額を供託させることができる**（同条3項）。

なお、譲渡制限の意思表示がされた債権を目的とし、そのことについて質権者が悪意のとき、その質権を無効とした判例がある（大判大13.6.12）。

* **指図証券**…証券に記載されている者、又はその者から指図（指定）された者を権利者とする有価証券のこと。

STEP 2 一問一答で理解を確認！

1 質権は、債権者と債務者との間の質権設定の合意及び目的物の引渡しによって成立するが、この「引渡し」には、現実の引渡し、簡易の引渡し、占有改定は含まれるが、指図による占有移転は含まれない。

× **質権は、①債権者と債務者（又は第三者）との間の質権設定の合意、及び②目的物の引渡しによって成立**する（民法344条）。そして、本条の「**引渡し」には、現実の引渡し、簡易の引渡し、指図による占有移転は含まれるが、占有改定は含まれない。**

2 質権は、譲り渡すことのできない物をその目的とすることができず、また、登記した船舶、運行の用に供する自動車や航空機を目的として質権を設定することもできない。

○ **質権は、譲り渡すことができない物をその目的とすることができない**（民法343条）。また、**立木法による立木、登記船舶、登録自動車、動産抵当の認められる航空機などは**政策的配慮から、**質権設定が禁止されている。**

3 質権者は、その権利の存続期間内において、自己の責任で、質物について、転質をすることができ、この場合において、転質をしたことによって生じた損失については、不可抗力によるものであれば、その責任を負わない。

× **質権者は、その権利の存続期間内**において、**自己の責任で、質物について、転質をすることができる。**この場合において、転質をしたことによって**生じた損失については、不可抗力によるものであっても、その責任を負う**（民法348条）。

4 不動産質権者は、設定行為に別段の定めがある場合を除き、質権設定者の承諾を得なければ、質権の目的である不動産の使用及び収益をすることができない。

× **不動産質権者は**、質権の目的である不動産の用法に従い、**使用及び収益をすることができる**（民法356条）。**設定者の承諾は不要**である。

5 動産質権者は、継続して質物を占有しなければ、その質権をもって第三者に対抗することができず、質物の占有を奪われたときは、質権に基づく返還請求により、その質物を回復することができる。	× **動産質権者は、質物の占有を奪われたときは、対抗力を失っているため、質権に基づく返還請求をすることができない。**この場合、動産質権者は、**占有回収の訴えによってのみ**、その質物を回復することができる（民法353条）。
6 質権は、財産権をその目的とすることができるが、指図証券を目的とする質権の設定は、その証券に質入れの裏書をして質権者に交付しなければ、その効力を生じない。	○ **本問の記述のとおり**である（民法520条の7による520条の2の準用）。
7 質権者は、債権の目的物が金銭である場合に、質入債権の弁済期が質権者の債権の弁済期前に到来したときは、第三債務者にその弁済をすべき金額を供託させることができる。	○ **質権者は、質権の目的である債権を直接に取り立てることができる。**そして、**被担保債権の弁済期が質権者の債権の弁済期前に到来**したときは、**質権者は、第三債務者にその弁済をすべき金額を供託させることができる**（民法366条1項、3項）。
8 債権は目に見えるものではなく、観念的な権利であるため、債権に対して質権を設定した場合、それを第三者に対抗する方法はない。	× **債権質の設定は、**民法467条の規定に従い、**第三債務者にその質権の設定を通知し、又は第三債務者がこれを承諾しなければ、**これをもって第三債務者その他の第三者に**対抗することができない。**つまり、**債権質の対抗方法は存在する。**

過去問にチャレンジ！

問題 1　特別区Ⅰ類（2020 年度）

民法に規定する質権に関する記述として、妥当なものはどれか。

1　質権者は、その権利の存続期間内において、自己の責任で、質物について、転質をすることができ、この場合において、転質をしたことによって生じた損失については、不可抗力によるものであれば、その責任を負わない。

2　質権者は、質権の目的である債権を直接に取り立てることができ、また、債権の目的物が金銭であるときは、自己の債権額に対応する部分に限り、これを取り立てることができる。

3　動産質権者は、継続して質物を占有しなければ、その質権をもって第三者に対抗することができず、質物の占有を奪われたときは、質権に基づく返還請求により、その質物を回復することができる。

4　不動産質権者は、管理の費用を支払い、その他不動産に関する負担を負うが、設定行為に別段の定めがない限り、質権の目的である不動産の用法に従い、その使用及び収益をすることができない。

5　不動産質権の存続期間は、10年を超えることができないが、設定行為でこれより長い期間を定めたときであれば、その期間は10年を超えることができ、また、不動産質権の設定は、更新することができる。

➡解答・解説は別冊 P.096

問題 2 特別区Ⅰ類（2015 年度）

民法に規定する質権に関する記述として、通説に照らして、妥当なものはどれか。

1 質権は、譲り渡すことのできない物をその目的とすることができないが、登記した船舶、運行の用に供する自動車や航空機には譲渡性があり、質権を設定することができる。

2 不動産質権者は、質物の目的である不動産の用法に従い、その使用および収益をすることができるので、その債権の利息を請求することができるとする別段の定めは許されない。

3 質権者は、その債権の担保として債務者から受け取った物を占有し、優先弁済権を有することができるが、質権は当事者間の契約によって設定されるため、現に占有している第三者の所有物に質権を設定することはできない。

4 質権者は、債権の目的物が金銭である場合に、質入債権の弁済期が質権者の債権の弁済期前に到来したときは、第三債務者にその弁済をすべき金額を供託させることができる。

5 動産質権設定契約は、目的物を引渡してはじめて効力が生じる要物契約であり、目的物の引渡しの方法は、現物の引渡しに限られず、占有改定により占有させる方法も許される。

➡解答・解説は別冊 P.096

問題 3　　国家一般職（2021 年度）

質権に関する次の記述のうち、妥当なものはどれか。

1　質権は、財産権をその目的とすることができるが、指図証券を目的とする質権の設定は、その証券に質入れの裏書をして質権者に交付しなければ、その効力を生じない。

2　質権設定者は、債務の弁済期の前後を問わず、質権者に弁済として質物の所有権を取得させ、その他法律に定める方法によらないで質物を処分させる旨の契約を質権者と締結することができない。

3　動産質権者は、その債権の弁済を受けないときは、競売によって質物を売却し、優先弁済を受けることができるが、競売によることなく、質物をもって直ちに弁済に充てることや、質物から生じる果実を収取して弁済に充てることはできない。

4　不動産質権者は、設定行為に別段の定めがある場合を除き、質権設定者の承諾を得なければ、質権の目的である不動産の使用及び収益をすることができない。

5　質権の被担保債権の範囲は、設定行為に別段の定めがある場合を除き、元本及び利息に限られ、質権実行の費用や質物の隠れた瑕疵によって生じた損害の賠償はこの範囲に含まれない。

➡解答・解説は別冊 P.097

問題 4　国家一般職（2013 年度）

質権に関するア〜オの記述のうち、妥当なもののみを全て挙げているのはどれか。ただし、争いのあるものは判例の見解による。

ア　質権は、譲り渡すことができない債権をその目的とすることができないが、譲渡制限の意思表示がされた債権については、質権の設定を受けた者がその意思表示の存在を知らない場合には、設定した質権は有効である。

イ　質権設定契約は、当事者の合意によって効力を生ずるものであるから、指図証券を目的とする質権の設定において、その証券に質入れの裏書をして質権者に交付することを要しない。

ウ　銀行は、自己に定期預金債権を有している者に金銭を貸し付けた際、自己を債務者とする当該定期預金債権について、この貸金債権を被担保債権とする質権の設定を受けることができる。

エ　動産を質権の目的とした場合は、質権者は、継続して質物を占有することによって、第三者に質権を対抗することができるが、指名債権を質権の目的とした場合は、占有を観念できないから、質権者が第三者に質権を対抗する手段はない。

オ　質権の実行については、動産質権者は、弁済期前に、質権設定者との契約で、弁済として質物の所有権を取得することを約することができるが、債権質権者は、弁済期が到来しても、質権の目的である金銭債権を直接取り立てることはできず、裁判所への申立てが必要である。

1　ア・イ
2　ア・ウ
3　イ・エ
4　ウ・オ
5　エ・オ

➡解答・解説は別冊 P.098

SECTION 5

抵当権①(総論)

STEP 1

要点を覚えよう!

POINT 1 抵当権の意義

抵当権は、債務者又は第三者が占有を移転しないで債務の担保に供した不動産について、他の債権者に先立って自己の債権の弁済を受けることができる物権である(民法369条1項)。

例えば、AがBに対して有するX貸金債権を担保するために、AとCとの間でC所有の甲土地を目的として抵当権設定契約をした場合、**Aを抵当権者、Cを物上保証人***、**X債権を被担保債権**という。抵当権者は必ず債権者となる。

抵当権は、約定担保物権であり、**付従性、随伴性、不可分性、物上代位性を有する。**

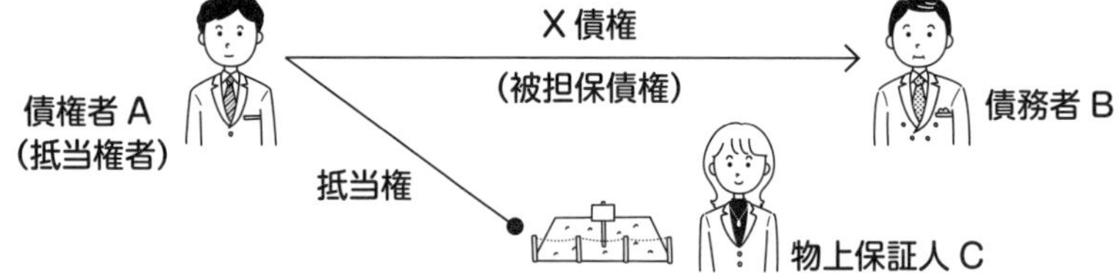

POINT 2 抵当権設定契約

抵当権は、抵当権者と抵当権設定者(債務者)との合意によって成立し、目的物の引渡しは要件とはならない。担保権者が目的物を占有しない非占有型の担保物権である。民法上、**抵当権の目的物は**、原則として、**不動産所有権、地上権、永小作権**(民法369条)であるが、「動産」であっても、特別法によって目的となる場合がある(自動車について自動車抵当法3条)。**不動産賃借権を目的とする抵当権は設定することができない。**また、一筆の土地の一部を目的とする抵当権設定契約は有効である(ただしそのままでは登記はできない)。

抵当権の被担保債権は、金銭債権であることが多いが、金銭債権以外の債権であっても**よい**。つまり、特定物の引渡債権を担保するために抵当権設定をすることも**できる**。この場合、金銭に換算した債権価格が登記事項となる。

抵当権は不動産に関する物権であるため、**登記が対抗要件**となり(民法177条)、**同一の不動産について数個の抵当権**が設定されたときは、その**抵当権の順位は、登記の前後**による(民法373条)。

POINT 3 抵当権の効力

抵当権は、抵当地の上に存する建物を除き、**原則として、抵当不動産に付加し**

---

* **物上保証人**…自分以外の人の債務を、自分の財産をもって担保した人のこと。

て一体となっている物に及ぶ（民法370条本文）。これを**付加一体物**という。

この**付加一体物に付合物***（**民法242条**）**が含まれる**ことに争いはないが、**従物について、**判例は、**「宅地」に対する抵当権の効力は、抵当権設定当時の宅地の「従物」にも及び、抵当権の設定登記による対抗力は、その従物についても生ずる**としている（最判昭44.3.28）。

抵当権は、**被担保債権について不履行**があったときは、**その後に生じた抵当不動産の天然果実及び法定果実に及ぶ**（民法371条）。

そして、抵当目的物から分離した物に抵当権の効力が及ぶか（追及効の問題）について、例えば、**設定者が抵当不動産である山林上の樹木を「伐採」して、第三者に譲渡して山林上から「搬出」**された場合、**判例は抵当権の効力は存続する**としている（大判昭7.4.20）。

抵当目的物の取戻し（最判昭57.3.12）

判例（事案と判旨） 工場抵当法の規定により**工場に属する土地又は建物とともに抵当権の目的とされた動産**が、備え付けられた**工場から**抵当権者の同意を得ないで**搬出された場合、当該動産に抵当権の効力が及ぶか。**

☞第三者において**即時取得をしない**限りは、**抵当権者は、**搬出された目的動産をもとの備付場所である**工場に戻すことを請求することができる。**

POINT 4 被担保債権の範囲

抵当権の被担保債権の範囲は元本、利息、損害金であるが、**抵当権者は、利息その他の定期金を請求する権利を有するときは、**原則として、その**満期となった最後の2年分**についてのみ、その抵当権を行使することができる（民法375条1項）。「**満期となった最後の2年分**」とは、配当日から遡って2年間分のみという意味である。例えば、弁済期から3年を経過して抵当権を実行した場合であっても、元本債権に加えて配当日から遡って2年間分の損害金についてのみ、後順位抵当権者に優先して弁済を受けることができる。

ただし、例外的に2年分を超える利息についても、弁済期の到来後に登記をしておくことで、後順位抵当権者に優先する（民法375条1項但書）。これを利息の特別登記という。

POINT 5 物上代位

抵当権は、その**目的物の売却、賃貸、滅失又は損傷によって債務者が受けるべき金銭その他の物**に対しても、行使することができる。これを**物上代位**という（民法372条、民法304条1項）。

例えば、建物を目的として抵当権を設定して登記を経由後、その建物が火事で滅失した場合において、債務者が保険会社に対する保険金請求権を取得したときは、当該債権に差押えをして、優先弁済的効力を及ぼすことができる（大連判大12.4.7）。

＊ **付合物**…不動産に従として付合した物のこと（民法242条）。不動産の構成部分となっている物であり、土地に対する樹木など。

また、物上代位の客体について、**「賃料」債権は客体になる**と解されているが、**「転貸賃料」債権に対する物上代位は、原則として否定される**（最決平12.4.14）。

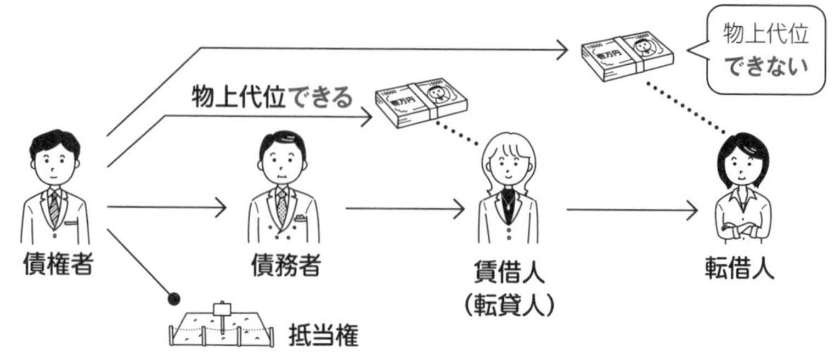

そして、物上代位の要件として、**抵当権者は、その払渡し又は引渡しの前に差押えをしなければならない**（民法372条、304条1項但書）。

なお判例は、抵当権者は、**物上代位の目的「債権」が譲渡**され第三者対抗要件が備えられた後においても、**自ら目的債権を差し押さえて物上代位権を行使することができる**とする。つまり、抵当権の物上代位においては**「債権譲渡」は、「払渡し又は引渡し」に含まれない**（最判平10.1.30）。

263ページの「動産先取特権」の「債権譲渡」については結論が違うので要注意だよ。

◆ **その他、物上代位に関する重要判例**

・債権について「一般債権者の差押え」と「抵当権者の物上代位権に基づく差押え」が競合した場合の両者の優劣
☞**一般債権者の申立てによる差押命令の第三債務者への送達と、抵当権設定登記の先後**によって決すべきである（最判平 10.3.26）。

・**「動産売買の先取特権者」は、物上代位の目的債権が譲渡され、第三者に対する対抗要件が備えられた後**においては、目的債権を差し押さえて、**物上代位権を行使することはできない**（最判平 17.2.22）。

POINT 6 抵当権に基づく物権的請求権

債務者又は第三者から抵当権が侵害された場合や、侵害されるおそれがある場合、抵当権者は、抵当権に基づく物権的請求権を行使することができるか。抵当権は、抵当権者が目的物を占有しない非占有型の担保物権であるため問題となる。

この点、判例は、抵当権に基づいて、抵当不動産である山林上の立木伐採及び伐木の搬出について**妨害排除請求権の行使を認めている**（大判昭6.10.21）。

◆ 抵当権に基づく物権的請求権についての重要判例

- **第三者が抵当不動産を不法占有**することにより、競売手続の進行が害され適正な価額よりも**売却価額が下落するおそれ**があるなど、抵当不動産の交換価値の実現が妨げられ**抵当権者の優先弁済請求権の行使が困難となるような状態**があるときは、抵当権者は、抵当不動産の所有者に対して有する右状態を是正し抵当不動産を適切に維持又は保存するよう求める請求権を保全するため、所有者の**不法占有者に対する妨害排除請求権を代位行使することができる**（最大判平 11.11.24）。

- 抵当不動産の占有者に対する**抵当権に基づく妨害排除請求権の行使にあたり、抵当不動産の所有者において**抵当権に対する侵害が生じないように抵当不動産を適切に維持管理することが**期待できない場合**には、**抵当権者は、当該占有者に対し、直接自己への抵当不動産の明渡しを求めることができる**（最判平 17.3.10）。

POINT 7 抵当権の処分

抵当権者は、その**「抵当権」を自分の債務の担保とすることができ、これを転抵当**という。

また、抵当権者は、同一の債務者に対する**他の債権者の利益のためにその抵当権を譲渡し、又は放棄することができ、**これを**抵当権（のみ）の譲渡又は放棄**という。さらに、他の債権者の利益のためにその**抵当権の順位を譲渡し又は放棄することもでき、**これを**抵当権の順位の譲渡又は順位の放棄**という（民法376条）。これらを**抵当権の処分**という。

抵当権の処分の主たる債務者、保証人、抵当権設定者及びこれらの者の承継人への対抗要件は、主債務者への通知又は承諾である（民法377条1項）。

なお、**抵当権の順位は、各抵当権者の合意によって変更することができるが、利害関係を有する者**があるときは、その**承諾**が必要である（民法374条1項）。

POINT 8 第三取得者の保護

抵当権が付されている**抵当不動産について所有権又は地上権を買い受けた第三者**が、**抵当権者の請求に応じて、その抵当権者にその代価を弁済**したときは、抵当権は、その第三者のために**消滅する**（民法378条）。これを**代価弁済**という。

代価弁済額は、被担保債権の額に満たなくても**よい**。地上権を買い受けた場合、抵当権は消滅しないが、地上権者は、抵当権に対抗することができる。

また、**抵当不動産の第三取得者は、登記をした各抵当権者**に対し、民法383条の書面を送付して、**抵当権消滅請求をすることができる**（民法379条）。この場合、各抵当権者が第三取得者の提供した金額を**承諾**し、かつ、**払渡し**又は**供託**されたときに抵当権は消滅する。

STEP 2 一問一答で理解を確認！

1 抵当権は、付従性、随伴性、不可分性は有するが、目的物の担保価値を把握する性質の権利である以上、物上代位性は有しない。

× 抵当権は、約定担保物権であり、**付従性、随伴性、不可分性、物上代位性**がある。

---

2 抵当権設定契約の抵当権設定者は、必ずしも債務者に限られず、債務者以外の第三者であっても、抵当権設定者とすることができる。

○ 抵当権設定者は、債務者のみならず、第三者**でもよい**。第三者が抵当権を設定する場合、その第三者を**物上保証人**という。

---

3 地上権及び借地借家法上の建物所有目的の土地賃借権については、抵当権を設定することができる。

× **地上権及び永小作権も、抵当権の目的とすることができる**（民法369条2項）。しかし、**賃借権を目的とする抵当権の設定は認められていない**。

---

4 抵当権者は、目的物が第三者の行為により滅失した場合、物上代位権を行使することにより、その第三者に対して、目的物の所有者が有する損害賠償請求権から優先弁済を受けることができる。

○ **抵当権は、その目的物の売却、賃貸、滅失又は損傷によって債務者が受けるべき金銭その他の物に対しても、行使することができる**（民法372条、304条1項本文）。

---

5 抵当権者は、物上代位の目的債権が譲渡され第三者に対する対抗要件が備えられた後には、もはや自ら目的債権を差し押さえて物上代位権を行使することはできない。

× **抵当権者**は、物上代位にあたり、目的物の「**払渡し又は引渡し**」の前に**差押え**をすることを要するが（民法372条、304条1項但書）、ここでいう「**払渡し又は引渡し**」に**債権譲渡は含まれない**（最判平10.1.30）。

---

6 抵当権の順位は、各抵当権者の合意によって変更することができ、利害関係を有する者の承諾を得ることを要しない。

× **抵当権の順位は、各抵当権者の合意によって変更することができる**。ただし、**利害関係を有する者**があるときは、**その承諾を得なければならない**（民法374条1項）。

7 抵当権が侵害された場合や、侵害されるおそれがある場合、抵当権者は、抵当権に基づく物権的請求権を行使することは認められていない。

× 判例は、抵当権に基づいて、抵当不動産である山林上の立木伐採及び伐木の搬出について**妨害排除請求権の行使を認めている**（大判昭6.10.21）。

8 抵当権が付されている抵当不動産について所有権又は地上権を買い受けた第三者が、自らの意思で抵当権者にその代価を弁済したとき、抵当権は、その第三者のために消滅する。

× 抵当権が付されている**抵当不動産について所有権又は地上権を買い受けた第三者**が、**抵当権者の請求に応じて**、**その抵当権者にその代価を弁済**したときは、抵当権は、その第三者のために**消滅する**（民法378条）。これを代価弁済というが、**抵当権者の請求**が必要となる。

9 抵当権者は、抵当不動産について所有権又は地上権を買い受けた第三者に対して、抵当権消滅請求をすることができる。

× 抵当権消滅請求を行うのは、**抵当不動産の第三取得者**である（民法379条）。上記の問題の「代価弁済」と「抵当権消滅請求」の請求権者を区別して、押さえておこう。

過去問にチャレンジ！

問題 1 特別区Ⅰ類（2022 年度）

民法に規定する抵当権に関する記述として、通説に照らして、妥当なものはどれか。

1 抵当権設定契約の抵当権設定者は、必ずしも債務者に限られず、債務者以外の第三者であっても、抵当権設定者とすることができる。

2 抵当権の目的とすることができるものは不動産に限られ、地上権及び永小作権を抵当権の目的とすることはできない。

3 抵当権の順位は、各抵当権者の合意によって変更することができ、利害関係を有する者の承諾を得る必要はない。

4 抵当権の処分方法のうち、転抵当とは、同一の債務者に対する抵当権のない他の債権者の利益のために抵当権を譲渡することをいう。

5 債務者又は抵当権設定者でない者が、抵当不動産について取得時効に必要な要件を具備する占有をしても、抵当権は消滅しない。

➡解答・解説は別冊 P.099

問題 2 裁判所職員（2019 年度）

抵当権に関する次のア～ウの記述の正誤の組み合わせとして最も妥当なものはどれか（争いのあるときは、判例の見解による。）。

ア 抵当権者は、目的物が第三者の行為により滅失した場合、物上代位権を行使することにより、その第三者に対して、目的物の所有者が有する損害賠償請求権から優先弁済を受けることができる。

イ Aは、自身が所有する建物について抵当権を設定したところ、抵当権設定当時、その建物内には畳や建具が備え付けられていた。抵当権者Bは、特約がない限り、畳や建具についても抵当権の効力を主張することができる。

ウ AのBに対する金銭債権を担保するために、BがCに賃貸している建物を目的とする抵当権が設定された。Aのために抵当権設定登記がされた後にCに対する賃料債権がBからDに譲渡されてその第三者対抗要件が具備された場合、Aは、同じ賃料債権を差し押さえて優先弁済を受けることができる。

	ア	イ	ウ
1	誤	誤	正
2	誤	正	誤
3	正	誤	正
4	正	誤	誤
5	正	正	正

➡解答・解説は別冊P.099

問題3　国家一般職（2021年度）

抵当権に関するア～オの記述のうち、妥当なもののみを全て挙げているのはどれか。ただし、争いのあるものは判例の見解による。

ア　地上権及び借地借家法上の建物所有目的の土地賃借権については、抵当権を設定することができる。

イ　抵当権者は、利息その他の定期金を請求する権利を有するときは、原則としてその満期となった最後の5年分について、その抵当権を行使することができる。

ウ　宅地に抵当権が設定された当時、その宅地に備え付けられていた石灯籠及び取り外しのできる庭石は、抵当権の目的である宅地の従物であるため、その抵当権の効力が及ぶ。

エ　建物を所有するために必要な土地の賃借権は、特段の事情のない限り、その建物に設定された抵当権の効力の及ぶ目的物には含まれない。

オ　抵当権設定者が、抵当権が設定された建物の賃貸借契約に基づき賃料債権を有している場合において、抵当権の担保する債権について不履行があったときは、その後に生じた賃料債権にも、その抵当権の効力が及ぶ。

1　ア、イ
2　ア、オ
3　イ、エ
4　ウ、エ
5　ウ、オ

➡解答・解説は別冊P.100

問題 4　国家専門職（2019 年度）

抵当権に関するア～オの記述のうち、妥当なもののみを全て挙げているのはどれか。ただし、抵当権は抵当権設定登記を備えているものとする。

ア　抵当権は、抵当権者が抵当不動産の使用・収益権を有しない非占有担保物権であるため、第三者が抵当不動産を不法占有し、抵当不動産の交換価値の実現が妨げられ、抵当権者の優先弁済請求権の行使が困難となるような状態がある場合においても、抵当権者は、抵当権に基づく妨害排除請求権を行使することができないとするのが判例である。

イ　抵当権者は、被担保債権の全部の弁済を受けるまで目的物の全部についてその権利を行使することができるため、抵当権者が被担保債権から生じた利息及び損害金に関して抵当権を行使する場合、その範囲が制限されることはない。

ウ　抵当権者は、物上代位の目的債権が譲渡され第三者に対する対抗要件が備えられた後には、もはや自ら目的債権を差し押さえて物上代位権を行使することはできないとするのが判例である。

エ　敷金が授受された賃貸借契約に係る賃料債権につき抵当権者が物上代位権を行使してこれを差し押さえた場合においても、当該賃貸借契約が終了し、目的物が明け渡されたときは、賃料債権は、敷金の充当によりその限度で消滅するとするのが判例である。

オ　工場抵当法の規定により工場に属する土地又は建物とともに抵当権の目的とされた動産が、抵当権者の同意を得ないで、備え付けられた工場から搬出された場合には、第三者において即時取得をしない限りは、抵当権者は、搬出された目的動産を元の備付場所である工場に戻すことを求めることができるとするのが判例である。

1　ア、イ
2　イ、エ
3　ウ、エ
4　ウ、オ
5　エ、オ

➡解答・解説は別冊 P.101

問題 5 国家専門職（2018 年度）

抵当権に関する次の記述のうち、妥当なものはどれか。

1 抵当権は、附従性、随伴性、不可分性は有するが、目的物の担保価値を把握する性質の権利である以上、物上代位性は有しない。

2 抵当権の目的となるのは不動産のみで、動産は抵当権の目的となり得ない。

3 抵当権の被担保債権は金銭債権でなければならず、金銭債権以外の債権を被担保債権とする抵当権設定契約は無効である。

4 抵当権は、債務者及び抵当権設定者に対しては、その担保する債権と同時でなければ、時効によって消滅しない。

5 抵当権は、あくまでも目的物の担保価値を把握するものである以上、抵当不動産の果実に及ぶことはない。

➡解答・解説は別冊 P.101

SECTION 6 抵当権②(法定地上権など)

STEP 1 要点を覚えよう！

POINT 1 法定地上権の意義

土地及びその上に存する建物が同一の所有者に属する場合において、その**土地又は建物につき抵当権が設定**され、その**実行により土地・建物の所有者を異にするに至った**ときは、その**建物について、地上権が設定**されたものとみなす。これを**法定地上権**という(民法388条)。

例えば、いずれもA所有の甲土地及び甲土地上の乙建物があり、**「乙建物」を目的として抵当権が設定**された場合において、**抵当権が実行されてBが乙建物を買い受けた**とする。このときに**土地の利用権**がないとなると、**建物を購入したBは甲土地を不法占有**していることとなり、その結果、Aからの土地所有権に基づく返還請求を認めることは不合理である。そこで、このような場合のため、乙建物のために**当然に地上権が発生**するものとしたのが法定地上権なのである。

なお、**法定地上権の地代は、当事者の請求により、裁判所が定める**(民法388条)。また、法定地上権の発生も不動産に関する物権変動であるから、**第三者に対抗するためには、対抗要件を具備**しなければならない(民法177条、借地借家法10条)。

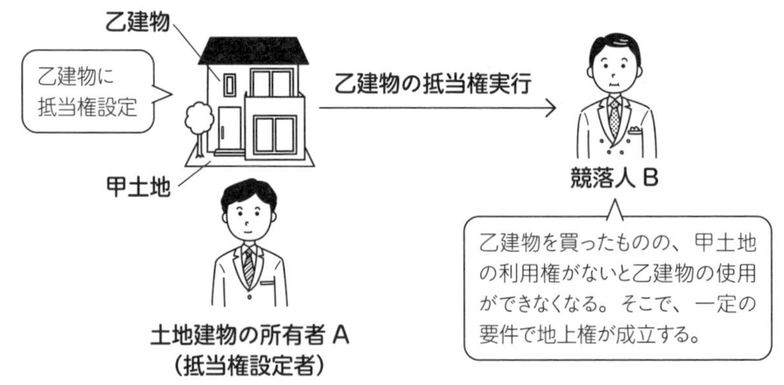

POINT 2 法定地上権の要件

法定地上権の成立要件は、抵当権設定当時、①**土地建物が同一人に帰属**していること、②**土地上に建物が存在**していること、③土地又は建物の**一方又は双方に抵当権が設定**されていること、④競売によって**土地建物の所有権が各別人に帰属**したことである。

POINT 3 法定地上権の重要判例

法定地上権に関する判例は多く、それぞれの事情に基づいた細やかな判断がされている。下の各事例と結論をSTEP2～3の問題も行き来して身に付けよう。

❶土地の所有者Aが当該土地上の建物をBから譲り受けたが、**「建物」の所有権移転登記を経由しないまま「土地」に抵当権が設定・登記**された場合。

☞**法定地上権は成立する**（最判昭48.9.18、大判昭14.12.19）。実質的に所有者が同一であれば、**登記名義が異なっていても、**あるいは保存登記がなかったとしても**法定地上権は成立する**。

❷Aが所有する**土地に抵当権が設定・登記された当時**、土地上に**建物が存在せず更地**（さらち）*であったが、その後、当該土地上に**A所有の建物が築造**された場合。

☞法定地上権の成立には、**抵当権設定当時に、建物が存在することが必要**であり、**法定地上権は成立しない**（大判大4.7.1）。

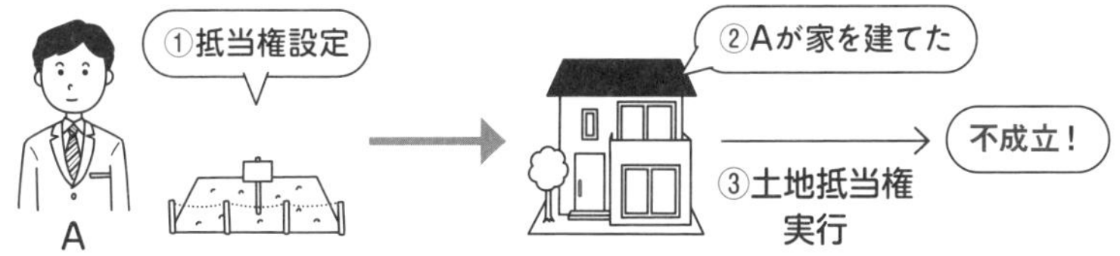

❸「土地」を目的とする**1番抵当権設定当時、土地と地上建物の所有者が異なり、法定地上権成立の要件が充足されていなかった**が、その後、**土地と建物が同一人の所有に帰した後に後順位抵当権が設定**され、その時点では要件を満たした場合、1番抵当権の実行により法定地上権は成立するか。

☞**法定地上権は成立しない**（最判平2.1.22）。

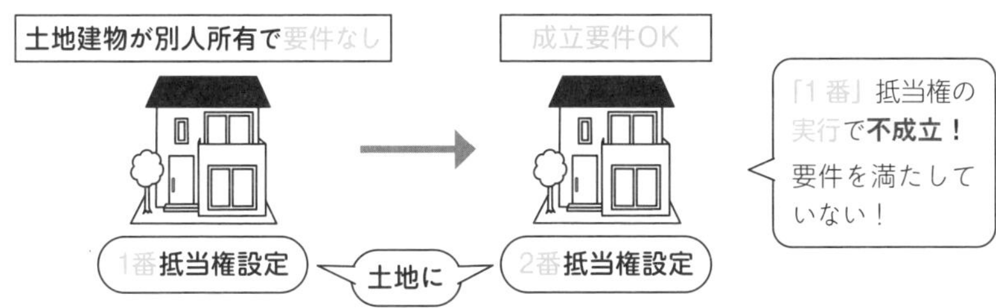

* **更地**…建造物が建ってなく、かつ借地権などの土地利用が制限される権利も付いていない宅地のこと。

❹所有者が**土地及び地上建物に共同抵当権***を設定した後、**建物が取り壊され、土地上に新たに建物が建築**された場合。

☞新建物の所有者が土地の所有者と同一であり、かつ、新建物が建築された時点での土地の抵当権者が新建物について土地の抵当権と同順位の共同抵当権の設定を受けたなどの**特段の事情のない限り、新建物のために法定地上権は成立しない**（最判平 9.2.14）。

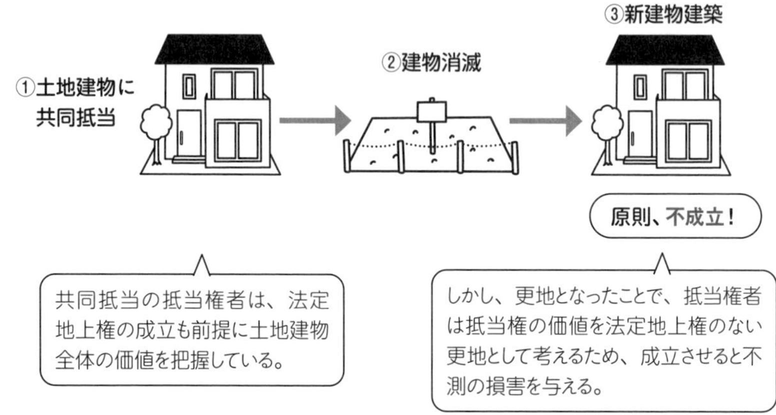

❺「土地」**の共有者の 1 人がその土地上に建物を所有**する場合において、その**共有者の 1 人が土地の自己の持分に設定した抵当権が実行**された場合。

☞「土地」共有者の 1 人だけ法定地上権の要件を満たした場合でも、他の土地共有者の持分が無視されるべきいわれはないため、**当該共有土地について法定地上権は成立しない**（最判昭 29.12.23）。

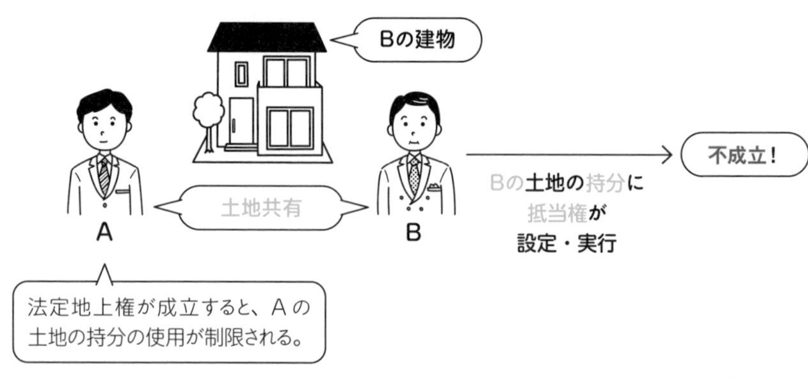

* **共同抵当権**…土地と建物など、複数の不動産に抵当権を設定し、1 つの債権を担保すること。

❻「建物」の共有者の１人がその「土地を所有」する場合において、**土地に設定された抵当権が実行**された場合。

☞建物共有者全員のために、**法定地上権が成立する**（最判昭46.12.21）。

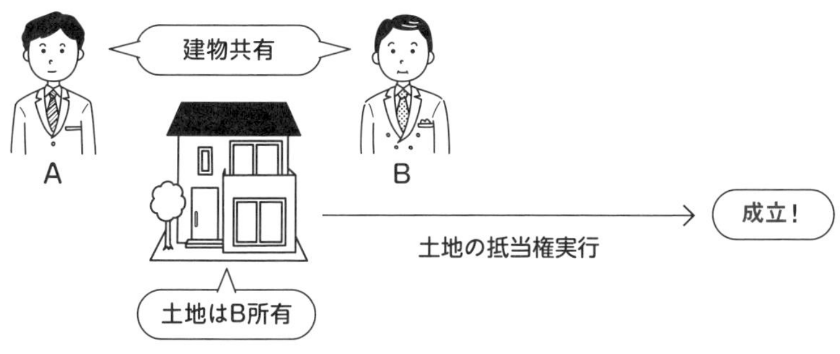

POINT 4　抵当権の消滅

まず、抵当権は物権であり、物に対する権利である以上、**目的物が消滅した場合には、抵当権も消滅する。**

そして、**抵当権は、債務者及び抵当権設定者に対しては、被担保債権と同時でなければ、時効によって消滅しない**（民法396条）。債務者と抵当権設定者は、被担保債権の弁済等の**責任を有する者**であり、被担保債権が存在する以上、**抵当権だけ消滅させるべきではない**からである。

これを逆に言えば、**債務者又は抵当権設定者でない者**が**抵当不動産について取得時効に必要な要件を具備**する占有をしたときは、**抵当権はこれによって消滅する**（民法397条）。

具体的には、**抵当不動産の第三取得者、後順位抵当権者**に対する関係では、被担保債権について時効が更新されたとしても、**抵当権は、単独で消滅時効により消滅する。**

なお、民法166条2項は「債権又は所有権以外の財産権は、権利を行使することができる時から**20年間**行使しないときは、時効によって消滅する」と規定しているので、抵当権の時効消滅期間は**20年**である。

STEP 2 一問一答で理解を確認！

1 法定地上権の成立要件は、抵当権の設定時期にかかわらず、①土地建物が同一人に帰属していること、②土地上に建物が存在していること、③土地又は建物の一方又は双方に抵当権が設定されていること、④競売によって土地建物の所有権が各別人に帰属したことである。	× 法定地上権の成立要件は、**抵当権の設定当時**に本問の四つの要件を満たすことである。
2 民法388条は、土地又は建物のいずれか一方のみに抵当権が設定された場合を規定するものであり、同一の所有者に属する土地及びその上に存する建物が同時に抵当権の目的となった場合、法定地上権は成立しない。	× 同一の所有者に属する**土地及びその上に存する建物が同時に抵当権の目的**となった場合においても、民法388条の**適用があり**、法定地上権が**成立する**（最判昭37.9.4）。
3 土地の所有者が当該土地上の建物を譲り受けたが、建物の所有権移転登記を経由しないまま土地に抵当権を設定し、その登記をした場合、抵当権が実行されても法定地上権は成立しない。	× 法定地上権は**成立する**（最判昭48.9.18、大判昭14.12.19）。
4 Aが所有する土地に抵当権が設定・登記された当時、土地上に建物が存在せず更地であったが、その後、当該土地上にA所有の建物が築造された場合において、当該抵当権が実行されると法定地上権が成立する。	× 法定地上権は**成立しない**（大判大4.7.1）。法定地上権の成立には、**抵当権設定当時に、建物が存在することが必要**であるためである。
5 家屋に抵当権を設定した後、その家屋が設定者の過失による火災で消滅したとしても、抵当権者に不測の損害を与えるため、抵当権も消滅しない。	× **抵当権は物権**であり、物に対する権利である以上、**目的物が消滅した場合には、抵当権も消滅する**。

6 土地共有者の1人がその土地上に建物を所有する場合において、その共有者の1人が土地の自己の持分に設定した抵当権が実行された場合、当該共有土地について法定地上権は成立しない。	○ 「土地」共有者の1人だけ法定地上権の要件を満たした場合でも、他の土地共有者の持分が無視されるべきいわれはないため、**当該共有土地について法定地上権は成立しない**（最判昭29.12.23）。
7 建物共有者の1人がその所有する土地に抵当権を設定し、当該抵当権が実行された場合、建物共有者全員のために、法定地上権は成立しない。	× 「建物」**の共有者の1人がその「土地を所有」**する場合において、**土地に設定された抵当権が実行**された場合、建物共有者全員のために、**法定地上権が成立する**（最判昭46.12.21）。
8 抵当権は、債務者及び抵当権設定者に対しては、被担保債権と同時でなければ、時効によって消滅しない。	○ **本問の記述のとおり**である（民法396条）。
9 抵当権は、抵当不動産の第三取得者、後順位抵当権者に対する関係では、被担保債権について時効が更新された場合でも、抵当権は、単独で消滅時効により消滅しない。	× 抵当不動産の第三取得者、後順位抵当権者に対する関係では、抵当権は、被担保債権について時効が更新されたとしても、**抵当権は、単独で消滅時効により消滅する。**
10 抵当不動産の第三取得者、後順位抵当権者に対する関係において、抵当権は単独で消滅時効により消滅するが、その消滅時効に必要な期間は10年間である。	× 民法166条2項は「債権又は所有権以外の財産権は、権利を行使することができる時から**20年間**行使しないときは、時効によって消滅する」と規定しているので、**抵当権の時効消滅期間は20年**である。

CHAPTER 3 担保物権

6 抵当権②（法定地上権など）

STEP 3 過去問にチャレンジ！

問題 1 国家一般職（2019 年度）

法定地上権に関するア～オの記述のうち、判例に照らし、妥当なもののみを全て挙げているのはどれか。

ア 民法第388条は土地又は建物のいずれか一方のみに抵当権が設定された場合を規定するものであり、同一の所有者に属する土地及びその上に存する建物が同時に抵当権の目的となった場合には、同条は適用されず、法定地上権は成立しない。

イ Aが所有する土地に抵当権が設定・登記された当時、当該土地上に建物が存在せず、更地であった場合には、その後、当該土地上にA所有の建物が築造され、抵当権の実行により当該土地がBに競落されたとしても、原則として、法定地上権は成立しない。

ウ AとBが共有する土地の上にAの所有する建物が存在する場合において、Aが当該土地の自己の共有持分に抵当権を設定・登記し、これが実行されて当該土地がCに競落されたときは、Bの意思にかかわらず、法定地上権が成立する。

エ 土地の所有者Aが当該土地上の建物をBから譲り受けたが、当該建物の所有権移転登記を経由しないまま当該土地に抵当権が設定・登記された場合において、抵当権の実行により当該土地がCに競落されたときは、法定地上権は成立しない。

オ Aが所有する土地に一番抵当権が設定・登記された当時、当該土地上の建物をBが所有していた場合には、その後、Aが当該建物をBから譲り受け、当該土地に後順位抵当権が設定・登記されたとしても、一番抵当権が実行され、当該土地がCに競落されたときは、法定地上権は成立しない。

1 ア、イ　**2** ア、ウ
3 イ、オ　**4** ウ、エ　**5** エ、オ

（参考）民法（法定地上権）第388条
土地及びその上に存する建物が同一の所有者に属する場合において、その土地又は建物につき抵当権が設定され、その実行により所有者を異にするに至ったときは、その建物について、地上権が設定されたものとみなす。（以下略）

➡解答・解説は別冊 P.102

問題2 国家一般職（2016年度）

法定地上権に関するア～オの記述のうち、妥当なもののみを全て挙げているのはどれか。ただし、争いのあるものは判例の見解による。

ア 法定地上権は、公益上の理由に基づき、法律上当然に発生するものであるから、第三者に対し登記なくして法定地上権を対抗することができる。

イ 土地及び地上建物の所有者が、建物の取得原因である譲受けにつき所有権移転登記を経由しないまま土地に対し抵当権を設定し、その抵当権が実行された場合、法定地上権は成立しない。

ウ 土地を目的とする先順位の甲抵当権と後順位の乙抵当権が設定された後、甲抵当権が設定契約の解除により消滅し、その後、乙抵当権の実行により土地及び地上建物の所有者を異にするに至った場合において、当該土地及び地上建物が、乙抵当権の設定当時に同一の所有者に属していたとしても、甲抵当権の設定当時に同一の所有者に属していなければ、法定地上権は成立しない。

エ 所有者が土地及び地上建物に共同抵当権を設定した後、当該建物が取り壊され、当該土地上に新たに建物が建築された場合には、新建物の所有者が土地の所有者と同一であり、かつ、新建物が建築された時点での土地の抵当権者が新建物について土地の抵当権と同順位の共同抵当権の設定を受けたときなど特段の事情のない限り、新建物のために法定地上権は成立しない。

オ 建物の共有者の一人がその敷地を単独で所有する場合において、当該土地に設定された抵当権が実行され、第三者がこれを競落したときは、当該土地につき、建物共有者全員のために、法定地上権が成立する。

1 ア・イ
2 ア・エ
3 イ・ウ
4 ウ・オ
5 エ・オ

➡解答・解説は別冊P.103

問題3 国家一般職（2019年度）

抵当権に関するア〜オの記述のうち、妥当なもののみを全て挙げているのはどれか。ただし、争いのあるものは判例の見解による。

ア 抵当権は、債務者及び抵当権設定者に対しては、その担保する債権と同時でなければ、時効によって消滅しないが、後順位抵当権者及び抵当目的物の第三取得者に対しては、被担保債権と離れて単独に20年の消滅時効にかかる。

イ 債権者が抵当権を実行する場合において、物上保証人が、債務者に弁済をする資力があり、かつ、債務者の財産について執行をすることが容易であることを証明したときは、債権者は、まず、債務者の財産について執行をしなければならない。

ウ 抵当権は、その目的物の賃貸によって債務者が受けるべき賃料についても行使することができるところ、この「債務者」には抵当権設定・登記後に抵当不動産を賃借した者も含まれると解すべきであるから、抵当権設定・登記後に抵当不動産を賃借した者が賃貸人の同意を得て転貸借を行っていた場合、抵当権者は、抵当不動産を賃借した者が取得すべき転貸賃料債権についても、原則として物上代位権を行使することができる。

エ 抵当権設定・登記後に抵当不動産の所有者から賃借権の設定を受けてこれを占有する者について、その賃借権の設定に抵当権の実行としての競売手続を妨害する目的が認められ、その占有により抵当不動産の交換価値の実現が妨げられて抵当権者の優先弁済請求権の行使が困難となるような状態があるときは、抵当権者は、当該賃貸借契約の賃料相当額の損害が生じたとして、抵当権侵害による不法行為に基づく損害賠償請求をすることができる。

オ 不動産の取得時効完成後、所有権移転登記がされることのないまま、第三者が原所有者から抵当権の設定を受けて抵当権設定登記を完了した場合は、所有権移転登記よりも抵当権設定登記が先になされている以上、当該不動産の時効取得者である占有者が、その後引き続き時効取得に必要な期間占有を継続したとしても、特段の事情がない限り、当該抵当権は消滅しない。

1 ア　**2** ウ
3 ア・イ　**4** イ・ウ　**5** エ・オ

➡解答・解説は別冊P.104

問題 4　　国家一般職（2015 年度）

抵当権の消滅に関する次の記述のうち、妥当なものはどれか。

1 Ａは、債権者Ｂに負う債務を担保するために、Ａの所有する甲建物につき抵当権を設定し、その後、甲建物をＣに売却した。甲建物について所有権を買い受けた第三取得者Ｃが、Ｂの請求に応じてＢに甲建物の代価を弁済した場合は、Ｂの甲建物上の抵当権は、Ｃのために消滅する。

2 Ａは、債権者Ｂに負う債務を担保するために、Ａの所有する甲建物につき抵当権を設定し、その後、甲建物をＣに売却した。甲建物について所有権を買い受けた第三取得者Ｃは、抵当権の実行としての競売による差押えの効力が発生する前にＢの請求がある場合に限り、Ｂの甲建物上の抵当権につき消滅請求をすることができる。

3 Ａは、債権者Ｂに負う債務を担保するために、Ａの所有する甲建物につき抵当権を設定した。その後、Ａが死亡してＢがＡを単独相続した場合、原則としてＢの甲建物上の抵当権は消滅しない。

4 Ａは、債権者Ｂに負う債務を担保するために、Ａの所有する甲建物につき抵当権を設定した。その後、Ａが甲建物をＡの失火により焼失させた場合、Ｂの甲建物上の抵当権は消滅しない。

5 Ａは、Ａの所有する甲土地に隣接するＢ所有の乙土地を自己の所有に属すると信じ、占有していたが、乙土地には、Ｂが債権者Ｃに負う債務を担保するために、抵当権が設定されていた。この場合、Ａが取得時効に必要な要件を具備する占有をしたときであっても、Ｃの乙土地上の抵当権は消滅しない。

➡解答・解説は別冊 P.105

SECTION 7

根抵当権

STEP 1 要点を覚えよう！

POINT 1 根抵当権の意義

抵当権は、設定行為で定めるところにより、**一定の範囲に属する不特定の債権を極度額**（担保する債務の限度額）**の限度**において担保するためにも設定することができる（民法398条の2第1項）。これを**根抵当権**という。

例えば、ＡＢ間において融資と返済が定期的に行われている場合において、普通抵当権を担保として利用すると、その都度、設定登記と抹消登記が必要となりコストがかかる。この場合、ＡＢ間において、極度額及び被担保債権の範囲を定めて根抵当権を設定することで、ＡＢ間で発生する定められた債権については、極度額を限度としてすべて担保することができる。

元本の確定前の根抵当権においては**付従性が緩和**され、上記の例で債務者が全額弁済をして、**一旦、被担保債権がなくなっても根抵当権は当然には消滅しない。**

また、**元本の確定前に根抵当権者から債権を取得した者は、その債権について根抵当権を行使することができず、随伴性も否定されている**（民法398条の7）。

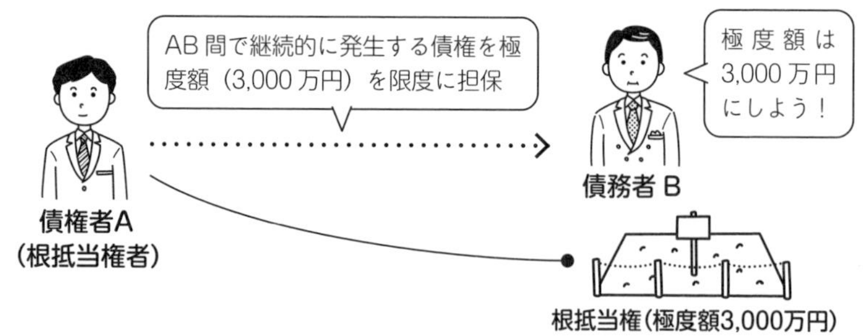

POINT 2 根抵当権設定契約

根抵当権は、根抵当権者と設定者との**合意**によって成立する点は、普通抵当権と同じであるが、**設定契約で、①極度額、②債権の範囲、③債務者を定めることを要する。**

また、根抵当権は継続的な取引を前提とするところ、その間に状況は変化しうる。そこで、設定契約で**定めた内容は、元本の確定前**であれば、根抵当権者と設定者との合意によって、**債権の範囲、債務者、元本確定期日の変更ができる**（民法398条の6等）。この場合、**利害関係人の承諾は要しない**。ただし、**変更の登記をしない場合、変更をしなかったものとみなされる**（民法398条の4）。

これに対して、**極度額の変更は、元本確定前後を通じて変更の合意をすることができるが、利害関係人の承諾が必要**となる（民法398条の5）。

POINT 3 根抵当権の処分

前述のとおり、元本の確定前の根抵当権には随伴性が**ない**。したがって、元本の確定前に被担保債権について債権譲渡があった場合でも、根抵当権は、当然には**移転しない**。

ただし、**元本の確定前に、**被担保債権から切り離して**根抵当権のみを移転**する方法を**「根抵当権の処分」**といい、これには、①根抵当権の**全部譲渡**、②根抵当権の**分割譲渡**、③根抵当権の**一部譲渡**がある。①は、元本の**確定前**に根抵当権者が根抵当権を譲り渡すことである。②は、根抵当権を2個の根抵当権に分割して、その一方を譲り渡すことである（民法398条の12）。

③の根抵当権の一部譲渡では、根抵当権が譲渡人と譲受人で準共有*となる（民法398条の13）。①②③いずれも根抵当権の**設定者の承諾**が効力発生要件となる。

POINT 4 根抵当権の元本確定

根抵当権によって担保される**元本債権が定まる**ことを根抵当権の**元本の確定**という。これにより**確定後に生じた債権は当該根抵当権で担保されなくなる。**

また、**確定により根抵当権は付従性・随伴性**を**有する**こととなり、普通抵当権に近づくが、**利息や損害金**について、**極度額に達するまでは担保される**性質は変わらない。

POINT 5 元本確定後の法律関係

根抵当権者は、**確定した元本**並びに**利息**その他の定期金及び債務の不履行によって**生じた損害の賠償の全部**について、**極度額を限度**として、その根抵当権を行使することができる（民法398条の3第1項）。

また、**元本の確定後、**根抵当権**設定者は、**根抵当権の**極度額を、現に存する債務の額と以後2年間に生ずべき利息その他の定期金及び債務の不履行による損害賠償の額とを加えた額に減額**することを**請求**することができる（民法398条の21第1項）。これを**極度額減額請求**という。

また、現に存する**債務の額が根抵当権の極度額を超える**ときは、他人の債務を担保するためその根抵当権を設定した者（**物上保証人**）、又は抵当不動産について所有権、地上権、永小作権若しくは第三者に対抗することができる賃借権を取得した第三者（**第三取得者**）は、その**極度額に相当する金額を払い渡し又は供託**して、その**根抵当権の消滅請求ができる。**これを**根抵当権消滅請求**という。

しかし、**主たる債務者、保証人**及びこれらの者の承継人は、**根抵当権消滅請求をすることができない**（民法398条の22第3項、380条）。

* **準共有**…地上権など、「所有権」以外の財産権を複数の人が所有すること。

STEP 2 一問一答で理解を確認！

1 根抵当権とは、一定の範囲に属する不特定の債権を極度額の限度において担保する抵当権のことであり、例えば、継続的な売買取引に基づき発生する代金債権を担保するため、買主所有の不動産に対し、極度額の限度で抵当権を設定する場合がこれにあたる。

○ **本問の記述のとおり**である（民法398条の2第1項）。

2 元本の確定前に根抵当権者から債権を取得した者は、その債権について根抵当権を行使することができない。

○ **本問の記述のとおり**である（民法398条の7）。つまり、**元本確定前の根抵当権には、随伴性が否定**されている。

3 根抵当権の担保すべき元本について、その確定すべき期日を定めた場合は、後順位の抵当権者その他の第三者の承諾を得なければ、その期日を変更することができない。

× 根抵当権の担保すべき元本については、その**確定すべき期日を定め又は変更することができる**。この場合、**後順位の抵当権者等の承諾は不要である**（民法398条の6第1項）。

4 根抵当権の極度額の変更は、元本の確定後にはすることができない。

× 根抵当権の極度額は、元本確定の**前後を通じて**、変更の合意をすることができる。なお、利害関係人の承諾が必要となる（民法398条の5）。

5 元本の確定前に根抵当権者が死亡した場合、根抵当権の被担保債権の範囲は、相続開始の時に存する債権をもって自動的に確定する。

× **元本の確定前に根抵当権者が死亡**した場合、指定根抵当権者の合意について相続の開始後6か月以内に登記をしないときは、担保すべき元本は、相続開始の時に確定したものとみなされる（民法398条の8第4項）。

6 根抵当権設定者は、根抵当権の設定の時から3年を経過した場合であっても、担保すべき元本の確定を請求することができない。

× **根抵当権設定者は、元本確定期日の定めがない場合**は、根抵当権の**設定時**から**3年を経過**したときは、担保すべき**元本の確定を請求することができる**（民法398条の19第1項）。

7 元本の確定後において現に存する債務の額が根抵当権の極度額を超えるとき、その根抵当権の主たる債務者又は保証人は、その極度額に相当する金額を払い渡して、その根抵当権の消滅を請求することができる。

× **元本確定後**において、現に存する**債務の額が根抵当権の極度額を超える**ときは、**物上保証人**と**第三取得者**は、その**極度額に相当する金額を払い渡し又は供託**して、**その根抵当権の消滅請求をすることができる。**主たる債務者、保証人**及びこれらの者の承継人は、根抵当権消滅請求ができない**（民法398条の22第3項、380条）。

8 根抵当権設定者は、元本の確定後においては、その根抵当権の極度額を、現に存する債務の額と以後2年間に生ずべき利息その他の定期金及び債務の不履行による損害賠償の額とを加えた額に減額することを請求することができる。

○ **本問の記述のとおり**である（民法398条の21第1項）。

問５と問6の内容はSTEP１では触れていないけれど、そういう規定もあることをここで確認しておこう。

STEP 3 過去問にチャレンジ！

問題 1 特別区Ⅰ類（2018 年度）

民法に規定する根抵当権に関する記述として、妥当なものはどれか。

1 根抵当権設定者は、元本の確定後においては、その根抵当権の極度額を、現に存する債務の額と以後2年間に生ずべき利息その他の定期金及び債務の不履行による損害賠償の額とを加えた額に減額することを請求することができる。

2 元本の確定前においては、後順位の抵当権者その他の第三者の承諾を得なければ、根抵当権の担保すべき債権の範囲及び債務者の変更をすることはできない。

3 元本の確定前に根抵当権者から債権を取得した者は、その債権について根抵当権を行使することができるが、元本の確定前に債務者に代わって弁済をした者は、根抵当権を行使することができない。

4 根抵当権者は、債務の不履行によって生じた損害の賠償を除き、確定した元本及び元本確定時までに生じた利息に限り、極度額を限度として、その根抵当権を行使することができる。

5 元本の確定後において現に存する債務の額が根抵当権の極度額を超えるとき、その根抵当権の主たる債務者又は保証人は、その極度額に相当する金額を払い渡して、その根抵当権の消滅を請求することができる。

➡解答・解説は別冊 P.106

問題 2 国家一般職（2020 年度）

根抵当権に関するア～オの記述のうち、妥当なもののみを全て挙げているのはどれか。

ア 根抵当権とは、一定の範囲に属する不特定の債権を極度額の限度において担保する抵当権のことである。例えば、継続的な売買取引に基づき発生する代金債権を担保するため、買主所有の不動産に対し、極度額の限度で抵当権を設定する場合がこれに当たる。

イ 根抵当権の極度額の増額は、後順位の抵当権者等の利害関係者に重大な不利益を及ぼす可能性がある。したがって、その増額分については新たな根抵当権を設定すべきであり、利害関係者の承諾を得たとしても、極度額を増額することはできない。

ウ 根抵当権の担保すべき元本について、その確定すべき期日を定めた場合は、後順位の抵当権者その他の第三者の承諾を得なければ、その期日を変更することができない。

エ 根抵当権の担保すべき債権の範囲は、元本の確定前であれば変更することができる。ただし、被担保債権を追加する変更を行う場合には、後順位の抵当権者その他の第三者に不利益を及ぼす可能性があることから、これらの者の承諾を得なければならない。

オ 元本の確定前に根抵当権者から債権を取得した者は、その債権について根抵当権を行使することができない。

1 ア・イ
2 ア・オ
3 イ・ウ
4 ウ・オ
5 エ・オ

➡解答・解説は別冊 P.106

問題 3　国家一般職（2018 年度）

根抵当権に関するア～オの記述のうち、妥当なもののみを全て挙げているのはどれか。

ア 根抵当権者は、確定した元本については極度額を限度としてその根抵当権を行使することができ、利息や債務の不履行によって生じた損害の賠償金については、元本との合計額が極度額を超える場合にも、その根抵当権を行使することができる。

イ 根抵当権の極度額を変更する場合には、利害関係者の承諾を得る必要があるが、元本の確定前に根抵当権の担保すべき債権の範囲を変更する場合には、第三者の承諾を得ることを要しない。

ウ 根抵当権の担保すべき元本が確定する期日は、当事者間の合意により何年先であっても自由に設定及び変更することができるが、期日の変更について、変更前の期日より前に登記をしなかったときは、担保すべき元本はその変更前の期日に確定する。

エ 根抵当権の元本の確定前に債務者の保証人が債務者に代わって弁済をした場合には、保証人は根抵当権を行使することができない。

オ 元本の確定前に根抵当権者が死亡した場合、根抵当権の被担保債権の範囲は、相続開始の時に存する債権をもって自動的に確定する。

1　ア・ウ
2　ア・オ
3　イ・エ
4　イ・オ
5　ウ・エ

➡解答・解説は別冊 P.107

問題 4　国家一般職（2014 年度）

根抵当権に関するア～オの記述のうち、妥当なもののみを全て挙げているのはどれか。

ア 根抵当権は、根抵当権者と根抵当権設定者との合意により設定することができるが、この根抵当権については、一定の範囲に属する不特定の債権を担保するものであることから、必ずしも極度額を定める必要はない。

イ 根抵当権の元本の確定前においては、その根抵当権の担保すべき債権の範囲の変更をすることができるが、元本の確定前にその変更について登記をしなかったときは、変更をしなかったものとみなされる。

ウ 根抵当権の極度額の変更は、利害関係を有する者の承諾を得なければ、することができない。

エ 根抵当権の元本の確定前においては、根抵当権者は、根抵当権設定者の承諾を得たときであっても、その根抵当権を譲渡することはできない。

オ 根抵当権の元本の確定後において、債務者が元本の確定時に存在した被担保債権の全額を弁済すれば、その根抵当権は消滅する。

1　ア・エ
2　ア・オ
3　イ・エ
4　イ・ウ・オ
5　ウ・エ・オ

➡解答・解説は別冊 P.108

SECTION 8

譲渡担保

STEP 1 要点を覚えよう！

POINT 1 譲渡担保の意義

民法には、予定（規定）していなかったが、実務上の取引として利用され、**判例によって担保権としての効力を認められてきた**ものがあり、そのような担保権を**非典型担保**という。非典型担保はいくつか認められているが、試験対策上、重要なものは**譲渡担保権**である。

譲渡担保権とは、債権担保のために**目的物の所有権**その他の財産権について、**法形式上、債権者に譲渡**し、一定期間内に債務を**弁済することで、その所有権を返還**してもらうものをいう。

例えば、Aの債務を担保するために、A所有の工場内にある精密機械を目的として担保権を設定する場合、機械は「動産」であるため抵当権の設定はできず、また動産「質権」を設定しようとすると、担保権者が精密機械を占有することになるため、Aは当該機械の使用ができない。

そこで、当該精密機械を目的として譲渡担保権を設定することで、法律上、所有権を債権者に移転させ、占有改定による引渡しを受けることで、債務者が当該機械の占有を有しながら融資を受けることができる。

◆ 譲渡担保権のイメージ

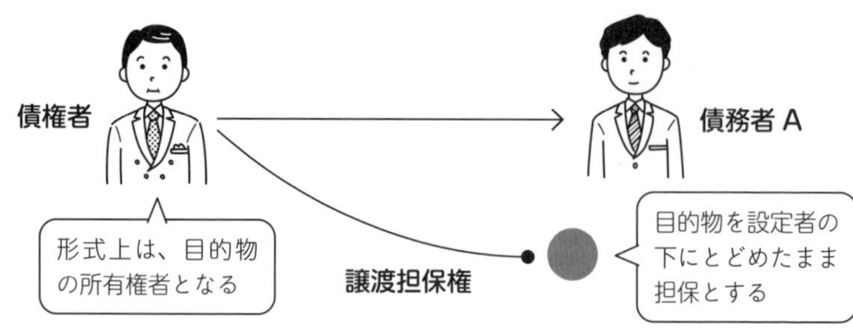

「抵当権」は、目的物を債務者の手もとに残して利用しつつ、担保にできるメリットがあるよ。でも、抵当権は「不動産」に限られるから、「動産」に設定するものとして実務上、生まれてきたのが譲渡担保権なんだ。

POINT 2 譲渡担保の法律構成

譲渡担保は、形式上は目的物の所有権が債権者に移転するが、実質的には債権担保の機能を有する。そこで、譲渡担保について形式面を重視するのか、実質面を重視するのかについての法律構成について争いがあり、考え方によって結論が異なってくる事例がある。

◆ 譲渡担保の法律構成の学説

A説：所有権的構成
譲渡担保は、対外的には完全に所有権が債権者に帰属するが、**譲渡担保権者は、**設定者に対して、その**所有権を担保の目的以外には行使しないという義務を負**うという考え方

B説：担保権的構成
譲渡担保を一種の担保権設定と構成し、債権者は担保権を有し、実質的な所有権は設定者に帰属するという考え方。

【事例】

ＸがＹに対して有する債権を担保するために、Ｙ所有の甲動産を目的として譲渡担保権を設定後、**弁済期到来前に、譲渡担保権者Ｘが甲動産をＺに売却**した。

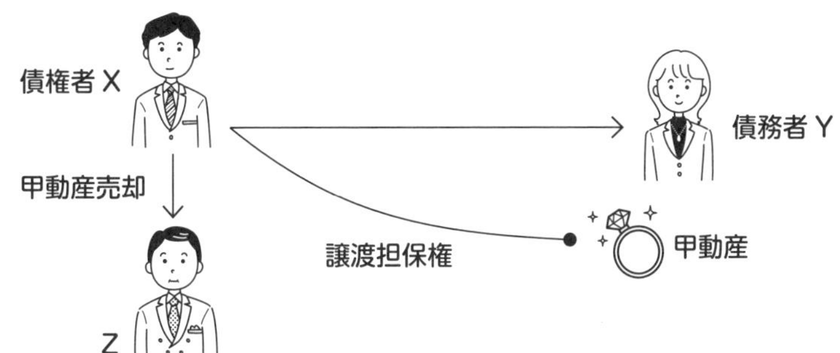

【結論】

A説	・ＸＺ間の譲渡は**有効**である。 ・Ｘは、Ｙに対して**債務不履行責任**を負う。
B説	・ＸＺ間の譲渡は**他人物売買***となり、所有権は移転**しない**。 ・Ｚは、即時取得の要件を満たした場合、甲動産の所有権を取得する。

Ａ説の所有権的構成では、譲渡担保の設定によって、担保権者Ｘに所有権が移転していると考えるため、XZ間の譲渡は**有効**だが、担保の目的以上の行使をしないという**義務**に**違反**するものとして、ＸはＹに対して**債務不履行責任**を負う。

Ｂ説の担保権的構成では、譲渡担保の設定によって、担保権者Ｘに所有権が移転**していない**と考えるため、XZ間の譲渡は**他人物売買**となる。ただし、譲受人であるＺが即時取得をすれば、譲渡担保権の**ついていない**所有権を取得できる。

＊ **他人物売買**…自らが所有権を有していない他人の物を目的として売買契約をすること。他人物売買も民法上は有効である。

POINT 3 譲渡担保の成立と対抗要件

譲渡担保は、債権者と債務者（又は第三者）との間の設定契約によって設定される。**一つの物の上に譲渡担保を重ねて設定することも許されるが、劣後する譲渡担保権者は、**先順位譲渡担保権者の保護のため、**私的実行（裁判所の公的な手続によらない実行）をすることができない**（最判平18.7.20）。

また、譲渡担保の目的となる財産は、譲渡性を有するものであればよく、特定の動産、不動産、無体財産権のほか、集合物でもよい。

譲渡担保権の対抗要件は、目的物が不動産の場合は**登記**（民法177条）、動産の場合は**引渡し**であり、**占有改定による引渡しでも対抗力を備える**と解されている（最判昭30.6.2）。

譲渡担保は、目的物の占有を債務者の下にとどめる以上、占有改定による引渡しで対抗力を認めないと不都合が出てくるんだ。

なお判例は、不動産に対する**譲渡担保権の設定者は、いわゆる不法占拠者に対して、**特段の事情のない限り、**その返還を請求することができる**としている（最判昭57.9.28）。

さらに、**譲渡担保権者は、**特段の事情がない限り、**第三者異議の訴え***によって、目的物件に対して**譲渡担保権設定者の一般債権者がした強制執行の排除を求めることができる。**また、**譲渡担保権者は、目的物件につき自己の債権者のためにさらに譲渡担保権を設定した後**においても、第三者異議の訴えによって、目的物件に対して原譲渡担保権設定者の**一般債権者がした強制執行の排除を求めることができる**（最判昭56.12.17）。

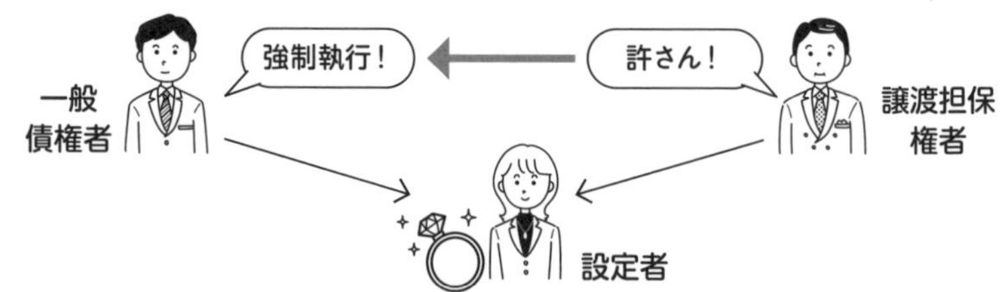

POINT 4 譲渡担保の実行方法

譲渡担保権を実行する際、**目的物の価額が債権額を超える**ときは、**債権者には、**その**差額を清算金として返還する清算義務がある**と解されている。

そして、譲渡担保の実行方法としては、①**目的物の所有権を債権者に帰属**させ、目的物と被担保債権の**差額を清算金として返還**する方式と、②**債権者が目的物を任意に売却**し、**売却代金を弁済に充当**し、残代金を返還する方式がある。①を帰属清算方式、②を処分清算方式という。

* **第三者異議の訴え**…強制執行の目的物について、所有権その他権利を有する第三者が、債権者に対して、その強制執行の不許を求める訴訟のこと。

なお、①**の帰属清算方式**については、**清算金の支払と目的物の引渡しとは同時履行の関係**に立つ（最判昭46.3.25）。

> つまり、債務者は「清算金を支払わなければ、目的物を引き渡さない！」と言えるんだ。

また、判例は、譲渡担保権の**目的動産を設定者が第三者に譲渡**した場合、**譲渡担保権者は、その売却代金に対する物上代位を認めている**（最決平11.5.17）。

POINT 5 受戻権

債務者が弁済期に弁済をしなかったとしても、**直ちに目的物が譲渡担保権者に帰属するものではない。**譲渡担保権者が譲渡担保権の実行を完了するまでは、**債務者は債務の全額を弁済**して、**目的物の所有権を回復することができる。**これを**受戻権**（うけもどしけん）という。

前記①の**帰属清算方式**の場合、債権者が**清算金を支払い**又は**提供した時**、そして、**清算金がない**ときは、**その旨を通知した時に、債務者は受戻権を失う。**

なお判例は、**譲渡担保権者が、被担保債権の弁済期後に目的不動産を譲渡**した場合には、譲渡担保を設定した**債務者は、**譲受人がいわゆる背信的悪意者にあたるときであると否とにかかわらず、**債務を弁済して目的不動産を受け戻すことができなくなる**としている（最判平6.2.22）。つまり、帰属清算、処分清算いずれの方式においても、**目的物が処分された**ときには、**受戻権は消滅**するということだ。

さらに判例は、譲渡担保権設定者が**「受戻権を放棄」した場合に、譲渡担保権者に対して清算金支払請求ができるか問題となった事案**において、譲渡担保権設定者の清算金支払請求権及び受戻権は、発生原因の異なる別の権利であることを理由として、譲渡担保権者に対して清算金の支払を請求することはできないと判示している（最判平8.11.22）。

POINT 6 集合物譲渡担保

例えば、企業の在庫商品や原材料のように、**日々変動する複数の動産の集合物が譲渡担保の目的**とされることがある。これを**集合物譲渡担保**という。

このような構成部分の変動する集合動産であっても、その**種類**、**所在場所**及び**量的範囲を指定**するなどの方法により**目的物の範囲が特定**される場合には、1個の集合物として**譲渡担保の目的となりうる**（最判昭54.2.15）。

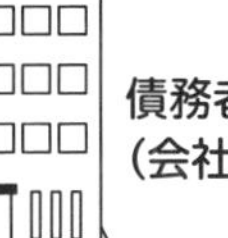

STEP 2 一問一答で理解を確認！

1 譲渡担保は、民法の予定していない特殊な形態の物的担保であり、判例によって認められてきたものである。

○ **譲渡担保は、民法上の規定がなく、**判例上認められてきたいわゆる**非典型担保**の制度である。

2 動産の譲渡担保の対抗要件は引渡しであるが、この引渡しに占有改定は含まれない。

× **譲渡担保の対抗要件は、目的物が動産の場合**は**引渡し**であり、**占有改定による引渡しでも対抗力を備える**（最判昭30.6.2）。

3 構成部分の変動する集合動産であっても、その種類、所在場所及び量的範囲を指定するなどの方法により目的物の範囲が特定される場合には、1個の集合物として譲渡担保の目的となりうる。

○ **本問の記述のとおり**である（最判昭54.2.15）。

4 譲渡担保権の設定により、譲渡担保権者には目的物の所有権が移転している以上、譲渡担保権者に所有権者以上の権利を認める必要はなく、譲渡担保権者は、目的物の売却代金債権に対して、譲渡担保権に基づく物上代位権を行使することができない。

× 譲渡担保の目的である動産を、譲渡担保権者から処分権限を得て譲渡担保権設定者が第三者に譲渡した場合、**譲渡担保権者はその売却代金に対して物上代位権を行使することができる**（最決平11.5.17）。

5 判例は、譲渡担保は目的物の所有権を移転させる制度である以上、不動産に対する譲渡担保権の設定者は、いわゆる不法占拠者に対して、譲渡担保権に基づいてその返還を請求することができないとしている。

× 判例は、不動産に対する**譲渡担保権の設定者は、いわゆる不法占拠者に対して、**特段の事情のない限り、**譲渡担保権に基づいてその返還を請求することができる**としている（最判昭57.9.28）。

6 不動産の譲渡担保権者が被担保債権の弁済期後に目的物を譲渡した場合には、譲渡担保権設定者である債務者は、目的物の譲受人が背信的悪意者であるときは、債務の弁済による目的物の受戻しをすることができる。

× 判例は、**譲渡担保権者が**被担保債権の**弁済期後に目的不動産を譲渡した場合**には、譲渡担保を設定した**債務者は、譲受人がいわゆる**背信的悪意者にあたるときであると否とにかかわらず**、債務を弁済して目的不動産を受け戻すことができなくなる**としている（最判平6.2.22）。

7 譲渡担保権が実行された場合において、譲渡担保の目的物の価額から被担保債権額を差し引き、なお残額があるときは、譲渡担保権者は当該残額について清算する義務を有し、清算金の支払と目的物の引渡しは、特段の事情のある場合を除き、同時履行の関係に立つ。

○ **本問の記述のとおり**である（最判昭46.3.25）。

8 譲渡担保権者は、特段の事情がない限り、第三者異議の訴えによって目的物件に対し譲渡担保権設定者の一般債権者がした強制執行の排除を求めることができる。

○ **本問の記述のとおり**である（最判昭56.12.17）。

9 譲渡担保権設定者は、譲渡担保権者が清算金の支払又は提供をせず、清算金がない旨の通知もしない間に譲渡担保の目的物の受戻権を放棄したときであっても、譲渡担保権者に対して清算金の支払を請求することはできる。

× 判例は、**譲渡担保権設定者は、**譲渡担保権者が清算金の支払又は提供をせず、清算金がない旨の通知もしない間に譲渡担保の目的物の**受戻権を放棄**した場合、**譲渡担保権者に対して清算金の支払を請求することはできない**としている（最判平8.11.22）。

STEP 3 過去問にチャレンジ！

問題 1 特別区Ⅰ類（2015 年度）

譲渡担保に関するA～Dの記述のうち、最高裁判所の判例に照らして、妥当なものを選んだ組み合わせはどれか。

A 構成部分の変動する集合動産であっても、その種類、所在場所及び量的範囲を指定するなどの方法により目的物の範囲が特定される場合には、一個の集合物として譲渡担保の目的となりうるとし、継続的倉庫寄託契約に基づき寄託中の食用乾燥ネギフレーク44トン余りのうち28トンを譲渡担保として提供することを約した事例において、預証は在庫証明の趣旨で作成されたものであり、倉庫へ赴いたのも単に在庫の確認のためであって、目的物の特定のためではなかったので、譲渡担保に供したとは認められないとした。

B 譲渡担保権者は、特段の事情がない限り、第三者異議の訴えによって目的物件に対し譲渡担保権設定者の一般債権者がした強制執行の排除を求めることができるが、目的物件につき自己の債権者のために更に譲渡担保権を設定したのちにおいては、第三者異議の訴えによって目的物件に対し原譲渡担保権設定者の一般債権者がした強制執行の排除を求めることができなくなるとした。

C 債務者が弁済期に債務の弁済をしないときは弁済に代えて確定的に目的不動産の所有権を債権者に帰せしめる旨の譲渡担保契約において、債務者が弁済期に債務の弁済をしないとき、債権者が、担保目的実現の手段として、債務者に対し不動産の引渡ないし明渡を請求する訴えを提起した場合、債務者が清算金の支払と引換えにその履行をなすべき旨を主張したときは、特段の事情のある場合を除き、債権者の請求は、債務者への清算金の支払と引換えにのみ認容されるべきとした。

D 譲渡担保権者が被担保債権の弁済期後に目的不動産を譲渡した場合に、譲渡担保を設定した債務者は、債務を弁済して目的不動産を受け戻すことができないが、譲受人がいわゆる背信的悪意者に当たるときは、その清算が行われるまでは債務を弁済または供託して目的不動産を受け戻すことができるとした。

1 A・B　2 A・C
3 A・D　4 B・C
5 B・D

➡解答・解説は別冊 P.109

問題2 裁判所職員（2016年度）

Aは、自己の所有する甲機械を債権者であるBへの譲渡担保に供し、占有改定により引き渡した。この事例に関する次のア～エの記述の正誤の組み合わせとして、最も適当なものはどれか（争いのあるときは、判例の見解による。）。

ア Aは、被担保債権の弁済期が到来する前に、甲機械をCに売却した。CがAB間の譲渡担保について単なる悪意である場合、譲渡担保の担保設定という実質を重視する立場によれば、Cは甲機械の所有権を取得し、その結果、Bは甲機械の譲渡担保権を喪失する。

イ Aは、被担保債権の弁済期が到来する前に、甲機械を債権者であるCへの譲渡担保に重ねて供した。CがAB間の譲渡担保について単なる悪意である場合、譲渡担保の所有権移転という形式を重視する立場によれば、Bは、Cに対して甲機械の譲渡担保権を対抗することができる。

ウ Bは、被担保債権の弁済期が到来する前に、甲機械をCに売却した。CがAB間の譲渡担保について単なる悪意である場合、譲渡担保の所有権移転という形式を重視する立場によれば、Cは、Aに対して甲機械の所有権を主張することができる。

エ Aは、被担保債権の弁済期が到来した後であれば、Bが清算金の支払若しくは提供又は清算金がない旨の通知をする前であっても、甲機械の受戻権を放棄することにより、Bに対して清算金の支払を請求することができる。

	ア	イ	ウ	エ
1	誤	正	正	誤
2	正	正	誤	正
3	正	誤	正	正
4	誤	誤	正	正
5	正	正	正	誤

➡解答・解説は別冊P.109

問題3　裁判所職員（2014年度）

譲渡担保に関する次のア～エの記述の正誤の組み合わせとして最も適当なものはどれか（争いのあるときは、判例の見解による。）。

ア　不動産の譲渡担保権設定者は、正当な権原なしに目的物を占有する者に対して、その返還を請求することはできないのが原則である。

イ　譲渡担保権設定者が弁済期に債務を弁済しなければ甲建物を弁済に代えて確定的に譲渡担保権者の所有にする旨の合意がされた場合、譲渡担保権設定者が弁済期に債務を弁済しないとき、譲渡担保権者は、確定的に甲建物の所有権を取得するから、譲渡担保権設定者に対し、債権額と甲建物の適正評価額との差額を清算金として支払う必要がない。

ウ　不動産の譲渡担保権者が被担保債権の弁済期後に目的物を譲渡した場合には、譲渡担保権設定者である債務者は、目的物の譲受人が背信的悪意者に当たると否とにかかわらず、債務の弁済による目的物の受戻しはできない。

エ　動産の譲渡担保の対抗要件は引渡しであるが、この引渡しに占有改定は含まれない。

	ア	イ	ウ	エ
1	正	正	誤	誤
2	正	誤	正	正
3	誤	誤	正	誤
4	誤	正	正	誤
5	誤	正	誤	正

➡解答・解説は別冊P.110

問題 4　国家一般職（2017 年度）

譲渡担保に関する次の記述のうち、妥当なものはどれか。ただし、争いのあるものは判例の見解による。

1　譲渡担保は、民法の予定していない特殊な形態の物的担保であり、判例によって認められてきたものであるが、現在では、譲渡担保契約に関する法律が制定され、同法の規制を受けることとなった。

2　譲渡担保においては、売主は、買主に目的物を譲渡するが、当該目的物の所有権は代金完済までは買主に移転しない旨の特約を結ぶことにより間接的に任意の弁済を促すとともに、代金が支払われないときは売主が契約を解除し、所有権に基づいて目的物を取り戻すことで債権の回収を担保するという形式がとられる。

3　譲渡担保の目的物については、譲渡性のある財産であれば、その性質は問わないため、構成部分が変動する集合動産は、その種類・所在場所・量的範囲等により目的物の範囲が特定される場合には譲渡担保の目的物となるが、将来の債権は譲渡担保の目的物とはならない。

4　譲渡担保権者は、債務者の履行遅滞により目的物の処分権を取得するため、債務者は、債権者が担保権の実行を完了する前であっても、履行遅滞後に残債務を弁済して目的物を受け戻すことはできなくなる。

5　譲渡担保権が実行された場合において、譲渡担保の目的物の価額から被担保債権額を差し引き、なお残額があるときは、譲渡担保権者は当該残額について清算する義務を有し、清算金の支払と目的物の引渡しは、特段の事情のある場合を除き、同時履行の関係に立つ。

➡解答・解説は別冊 P.111

問題5

国家専門職（2022年度）

譲渡担保に関するア～オの記述のうち、妥当なもののみを全て挙げているのはどれか。

ア 譲渡担保は、民法に規定されている担保物権であるから、典型担保物権である。また、譲渡担保は、債権者と債務者又は物上保証人との間の譲渡担保権設定契約によって設定される担保物権であるから、約定担保物権である。

イ 譲渡担保の目的物が動産である場合は引渡しが対抗要件であるとされているが、対抗要件として認められるには譲渡担保権の設定の前後で外観に変化が生ずることを要すると解すべきであるから、外観に変化が生じない占有改定による引渡しは対抗要件として認められないとするのが判例である。

ウ 譲渡担保権の設定により、譲渡担保権者には目的物の所有権が移転しているのであるから、譲渡担保権者に所有権者以上の権利を認める必要はなく、したがって、譲渡担保権者は、目的物の売却代金債権に対して、譲渡担保権に基づく物上代位権を行使することができないとするのが判例である。

エ 譲渡担保権者には、譲渡担保を実行する際に目的物の価額が被担保債権額を上回ればその差額を譲渡担保権設定者に支払う清算義務があるが、譲渡担保権者による清算金の支払と譲渡担保権設定者による目的物の引渡し又は明渡しは、特段の事情のある場合を除き、同時履行の関係に立つとするのが判例である。

オ 構成部分の変動する集合動産であっても、その種類、所在場所及び量的範囲を指定するなど何らかの方法で目的物の範囲が特定される場合には、一個の集合物として譲渡担保の目的となり得るとするのが判例である。

1 ア、イ
2 ア、ウ
3 イ、オ
4 ウ、エ
5 エ、オ

➡解答・解説は別冊P.112

索引

あ

遺言……129
意思能力……021
意思表示……075
一物一権主義……170
一般財団法人……058
一般社団法人……058
一般の先取特権……260
受戻権……309

か

解除条件説……021
解除後の第三者……186
解除前の第三者……186
果実……069
果実収取権……251
仮登記……083
簡易の引渡し……194、195
元物……069
期限……139
期限の利益……139
起算日……146
帰属清算方式……308、309
共益の費用……260
共同抵当権……290
強迫……094、095、179
共有……60、217
共有物の分割……219
虚偽表示……080、081
極度額減額請求……299
区分地上権……228
契約……074
原始取得……146
現実の引渡し……194、195
現に利益を受けている限度……021
顕名……105
権利外観法理……081
権利能力……020
権利能力なき社団……059、061
行為能力……021
公示の原則……177
公信の原則……177
合同行為……074

さ

債権質……271
催告権……044
財産管理人……052
詐害行為……147
詐欺……094、095、179
先取特権……260
錯誤……092、093
指図証券……271
指図による占有移転……194、195
詐術……046、047
敷金返還請求権……250
時効……146、156
時効完成後の第三者……186、187
時効完成前の第三者……187
時効の完成猶予……148
時効の更新……148
時効の援用……147
時効の利益の放棄……149
自己契約……107
自己占有……204
使者……104
自主占有……204
自然人……020
質権……270
失踪宣告……052
社団法人……058
集合物譲渡担保……309

従物……069
取得時効……156、157、158、186
主物……069
準共有……299
条件……138
譲渡担保……306、307、308
消滅時効……158、159
処分清算方式……308
所有権……216
所有権的構成……307
新権原……205
心裡留保……080
随伴性……241、243
制限行為能力者制度……021、026、032、038
成年後見登記制度……047
成年後見人……032、033
成年被後見人……032、046
占有回収の訴え……207
占有改定……194、195、308
占有権……204
占有訴権……206
占有の承継……157、205
占有保持の訴え……207
占有保全の訴え……207
造作買取請求権……249
双方代理……107
総有……060、217、218
相隣関係……216
即時取得……194、195、196、197

た

対抗要件……094
第三者保護規定……044、045、093、094

胎児……020、021

代理……104
代理権の濫用……107
代理占有……204
代理人……104、129
他主占有……204
他人物売買……176、307
単独行為……074
担保権的構成……307
担保物権……240
地役権……228、229
地上権……226、227
中間省略登記……178
追認……128、130
追認拒絶権……116
追認権……116
停止条件説……021
抵当権……069、278
抵当権の消滅……291
抵当権の処分……281
転質……270
天然果実……069
動産……068
動産質……271
動産先取特権……260、261
動産物権変動……194
盗品又は遺失物の特則……197
特定物売買……176
特別失踪……053
特別の先取特権……260
取消し……128、179
取消権者……129
取消後の第三者……179
取消前の第三者……179

な

日常家事債務……119
任意後見制度……047
任意代理……104
認知……027
根抵当権……298

は

背信的悪意者……178
非営利法人……058
引換給付判決……248
引渡し……194
被担保債権……240、279
被保佐人……038、046
被補助人……039、046
表見代理……118、119
費用償還請求権……206、251
付加一体物……279
不可分性……241、243
復代理……106
付合物……279
不在者……052
付従性……240、243
物……068
普通失踪……053
物権……170
物権的返還請求権……171
物権的妨害排除請求権 171
物権的妨害予防請求権 171
物権変動……176
物権法定主義……171
物上代位……279
物上代位性……241、243
物上保証人……278
不動産……068
不動産質……271
不動産先取特権……260、261
不動産物権変動……176、186
不特定物(種類物)売買 176
法定果実……069
法定代理……104
法定担保物権……240
法定地上権……288、289
法定追認……131
保佐人……038
補助人……038

保存行為……052

ま

未成年者……026、027
みなす……053
身分行為……027、033
無過失責任……117
無権代理……116
無権代理と相続……117
無権代理人の責任……117
無効……128
無効行為の転換……129
明認方法……068、170

や

約定担保物権……240
遊興費……130
優先弁済的効力……242、243
用益物権……226
養子(縁組)……026、080

ら

留置権……248、249、250
留置的効力……243
隣地通行権(囲繞地通行権)……216
隣地使用権……216

主要な参考文献

- 潮見佳男『民法（全）〔第３版〕』（有斐閣・2022年）
- 田中豊『論点精解 改正民法』（弘文堂・2020年）
- 潮見佳男 他５名編集『Before/After 民法改正〔第２版〕』（弘文堂・2021年）
- 我妻栄 他３名『民法１ 総則・物権法〔第４版〕』（勁草書房・2021年）
- 原田昌和 他２名『民法総則〔第２版〕』（日本評論社・2022年）
- 秋山靖浩 他３名『物権法〔第３版〕』（日本評論社・2022年）
- 田高寛貴 他２名『担保物権法〔第２版〕』（日本評論社・2019年）
- 小野秀誠 他４名『新ハイブリッド民法１ 民法総則』（法律文化社・2018年）
- 小山泰史 他５名『新ハイブリッド民法２ 物権・担保物権法』（法律文化社・2023年）
- 佐久間毅『民法の基礎１ 総則〔第５版〕』（有斐閣・2020年）
- 佐久間毅『民法の基礎２ 物権〔第３版〕』（有斐閣・2023年）
- 山野目章夫『民法概論１ 民法総則〔第２版〕』（有斐閣・2022年）
- 山野目章夫『民法概論２ 物権法』（有斐閣・2022年）
- 松井宏興『担保物権法〔第２版〕』（成文堂・2019年）
- 道垣内弘人『現代民法Ⅲ 担保物権法〔第４版〕』（有斐閣・2017年）
- 近江幸治『民法講義Ⅲ 担保物権〔第３版〕』（成文堂・2020年）
- 潮見佳男＝道垣内弘人 編集『民法判例百選Ⅰ 総則・物権〔第９版〕』（有斐閣・2023年）
- 原田昌和 他２名『START UP民法１総則 判例30！』（有斐閣・2017年）

など

きめる！公務員試験　民法Ⅰ

カバーデザイン　野条友史（BALCOLONY.）
本文デザイン　宮嶋章文
本文イラスト　ハザマチヒロ、岡村伊都
編集協力　コンデックス株式会社
校正　松本尚士、隈本源太郎、株式会社かえでプロダクション
データ作成　コンデックス株式会社
印刷所　大日本印刷株式会社
編集担当　立石恵美子

読者アンケートご協力のお願い
※アンケートは予告なく終了する場合がございます。

この度は弊社商品をお買い上げいただき、誠にありがとうございます。本書に関するアンケートにご協力ください。右のQR コードから、アンケートフォームにアクセスすることができます。ご協力いただいた方のなかから抽選でギフト券（500 円分）をプレゼントさせていただきます。

アンケート番号：802031

※QRコードは株式会社デンソーウェーブの登録商標です。

①

C1

Gakken

きめる! KIMERU SERIES

[別冊]

民法Ⅰ〈民法総則/物権/担保物権〉

Civil Law I

解答解説集

この別冊は取り外せます。矢印の方向にゆっくり引っぱってください。→

きめる! 公務員試験

民法Ⅰ＜民法総則／物権／担保物権＞

解答解説

CHAPTER1　民法総則……………………………… 002
CHAPTER2　物権…………………………………… 059
CHAPTER3　担保物権……………………………… 086

1 1 権利能力・意思能力・行為能力

問題1 裁判所職員（2018年度）……………………………………………………………本冊P.024

正解：1

ア **誤** 胎児は、損害賠償の請求権については、既に生まれたものとみなす（民法721条）と規定されているが、この具体的な意味について判例は、**胎児は生きて生まれたときにはじめて相続開始や不法行為の時点にまで遡って権利能力が認められる**としている（停止条件説、大判昭7.10.6)。つまり、Cの「出産前」には、Cに権利能力が認められず、AはCの代理人として損害賠償請求ができない。

イ **正** 民法は原則として意思主義を採用しており、意思能力を欠く者による法律行為は**無効**である（民法3条の2)。また、意思能力の有無は、個々の具体的な法律行為ごとに**個別的に判断される**。

ウ **誤** 問題文のような団体を**権利能力なき社団**というが、**権利能力は認められず、権利義務の帰属主体となることはできない**。

エ **誤** 失踪の宣告によって財産を得た者は、その取消しによって権利を**失う**。ただし、**現に利益を受けている限度においてのみ、その財産を返還する義務を負う**（民法32条2項但書）と規定されており、返還の範囲は**現存利益**である。本問では世界一周旅行をしたとあり、これは**遊興費に属するため、現存利益はなく、返還義務もない**（参130ページ)。

以上により、ア～エの正誤の組み合わせは**ア：誤、イ：正、ウ：誤、エ：誤**となり、正解は**1**である。

問題2 国家Ⅰ種（2006年度類題）……本冊P.025

正解：5

1 × 自然人は、**出生時に権利能力を取得し**（民法3条）、**死亡すると権利能力を失う**ため、原則として、**胎児には権利能力がない**。しかし民法は例外的に、①**不法行為に基づく損害賠償請求**（民法721条）、②**相続**（民法886条）、③**遺贈**（民法965条）ついて、胎児を「生まれたものとみなす」として、権利能力を認めている。

2 × **失踪宣告**がされると、**その者は死亡**したものとみなされる（民法31条）。しかし、これは従来の住所を中心とした法律関係について、失踪者が死亡したものとみなすものであり、失踪者が**他の場所で生きていた**場合、**その者の権利能力が消滅するわけではない**。

3 × 法律行為の当事者が意思表示をした時に**意思能力を有しなかった**ときは、その**法律行為は無効**となる（民法3条の2）。そして、法律行為時の意思能力の有無を証明するのは困難なことが多いことなどから、民法は、**意思能力を有しない者やこれが不十分である者について類型化して制限行為能力者の制度**を設けている。この制限行為能力者が単独で行った行為は、原則として、取り消すことができるが、法律行為時に意思能力がなかったことを証明できれば、無効を主張することもできるため、意思能力の有無を論じる余地はないわけではない。

4 × **意思能力の有無**は、法律行為時の当事者の状況や精神状態などに応じて**個別に判断**され、一般的には、幼年者（未就学児童）、重度の精神障害者、泥酔者などが意思無能力者の例示として挙げられるが、これはあくまで例示であり、類型的に判断されるわけではない。

5 ○ **法人は、自然人以外**のもので法律により**権利能力を認められるもの**であり、設立登記により権利能力を取得し、清算結了によって権利能力を失う。法人は自然人ではない以上、**生命や肉体の存在を前提とする権利義務は帰属しえない**し、**法令**によって、法人の享受しうる**権利義務は制限されうる**。

1 2 制限行為能力者制度（未成年者）

問題1 裁判所職員（2016年度）…… 本冊P.030

正解：4

ア × 本問の売買契約は、法定代理人の同意がなく未成年者が行ったものであるため、取り消すことのできる法律行為である（民法5条1項、2項）。この場合の取消権者は「制限行為能力者又はその代理人、承継人若しくは同意をすることができる者」である（同法120条1項）。Aは、制限行為能力者に当たるから取消権を**有する**。そしてこの場合、**Aは制限行為能力者である間にも単独で取り消すことができ、その取り消した行為を法定代理人が取り消すことはできない**。

イ × 本件契約について、**未成年者Aが行った取消しにつきAが負うべき返還義務は現存利益**に限定される（民法121条の2第3項）。**現存利益とは**、取り消すことのできる行為によって得た利益のうち、**原形のまま残っているものはもちろん、形を変えて残っている利益も含まれる**。そのため、**生活費として支出**したのであれば、**形を変えて利益は存しており**、**返還の必要がある**が、**無駄に費消した場合は返還の必要はない**。本件契約に際して受け取った内金3万円の大部分をAは「ゲームセンターで使って」いるので、現存利益はなく、全額を返還する必要はない。

ウ ○ 本件契約後1年が経過しているのでAは17歳となっているが、**依然未成年者**である。そのため、本件契約の一方当事者である**Cが催告をすべき相手は法定代理人B**となる（民法20条2項、参046ページ）。よって、**CがAに対して行った催告の効果は生じず、法定代理人Bは本件契約を取り消すことができる**。

エ × **本件契約後4年が経過**していることから、契約締結当時**16歳だったAは20歳となっており成年者**であるため、**追認が可能**となっている（民法124条1項）。そして、本肢の「自転車を引き渡した」行為は、**法定追認事由に該当する**（民法125条1号、参131ページ）。また、法定追認の成否に関し、取消原因があることを取消権者が知っているか知らないかは**影響しない**（大判大12.6.11）。よって、法定追認が**成立し**、Aは本件契約を取り消すことが**できなくなる**。

オ ○ 未成年者は、法定代理人の同意がなければ有効な追認をすることが**できない**。したがって、AがCに対し「代金を支払うよう請求した」としても法定追認は成立しない（民法125条2号、参131ページ）。よって、法定代理人Bはこの本件契約を取り消すことが**できる**。

以上により、適当なものの組み合わせは**ウ・オ**となり、正解は**4**である。

問題2 裁判所職員（2022年度）…… 本冊P.031

正解：2

ア ○　成年被後見人の法律行為は、取り消すことができる。ただし、**日用品の購入**その他**日常生活**に関する行為については、ノーマライゼーションの観点から取り消すことが**できない**（民法9条、参033ページ）。

イ ×　**制限行為能力者のした契約について、相手方には取消権はない**。なお本肢は、代理権を有しない者がした契約は、本人が追認をしない間は、相手方が取り消すことができる、とする無権代理人における相手方の取消権（民法115条、参116ページ）と混同しがちなので、注意が必要である。

ウ ○　制限行為能力者が行為能力者であることを信じさせるため詐術を用いたときは、その行為を取り消すことができない（民法21条）。ただし、判例は、**無能力者であることを黙秘することは、**無能力者の他の言動などと相まって、相手方を誤信させ、又は誤信を強めたものと認められるときには、民法21条にいう「詐術」にあたるが、単に黙秘することのみでは**詐術にあたらない**としている（最判昭44.2.13、参046ページ）。

エ ×　未成年者が法律行為をするには、その法定代理人の同意を得なければならない。ただし、**単に権利を得、又は義務を免れる法律行為については、法定代理人の関与なしにすることができる**（民法5条1項但書）。

オ ×　精神上の障害により事理を弁識する能力を欠く常況にある者については、家庭裁判所は、本人、配偶者、四親等内の親族、未成年後見人、未成年後見監督人、保佐人、保佐監督人、補助人、補助監督人又は検察官の請求により、後見開始の審判をすることができる（民法7条）。つまり、**後見開始の審判、保佐開始の審判、補助開始の審判のいずれも本人から請求することができる。**

以上により、妥当なものの組み合わせは**ア・ウ**となり、正解は**2**である。

1 3 制限行為能力者制度（成年被後見人）

問題1 国家一般職（2020年度）……本冊P.036

正解：5

ア × 自然人の権利能力は**死亡**によって消滅する。しかし、失踪宣告によって死亡したとみなされた（民法31条）場合、これにより失踪者の権利能力が失われる**わけではない**。よって、失踪者が、失踪宣告後その取消前に他の場所でした法律行為は有効に**なりうる**（参053ページ）。

イ × 民法5条3項は、法定代理人が目的を定めて処分を許した財産は、その**目的の範囲内**において、未成年者が自由に処分することができるとするだけでなく、**目的を定めないで処分を許した財産を処分するときも**、**同様とする**旨を規定している（参027ページ）。

ウ ○ 民法20条1項は、制限行為能力者の相手方は、その**制限行為能力者が行為能力者となった後**、**その者に対し**、1か月以上の期間を定めて、その期間内にその取り消すことができる行為を追認するかどうかを確答すべき旨の催告をすることができるとしたうえで、その者がその**期間内に確答を発しないときは**、**その行為を追認したもの**とみなす旨を規定する（参046ページ）。

エ ○ 民法9条は、成年被後見人の法律行為について、**同意の有無にかかわらず**原則として**取り消せる**としたうえで、例外として、**日用品の購入**その他**日常生活に関する行為**については、単独で確定的に有効になすことができる旨を規定する。

オ ○ 民法13条4項は、保佐人の同意を得なければならない行為であって、その同意を得ないでしたものは取り消すことができる旨を規定している。そして、被保佐人だけではなく、保佐人も取消権を行使することが**できる**（民法120条1項、参129ページ）。

以上により、妥当なものは**ウ・エ・オ**となり、正解は**5**となる。

問題2 国家一般職（2018年度）…………………………………………………… 本冊P.037

正解：5

ア × 未成年者が法律行為をするには、原則として法定代理人の同意が必要であるが、「**単に権利を得**、又は**義務を免れる**」法律行為は、法定代理人の同意がなくても、未成年者は単独で有効にすることができるので、当該行為を取り消すことが**できない**（民法5条1項）。本肢の贈与を受けることは、単に権利を得る行為に**該当する**（参027ページ）。

イ × 成年被後見人の法律行為は、本人及び成年後見人が取り消すことができるが、**日用品の購入**その他**日常生活に関する行為**については、単独で行ったとしても取り消すことが**できず**（民法9条）、本肢の食料品の購入はこれに**該当する**。

ウ × 家庭裁判所は、保佐開始の審判の申立権者（民法11条）、又は保佐人若しくは保佐監督人の請求によって、被保佐人のために特定の法律行為について保佐人に代理権を付与する審判をすることができるが（民法876条の4）、**本人以外の者の請求によって代理権付与の審判**をするには、**本人の同意が必要**である（同条2項、参038ページ）。

エ ○ 制限行為能力者制度の趣旨は、要保護者が保護者の同意なく単独で一定の財産上の法律行為を行った場合には、これを完全に有効なものとせず、その後の取消しを認めることで、要保護者の財産流出を防止することにある。つまり、**補助人に同意権を付与しない場合、被補助人はその法律行為について単独で有効にすることができ、被補助人の行為能力は制限されない**ことになる（参039ページ）。

オ ○ 制限行為能力者の相手方は、制限行為能力者が行為能力者とならない間に、その**法定代理人**、**保佐人**又は**補助人**に対し、1か月以上の期間を定めて、その期間内にその取り消すことができる行為を追認するかどうかを確答すべき旨の催告をすることができ、その法定代理人等が期間内に確答を発しないときは、その行為を**追認したもの**とみなされる（民法20条2項、参046ページ）。

以上により、妥当なものは**エ・オ**となり、正解は**5**となる。

1 4 制限行為能力者制度（被保佐人・被補助人）

問題1 特別区Ⅰ類（2021年度）……本冊P.042

正解：2

1 × 制限行為能力者は、成年被後見人、被保佐人、被補助人のほか、未成年者を含む4種である。また、法律行為の当事者が意思表示をした時に**意思能力を有しなかったときは、その法律行為は**無効となる（民法3条の2、参021ページ）。

2 ○ 民法20条1項の規定のとおりである（参045ページ）。なお、催告後、一定の期間内に確答がない場合は、その行為を追認したものとみなす。

3 × 精神上の障害により事理を弁識する能力が著しく不十分な者に対してなされうるのは、**後見開始の審判**ではなく、保佐開始**の審判**である（民法11条）。なお、保佐開始の審判を請求できる者について、本肢の記述に加えて、後見人と後見監督人も含まれる。

4 × **被保佐人は、不動産その他重要な財産に関する権利の得喪を目的とする行為**をするには、**保佐人の同意を**得なければならない（民法13条1項3号）。また、**新築、改築又は増築をする場合も、**民法13条の保佐人の**同意を要する行為に**含まれる（同条1項8号）。

5 × 家庭裁判所は、保佐人等の請求により、民法13条1項に掲げられた行為「以外」の行為をする場合であっても、保佐人の同意を得なければならない旨の審判をすることができる（追加的同意権付与の審判、民法13条2項本文）。しかし、**日用品の購入その他の日常生活に関する行為については、その審判をすることが**できない（民法13条2項但書）。この行為は成年被後見人であっても単独で認められる行為であり、これらの行為について、成年被後見人より判断能力を有する被保佐人に対して、同意を要することが認められないからである。

問題2 特別区Ⅰ類（2015年度）……………………………………………………………………本冊P.043

正解：2

1 ×　未成年者が法律行為をするときは、法定代理人の同意を得なければならないが、法定代理人が目的を定めて処分を許した財産は、その**目的の範囲内**で、未成年者が自由に処分することができ、また**目的を定めないで処分を許した財産を処分するときも、未成年者は自由に処分することができる**（民法5条3項、参027ページ）。

2 ○　被補助人は、家庭裁判所が審判で定めた特定の財産行為のみについて、補助人の同意を得ないで単独で行ったときに、これを取り消すことができるが、**補助人が、被補助人の利益を害するおそれがないにもかかわらず同意しないときは、**被補助人は家庭裁判所に請求して、**補助人の同意に代わる許可**をもらうことができる（民法17条3項）。

3 ×　**被保佐人「以外」の者が代理権付与の審判の請求**をして家庭裁判所が審判をするには、**被保佐人本人の同意**が必要である（民法876条の4第2項）。

4 ×　被保佐人の相手方が、被保佐人が行為能力者とならない間に保佐人に対し、その権限内の行為について適法な期間を定めて催告した場合において、その期間内に確答がないときは、**追認したもの**とみなす（民法20条2項、参046ページ）。

5 ×　成年被後見人の法律行為において、**日用品の購入**その他**日常生活に関する行為**や身分行為については単独で有効に行うことができ、これを取り消すことはできないが、これ以外の行為については、たとえ**成年後見人の同意を得てなされた場合でも取り消すことができる。成年後見人に同意権はない**（参033ページ）。

1 5 制限行為能力者の相手方の保護

問題1 国家一般職（2012年度）……………………………………………………本冊P.050

正解：2

ア ○　法定代理人が目的を定めて処分を許した財産については、その**目的の範囲内**において、**目的を定めないで処分を許した財産については自由に、法定代理人の同意なく有効に法律行為をすることができる**（民法５条３項、参027ページ）。例えば、親が子に一定の物を買わせるためにお金を与えた場合や、お小遣いとして一定のお金を与えた場合がこれにあたる。

イ ×　被保佐人だけではなく、**成年被後見人も単独で有効に日用品の購入やその他日常生活に関する行為をすることができる**（民法９条但書）。したがって、それらの行為をした場合には、取り消すことが**できない**（参033ページ）。

ウ ×　従来は、本肢のようにその事実が公告され、併せて本人の戸籍にその旨の記載がされていたが、**この公告の制度は廃止**され、**戸籍への記載に代わる新たな公示制度として成年後見登記制度**が創設された。この制度は、後見・保佐・補助の法定後見制度と任意後見制度の利用者の事項、成年後見人の権限や任意後見契約の内容を登記し、その内容を本人や成年後見人などの限られた者からの請求に基づいて、登記官が発行する「登記事項証明書」によって開示するものである。

エ ○　**被保佐人本人「以外」の者が、代理権付与の審判の請求**をして家庭裁判所が審判をするには、**本人である被保佐人の同意が必要**である（民法876条の４第２項）。また、**被補助人本人「以外」の者の請求**により、特定の法律行為について**補助人に同意権を付与する旨の審判をする場合も、本人の同意を得なければならない**（民法17条２項、参039ページ）。

オ ×　本肢の場合において、被保佐人または被補助人が期間内に追認を得た旨の通知を発しないときは、**その行為を取り消した**ものとみなす（民法20条４項）。

以上により、妥当なものは**ア・エ**となり、正解は**2**となる。

問題2 国家専門職（2016年度）……………………………………………… 本冊P.051

正解：3

ア × **日用品の購入**その他**日常生活に関する行為**については、成年被後見人が単独で行ったとしても、**制限行為能力者であることを理由に取り消すことはできない**（民法9条但書、参033ページ）。

イ ○ 制限行為能力者の相手方は、被保佐人が行為能力者とならない間に、**保佐人に対し、**その権限内の行為について1か月以上の期間を定めて、その期間内にその取り消すことができる行為を追認するかどうかを確答すべき旨の催告をすることができる。そして、保佐人が期間内に**確答を発しないときは、その行為を追認した**ものとみなす（民法20条2項）。

ウ × 被保佐人について、元本の領収や借財などの重要な財産上の行為は、**保佐人の同意があればすることができ**、保佐人の同意なく行われた場合は取り消すことができる（民法13条1項1号、2号、参038ページ）。

エ ○ 被補助人となる者は、判断能力は成年被後見人や被保佐人に比べて高いため、自己決定権の尊重の観点から、**本人「以外」の者の請求により補助開始の審判をするには、本人の同意**がなければならない（民法15条2項、参039ページ）。

オ × 判例は、**単に制限行為能力者であることを黙秘していただけでは詐術に当たらない**が、それが「**他の言動と相まって**、相手方を誤信させ、又は**誤信を強めた**」場合は詐術に**当たる**とする（民法21条、最判昭44.2.13）。したがって、「黙秘しただけであっても」という部分が**誤りである**。

以上により、妥当なものは**イ・エ**となり、正解は**3**となる。

1 6 不在者と失踪宣告

問題1 特別区Ⅰ類（2019年度）…………………………………… 本冊P.056

正解：5

1 × **失踪宣告の効果は**、利害関係人との間で**失踪者が死亡したとみなされる**ものであり、**失踪者の権利能力を消滅させるわけではない**。そのため、失踪宣告を受けた者が他の土地で生存していた場合、その場所でした法律行為は無効とは**ならない**。

2 × 本人又は利害関係人は、失踪者が**生存することの証明**があった場合以外にも、失踪宣告により擬制された死亡時と**異なる時に死亡したこと**が判明した場合は、失踪宣告の取消しを求めることができる（民法32条1項前段）。なお、当該請求があったとき、家庭裁判所は、失踪宣告を取り消さなければならない。

3 × **失踪宣告の申立権者**について、民法30条1項は**利害関係人のみ**を規定するため、**検察官は含まれない**。なお、同条における利害関係人とは、**法律上の利害関係**を有する者をいうとされ、単なる事実上の利害関係を有するにすぎない者は**含まれない**。

例えば、夫が失踪して悲しい思いをしている妻がいるとする。その妻自身が失踪宣告（＝死亡とみなす）を望んでいないのに、検察官が「死んだものとしましょう」と出てくるのはおかしいよね。

4 × **特別失踪（民法30条2項）における死亡の認定時期**については、**危難が去った**時とされる（民法31条）。したがって、「当該船舶が沈没した後1年の期間が経過した時に、死亡したものとみなされる」の部分が**誤り**である。

5 ○ 失踪宣告の取消しには遡及効があるため、失踪宣告によって財産を得た者は、その取消しによって権利を**失う**。しかし、その者が善意であった場合、その財産は**現に利益を受けている限度（現存利益）**で返還すれば足りる（民法32条2項但書）。なお、悪意者に対しては、本条ではなく、民法704条が適用される（参053ページ）。

問題2 特別区Ⅰ類（2014年度）…………………………………………………… 本冊P.057

正解：5

1 × 失踪宣告の取消しには遡及効があるため、失踪宣告によって財産を得た者は、その取消しによって権利を**失う**。しかし、**その者が善意であった場合、その財産は現に利益を受けている限度（現存利益）**で返還すれば足りる（民法32条2項但書）。

2 × **失踪宣告の効果は**、利害関係人との間で**失踪者が死亡したとみなされる**ものであり、**失踪者の権利能力を消滅させるわけではない**。そのため、失踪宣告を受けた者が他の土地で生存していた場合、その場所でした法律行為は無効とは**ならない**。

3 × 失踪宣告の形式的要件として、利害関係人から失踪宣告の申立てがあることが必要とされている（民法30条1項）。本条の**「利害関係人」とは、法律上の利害関係を有する者（配偶者・法定相続人等）であって、事実上の利害関係を有する者は含まれない**。

4 × 不在者の生死が7年間明らかでないときは、家庭裁判所は、利害関係人の請求により、失踪宣告をすることができ、この場合、**失踪の期間が満了した時に死亡したものとみなされる**（民法31条）。**「失踪した時」ではない**。

5 ○ 戦地に臨んだ者、沈没した船舶の中に在った者その他死亡の原因となるべき危難に遭遇した者の生死が、それぞれ、戦争が止んだ後、船舶が沈没した後又はその他の**危難が去った後1年間明らかでないとき**は、家庭裁判所は、利害関係人の請求により、失踪宣告をすることができ、この場合、その**危難が去った時に死亡したものとみなされる**（民法31条）。

1 7 法人と権利能力なき社団

問題1 特別区Ⅰ類（2018年度）…… 本冊P.064

正解：1

1 ○ 判例は、権利能力のない社団の成立要件につき、①団体としての組織を**備えている**こと、②**多数決の原則**が行われていること、③**構成員の変更**にもかかわらず**団体が存続**していること、④その組織において、代表の方法、総会の運営、財産の管理等団体として**主要な点が確定**していることの4つの要件が必要であるとしている（最判昭39.10.15）。

2 × 判例は、**権利能力のない社団の代表者が社団の名においてした取引上の債務は、その社団の総有財産だけがその責任財産**となり、構成員各自は、**取引の相手方に対し、直接には個人的債務ないし責任を負わない**としている（最判昭48.10.9）。

3 × 判例は、権利能力のない社団の財産につき、総社員の同意をもって、**総有の廃止その他当該財産の処分に関する定めのなされない限り、現社員及び元社員は、当然には当該社団の財産に対する共有の持分権又は分割請求権を有するものではない**としている（最判昭32.11.14）。

4 × 判例は、権利能力のない社団の資産である不動産について、**社団の代表者は、自己の名義で登記をすることができる**としており（最判昭47.6.2）、**「社団の代表者である旨の肩書きを付した」代表者個人名義の登記**は**認められていない**。

5 × 判例は、本肢のような事案につき、**債権者は、強制執行（仮差押命令）の申立書に、当該社団を債務者とする執行文の付された債務名義（確定判決その他これに準ずる文書）の正本**のほか、**当該不動産が当該社団の構成員全員の総有に属することを確認する旨の債権者と当該社団及び登記名義人との間の確定判決その他これに準ずる文書**を添付して、当該社団を債務者とする強制執行の申立てをすべきものと解するのが相当であるとした（最判平22.6.29）。したがって、本肢には、「当該社団を債務者とする執行文の付された債務名義（確定判決その他これに準ずる文書）の正本のほか」の記述がないので誤りである。

問題 2 特別区Ⅰ類（2013年度）……………………………………………… 本冊P.065

正解：4

A × 権利能力なき社団の財産は、**総構成員の総有の財産**として扱われる（最判昭32.11.14）。「総有」は「共有」と異なり、**各構成員に持分がなく、また分割請求権も有しない。**

B ○ **権利能力なき社団における不動産名義について、団体名の登記はできず、また肩書付きの代表者個人名義での登記もできない。**「肩書なし」の代表者個人名義又は構成員の共有名義で登記する（最判昭47.6.2）。

C ○ 判例は、**権利能力のない社団の代表者が社団の名においてした取引上の債務は、その社団の総有財産だけがその責任財産**となり、**構成員各自は、取引の相手方に対し、直接には個人的債務ないし責任を負わない**としている（最判昭48.10.9）。なお、権利能力なき社団の代表者も、代表者としての個人責任を当然に負わない（最判昭44.11.4）。

D × 判例は、権利能力のない社団の成立要件につき、①団体としての**組織を備えている**こと、②**多数決の原則**が行われていること、③**構成員の変更**にもかかわらず団体が存続していること、④その組織において、代表の方法、総会の運営、財産の管理等団体として**主要な点が確定**していることの4つの要件が必要であるとしている（最判昭39.10.15）。④を満たさない場合、権利能力なき社団として**認められない。**

以上により、妥当なものの組み合わせは**B・C**であり、正解は**4**となる。

問題 3 国家一般職（2019年度）……………………………………………… 本冊P.066

正解：4

ア × 平成18年の民法改正、いわゆる公益法人制度改革によって**「一般社団法人及び一般財団法人に関する法律」、「公益社団法人及び公益財団法人の認定等に関する法律」**等が成立し、**民法から法人に関する大半の規定が削除**された。よって、現在の民法が規定するのは、法人法定主義（民法33条）、法人の能力（民法34条）等に限られ、**法人の設立、組織、運営及び管理については、「一般社団法人及び一般財団法人に関する法律」が、一般法**となっている。

イ ○ **本肢の記述のとおり**である（最判昭47.6.2）。

ウ × 判例は「**法人格が全くの形骸にすぎない場合、**又はそれが法律の適用を回避するために濫用されるが如き場合においては、**法人格を認めることは、法人格なるものの本来の目的に照らして許すべからざるもの**というべきであり、**法人格を否認すべきことが要請される場合を生じる**」（最判昭44.2.27）としており、本肢のような場合、**法人格を否認することはできる**としている。

エ × 判例は、**税理士会は**税理士としての活動のためには**入会が強制される、いわゆる強制加入団体**であり、**特定の政治団体に対して金員の寄付をするかどうか**を多数決原理によって団体の意思として決定し、**構成員にその協力を義務づけることはできず、税理士会がかかる寄付をすることは税理士会の目的の範囲外の行為**であるとする（最判平8.3.19）。

オ ○ 判例はいわゆる八幡製鉄事件において、**会社は、**自然人たる国民と同様、国や政党の特定の政策を支持、推進し又は反対するなどの政治的行為をなす自由を有し、政治資金の寄付もまさにその自由の一環であり、これを自然人たる国民による寄付と別異に扱うべき憲法上の要請はなく、**政治資金の寄付の自由を有する**としている（最大判昭45.6.24）。**肢エの判例と結論が異なるのは、税理士会がいわゆる強制加入団体**であるのに対して、**株式会社の構成員（株主）は、**その会社の方針に反対であれば**脱退する（株式を手放す）ことも可能**だからと考えられる。

以上により、妥当なものは**イ・オ**となり、正解は**4**となる。

問題4 国家一般職（2016年度）……………………………………………………本冊P.067

正解：4

ア × 一般社団法人・一般財団法人は**非営利法人**である。なお、一般社団法人・一般財団法人は、事業目的に法律上の限定がなく、営利法人と同じく多種多様な事業を行うことができる。そして、営利法人ではないから利益を社員に配当することはできないが、役員の報酬や従業員の給与を支払うことはできる。

イ × 一般社団法人・一般財団法人の設立については、準則主義が採られており、**法律の定める要件を満たしていれば、当然に法人設立が認められる。**なお、**公益目的事業**を行う一般社団法人又は一般財団法人は、**行政庁の認定**を受けて、公益社団法人、公益財団法人となることができる（公益社団法人及び公益財団法人の認定等に関する法律4条）。

ウ ○ **一般社団法人を設立**するには、その**社員になろうとする者（設立時社員）が、共同して定款を作成し**、その全員がこれに署名し、又は記名押印しなければならない。また、**一般財団法人を設立**するには、①**設立者**（設立者が２人以上あるときは、その全員）**が定款を作成し**、これに署名し、又は記名押印するか、②設立者は、遺言で、一般法人法所定の事項を定めて一般財団法人を設立する意思を表示することができ、この場合においては、遺言執行者は、当該遺言の効力が生じた後、遅滞なく、当該遺言で定めた事項を記載した**定款を作成し**、これに署名し、又は記名押印しなければならない（一般法人法10条1項、152条1項、2項）。

エ ○ **一般財団法人は、評議員、評議員会、理事、理事会及び監事**を置かなければならない（一般法人法170条1項）。また、設立時理事は、設立時理事の中から一般財団法人の設立に際して**代表理事**となる者（設立時代表理事）を選定しなければならない（一般法人法162条1項）。

オ ○ **理事、監事又は会計監査人（役員等）は、その任務を怠ったときは、**一般社団法人又は一般財団法人に対し、これによって**生じた損害を賠償する責任を負う**（一般法人法111条1項、198条）。

カ × **代表者の行為によって法人に不法行為責任が発生**するのは、①代表理事その他の**「代表者」の行為**であり、②**「職務を行うについて」第三者に損害が発生**し、③**代表者の行為が不法行為の一般的要件（民法709条以下）を満たす場合**である。よって、「不法行為責任が生じないとき」とする本肢は誤りである。

以上により、妥当なものは**ウ・エ・オ**であり、正解は**4**となる。

1 8 物

問題1 特別区Ⅰ類（2020年度）…………………………………………………………本冊P.072

正解：4

A × 民法上、物権の客体となるべき「**物**」とは、**有体物**を指す（民法85条）。また、**法律上の排他的支配が可能**であることが**必要**とされる。

B ○ **天然果実とは、物の用法に従い収取する産出物**をいう（民法88条1項）。例えば、りんごの木から収取できる「りんご」である。**この天然果実は、その元物（りんごの木）から分離**するときに、これを**収取する権利を有する者に帰属**する（民法89条1項）。他方、**法定果実とは、物の使用の対価として受けるべき金銭その他の物**であり、例えば、不動産（元物）とその賃料（法定果実）である。**法定果実**は、これを**収取する権利の存続期間に応じて、日割計算**でこれを取得する（同条2項）。

C ○ 判例は、**宅地に抵当権が設定された当時、宅地上に存在した石灯籠及び取り外しができる庭石は宅地の従物**であり、**抵当権の効力が及ぶ**とした。また、**「宅地」についての抵当権登記**によって、**従物に対しても対抗力を有する**とした（最判昭44.3.28）。

D × 判例は、**樹木は**土地から分離独立した権利の客体ではなく、**地盤たる土地の構成部分として一個の所有権の客体**として認められると判示した（最判昭40.8.2）。よって、**本肢前半は妥当**である。

他方、**立木法による所有権保存登記をした樹木以外の個々の樹木**について、判例は、立木の譲受人が**明認方法を施した場合**には、その後に土地の所有者から土地及び立木を譲り受け、公示方法を備えた**第三者に立木の所有権を対抗できる**とした（大判大10. 4.14）。

以上により、妥当なものの組み合わせは**B・C**であり、正解は**4**となる。

問題2 国家専門職（2021年度）……………………………………………本冊P.073

正解：3

1 × **物権は**、民法その他の法律に定めるもののほか、**創設することができない**（民法175条）。この考え方を物権法定主義という。**物権は強力な権利**であるため、**取引の安全のために公示を必要**とするが、当事者が自由に物権を創設した場合、それらについてすべて公示するのが困難であることなどを理由とする。したがって、**例外として、公示方法があり取引の安全を図ることができる譲渡担保権といった物権は慣習法上、認められている**（大判昭15.9.18など、参171ページ）。

2 × **物権の円満な支配状態が妨害**され、又は**そのおそれ**がある場合に、**妨害状態の回復又は妨害の予防を求める請求権**が認められており、これを**物権的請求権**という。物権的請求権は、**妨害者の故意・過失を問わず発生する**（参171ページ）。

3 ○ **本肢の記述のとおり**である（民法88条、89条）。

4 × **1個の物権が物の「一部」には成立せず、「複数」の物に対して1個の物権は成立しない**ことを**一物一権主義の独立性、単一性**という。これは物の一部に1個の物権を認める社会的必要性がないこと、また、物の集団のうえに一つの物権を認めると公示が困難となり、取引の安全を害するおそれがあることを理由とする。したがって、社会的必要性があり、かつ、公示方法があれば**例外が認められている**（参170ページ）。

5 × **土地に生育する立木、未分離の果実、稲立毛(いなだちげ)は**、原則として、**土地の一部**として扱われるが、**取引上の必要**がある場合には、**土地とは別個の物として取引の対象とすることができる**。なお、これを**第三者に対抗するためには明認方法が必要**となる。

1 9 法律行為と意思表示

問題1 国家一般職（2020年度）…………………………本冊P.078

正解：4

ア × 判例は、**自身に送付されている内容証明郵便の内容を十分に推知**できる状況にあり、仕事により多忙ではあるものの、長期間の不在やその他郵便物を受領しえない客観的状況になく、**受領の意思があれば**、郵便物の受取方法を指定することにより、**さしたる労力や困難を伴うことなく内容証明郵便を受領することができた**という事例において、**郵便物の内容である意思表示**は、社会通念上、通知を受ける者が了知可能な状態に置かれ、遅くとも郵便物の**留置期間が満了した時点で受取人に到達したものと認められる**としている（最判平10.6.11）。

イ × 判例は、本肢の事例において、**所有者が不実の登記がされていることを知りながら、**これを**存続させることを明示又は黙示に承認**していたときは、**民法94条2項を類推適用**し、所有者はその後当該不動産について法律上利害関係を有するに至った**善意の第三者に対し、**登記名義人が所有権を取得していないことをもって**対抗することができない**としている（最判昭45.9.22、参083ページ）。

ウ ○ 錯誤が表意者の重大な過失によるものであった場合には、原則として意思表示の取消しをすることができないが、**相手方が表意者と同一の錯誤**に陥っていたときは、**例外として意思表示を取り消しうる**（民法95条3項本文、同項2号、参093ページ）。

エ × **詐欺とは、人を欺罔（ぎもう）して錯誤に陥らせる行為であるが、欺罔行為は作為によるものでも不作為によるものでも該当しうる。**よって、沈黙していた場合であっても欺罔行為にあたり、詐欺が成立する余地がある（大判昭16.11.18、参094ページ）。

オ ○ 民法96条2項は、相手方に対する意思表示について第三者が詐欺を行った場合につき、相手方がその事実を知り、又は知ることができたときに限り、その意思表示を取り消すことができると規定している。しかし、**強迫**に関しては**このような規定はない**（参095ページ）。

以上により、妥当なものは**ウ・オ**となり、正解は**4**である。

問題2 国家専門職（2022年度）…… 本冊P.079

正解：1

ア × 判例は、**不倫関係の維持継続を目的とする遺贈は、公序良俗違反として無効**だが、それが**専ら相手方の生活を保全するため**になされたものであり、遺言の内容も**相続人らの生活の基盤を脅かすものといえない**ときは、**当該遺贈は公序良俗に反するものとはいえない**としている（最判昭61.11.20）。

イ × **取締法規とは、行政上の目的から一定の行為を禁止し、又は制限する規定**のことである。この取締法規に基づく規定は、**行政上の目的に基づくもの**であるため、この規定に違反したとしても、行政上の罰則の対象とはなるものの、**契約の効力までは否定されない**。そして判例は、**食品衛生法は取締法規にすぎない**ため、同法による営業許可を得ずになされた**食肉の売買契約は無効ではない**としている（最判昭35.3.18）。

肢アの判例や、肢イの「取締法規」については、STEP 1で触れていないけれど、ここで確認しておいてほしい。

ウ ○ **意思表示の効力発生時期**について、民法は、原則として、**到達主義**を採用し（民法97条1項）、**意思表示の発信後、相手方に到達する前に、表意者が死亡**したとき、**意思能力を喪失**したとき、又は**行為能力の制限を受けた**ときであっても、原則として、**その意思表示の効力に影響はない**（民法97条3項）。

エ × **意思表示の相手方が、意思表示を受けた時に意思無能力者又は未成年者若しくは成年被後見人**であったときは、意思表示をした者は、その未成年者等に意思表示をしたことを対抗できないが、①意思表示の相手方の**法定代理人**が意思表示を知った、又は②**意思表示の相手方が意思能力を回復**又は**行為能力者となった後**は、その**意思表示の効力が発生する**（民法98条の2）。

以上により、妥当なものは**ウのみ**となり、正解は**1**である。

1 10 心裡留保と虚偽表示

問題1 特別区Ⅰ類（2018年度）……………………………………本冊P.086

正解：2

1 × **表意者が真意でないことを知ってした意思表示（心裡留保）**の場合、その**意思表示は有効**である（民法93条1項本文）。そして、相手方がその意思表示が表意者の真意ではないことを**知り**、又は**知ることができた**ときは、**その意思表示は無効**となる（同項但書）。本肢は、条文の規定と逆の内容となっている。

2 ○ **本肢の記述のとおり**である（民法94条1項、2項）。

3 × 相手方に対する意思表示について**第三者が詐欺**を行った場合においては、**相手方がその事実を知り、又は知ることができたときに限り**、その意思表示を**取り消すことができる**（民法96条2項、参094ページ）。したがって、本肢の「取消しができるものとはならず、当然に無効になる」の部分が誤りである。

4 × **強迫による意思表示の取消し**の効果は、詐欺による意思表示の場合とは異なり、**善意の第三者に対してであっても、常に対抗することができる**（大判明39.12.13、参094ページ）。詐欺とは異なり、強迫は悪質な行為であり、強迫をされた表意者の保護に重きをおいている。

5 × **意思表示は、表意者が通知を発した後に死亡し、意思能力を喪失し、又は行為能力の制限**を受けたときであっても、そのためにその**効力を妨げられない**（民法97条3項）。ただし、**契約**において、**申込者が申込みの通知を発した後に死亡し、意思能力を有しない常況**にある者となり、又は**行為能力の制限**を受けた場合において、申込者がその事実が生じたとすればその申込みは効力を有しない旨の意思を表示していたとき、又はその**相手方が承諾の通知を発するまで**にその事実が生じたことを**知ったとき**は、**その申込みは、その効力を有しない**（民法526条、参民法Ⅱ、114ページ）。したがって、本肢の「相手方が表意者の死亡を申込通知の到達前に知っていた場合にも、その効力は妨げられない」の部分が誤りである。

問題2 特別区Ⅰ類（2015年度）……………………………………………………本冊P.087

正解：3

1 × **表意者が真意でないことを知ってした意思表示（心裡留保）**の場合、その**意思表示は有効**である（民法93条1項本文）。そして、**相手方**がその意思表示が表意者の真意ではないことを知り、又は**知ることができた**ときは、**その意思表示は無効**となる（同項但書）。

2 × 相手方に対する意思表示について**第三者が詐欺**を行った場合においては、**相手方がその事実を知り、又は知ることができたときに限り**、その意思表示を取り消すことができる（民法96条2項、参094ページ）。

3 ○ **本肢の記述のとおり**である（大判明39.12.13、参094ページ）。ここが「詐欺」と「強迫」で大きく異なる部分であり、頻繁に出題される点でもあるので、しっかりと押さえておくこと。

4 × **相手方と通じてした虚偽の意思表示は無効**であるが（民法94条1項）、**虚偽表示による意思表示の無効は、善意の第三者に対抗することはできない**（同条2項）。

5 × **公示による意思表示**は、相手方が不明、住所不明の場合に意思表示を有効に到達させる手続規定であり、**最後に官報に掲載した日**又は**その掲載に代わる掲示を始めた日から2週間を経過**した時に、**相手方に到達したものとみなす。**ただし、**表意者**が相手方を知らないこと又はその所在を知らないことについて**過失**があったときは、**到達の効力を生じない**（民法98条3項、参075ページ）。

問題3 裁判所職員（2020年度）……………………………………………………本冊P.088

正解：2

ア **誤** **相手方と通じてした虚偽の意思表示は、無効**となるが（民法94条1項）、**この「無効」は**当事者のみならず、当事者から目的物を譲り受けた**第三者も主張することができる**。よって、ＡからＢへ仮装譲渡された不動産を譲り受けたＣは善意であっても、ＡＢ間の譲渡が無効であることを主張することができる。

イ **正** 相手方と通じてした虚偽の意思表示は、無効となるが、当該無効は、善意の第三者に対抗することができない（民法94条）。そして、本条の「第三者」とは、①当事者及び包括承継人（＝相続人等）以外の者で、②行為の外形を信頼して（善意）、③新たに、④独立した法律上の利害関係を有するに至った者をいい、**虚偽表示の目的物に対して差押えをした譲受人の債権者もこの「第三者」に該当する**（最判昭48.6.28）。

ウ **正** **詐欺又は強迫による意思表示は、取り消すことができる**（民法96条1項）。この場合、**表意者の過失（重過失）**は**考慮されていない**ことから、たとえ表意者に重過失があったとしても、詐欺による意思表示を取り消すことができる（参 094ページ）。

エ **誤** 詐欺又は強迫による意思表示は、取り消すことができる（民法96条1項）。「強迫」とは、他人に害意を示し畏怖心を生じさせる行為をいうが、判例は、**「意思の自由を完全に失った状態」ではなくとも、畏怖心が生じている状態であれば「強迫」となる**としている（最判昭33.7.1、参 094ページ）。

以上により、正誤の組み合わせは**ア：誤**、**イ：正**、**ウ：正**、**エ：誤**であり、正解は**2**となる。

問題4 裁判所職員（2019年度）……………………………………………………本冊P.089

正解：5

ア × 民法94条2項の「第三者」とは、①当事者及び**包括承継人（＝相続人等）以外**の者で、②行為の外形を信頼して（善意）、③新たに、④独立した法律上の利害関係を有するに至った者をいう。CはBの相続人（包括承継人）であるため、**同条の「第三者」に該当しない**。

イ × 本肢のようにAがBに土地を仮装譲渡し、Bが土地借上に建物を築造したうえで、善意者Cに建物を賃貸した場合、**「建物」の賃借人であるCは94条2項の「第三者」にあたらない**（最判昭57.6.8）。土地と建物は別個のものであり、地上建物の賃借人Cは、土地については事実上の利害関係を有するにすぎないからである。

ウ ○ 民法94条2項の「第三者」に該当するか否かは、**取引時点において、善意か否か**で判断される。よって、取引時点で善意であれば、その後に悪意になったとしても保護される。

エ × **民法94条2項の「第三者」として保護**されるためには**善意であればよく、登記を具備する必要はない**（最判昭44.5.27）。

オ ○ 判例は、94条2項の規定によって保護される**善意の第三者からの転得者の考え方**について、**第三者が善意**である場合、**その者が絶対的・確定的に権利を取得**するので、その者からさらに権利を譲り受けた**転得者は**、通謀虚偽表示について**悪意であっても、有効に権利を取得**すると解している（絶対的構成：大判昭6.10.24）。

以上により、妥当なものは**ウ・オ**であり、正解は**5**となる。

問題 5 国家一般職（2017年度）……………………………… 本冊P.090

正解：2

ア ○ **本肢の記述のとおり**である（民法93条1項）。

イ × **民法94条2項の「第三者」に該当するか否かは、取引時点において、善意か否か**で判断される。よって、取引時点で「善意」であれば、その後に悪意になったとしても保護される。

ウ × 通謀により自ら虚偽の外観を作出した者の帰責性は大きく、善意の第三者に無過失までを要求し、虚偽表示をした者を保護する必要はないため、**善意の第三者が保護されるためには、無過失要件は不要**とされる。

エ ○ **錯誤**が表意者の**重大な過失**によるものであった場合には、原則として、**取り消すことができない**（民法95条3項柱書）。そして、錯誤によって取り消すことができる行為は、瑕疵ある意思表示をした者又はその代理人若しくは承継人に限り、取り消すことができるが（民法120条2項）、本肢のように**本人が取り消せない場合**は、その**代理人若しくは承継人も取り消すことができない**（参 129ページ）。

オ × **詐欺**による意思表示の取消しは、**善意でかつ過失がない第三者に対抗することができない**（民法96条3項、参 094ページ）。善意無過失の第三者を犠牲にしてまで、落ち度のある表意者を保護する必要がないからである。したがって、本記述の「詐欺による意思表示は、善意無過失の第三者に対してもその取消しを対抗することができ」の部分が誤りである。
なお、強迫については、表意者に詐欺のような落ち度は認められないため、**善意無過失の第三者にも取消しを対抗しうる。**

以上により、妥当なものは**ア・エ**となり、正解は**2**となる。

問題6 国家専門職（2013年度）…… 本冊P.091

正解：4

ア × **表意者が真意でないことを知ってした意思表示（心裡留保）**の場合、その**意思表示は有効**である（民法93条1項本文）。そして、相手方がその意思表示が表意者の真意ではないことを**知り**、又は**知ることができた**ときは、**その意思表示は無効**となる（同項但書）。したがって、本肢のBは、Aの話を過失なく信じている以上、甲土地の所有権を取得することができる。

イ ○ 肢アの解説のとおり、心裡留保による意思表示は、原則として有効であるが、相手方がその意思表示が表意者の真意ではないことを**知り**、又は**知ることができた**ときは、**無効**となる（民法93条1項）。したがって、本肢のBはAが真意でないことを知っている以上、Aの意思表示は無効となり、Bは甲土地の所有権を取得することができない。

ウ × **相手方と通じてした虚偽の意思表示は無効**となる（民法94条1項）。本肢でも強制執行を免れるためにAとBが通謀しているため、AB間の売買契約は虚偽表示により無効となり、Aの債権者Xは、甲土地への強制執行が可能となる。

エ ○ 肢ウの解説のとおり、虚偽表示は無効であるが、このことは**善意の第三者には対抗することができない**（民法94条）。したがって、本肢のCは、甲土地についてBが真の所有者であると過失なく信じていた以上、善意の第三者に該当し、Aは真の所有者であることをCには主張することができず、Cが甲土地の所有権を取得できることとなる。

オ × 肢エの解説のとおり、相手方と通じてした虚偽の意思表示は、無効であるが、当該意思表示の無効は、善意の第三者に対抗することができない（民法94条）。そして、この**「善意」については、取引に入る時点**で判断される。したがって、本肢の場合、Bと契約した時点ではCは、AB間の通謀虚偽表示を知らなかった以上、後日にCがそのことを知ったとしても、Cの地位には影響せず、AはAB間の売買契約の無効をCに対抗することはできない。

以上により、妥当なものは**イ・エ**となり、正解は**4**となる。

1 11 錯誤・詐欺・強迫

問題1 裁判所職員（2018年度）……………………………………………本冊P.098

正解：5

1 × **意思表示は、表意者がその真意ではないことを知ってした**ときであっても、そのためにその効力を**妨げられない**。つまり、**原則として有効である**。ただし、相手方がその意思表示が表意者の真意ではないことを**知り**、又は**知ることができた**とき、その意思表示は**無効**となる（民法93条1項）。

2 × **相手方と通じてした虚偽の意思表示は無効**であるが（民法94条1項）、**虚偽表示による意思表示の無効は、善意の第三者に対抗することはできない**（同条2項、参081ページ）。

3 × 本肢はいわゆる「動機の錯誤」のケースである。動機の錯誤についても、**法律行為の基礎とした事情**について**錯誤**があり、かつ、その**事情が法律行為の基礎**とされていることが**表示**されていたときは、その錯誤が法律行為の目的及び取引上の社会通念に照らして重要なものであれば、**取り消すことができる**（民法95条1項、2項）。よって、動機の錯誤について「取り消すことができない」と断言している点で誤っている。

4 × 相手方に対する意思表示について第三者が「詐欺」を行った場合においては、相手方がその事実を知り、又は知ることができたときに限り、その意思表示を取り消すことができる（民法96条2項）。しかし、これは「詐欺」についての規定であり、「強迫」については適用されない。つまり、**強迫については、相手方が善意であろうと、悪意であろうと、取り消すことができる。**

5 ○ 意思表示は、その通知が**相手方に到達した時**からその効力を生ずる（民法97条1項）。民法は原則として、意思表示について**到達主義**を採用している（参075ページ）。

問題 2 裁判所職員（2014年度）……本冊P.099

正解：2

ア 誤 詐欺による意思表示は取り消すことができ、当該詐欺による意思表示の取消しは、**善意でかつ過失がない第三者に対抗することができない**（民法96条3項）。つまり、（取消前の）第三者は**善意無過失**であれば保護され、対抗要件（本肢では甲建物の所有権移転登記）を備えることまで要しない（最判昭49.2.26）。

イ 正 詐欺又は強迫による意思表示は、取り消すことができる。そして、詐欺による意思表示の取消しは、善意でかつ過失がない第三者に対抗することができないが（民法96条3項）、**強迫**の場合、**第三者を保護する規定がない**。よって、CはBの強迫について善意無過失であったとしても、民法96条3項で保護されない。

ウ 正 96条の「強迫」とは、他人に害意を示し、畏怖心を生じさせる行為をいう。そして、強迫を受けた者が意思の自由を完全に失った状態でなくても、**畏怖心が生じている状態**であれば「**強迫**」となる(最判昭33.7.1)。

以上により、正誤の組み合わせは**ア：誤**、**イ：正**、**ウ：正**であり、正解は**2**となる。

問題3 国家一般職（2013年度）……………………………………………………本冊P.100

正解：4

ア × 96条の「強迫」とは、他人に害意を示し、畏怖心を生じさせる行為をいう。そして、強迫を受けた者が意思の自由を完全に失った状態でなくても、**畏怖心が生じている状態であれば「強迫」となる**(最判昭33.7.1)。また、**相手方の意思の自由が完全に奪われた**ときは、「法律行為の当事者が意思表示をした時に**意思能力を有しなかったとき**」、つまり、**意思能力がなかった**場合に該当し、その法律行為は、当然に**無効**となる（民法3条の2）。

イ × 詐欺による意思表示は取り消すことができ、当該詐欺による意思表示の取消しは、**善意でかつ過失がない第三者に対抗することができない**（民法96条3項)。つまり、（取消前の）第三者は**善意無過失**であれば保護され、第三者の保護要件として、対抗要件は必要ない。

ウ ○ 判例は、遺留分減殺（現：遺留分侵害額請求）の**意思表示が記載された内容証明郵便が留置期間の経過により差出人に還付された場合**において、受取人が、**不在配達通知書の記載その他の事情から、**その内容が遺留分減殺の意思表示又は少なくともこれを含む遺産分割協議の申入れであることを**十分に推知することができ、**また、受取人に受領の意思があれば、郵便物の受取方法を指定することによって、さしたる労力、困難を伴うことなく内容証明郵便を受領することができたなどの事情の下においては、遺留分減殺の意思表示は、社会通念上、受取人の了知可能な状態に置かれ、**遅くとも留置期間が満了した時点**で受取人に**到達したものと認められるとした**（最判平10.6.11)。

エ × **錯誤が表意者の重大な過失**によるものであった場合には、原則として、**取り消すことができない**（民法95条3項柱書)。そして、錯誤によって取り消すことができる行為は、錯誤による意思表示をした者又はその代理人若しくは承継人に限り、取り消すことができる（民法120条2項)。つまり、錯誤による意思表示の**相手方は、取消権者に含まれていない**。

オ ○ 通謀虚偽表示による無効は、善意の第三者に対抗することができないが（民法94条2項)、これは外形を信頼した者の権利を保護し、取引の安全を図ることにある。そして、**94条2項により第三者が保護されるためには、登記を具備している必要はない**（最判昭44.5.27、参081ページ)。

以上により、妥当なものは**ウ・オ**であり、正解は**4**となる。

問題4 国家専門職（2021年度）……本冊P.101

正解：2

ア ○ **本肢の記述のとおり**である（民法93条1項、2項）。

イ × **虚偽表示は無効**であるが（民法94条1項）、**かかる無効は善意の第三者に対抗することができない**（民法94条2項）。そして、**民法94条2項の第三者として保護されるためには、善意であれば足り、無過失までは不要**である（大判昭12.8.10）。

ウ ○ **本肢の記述のとおり**である（民法95条1項1号）。

エ × 本肢はいわゆる**「第三者による詐欺」**の事例である。**第三者であるAに騙されて、**CがBと保証契約を締結した場合、BがAの欺罔行為につき**知り**、又は、**知ることができた**場合であれば、CはBとの保証契約を取り消すことができる（民法96条2項）。

オ × 第三者であるAに**強迫**されて、CがBと保証契約を締結した場合、BがAの強迫行為につき**善意無過失であっても、CはBとの保証契約を取り消すことができる**（民法96条1項）。

以上により、妥当なものは**ア・ウ**となり、正解は**2**となる。

問題5 国家専門職（2015年度）………………………………………………本冊P.102

正解：2

ア ○ **公の秩序又は善良の風俗に反する法律行為**は、**無効**となる（民法90条）。そして、**本条の無効**は原則として、当該法律行為をした者以外の第三者であっても、つまり、**誰であっても主張することができる**。

イ × 本肢は**心裡留保**のことである。意思表示は、表意者がその真意ではないことを知ってしたときであっても、そのためにその効力を**妨げられない**。つまり、原則として**有効**である。ただし、相手方がその意思表示が表意者の真意ではないことを**知り**、又は**知ることができた**ときは、その意思表示は、**無効**となる（民法93条1項）。

ウ ○ 意思表示は、意思表示に対応する意思を欠く錯誤に基づくものであって、その錯誤や法律行為の目的及び取引上の社会通念に照らして重要なものであるときは、取り消すことができる（民法95条1項柱書）。そして、錯誤によって取り消すことができる行為は、錯誤による意思表示をした者又はその代理人若しくは承継人に限り、取り消すことができる（民法120条2項）。つまり、錯誤による意思表示の**相手方や第三者は、取消権者に含まれていない**。

エ × **強迫による意思表示の取消し**については、「詐欺」による意思表示の取消しの場合と異なり、善意の第三者を保護する規定がないため、**善意の第三者にも対抗することができる**。

オ × 相手方に対する意思表示について第三者が詐欺を行った場合においては、相手方がその事実を**知り**、又は**知ることができた**ときに限り、その意思表示を取り消すことができる（民法96条2項）。したがって、相手方が善意無過失の場合には、取り消すことができない。

以上により、妥当なものは**ア・ウ**であり、正解は**2**となる。

問題 6 国家専門職（2014年度）……………………………………………………… 本冊P.103

正解：4

ア × 意思表示は、意思表示に対応する意思を欠く錯誤に基づくものであって、その錯誤が法律行為の目的及び取引上の社会通念に照らして重要なものであるときは、取り消すことができる（民法95条1項1号）。その**錯誤が法律行為の目的及び取引上の社会通念に照らして重要なものでない場合**は、**取り消すことができない**。

イ ○ 相手方に対する意思表示について**第三者が詐欺**を行った場合においては、相手方がその事実を知り、又は**知ることができた**ときに限り、その意思表示を**取り消すことができる**（民法96条2項）。したがって、本肢のCがBの詐欺の事実を知っていたときは、Aは、Bの詐欺を理由に、Cとの保証契約を取り消すことができる。

ウ × **民法96条3項により保護される第三者とは、詐欺による意思表示を取り消す前に利害関係に入った者**である（大判昭17.9.30）。不動産の物権変動において**「取消後」に登場した第三者と取り消した者**との関係は、**互いに民法177条の対抗関係**に立ち、**先に登記を具備**した者が権利を主張できる。よって、取消後の第三者である本肢のCは、民法96条3項の第三者として保護されるわけではない。

エ ○**「強迫」**の場合は、「詐欺」の場合とは異なり、**善意の第三者を保護する規定はない**。よって、強迫に基づく意思表示によって権利を譲り受けた者からさらに権利を譲り受けた第三者が、強迫による意思表示があったことについて善意であったとしても、表意者はその第三者に取消しによる権利の回復をさせることができる。

以上により、妥当なものは**イ・エ**であり、正解は**4**となる。

1 12 代理①

問題1 特別区Ⅰ類（2019年度）……………………………………………本冊P.110

正解：3

1 × 代理には、**法律の規定により代理権が発生する法定代理**と、本人から代理人への代理権の授与によって代理権が発生する**任意代理**がある。したがって、代理は、本人の意思で他人に代理権を授与する場合に「限り」始まるものではない。

2 × 民法100条但書は、**本人のためにすることを示さない意思表示**について、取引の相手方が、代理人が本人のためにすることを相手方が**知り**、又は**知ることができた**とき、**本人に対して直接の効果を生ずる**旨を規定している。

3 ○ **本肢の記述のとおり**である（民法103条）。

4 × **無権代理の場合**において、**相手方は、本人に対して、**相当の期間を定めて、その期間内に**追認をするかどうかを確答すべき旨の催告をすることができる。**この場合において、本人がその期間内に**確答をしないときは、追認を拒絶**したものとみなされる（民法114条、参116ページ）。

5 × 代理と類似の制度として、本人の完成した意思表示を相手方に伝えるために行動をするものの、**自らの判断で意思決定を行わない者**を使者という。**本人の意思表示を書いた手紙を届けたり、本人の口上を伝えたりする行為は、**代理人による代理行為ではなく、**使者**が行うものである。さらに、**「本人のために自ら意思を決定して表示する者」は代理**である。

問題 2 特別区Ⅰ類（2016年度）……………………………………………… 本冊P.111

正解：2

1 × **代理人は、行為能力者であることを要しない**（民法102条）。代理人は制限行為能力者であってもよく、この場合でも代理行為は有効に本人に効果帰属する。そのため、**制限行為能力者であることを理由とする代理行為の取消しはできない**。

2 ○ **代理行為の瑕疵は、原則として、代理人について決する**（民法101条1項）。ただし、**特定の法律行為をすることを委託された代理人**がその行為をしたときは、**本人は、①自ら知っていた事情**について、又は、②**過失によって知らなかった事情**について、**代理人が知らなかったことを主張することができない**（民法101条3項）。

3 × **権限の定めのない代理人は、保存行為**、及び、代理の**目的である物又は権利の性質を変えない範囲内での利用行為、改良行為**をすることができる（民法103条）。

4 × **法定代理人は、自己の責任で復代理人を選任することができる**（民法105条）。

5 × **無権代理の場合**において、**相手方は、本人に対して、**相当の期間を定めて、その期間内に**追認をするかどうかを確答すべき旨の催告をすることができる。**この場合において、本人がその期間内に**確答をしないときは、追認を拒絶**したものとみなされる（民法114条、参116ページ）。

CHAPTER 1 民法総則

問題3 裁判所職員（2015年度）………………………………………………………… 本冊P.112

正解：3

ア **正** **任意代理権の範囲**は授権行為によって決まるが、**その範囲が明らかでない場合、権限の定めのない代理人**として、①保存行為、及び、②代理の**目的である物又は権利の性質を変えない範囲内**において、その**利用**又は**改良を目的とする行為のみ**をする権限を有する（民法103条）。本肢における**A宅の修繕を注文する行為は、保存行為にあたる**ため、**代理行為は有効に成立し、効果は本人Aに帰属**する。

イ **誤** 本肢のBは、当事者（A及びC）双方の代理人となっており、いわゆる**双方代理の事案**である。**双方代理は、**本人の利益が不当に害されるおそれがあることから、原則として**無権代理**行為とみなされる（民法108条1項本文）。ただし、**債務の履行**、及び、**本人があらかじめ許諾**した行為については、**有権代理**となる（同項但書）。本肢の代理行為が有効となるためには、**「本人」**である**AC双方の同意が必要**である。よって、甲自動車の売買契約の効果はA及びCに帰属しない。

なお、「債務の履行」とは、例えば、本肢Cの代金の支払行為のみ（Cから預かった100万円をAに支払いにいくだけ）、本肢Aの代金の受領行為のみ（代金を受領する行為のみ）をBが代理する場合であり、これらの双方の行為を代理したとしても、ABを害するおそれはないため、無権代理とはみなされない。

ウ **誤** **代理人は、行為能力者であることを要しない**（民法102条）。代理人は制限行為能力者であってもよく、この場合でも代理行為は有効に本人に効果帰属する。そのため、**制限行為能力者であることを理由とする代理行為の取消しはできない**。したがって、本肢のAは、乙土地の売買契約を取り消すことはできない。

以上により、正誤の組み合わせは**ア：正**、**イ：誤**、**ウ：誤**となり、正解は**3**となる。

問題4 裁判所職員（2013年度）…………本冊P.113

正解：1

ア ○ **本肢の記述のとおり**である（民法104条）。

イ × **法定代理人は、自己の責任で復代理人を選任することができる**（民法105条）。本人の指名がある場合においても、当該指名に基づいてこれを行わなければならないわけではない。

ウ × **復代理人が復代理権の範囲外の行為**をした場合には、それが**原代理権の範囲内であっても無権代理行為**となる。

エ ○ 復代理人の復代理権は、原代理人の代理権に基礎をおくため、**原代理人の代理権が消滅**した場合、**復代理人の復代理権も消滅する**。しかし、**本人が後見開始の審判**を受けたことは、**代理権の消滅原因ではない**ため、原代理人も復代理人も代理権を失わない（民法111条2項）。

「本人が後見開始の審判を受けた」というのは、本人の判断能力が欠けたということなんだ。この場合、本人は原則として、有効な法律行為ができない以上、むしろ代理の出番といえるよ。

オ × 原代理人の代理権が消滅した場合、復代理人の復代理権も消滅する。そして、**代理人の死亡は、代理権の消滅原因**である（民法111条2項）から、原代理人だけでなく復代理人の復代理権も消滅する。

死亡は「本人」であっても「代理人」であっても、また、「法定代理」であっても「任意代理」であっても代理権の消滅原因になるよ。

以上により、適当なものは**ア・エ**であり、正解は**1**となる。

問題5 国家一般職（2022年度）………本冊P.114

正解：1

ア ○ **本肢の記述のとおり**である（民法100条）。

イ ○ **本肢の記述のとおり**である（民法101条1項）。

ウ × **任意代理**の場合、**代理人が制限行為能力者であることを理由に取り消すことはできない**が、**法定代理**の場合、本人は自ら代理人を選ぶわけではなく、代理人が制限行為能力者である場合、**本人の利益を損なう可能性**がある。よって、**制限行為能力を理由に取り消すことができる**（民法102条）。

エ × **委任による代理人（任意代理人）**は、**本人の許諾**を得たとき、又は**やむをえない事由がある**ときでなければ、**復代理人を選任することができない**（民法104条）。なお、**法定代理人は、自己の責任で復代理人を選任することができる**（民法105条）。

オ × **復代理人は、**その権限内の行為について、「代理人」を代理する者ではなく、**「本人」を代表**する。また、復代理人は、本人及び第三者に対して、その権限の範囲内において、**代理人と同一の権利**を有し、**義務を負う**（民法106条）。

以上により、妥当なものは**ア・イ**であり、正解は**1**となる。

問題6 国家一般職（2013年度）…………………………………………………… 本冊P.115

正解：5

1 × **任意代理権の範囲**は授権行為によって決まるが、その**範囲が明らかでない場合、権限の定めのない代理人**として、①**保存行為**、及び、②代理の**目的である物又は権利の性質を変えない範囲内**において、その**利用又は改良を目的とする行為**のみをする権限を有する（民法103条）。

2 × **任意代理**においては、**本人の死亡により代理権は消滅する**（民法111条1項）。しかし判例は、**本人と代理人が、本人の死亡によって代理権が消滅しない旨を委任契約で合意**した場合、**その合意を否定するものではない**としている（最判昭31.6.1）。

3 × **委任による代理人**は、**本人の許諾**を得たとき、又は**やむをえない事由があるとき**でなければ、**復代理人を選任することができない**（民法104条）。また、**法定代理人は、自己の責任で復代理人を選任することができる**（民法105条）。

4 × **任意代理**の場合、**原代理人は、復代理人の行為について、すべての責任を負う**。なお、**法定代理人**は、**自己の責任**で復代理人を選任することができ、**やむをえない事由**があるときは、本人に対してその**選任及び監督**についての責任のみを負う（民法105条）。

5 ○ 同一の法律行為について、一方当事者が相手方の代理人となって行った行為や、当事者双方の代理人として行った行為は、無権代理とみなされる。ただし、これらの**自己契約・双方代理**であっても、①**債務の履行**、②**本人があらかじめ許諾**した行為については、**無権代理とはならない**（民法108条）。

1 13 代理②

問題1 裁判所職員（2020年度）……本冊P.122

正解：1

ア ○ 代理権を有しない者がした契約は、**本人が追認をしない**間は、契約時に代理権を有しないことを**知らなかった**相手方は、**取り消すことができる**（民法115条）。

イ ○ 無権代理の相手方による追認をするかどうかを確答すべき旨の催告について、**本人がその期間内に確答をしないときは、追認を拒絶**したものとみなされる（民法114条）。

ウ × **追認は**、原則として、**契約の時にさかのぼってその効力を生じる**。ただし、これにより第三者の権利を害することはできない（民法116条）。

エ × **本人が無権代理行為の追認を拒絶**して死亡した後、**無権代理人が本人を相続**した場合には、**無権代理人は追認を拒絶することができる**（最判平10.7.17）。追認拒絶した状態を相続すると考えればよい。よって、無権代理人は、無権代理行為が無効であることを主張することができる。

オ × 無権代理人と他の相続人が本人を**共同して相続**した場合、他の共同相続人全員の追認がない場合は、**無権代理人の相続分についても当然に有効となるわけではない**（最判平5.1.21）。

以上により、妥当なものは**ア・イ**であり、正解は**1**となる。

問題2 裁判所職員（2019年度）……本冊P.123

正解：4

ア 誤 第三者に対して他人に代理権を与えた旨を表示した者は、その代理権の範囲内においてその他人が第三者との間でした行為について、その責任を負う（民法109条1項）。本人が取引の相手方に対して、**代理人に自己の名前や商号の使用を許した場合**でも、**本条の「他人に代理権を与えた旨を表示した」に該当する**（大判昭15.4.24）。

イ 誤 **民法110条の基本代理権は私法上の代理権（代理行為）**を指すため、公法上の行為である登記の申請代理行為は該当しないとも思えるが、**登記申請行為**は、不動産の売買という契約上の債務の履行に付随する**私法上の効果を生じる**から、**民法110条の基本代理権になるとする**のが判例である（最判昭46.6.3）。

ウ 正 **代理権消滅後の表見代理**は、**かつて代理権が存在**していたことを前提としている。

エ 正 無権代理行為の**相手方は、表見代理を主張することもできる**し、表見代理の成立を主張せず、**無権代理人の責任を問うこともできる**（最判昭62.7.7）。なお、無権代理人の側からは、民法117条の責任を免れるため、表見代理の成立を主張することは**できない**。

以上により、正誤の組み合わせは**ア：誤、イ：誤、ウ：正、エ：正**となり、正解は**4**となる。

問題3 裁判所職員（2018年度）……本冊P.124

正解：4

ア **誤** 無権代理の相手方による追認をするかどうかを確答すべき旨の催告について、**本人がその期間内に確答をしないときは、追認を拒絶**したものとみなされる（民法114条）。

イ **誤** **本人が無権代理人の地位を相続**した場合、無権代理行為は当然に有効とはならず、本人の地位をもって**追認を拒絶することができる**。したがって、本肢の前半は正しい。しかし、Bには本人の資格と同時に無権代理人の資格も併存しているため、相手方が善意無過失である場合、民法117条の**無権代理人の責任は負いうる**（最判昭37.4.20）。したがって、本肢の「民法117条の無権代理人の責任を負うこともない」の部分が誤りである。

ウ **誤** **夫婦の一方が無権代理行為**をした場合についての判例は、行為の**相手方**である第三者において**その行為が当該夫婦の日常の家事に関する法律行為の範囲内に属すると信ずるにつき正当の理由**のあるときに限り、**民法110条の趣旨を類推適用して、その第三者の保護を図るのが相当**としている（最判昭44.12.18）。したがって、「代理権が存在すると信じて」取引しただけでは、同条の趣旨の類推適用はされない。

エ **正** 代理人が**自己又は第三者の利益を図る目的で代理権の範囲内**の行為をした場合、つまり、**代理権の濫用**があった場合において、**相手方がその目的を知り**、又は**知ることができた**ときは、その行為は**無権代理行為**とみなされる（民法107条）。本肢のAは、自己の利益を図る目的で代理権の範囲内の行為をしているため、代理権が濫用されたケースであり、無権代理行為となるところ、Cは本人であるB社に対して代金の請求ができない。

なお、本人であるB社が追認する可能性があるため、本肢は「代金を請求することができない」とは言い切れない部分があるけれど、他の選択肢が明らかに誤っている以上、本問は肢4が正解と考えるべきだね。

以上により、正誤の組み合わせは**ア：誤、イ：誤、ウ：誤、エ：正**となり、正解は**4**となる。

問題４　裁判所職員（2014年度）……本冊P.125

正解：2

1 × **代理権授与の表示による表見代理が成立**するためには、**本人が（本肢ではA）**、第三者（本肢ではC）に対して、他人（本肢ではB）に**代理権を与えた旨を表示**したという関係が存在しなければならない。本肢の委任状は、無権代理人Bが無断で偽造したものである以上、**民法109条の要件を満たさない**。したがって、**代理権授与の表示による表見代理は成立しない**。

2 ○ 権限外の行為の表見代理について規定する**民法110条の第三者として保護される者は、無権代理行為の直接の相手方**を意味する。表見代理規定は、代理権の存在等を信じて取引に入った者を保護する規定だからである。よって、本肢のDは表見代理の主張ができない。

3 × **無権代理行為に関する相手方の催告権**は、契約当時、**無権代理であることを知っていたとしても認められる**（民法114条）。なお、相手方の「取消権」には善意が、「無権代理人に対する責任追及」には**善意無過失**が必要となる。

4 × 代理権を有しない者がした契約は、**本人が追認をしない間は、相手方は取り消すことができる**（民法115条）。よって、本人であるAがCに対して追認をしている本肢において、Cは取消権を行使できない。

5 × 無権代理人の責任について規定する**民法117条の要件**は、①無権代理人が自己の代理権を証明できないこと、②本人の**追認がない**こと、③無権代理人が代理権を有しないことにつき**相手方が善意かつ無過失**であること(ただし、相手方に過失がある場合でも、無権代理人が悪意であれば成立)、④**無権代理人が制限行為能力者でない**こと、⑤相手方が**取消権**（民法115条）**を行使していない**ことである。そして、民法117条は**無過失責任**であるため、**無権代理人自身の過失の有無に関係なく成立**し、追及することができる。

問題5 国家一般職（2018年度）……………………………………………… 本冊P.126

正解：4

ア ○ **任意代理における代理人**は、意思能力を有している必要はあるが、**行為能力は要しない**。よって、制限行為能力者が代理人としてした行為は、原則として、**行為能力の制限によっては取り消すことができない**（民法102条、参 106ページ）。

イ × 判例は、**夫婦の一方が民法761条所定の日常の家事に関する代理権の範囲を越えて第三者と法律行為**をした場合において、その越権行為の相手方である**第三者**において、その行為がその**夫婦の日常の家事に関する法律行為に属すると信ずるにつき正当の理由**のあるときに限り、同条の趣旨を類推して第三者の保護を図るべきとしている（最判昭44.12.18）。したがって、本肢の「一般的に権限外の行為の表見代理が認められる」の部分が誤りである。

ウ ○ 判例は、無権代理行為の相手方が無権代理人に対して、**民法117条の履行を選択**したときは、無権代理行為に基づく契約が、**相手方と無権代理人との間に成立したと同様の効果を生ずる**ものとしている（最判昭41.4.26）。

エ × 無権代理の相手方による追認をするかどうかを確答すべき旨の催告について、**本人がその期間内に確答をしないときは、追認を拒絶**したものとみなされる（民法114条）。

オ ○ 無権代理人の責任について規定する**民法117条の要件**は、①無権代理人が自己の代理権を証明できないこと、②本人の**追認がない**こと、③無権代理人が代理権を有しないことにつき**相手方が善意かつ無過失**であること(ただし、相手方に過失がある場合でも、無権代理人が悪意であれば成立)、④**無権代理人が制限行為能力者でない**こと、⑤相手方が**取消権**（民法115条）**を行使していない**ことである。同条の責任が成立するためには、原則として、相手方が無権代理行為について無過失でなければならないが、逆にいえば、相手方に過失がある場合、無権代理人は免責される。そして、無権代理人が免責される「相手方の過失」は、重大な過失に限定されていない。

以上により、妥当なものは**ア・ウ・オ**であり、正解は**4**となる。

問題 6 国家一般職（2012年度）……………………………………………… 本冊P.127

正解：4

ア × **追認は**、原則として、**契約の時にさかのぼってその効力を生じる**。ただし、これにより第三者の権利を害することはできない（民法116条）。

イ × 無権代理人の責任について規定する**民法117条の要件**は、①無権代理人が自己の代理権を証明できないこと、②本人の**追認がない**こと、③無権代理人が代理権を有しないことにつき**相手方が善意かつ無過失**であること(ただし、相手方に過失がある場合でも、無権代理人が悪意であれば成立)、④**無権代理人が制限行為能力者でない**こと、⑤相手方が**取消権**（民法115条）**を行使していない**ことである。本肢では③に関して「相手方が知っていたとき又は重過失によって知らなかったとき」としているが、単なる過失によって知らなかったときでも、原則として、無権代理人は民法117条の責任を負わない。

ウ ○ **本肢の記述のとおり**である（民法114条）。なお、民法115条の取消権と異なり、催告の要件として相手方の善意は要求されていない。

エ ○ **本肢の記述のとおり**である。本人が無権代理行為の**追認を拒絶**した場合には、その後に無権代理人が本人を相続したとしても、無権代理行為は有効とはならない（最判平10.7.17）。

オ × 無権代理人と他の相続人が本人を**共同して相続**した場合、他の共同相続人**全員の追認**がない場合は、**無権代理人の相続分についても当然に有効となるわけではない**（最判平5.1.21）。

以上により、妥当なものは**ウ・エ**であり、正解は**4**となる。

1 14 無効と取消し

問題1 特別区Ⅰ類（2022年度）……………………………………………… 本冊P.134

正解：4

1 × **無効な行為は、追認によっても、その効力を生じない**。ただし、当事者がその行為の**無効であることを知って追認**をしたときは、**新たな行為をしたものとみなす**（民法119条）。

2 × 錯誤、詐欺又は強迫によって取り消すことができる行為は、**瑕疵ある意思表示をした者**又はその**代理人**若しくは**承継人**に限り、取り消すことができる（民法120条2項）。

3 × **取消しには遡及効があり**、取り消された行為は、**初めから無効**であったものとみなされる（民法121条）。そして、無効な行為に基づく債務の履行として給付を受けた者は、相手方を原状に復させる義務を負う（民法121条の2）。

4 ○ **本肢の記述のとおり**である（民法123条）。

5 × 取り消すことができる行為の追認は、原則として、取消しの原因となっていた状況が消滅し、かつ、取消権を有することを知った後にしなければ、その効力を生じない。しかし、**法定代理人が追認**をするときは、**取消しの原因となっていた状況が消滅した後にすることを要しない**（民法124条）。

例えば、未成年者の親（法定代理人）が未成年者の行為を追認する場合、子が成年に達するまで待つ必要はないよ。しかし、未成年者自身が追認する場合、成年に達しないとできないということなんだ。

問題2 特別区Ⅰ類（2016年度）……………………………………………… 本冊P.135

正解：5

1 × **無効な行為は、追認によっても、その効力を生じない**。ただし、当事者がその行為の**無効であることを知って追認**をしたときは、**新たな行為をしたものとみなす**（民法119条）。

2 × 行為能力の制限によって取り消すことができる行為は、**制限行為能力者自身**又はその**代理人**、**承継人**若しくは**同意をすることができる者**に限り、取り消すことができる（民法120条1項）。本条の**「承継人」には、包括承継人である相続人及び契約上の地位を承継した者も含まれる。**

3 × 取消しには遡及効があり、取り消された行為は、初めから無効であったとみなされる（民法121条）。そして、**無効な行為に基づく債務の履行として給付を受けた者は、相手方を原状に復させる義務を負う**（民法121条の2）。

4 × 取り消すことができる行為の追認は、原則として、取消しの原因となっていた状況が消滅し、かつ、取消権を有することを知った後にしなければ、その効力を生じない。しかし、**法定代理人が追認**をするときは、**取消しの原因となっていた状況が消滅した後にすることを要しない**（民法124条2項）。

5 ○ **追認をすることができる時以後**に、取り消すことができる行為について**取消権者が履行の請求**をした事実があったときは、**追認をしたものとみなされる。**ただし、**追認権者が異議をとどめたときは、この限りでない**（法定追認、民法125条2号）。

問題3 国家一般職（2022年度）……………………………………………………… 本冊P.136

正解：5

ア × **無効な行為は、追認によっても、その効力を生じない。**ただし、当事者がその行為の**無効であることを知って追認**をしたときは、**新たな行為をしたものとみなす**（民法119条）。

イ ○ **本肢の記述のとおり**である（民法121条の2第2項）。

ウ × **無効な法律行為**として挙げられるのは、**強行規定違反や公序良俗違反の行為に限られず、**そもそも **内容が不確定な法律行為や実現不能な法律行為も該当する。**例えば、「土星を売る」といった意思表示は、実現不能であり、無効である。

エ ○ **本肢の記述のとおり**である（民法124条1項）。

オ ○ **本肢の記述のとおり**である（民法125条柱書、2号）。

以上により、妥当なものは**イ・エ・オ**であり、正解は**5**となる。

問題4 国家一般職（2014年度）……………………………………本冊P.137

正解：2

ア × 意思表示は、意思表示に対応する意思を欠く錯誤に基づくものであって、その錯誤が法律行為の目的及び取引上の社会通念に照らして重要なものであるときは、**取り消す**ことができる（民法95条1項1号）。**錯誤の効果は「取消し」であり、「無効」ではない**（参092ページ）。

イ × **強行法規に反する法律行為は、無効**であり、取り消すことはできない。

ウ ○ **公の秩序又は善良の風俗に反する法律行為は、無効**とされる（民法90条）。なお、本条の無効は絶対的無効であり、当事者の特約等で有効とすることはできない。

エ × **詐欺又は強迫による意思表示は、取り消すことができる**（民法96条1項、参094ページ）。なお、強迫の程度が強く、表意者の**意思能力が失われている場合**は、その法律行為は無効となる（民法3条の2）。

オ ○ **不法な条件を付した法律行為及び不法な行為をしないことを条件**とする法律行為は、**無効**となる（民法132条、参138ページ）。

カ × **成年被後見人の法律行為は、取り消すことができる。**ただし、**日用品の購入その他日常生活**に関する行為については、**この限りでない**（民法9条、参033ページ）。

以上により、妥当なものは**ウ・オ**であり、正解は**2**となる。

1 15 条件及び期限

問題1 特別区Ⅰ類（2017年度）……本冊P.142

正解：4

1 × 条件が成就することによって**不利益を受ける当事者が故意にその条件の成就を妨げた**ときは、相手方は、**その条件が成就したものとみなすことができる**（民法130条1項）。

2 × 解除条件付法律行為は、解除条件が**成就した時**からその**効力を失うが**（民法127条2項）、**当事者**が条件が成就した場合の効果をその成就した時以前にさかのぼらせる**意思を表示したときは、その意思に従う**（民法127条3項）。

3 × **条件が成就しない**ことが法律行為の時に**既に確定**していた場合において、その条件が**停止条件**であるときはその法律行為は**無効**とし、その条件が解除条件であるときはその法律行為は**無条件**となる（民法131条2項）。したがって、「無条件」と「無効」の部分が逆になっている。

4 ○ **本肢の記述のとおり**である（民法135条）。

5 × **期限は債務者の利益のため**に定めたものと推定されるが（民法136条1項）、①債務者が破産手続開始の決定を受けたとき、②債務者が担保を滅失させ、損傷させ、又は減少させたとき、③債務者が**担保を供する義務を負う**場合において、**これを供しない**ときは、債務者は**期限の利益を喪失**する（民法137条）。

問題2 特別区Ⅰ類（2013年度）……本冊P.143

正解：2

1 × **条件の成否が未定である間**における**当事者の権利義務は、**一般の規定に従い、**処分し、相続し、**若しくは**保存し、**又はそのために**担保を供することができる**（民法129条）。

2 ○ **本問の記述のとおり**である（民法131条2項）。

3 × **不能の停止条件**を付した法律行為は**無効**となるが、**不能の解除条件**を付した法律行為は**無条件**となる（民法133条）。

4 × 期限は、債務者の利益のために定めたものと推定する（136条1項）。しかし、無償寄託のように**債権者（寄託者）が期限の利益を有する場合もあり**、定期預金契約のように債務者（銀行）及び債権者（預金者）の双方が有することもある。

「**寄託（契約）**」とは、**物を預かってもらう**ことだよ。無償（＝無料）で預かってもらう場合、その期間（期限）は預けた方（債権者）に利益があるんだ。また、「定期預金契約」では、銀行は預かった金銭を運用できるし、預金者は利息を得る利益があるよ。

5 × 期限の利益は、民法137条に規定している事由の発生により喪失するほか、**当事者が期限の利益を失うべき事由を特約することも可能**である。

問題3 **裁判所職員（2022年度）**……………………………………………… **本冊P.144**

正解：3

ア × 本肢の「甲大学に入学したら」「贈与する」は、入学することが確定していないので**停止条件**である。そして、**条件が成就しない**ことが法律行為の時に**既に確定**していた場合において、その条件が**停止条件**であるときはその法律行為は**無効**とし、その条件が**解除条件**であるときはその法律行為は**無条件**となる（民法131条2項）。本肢では、約束の時点でBが今年甲大学に入学できないことが確定しているため、既成条件における停止条件であり、契約は**無効**となる。したがって、Aは債務を負担することはない。

イ ○ 本肢はいわゆる**随意条件**といわれるものであり、**停止条件**付法律行為は、その**条件が単に債務者の意思のみに係るときは無効**となる（民法134条）。「気が向いたらあげる」といったような法律行為に、法的拘束力を与える必要はないからである。

ウ ○ 条件が成就することによって**利益を受ける当事者が不正にその条件を成就**させたときは、**相手方は、その条件が成就しなかったものとみなすことができる**（民法130条2項）。

エ × **相殺の意思表示**には、**条件又は期限を付することができない**（民法506条1項）。

以上により、妥当なものは**イ・ウ**となり、正解は**3**となる。

問題4 裁判所職員（2015年度）……………………………………………………本冊P.145

正解：4

1 × **不法な条件**を付した法律行為及び**不法な行為をしないことを条件**とする法律行為は、**無効**となる（民法132条）。無条件となるわけではない。

2 × いわゆる**「出世払い特約」**は**不確定期限**であり、**出世できないことが明らか**になったときに、貸主は、借主に対して貸金の返還を請求することができると解されている。

3 × **期限の利益は放棄することができる。**ただし、これによって**相手方の利益を害することはできない**（民法136条2項）。利息付金銭消費貸借契約（利息付きのお金の貸し借り）では、貸した側である債権者には、利息を得るという期限の利益があり、この債権者の利益を害することはできない。しかし、**債務者は本来の弁済期までの利息を付して期限前弁済をすることが可能**であるため、期限の利益を放棄することはできる。

4 ○ 本肢はいわゆる**随意条件**といわれるものであり、**停止条件**付法律行為は、その**条件が単に債務者の意思のみに係るときは無効**となる（民法134条）。

5 × **取消し、追認、解除といった単独行為は、原則として、「条件に親しまない行為」として、条件を付すことはできない。**しかし、**債務の免除**に条件を付することや、**債務者が弁済しないことを停止条件とする解除**の意思表示は、相手方の不利益とならないので**許される。**

1 16 時効①

問題1 特別区Ⅰ類(2017年度)……………………………………………………本冊P.152

正解:3

1 × **①裁判上の請求と②支払督促**がある場合には、**その事由が終了する**(確定判決又は確定判決と同一の効力を有するものによって権利が確定することなくその事由が終了した場合にあっては、その終了の時から6か月を経過する)**までの間は、時効は完成しない**(**完成猶予**、民法147条1項)。
そして、**①②が確定判決又は確定判決と同一の効力を有するものによって権利が確定**したときは、時効は①②が終了した時から**新たにその進行を始める**(**更新**、民法147条2項)。
また、**権利の承認**があったときは、時効は、その時から**新たにその進行を始める**とされており(民法152条1項)、**時効の更新事由**である。

2 × 民法147条1項の所定の事由によって時効の完成が猶予されている場合において、**確定判決又は確定判決と同一の効力を有するものによって権利が確定**したときは、**時効は、それらの事由が終了した時から新たにその進行を始める**(民法147条2項)。

3 ○ **本肢の記述のとおり**である(民法161条)。

4 × **占有開始時点で善意占有**であれば、**占有開始後に悪意占有になったとしても、善意占有者**として扱われる(民法162条2項、参156ページ)。

5 × **確定判決又は確定判決と同一の効力を有するものによって確定した権利**については、10年より短い時効期間の定めがあるものであっても、**その時効期間は10年**とされる(民法169条1項)。

肢5の規定については、STEP 1で触れていないけれど、ここで確認しておいてほしい。

問題2 国家一般職（2022年度）……本冊P.153

正解：5

1 × 所有権は時効により消滅しない。そして、所有権に基づく物権的請求権も、消滅時効によって消滅することはない（大判大5.6.23、参159ページ）。

2 × 建物賃借人は、建物賃貸人による敷地所有権の取得時効を援用することはできない（最判昭44.7.15）。

3 × 時効により不動産の所有権を取得しても、その登記がないときは、時効完成後に旧所有者から所有権を取得し登記を経た第三者に対し、その善意であると否とを問わず、所有権の取得を対抗することはできない（最判昭33.8.28）。

4 × 時効の効力は、その起算日に遡る（民法144条）。よって、元本債権が遡及して消滅するため、遅延損害金債権も発生しなかったことになる。

5 ○ 前半部分について、時効は当事者（消滅時効にあっては、保証人、物上保証人、第三取得者その他権利の消滅について正当な利益を有する者を含む）が援用しなければ、裁判所がこれによって裁判をすることができないとされ（民法145条）、保証人は主債務に係る債権の消滅時効を援用することができる。しかし、時効の援用の効力は、時効を援用した者にのみ生じ、他の者には及ばない。また後半部分について、主債務者が主債務について消滅時効を援用すると、付従性により保証債務は消滅する（民法448条）。これは債権の知識に関するものだが、保証債務は主債務の運命に従う関係にあり、主債務が消滅することで、その保証をするための保証債務も消滅することとなるのである。

問題3 国家一般職（2021年度）……本冊P.154

正解：5

ア × 時効の効力は、その起算日に遡る（民法144条）。よって、目的物を時効取得した者が、その占有の開始時から正当な権利者となるため、時効期間中に生じた果実を取得する権利を有する。

イ × 判例は、金銭債権の債権者は、自己の債権を保全するのに必要な限度で、債務者が他の債権者に対して負担する債務の消滅時効の援用権を代位行使することができるとしている（最判昭43.9.26、参民法Ⅱ、039ページ）。

ウ × 判例は、後順位抵当権者は、先順位抵当権の被担保債権が消滅すると、抵当権の順位が上昇し、配当額が増加することがありえるが、この配当額の増加に対する期待は、抵当権の順位の上昇によってもたらされる反射的な利益にすぎないとして、**後順位抵当権者は、権利の消滅について正当な利益を有する者ではなく、先順位抵当権の被担保債権の消滅時効を援用することはできない**としている（最判平11.10.21）。

エ ○ 時効は当事者のみが援用できるが、**被担保債権の消滅時効**については、**物上保証人**は権利の消滅について正当な利益を有する者として、**時効の援用ができる当事者に含まれている**（民法145条）。

オ ○ 判例は、**債務者が消滅時効完成後に債務を承認**した場合は、たとえ**債務者が時効完成の事実を知らなかったときでも、信義則上、時効の援用をすることはできないとしている**（最大判昭41.4.20）。

以上により、妥当なものは**エ・オ**であり、正解は**5**となる。

問題4　裁判所職員（2015年度）……………………………………………………………本冊P.155

正解：4

ア **誤** 時効は当事者のみが援用できるが、**被担保債権の消滅時効**については、**物上保証人**は権利の消滅について正当な利益を有する者として、**時効の援用ができる当事者に含まれている**（民法145条）。

イ **正 本肢の記述のとおり**である（最大判昭41.4.20）。

ウ **誤** 判例は、**詐害行為の受益者は、**詐害行為取消権行使の直接の相手方とされているうえ、これが行使されると債権者との間で詐害行為が取り消され、同行為によって得ていた利益を失う関係にあり、その反面、詐害行為取消権を行使する債権者の債権が消滅すれば、利益の喪失を免れることができる地位にあるから、**詐害行為取消権を行使する債権者の債権の消滅によって直接利益を受ける者に当たり、債権について消滅時効を援用することができる**としている（最判平10.6.22）。

以上により、正誤の組み合わせは**ア：誤、イ：正、ウ：誤**であり、正解は**4**となる。

1 17 時効②

問題 1 裁判所職員（2022年度）…… 本冊 P.162

正解：1

ア ○ **本肢の記述のとおり**である（最判昭43.10.8）。なお、賃借権は「債権」なので本来は時効取得できないが、「土地賃借権」は特別な取扱いがされている。

イ × **占有における善悪の判断時期は占有開始時**である（大判昭5.11.7）。よって、自分の物であるという点について善意で占有を開始した者が、後から他人の物であると知っても、悪意の占有者としては計算しない。

ウ ○ **占有の承継人**は、その**選択に従い、自己の占有のみを主張**し、又は**自己の占有に前の占有者の占有を併せて主張することができる**（民法187条1項）。そして、**当該規定は相続による承継にも適用される**（最判昭37.5.18）。

エ × 占有における**所有の意思の有無は、占有取得の原因たる事実**によって**外形的客観的に定められる**べきものであり（最判昭45.6.18）、**占有者の内心の意思は、判断要素とはならない**（最判昭56.1.27）。

オ × **所有権に基づいて不動産を占有する者**についても、**取得時効の適用はできる**（最判昭42.7.21）。

以上により、妥当なものは**ア・ウ**となり、正解は**1**である。

問題 2 裁判所職員（2021年度）…… 本冊 P.163

正解：4

ア × **占有の承継人**は、その**選択に従い、自己の占有のみを主張**し、又は**自己の占有に前の占有者の占有を併せて主張することができる**（民法187条1項）。また、前の占有者の占有を**併せて主張する場合**には、その**瑕疵をも承継する**（民法187条2項）。よって、本肢のＡはＣの善意無過失を承継することができるため、Ｃの占有期間5年と、Ａの占有期間6年を併せた11年、善意無過失で占有していたことを主張することができ、時効取得の要件を満たす。

イ × **所有権に基づいて不動産を占有する者**についても、**取得時効の適用はできる**（最判昭42.7.21）。

ウ ○ **20年間**、**所有の意思をもって、平穏に、かつ、公然と他人の物を占有した者は、その所有権を取得する**（民法162条1項）。この「所有の意思」とは自主占有を意味し、**賃貸人**は、賃貸しているため「間接占有」ではあるが、**Aの自主占有は認められる。**

エ ○ **占有の承継人**は、その**選択に従い**、**自己の占有のみを主張**し、又は**自己の占有に前の占有者の占有を併せて主張することができる**（民法187条1項）。また、前の占有者の占有を**併せて主張する場合**には、その**瑕疵をも承継する**（民法187条2項）。よって、本肢の**Aは自己の占有のみを主張することもできる**から、Aは自己の占有のみを主張して、時効取得することができる。

オ × 本肢のAは甲土地を**賃借**しており、**Aの占有は他主占有**である。他主占有の場合、所有の意思は認められず、**所有権を時効により取得することはない。**

以上により、妥当なものは**ウ・エ**となり、正解は**4**である。

問題3 裁判所職員（2019年度）……………………………………………… 本冊P.164

正解：3

ア × 時効は、当事者が援用しなければ、裁判所がこれによって裁判をすることができない。そして、**消滅時効にあっては、援用権者に保証人、物上保証人、第三取得者**その他権利の消滅について正当な利益を有する者が**含まれる**（民法145条、参147ページ）。

イ ○ 消滅時効完成後に債務を承認した場合には、信義則上、時効の援用ができないが、**その後さらに消滅時効の期間が経過**したときは、**債務者は援用できる**（民法152条1項）。

ウ ○ 契約不適合による損害賠償請求権は、買主が売買の目的物の引渡しを受け、契約不適合を知った時から5年、又は引渡しを受けた時から10年で時効により消滅する（民法166条1項）。これは本文では触れていない細かい知識であるが、余力があればここで確認しておこう。

エ × **不確定期限の定めのある債権の消滅時効は、**債権者の知・不知に関係なく、**期限到来時から進行**する。

以上により、妥当なものは**イ・ウ**であり、正解は**3**となる。

問題4 裁判所職員（2019年度）……本冊P.165

正解：5

ア × 取得時効の要件について、**「平穏かつ公然」と「善意」は推定されるが、「無過失」までは推定されない**。よって、援用権者が10年の取得時効を主張する場合、無過失で占有を開始したことを自ら立証しなければならない。

イ × **占有の承継人**は、その**選択に従い、自己の占有のみを主張**し、又は**自己の占有に前の占有者の占有を併せて主張することができる**（民法187条1項）。また、前の占有者の占有を**併せて主張する場合**には、その**瑕疵をも承継する**（民法187条2項）。「その瑕疵」については、**善意無過失は当然に承継する**ものと解されている。よって、本肢のBが前占有者であるAの占有を併せて主張する場合、Aが占有開始時に善意無過失であれば、Bが開始時において悪意であるときでも、Bは、期間10年の取得時効を主張することができる。

ウ ×**「時効の完成前」に不動産の所有権が移転**した場合、その不動産の所有権を**時効取得した者は、**その所有権の**譲受人に対して、登記なくして時効の完成を主張できる**（最判昭41.11.22）。その不動産所有権の譲受人は、元の所有者と同視できるからである。

エ ○ 時効期間は、時効の基礎たる事実の開始された時を起算点として計算すべきもので、**援用者において起算点を選択し、時効完成の時期を早めたり後らせたりすることはできない**（最判昭35.7.27）。

オ ○ **取得時効は、占有者が任意にその占有を中止**し、又は他人によってその**占有を奪われたときは、中断する**（民法164条）。しかし、**占有者が占有回収の訴えを提起**したときは、**占有権は消滅しない**（民法203条但書）。

以上により、妥当なものは**エ・オ**となり、正解は**5**となる。

問題5 裁判所職員（2017年度）……………………………………………………………本冊P.166

正解：1

1 ○ 被相続人に取得時効が完成した後、被相続人が死亡した場合において、その共同相続人の1人は、**自己の相続分の限度においてのみ取得時効を援用することができる**（最判平13.7.10、参147ページ）。

2 × **所有権に基づいて不動産を占有する者**についても、**取得時効の適用はできる**（最判昭42.7.21）。つまり、自己の所有物についても**取得時効は成立する。**

3 × **取得時効の起算点は「占有開始時」**であり、**時効の起算点を任意に選択することはできない**（最判昭35.7.27）。

4 × **債権は原則として、取得時効の対象とはならない。**しかし、債権であっても**土地賃借権**については、土地の**継続的な用益という外形的事実**が存在し、かつ、それが**賃借の意思に基づくことが客観的に表現**されているときは、土地賃借権を時効により取得することができるとされている（最判昭43.10.8）。

5 × 取得時効に関する民法162条の条文上、**時効取得できる財産は不動産に限定されていない**ため、**動産の所有権を時効取得することはできる。**

2 1 物権の効力

問題1 特別区Ⅰ類（2013年度）……………………………………………………本冊P.174

正解：3

1 × **物権は、この法律その他の法律に定めるもののほか、創設することができない**（民法175条）。しかし、**公示方法があり取引の安全を図ることができる譲渡担保権、温泉権**などは、**慣習法による物権として認められている**（大判昭15.9.18など）。

2 × **物権と債権が競合**する場合には、その権利の取得の先後にかかわらず、**原則として、物権が優先**する。しかし、**不動産の賃借権**は、これを**登記**したときは、**その不動産について物権を取得した者その他の第三者に対抗することができる**（民法605条）。つまり、常に物権が債権に対して優先するわけではない。

3 ○ 明認方法とは、立木の幹の一部を削り所有者の住所氏名を墨書したり、それらを書いた札（明認札）を立木に掛けたりすることである。この**明認方法を行う**ことで、**立木法における立木登記をしなくても、立木を土地から独立した所有物として第三者に対抗することができる。**

4 × **物権変動の公示の原則**は、**物権の変動は外部から認識できる方法を伴わなければならない**という原則であり、それを**伴わないと第三者に対抗できなくなる。「第三者に対抗できなくなる」だけ**であり、物権の設定及び移転、つまり、**物権変動は当事者の意思表示のみによって、その効力を生ずる**（民法176条、参176ページ）。

5 × **公信の原則は、物権の公示を信頼**した者は、その**公示が真実の権利関係と異なる場合でも、その信頼が保護される**という原則である。いわば見た目どおりの権利が取得できるものだ。公信の原則は、**動産取引については採用**されているが（民法192条の即時取得）、**不動産取引については採用されていない**（参177ページ）。

問題2 国家専門職（2021年度）……… 本冊P.175

正解：3

1 × **物権は、この法律その他の法律に定めるもののほか、創設することができない**（民法175条）。しかし、**公示方法があり取引の安全を図ることができる譲渡担保権、温泉権**などは、**慣習法による物権として認められている**（大判昭15.9.18など）。

2 × **物権を有する者は、**その物権の円満な支配状態を確保するために、当該物権が妨害され、また妨害されるおそれがある場合に、**妨害の排除・予防・返還などを請求することができる（物権的請求権）**。そして、物権的請求権は、**侵害者に故意又は過失があることを要件とせず、**これを**行使することができる。**

3 ○ **本肢の記述のとおり**である（民法88条、89条1項、参069ページ）。

4 × 一物一権主義の独立性及び単一性とは、**1個の物権が物の「一部」には成立せず、「複数」の物に対して1個の物権は成立しないこと**をいう。これは物の一部に1個の物権を認める社会的必要性がないこと、また、物の集団の上に一つの物権を認めると公示が困難となり、取引の安全を害するおそれがあることを理由とする。したがって、**社会的必要性があり、かつ、公示方法があれば例外が認められている。**具体的には、土地の一部について地役権の設定は可能であり（民法282条2項、参228ページ）、また、動産の集合体である集合動産は、譲渡担保の目的となりうる（最判昭54.2.15、参309ページ）。

5 × **明認方法**を施せば、**未分離の果実**であっても**独立の動産として取引の対象とすることができ**（大判大5.9.20）、また、**稲立毛も独立の動産として取引の対象となる**（大判昭13.9.28）。

2 2 不動産物権変動①

問題1 裁判所職員（2022年度）……………………………………………… 本冊P.182

正解：4

ア × **不特定物の売買**においては、特段の事情のないかぎり、**目的物が特定した時**に**買主に所有権が移転する**ものと解されている(最判昭35.6.24)。

イ × 不動産が順次譲渡された場合の**前主は、後主に対する関係で民法 177条の第三者に該当しない**(最判昭39.2.13)。また、**相続人**は、その相続分に応じて**被相続人の権利義務を包括承継**する(民法899条)。つまり、**CはAと同じ地位**に立つものと考えればよい。よって、CとBの関係は前主後主の関係であり、民法177条の第三者に該当しないため、Bは、所有権移転登記を具備していなくても所有権を主張することができる。

ウ ○ **「物権」の設定及び移転は、当事者の意思表示のみによって、その効力を生ずる**(民法176条)。また、**動産に関する物権の譲渡は、その動産の引渡しにより、第三者に対抗することができる**ようになる。よって、**本肢では先に動産を買い受けたBが有効に所有権を取得し、Bは占有改定の方法で引渡しを受けているため、第三者であるCに当該所有権を対抗することができる**(民法178条)。

一方、**Cは善意無過失で無権限者となったAから動産を買い受けている**ため、**即時取得の可能性**が残されているが、占有取得の方法が**占有改定の場合は、民法192条の適用はなく、即時取得が認められない**(最判昭 35.2.11)。したがって、本肢のCは本肢の動産を即時取得できず、Bは、当該動産の所有権をCに対抗することができる(参 197ページ)。

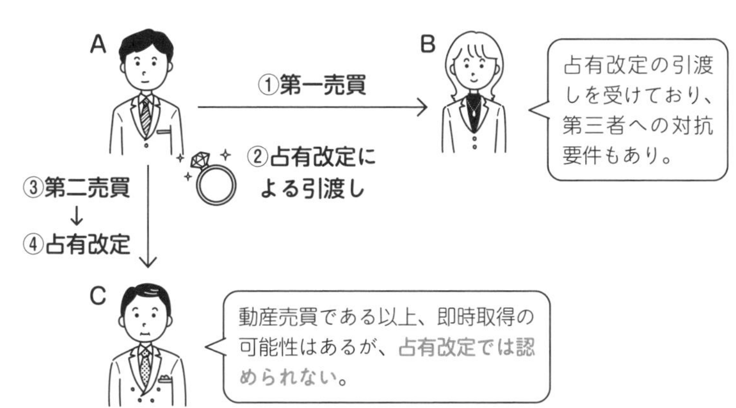

CHAPTER 2 物権

エ ○ 真正なる不動産の所有者は、所有権に基づいて登記簿上の所有名義人に対し、所有権移転登記を請求することができる(最判昭34.2.12)。

オ × 第二譲受人が背信的悪意者に当たるとしても、背信的悪意者からの譲受人は、譲渡人に対する関係で背信的悪意者からの譲受人自身が背信的悪意者と評価されるのでない限り、不動産の所有権取得を対抗することができる(最判平8.10.29)。

以上により、妥当なものはウ・エとなり、正解は4となる。

問題2 裁判所職員(2019年度) …… 本冊P.183

正解：1

ア 正 本肢のCは、いわゆる「取消後の第三者」である。この場合、AとCの関係は対抗関係となるため、Cが登記を備えた以上、AはCに対して甲土地の所有権の復帰を対抗できない。

イ 正 **背信的悪意者から所有権を譲り受けた転得者は、転得者自身が背信的悪意者と評価されない限り、民法177条の「第三者」に該当**するため、登記を備えていれば、当該不動産の所有権取得を対抗できる(最判平8.10.29)。

ウ 誤 民法又は借地借家法に基づく賃貸借の対抗要件を備えた場合において、**その不動産が譲渡**されたときは、その不動産の賃貸人たる地位は、その譲受人に移転する。そして、賃貸人たる地位の移転は、賃貸物である不動産について所有権の移転の登記をしなければ、賃借人に対抗することができない(民法605条の2第3項)。これは、賃借人にとって誰が賃料を支払うべき相手なのかを明確にするためである。よって、本肢のBは、Cの登記の欠缺を主張して賃料の請求を拒むことができる。

エ 誤 不法占拠者は、民法177条の「第三者」に該当しない(最判昭25.12.19)。よって、不法占拠者であるDに対しては、BもCも乙建物の所有権を主張することができる。

以上により、正誤の組み合わせは、ア：正、イ：正、ウ：誤、エ：誤となり、正解は1となる。

問題 3 国家一般職（2021年度）…… 本冊P.184

正解：2

ア ○ **地上権者が所有権を取得**した場合、原則として、**地上権は混同により消滅**する。ただし、地上権を目的とする抵当権が設定されていたときには、混同の例外として、地上権は消滅しない（民法179条1項）。

イ × **中間者Bの同意を得ずになされた中間省略登記は、登記の現状が実質上の権利者と一致している限り有効**であり、中間者Bが抹消を求める正当な利益を有しないときは、**Bからの抹消請求は許されない**（最判昭35.4.21）。そして、本肢のBは土地代金を受け取っており、同時履行の抗弁権を主張するなどの正当な利益は認められない。

ウ × 本肢のCは、いわゆる「**取消後の第三者**」である。この場合、AとCの関係は**対抗関係**となるため、Cが登記を備えた以上、AはCに対して甲土地の所有権の復帰を対抗できない。

エ × **背信的悪意者から所有権を譲り受けた転得者は、転得者自身が背信的悪意者と評価されない限り、民法177条の「第三者」に該当**するため、登記を備えていれば、当該不動産の所有権取得を対抗できる（最判平8.10.29）。よって、本肢のDは背信的悪意者ではなく、登記を具備しているため、Bに対して所有権を対抗することができる。

オ ○ **相続による権利の承継**は、遺産の分割によるものかどうかにかかわらず、**法定相続分を超える部分**については、登記、登録その他の**対抗要件を備えなければ第三者に対抗することができない**（民法899条の2第1項、参 187ページ）。逆に言えば、自己の持分となる法定相続分については、登記なくして第三者に対抗できる。よって、Cは法定相続分である2分の1の権利については、登記なくして譲受人Dに対抗することができる。

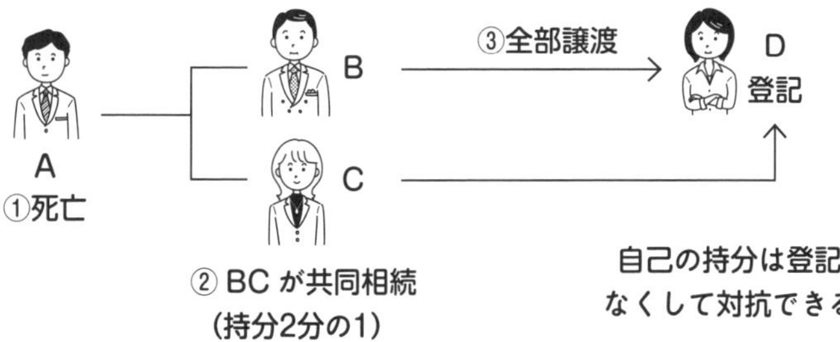

以上により、妥当なものは**ア・オ**であり、正解は**2**となる。

問題4 裁判所職員（2018年度）……本冊P.185

正解：3

ア 正　不動産に関する物権の得喪及び変更は、不動産登記法その他の登記に関する法律の定めるところに従いその登記をしなければ、第三者に対抗することができない(民法177条)。この点、**国税滞納処分による差押え**の関係においても、**民法177条の適用がある**ものと解されており(最判昭31.4.24)、本肢の**民事執行法に基づく差押債権者も177条の「第三者」**とされる。よって、BはCに対して、登記なくして、甲土地の所有権の取得を対抗することができない。

イ 誤　**背信的悪意者から所有権を譲り受けた転得者は、転得者自身が背信的悪意者と評価されない限り、民法177条の「第三者」に該当**するため、登記を備えていれば、当該不動産の所有権取得を対抗できる(最判平8.10.29)。よって、本肢のDは背信的悪意者でない以上、BはDに対して、登記なくして、甲土地の所有権の取得を対抗することができない。

ウ 誤　甲土地の所有権は「A→B→C」と移転している。つまり、**本肢のAとCは前主後主の関係**にあたり、**後主は権利の取得を登記なくして前主に対抗できる**(最判昭39.2.13)。

以上により、正誤の組み合わせは**ア：正、イ：誤、ウ：誤**となり、正解は**3**となる。

2 3 不動産物権変動②

問題1 裁判所職員（2021年度）……本冊P.190

正解：2

ア ○　本肢のCはいわゆる「**解除後の第三者**」であり、売主であるAは登記がなければ、第三者Cに所有権を対抗できない(最判昭35.11.29)。

イ ×　A→B→Cと順次不動産が移転した場合のAとCの関係に関して判例は、**民法177条の第三者**たるためには、係争土地に対して何らかの**正当の権利を有することを要し**、正当の権利を有せず単に当該土地を譲渡した前所有者は、登記の欠缺(不存在)を主張するにつき正当の利益を有するものといえないとした(大判昭12.12.21)。したがって、Cは、Aに登記なくして権利を対抗できる。

ウ ×　本肢のCはいわゆる「**時効完成後の第三者**」であり、時効完成後の第三者については、取消しの場合と同様に民法177条の対抗関係になると解されている(最判昭33.8.28)。よって、Cに登記がされていた本肢の事例では、BはCに対し甲土地の所有権の時効取得を対抗できない。

エ ×　本肢は二重譲渡が行われた事案であり、本肢の**Bは**その第一売買を合意解除しているため、**甲土地について無権利者**である。よって、Cは登記移転がなくても「B」に対して権利を対抗することができる。

オ ○　**背信的悪意者からの転得者**も、転得者自身が背信的悪意者と評価されるのでない限り、民法177条の「第三者」に該当する(最判平8.10.29、**相対的構成**、参178ページ)。よって、BはDに対し、登記がなければ甲土地の所有権の取得を対抗することができない。

以上により、妥当なものは**ア・オ**となり、正解は**2**となる。

問題2 国家専門職（2022年度）…………………… 本冊P.191

正解：4

1 × 本肢のBは、自己に所有権がないことを「知りながら」20年間占有を続けており、Bの時効完成に必要な期間は20年となる。そして、占有開始から15年が経過した時点でAがCに譲渡していることから、Cは時効完成前に甲不動産を譲り受けており、**本肢はいわゆる「時効完成前の第三者」**の事例である。この事例において、時効完成前のBがCより先に登記を具備することは不可能であり、また、占有者Bから見て、不動産の譲受人Cは物権変動の当事者といえるため、**Bは、登記なくしてCに時効取得をした所有権を対抗できる**（最判昭41.11.22）。

2 × 本肢のCはいわゆる「**解除後の第三者**」であり、売主であるAは**登記がなければ、第三者Cに所有権を対抗できない**（最判昭35.11.29）。

3 × 背信的悪意者からの転得者も、**転得者自身が背信的悪意者と評価されるのでない限り、民法177条の「第三者」に該当する**（最判平8.10.29、**相対的構成**、参178ページ）。よって、BはDに対し、登記がなければ甲土地の所有権の取得を対抗することができない。

4 ○ **不法占拠者**は登記の欠缺を主張するにつき正当な利益を有しておらず、**民法177条の第三者にあたらない**（最判昭25.12.19、参178ページ）。したがって、本肢において、Aから甲不動産を買い受けたBは、甲不動産を不法に占有するCに対して、甲不動産の登記がなくとも所有権の取得をCに対抗することができる。

5 × **民法177条の第三者には、単なる悪意者も含まれる**（最判昭32.9.19、参178ページ）。

問題3 国家専門職（2018年度）…………………………………… 本冊P.192

正解：1

ア ○ 本肢はいわゆる「**時効完成前の第三者**」の話である。判例は、**第三者のした登記後に時効が完成**した場合、その第三者（完成時の登記名義人）に対しては、**登記がなくても時効取得を対抗することができる**としている（最判昭41.11.22）。

イ × 判例は、相続人が**相続の放棄**をした場合には、**相続開始時に遡って相続開始がなかったと同じ地位**に立ち、当該相続放棄の効力は、登記等の有無を問わず、**何人に対してもその効力を生ずべきもの**と解すべきであって、**相続の放棄をした相続人の債権者**が、相続の放棄後に、相続財産たる未登記の不動産について、右相続人も共同相続したものとして、代位による所有権保存登記をしたうえ、持分に対する仮差押登記を経由しても、その**仮差押登記は無効**であるとしている（最判昭42.1.20）。

ウ × **民法177条でいう「第三者」**とは、当事者若しくはその包括承継人以外の者で、不動産に関する物権の得喪及び変更の登記の欠缺を主張する**正当の利益を有する者**をいう（大判明41.12.15）。そうであるとすれば、Bが文書を偽造してA名義の不動産を自己名義に移してCに譲渡し、登記を経た場合であっても、**Bは無権利者**であり、**Cは無権利者からの譲受人として「正当の利益を有する者」とはいえない**。したがって、本肢のAから当該不動産を有効に譲り受けたDは、登記なくして所有権をCに対抗することができる（参 178ページ）。

エ × 判例は、**差押債権者は民法177条にいう「第三者」にあたる**が（最判昭39.3.6）、**一般債権者はこれにあたらない**としている（大判大4.7.12）。

以上により、妥当なものは**アのみ**となり、正解は**1**となる。

肢エの判例については触れていなかったけれど、ここで確認しておいてほしい。

問題4 裁判所職員（2016年度）…………………………………………………… 本冊P.193

正解：3

ア **正** 背信的悪意者からの転得者も、**転得者自身が背信的悪意者と評価されるのでない限り、民法177条の「第三者」に該当する**（最判平8.10.29、**相対的構成**、参178ページ）。よって、登記を得ているDは、Bに対し、甲土地の所有権の取得を対抗することができる。

イ **誤** 本肢のCはいわゆる**「時効完成後の第三者」**であり、**時効完成後の第三者**については、取消しの場合と同様に民法177条の**対抗関係になる**と解されている（最判昭33.8.28）。よって、Cに登記がされていた本肢の事例では、AはCに対し甲土地の所有権の時効取得を対抗できない。

ウ **誤** 本肢のCはいわゆる**「解除前の第三者」**である。このケースについて判例は、**Cが保護されるためには善意であることは要しない**が、本条は何ら帰責性のない解除権者の犠牲の下に第三者を保護するものであるため、**Cの権利保護要件として登記の具備が必要**であるとしている（大判大10.5.17）。

エ **正** 共同相続における不動産登記の冒用により、登記簿上、単独相続とされ、第三者が不動産全部の譲渡を受けた場合、冒用された**共同相続人は自己の法定相続分について第三者がたとえ善意であっても、登記なくして所有権を対抗することができる**（最判昭38.2.22、民法899条の2第1項参照）。

以上により、正誤の組み合わせは**ア：正、イ：誤、ウ：誤、エ：正**であり、正解は**3**となる。

2 4 動産物権変動と即時取得

問題1 特別区Ⅰ類（2019年度）……………………………… 本冊P.200

正解：2

1 × 判例は、金銭は物としての個性を有さず、単なる価値そのものであると考えるべきであり、その価値は金銭の所在に随伴するものとして、**金銭の所有権は**、特段の事情のない限り**金銭の占有の移転と共に移転する**とし（最判昭29.11.5）、**金銭の占有者は、それをどのような理由によって取得したか、また金銭の占有を正当づける権利があるか否かにかかわりなく、金銭の所有者とみるべき**としている（最判昭39.1.24）。その結果、**金銭については、即時取得の適用はない**。

2 ○ 判例は、**執行債務者の所有に属さない動産が強制競売**に付された場合でも、**競落人が即時取得の要件を具備するときは、当該動産の所有権を取得できる**としている（最判昭42.5.30）。

3 × 判例は、寄託者が倉庫業者に対して発行した荷渡指図書に基づき倉庫業者が寄託者台帳上の寄託者名義を変更して、当該寄託の**目的物の譲受人が指図による占有移転を受けた場合**にも、**即時取得の適用がある**としている（最判昭57.9.7）。

本肢の事案を見て困惑したかもしれないけれど、出題意図は「指図による占有移転」であっても即時取得が成立するか、という点だよ。

4 × 道路運送車両法による登録を受けていない自動車と同様に、同法により**登録を受けた自動車が同法に基づき抹消登録を受けた場合**においても一般の動産として**即時取得の規定の適用を受ける**（最判昭45.12.4）。

5 × 民法188条により、占有者が占有物のうえに行使する権利はこれを適法に有するものと推定される以上、**即時取得の要件とされる無過失も推定される**ことになり、占有取得者自身において過失のないことを立証することを要しない（最判昭41.6.9）。

問題2　特別区Ⅰ類（2017年度）……本冊P.201

正解：1

1 ○　即時取得の保護の対象は、有効な取引行為による動産取得の場合に限定される。そして、**この取引行為は、売買、贈与、質権設定、代物弁済、消費貸借、譲渡担保**が対象となる。

2 ×　即時取得は、動産取引の安全を保護する制度である以上、取引行為自体は有効なものでなければならない。したがって、本肢のように「**前主が制限行為能力者**である場合」は、**即時取得の適用を受けることができない**。

「制限行為能力者制度」と「即時取得制度」及び「無権代理制度」は趣旨が異なるけれど、「**制限行為能力者制度**」が**優先**されると考えればよいんだ。

3 ×　即時取得の効果として取得することができる権利に、**留置権は含まれない**。

4 ×　**即時取得において、占有者は善意で平穏に、かつ公然と占有したものと推定される**（民法186条1項）。そして、占有者が占有物について行使する権利は、適法に有するものと推定されるため、**無過失も推定**される（民法188条）。よって、即時取得を主張する占有者は、無過失を立証する責任を負わない。

5 ×　判例は、寄託者が倉庫業者に対して発行した荷渡指図書に基づき倉庫業者が寄託者台帳上の寄託者名義を変更して、当該寄託の**目的物の譲受人が指図による占有移転を受けた場合**にも、**即時取得の適用がある**としている（最判昭57.9.7）。

問題3 裁判所職員（2021年度）……………………………………………………………………………… 本冊P.202

正解：5

1 × 即時取得が成立するための要件として**取引行為**が必要となる。本肢では**「Aが落とした」**時計Xとあるため、**取引行為はなく、**Bによる時計Xの即時取得は**認められない。**

2 × 道路運送車両法による**登録を受けている自動車**については、**即時取得の適用はない**（最判昭62.4.24）。

3 × 即時取得の「占有を取得すること」の要件について、占有取得の方法が外観上の占有状態に変更を来たさない**占有改定にとどまるときは、即時取得の適用はない**（最判昭35.2.11）。

4 × 即時取得が適用される場合において、**占有物が盗品又は遺失物**であるときは、**被害者又は遺失者は、盗難又は遺失の時から2年間、占有者に対してその物の回復を請求することができる**（民法193条）。したがって、本肢のBが絵画を盗まれた時点から2年以内であれば、BはDに対して絵画Xの返還を請求できる。

5 ○ 本肢のBは、Aから宝石を買い受けた後、占有改定の方法で引渡しを受けているので、第三者に所有権を対抗することができ、**Aは無権利者**となる。そして、**Cは無権利者であるAから善意無過失で現実の引渡しを受けている**ため、**Cによる即時取得が認められる。**

問題4 裁判所職員（2016年度）……………………………………… 本冊P.203

正解：5

1 × 即時取得の対象となるのは動産である。しかし、動産であっても自動車のように登録制度があるものについては、登録の有無で即時取得の対象となる動産に該当するか否かが異なる。未登録の自動車や、登録が抹消された自動車は即時取得の対象となる動産であるが、**現に登録されている自動車は即時取得の対象とはならない**(最判昭62.4.24)。よって、本肢の「登録を受けている自動車は即時取得の対象となる」という部分が誤りである。なお、**立木**については、**土地から未分離状態**である場合は、その土地(不動産)の一部である以上、**即時取得の対象とはならない。**

2 × 即時取得の成立要件の一つである取引行為について、**無権代理行為**であった場合には、**即時取得は成立しない**。

3 × 民法188条は「占有者が占有物について行使する権利は、適法に有するものと推定する」と規定しており、**即時取得については、無過失も推定される**(最判昭41.6.9)。

4 × 判例は、占有状態に一般外観上変更がない**占有改定**の方法による占有の取得について、**即時取得は成立しない**としている(最判昭35.2.11)。なお、現実の引渡し、簡易の引渡し、指図による占有移転については、「占有を取得」という要件を満たす。

5 ○ 即時取得の規定が適用される場合において、**占有物が盗品又は遺失物**であるときは、**被害者又は遺失者は、盗難又は遺失の時から2年間、占有者に対してその物の回復を請求することができる**(民法193条)。そして、本条により回復請求できるのは、占有物が**盗品又は遺失物**である場合であり、**「詐欺」によって奪われた物は、盗品にも遺失物にも含まれない。**

2 5 占有権

問題1 特別区Ⅰ類（2021年度）……………………………………………………… 本冊P.210

正解：4

1 × **占有者の承継人**は、その**選択に従い**、**自己の占有のみ**を主張し、又は自己の占有に**前の占有者の占有を併せて主張することができる**（民法187条1項）。そして、**前の占有者の占有を併せて主張する場合**には、その**瑕疵をも承継する**（民法187条2項）。

2 × **悪意の占有者は、果実を返還**し、かつ、**既に消費**し、**過失によって損傷**し、又は**収取を怠った果実の代価を償還する義務を負う**（民法190条1項）。

3 × **占有物**が**占有者の責めに帰すべき事由によって滅失し、又は損傷**したときは、その回復者に対し、悪意の占有者はその損害の全部の賠償をする義務を負い、**善意の占有者**はその滅失又は損傷によって**現に利益を受けている限度**において賠償をする義務を負う。ただし、**所有の意思のない**占有者は、善意であるときであっても、**全部の賠償**をしなければならない（民法191条）。

4 ○ **占有者が、盗品又は遺失物を、競売若しくは公の市場**において、又はその物と**同種の物を販売する商人から、善意で買い受けた**ときは、被害者又は遺失者は、**占有者が支払った代価を弁償しなければ、その物を回復することができない**（民法194条）。

5 × 民法197条は、**占有者は、**民法の規定に従い、**占有の訴えを提起することができる**こと、また、**他人のために占有をする者も同様**とすると規定している。

問題 2 特別区Ⅰ類(2018年度) ……………………………… 本冊P.211

正解：3

1 × **善意の占有者が本権の訴えにおいて敗訴**したときは、その**訴えの提起の時から悪意の占有者とみなされる**(民法189条2項)。「敗訴した時から」ではない。

2 × **占有物が占有者の責めに帰すべき事由によって滅失し、又は損傷**したときは、その回復者に対し、**悪意の占有者**はその損害の**全部の賠償**をする義務を負い、**善意の占有者**はその滅失又は損傷によって**現に利益を受けている限度**において賠償をする義務を負う(民法191条本文)。よって、占有者はその善意、悪意を問わず、その損害の全部の賠償をするわけではない。

3 ○ **本肢の記述のとおり**である(民法196条1項)。

4 × 占有者がその**占有を妨害されるおそれ**があるときは、**占有保全の訴え**により、その**妨害の予防又は損害賠償の担保を請求することができる**(民法199条)。

5 × **占有回収の訴えは、悪意の占有者であっても行使することができる**(大判大13.5.22)。

問題3 特別区Ⅰ類（2015年度） ………………………………………… 本冊P.212

正解：2

1 × **占有権は、代理人によって取得することができる**（民法181条）。これを**代理占有**という。

2 ○ **本肢の記述のとおり**である（民法182条2項）。本肢の占有移転を**簡易の引渡し**という。

3 × **代理人によって占有**をする場合において、**本人がその代理人に対して以後第三者のためにその物を占有することを命じ、**その**第三者がこれを承諾**したときは、その第三者は、占有権を取得する（民法184条）。これを**指図による占有移転**という。成立するためには**第三者の承諾が必要**である。

4 × 占有者は、**所有の意思**をもって、善意で、平穏に、かつ、公然と占有をするものと**推定する**（民法186条1項）。つまり、「所有の意思」も推定される。

5 × **占有者の承継人**は、その**選択に従い**、**自己の占有のみ**を主張し、又は自己の占有に**前の占有者の占有を併せて主張することができる**（民法187条1項）。そして、**前の占有者の占有を併せて主張する場合**には、その**瑕疵をも承継する**（民法187条2項）。

問題4 国家一般職（2019年度） ………………………………………… 本冊P.213

正解：3

ア × **占有権は、代理権の消滅のみによっては、消滅しない**（民法204条2項）。占有権は、**占有**しているという外形的**事実状態によって成立**するものであり、本権の有無とは無関係だからである。

イ × **善意の占有者が本権の訴えにおいて敗訴**したときは、その**訴えの提起の時から悪意の占有者**とみなされる（民法189条2項）。「占有開始時」ではない。

ウ ○ **本肢の記述のとおり**である（最判昭46.11.30）。

エ ○ **本肢の記述のとおり**である（民法202条2項、最判昭40.3.4）。なお、**反訴とは、訴訟の被告**となった者が、**訴訟の係属中に、その訴訟の手続内で、原告を相手方として訴えを提起**する訴訟である。

オ × **占有権は、占有者が占有の意思を放棄**し、又は**占有物の所持を失うことによって消滅**する。ただし、占有者が**占有回収の訴えを提起**したときは、**占有権は消滅しない**（民法203条）。そして判例は、本条について、占有を奪われた者が占有回収の訴えを提起して勝訴し、**現実にその物の占有を回復した場合に、占有の継続を擬制する**趣旨と解するのが相当であるとしている（最判昭44.12.2）。つまり、現実に物の占有を回復していない場合は、占有が継続していたものと擬制されない。

以上により、妥当なものは**ウ・エ**であり、正解は**3**となる。

問題5 国家一般職（2013年度）……………………………………………… 本冊P.214

正解：3

1 × **善意の占有者**は、占有物から生ずる**果実を取得する**（民法189条1項）。本条では**無過失まで要求されていない**ため、過失のある善意占有者でも果実収取権がある（大判大8.10.13）。

2 × 占有者の承継人は、その選択に従い、自己の占有のみを主張し、又は自己の占有に前の占有者の占有を併せて主張することができる（民法187条1項）。そして、**前の占有者の占有を併せて主張する場合**には、その**瑕疵をも承継する**（民法187条2項）。本肢では「Bが過失により自己の所有と信じ17年間にわたり占有し」ていたため、20年の取得時効の対象となり、本肢のCは、自己の占有と併せて時効取得を主張することができる。

3 ○ **他主占有者が、自己に占有をさせた者に対して、所有の意思があることを表示すれば他主占有から自主占有へと転換する**（民法185条）。本肢では、「AがBに対し、今後は所有の意思をもって甲土地を占有すると表示した」ため本条により他主占有から自主占有へと占有の性質の変更が生じる。

4 × 代理人（C）によって占有をする場合に、**本人（A）**が代理人（C）に対して以後**第三者（B）のためにその物を占有することを命じ**、その**第三者（B）がこれを承諾**したときに指図による占有移転が成立する（民法184条）。本肢においては、Bではなく Aの指示が必要で、Cの承諾ではなく、**Bの承諾が必要**である。

5　×　**占有訴権**を行使する場合、**自主・他主占有や、善意・悪意占有であるかは問われない**。したがって、本肢のBは、甲絵画を侵奪したCに対して、占有回収の訴えにより目的物の返還及び損害賠償を請求することができる(民法200条1項)。

問題6　国家専門職（2017年度）……………………………………………… 本冊P.215

正解：4

ア　×　**即時取得は**、動産取引の安全を図る制度であるため、**取引行為による動産の取得の場合に認められ**、相続や事実行為では即時取得は成立しない。本肢のような「収穫すること」は事実行為であるため、即時取得は認められない(参196ページ)。

イ　○　判例は、**盗品又は遺失物の占有者は、民法194条に基づき右盗品等の引渡しを拒むことができる場合**には、**代価の弁償の提供があるまで**右盗品等の**使用収益権を有する**としている(最判平12.6.27、参197ページ)。

ウ　×　占有者がその占有を奪われたときは、占有回収の訴えにより、その物の返還及び損害の賠償を請求することができる(民法200条1項)。そして、**占有回収の訴えは**、占有を「**奪われた時**」から**1年以内**に提起しなければならない(民法201条3項)。「奪われたことを知った時から」ではない。

エ　×　占有者が占有物の改良のために支出した金額その他の**有益費**については、その**価格の増加が現存する場合に限り**、回復者の選択に従い、その支出した金額又は増価額を償還させることができる(民法196条2項本文)。

オ　○　占有物が**占有者の責めに帰すべき事由によって滅失し、又は損傷**したときは、その回復者に対し、**悪意の占有者**はその**損害の全部**の賠償をする義務を負い、**善意の占有者**はその滅失又は損傷によって**現に利益を受けている限度**において賠償をする義務を負う。ただし、**所有の意思のない占有者**は、善意であるときであっても、**全部の賠償**をしなければならない(民法191条)。本肢のAは本問家屋を賃借しているため、所有の意思のない占有者(他主占有)であり、占有権原がないことに善意であったとしても、損害の全部を賠償しなければならない。

以上により、妥当なものは**イ・オ**であり、正解は**4**である。

2 6 所有権（相隣関係と共有）

問題1 特別区Ⅰ類（2019年度） 本冊P.222

正解：5

1 × **土地の所有者は、境界又はその付近における障壁、建物その他の工作物の築造、収去又は修繕**のため、必要な範囲内で、**隣地を使用することができる。**ただし、**住家**については、その**居住者の承諾がなければ、立ち入ることはできない**（民法209条1項1号）。そして、「住家」の立入りについて、本肢の「隣人が承諾しないときは、裁判所で承諾に代わる判決を得て」という規定はない。

2 × **分割によって公道に通じない土地が生じた**ときは、その土地の所有者は、公道に至るため、**他の分割者の所有地のみを通行することができる。**この場合においては、**償金を支払うことを要しない**（民法213条1項）。

3 × **土地の所有者は、隣地の所有者と共同の費用で、境界標を設けることができる**（民法223条）。なお、境界標とは、境界線等の位置を表すための標識である。そして、**境界標の設置及び保存の費用は、相隣者が等しい割合で負担する。**ただし、**測量の費用は、その土地の広狭に応じて分担する**（民法224条）。

少し細かい知識なので、これはSTEP1で触れていない。ここで押さえておいてほしい。

4 × 判例は、**共有物の分割又は土地の一部譲渡によって公路に通じない土地（袋地）が生じた場合**には、**袋地の所有者は、**民法213条1項に基づき、これを囲繞する土地のうち、**他の分割者の所有地又は土地の一部の譲渡人若しくは譲受人の所有地（残余地）についてのみ通行権を有する**が、この**囲繞地通行権は、残余地について特定承継が生じた場合にも消滅しない**としている（最判平2.11.20）。

5 ○ **本肢の記述のとおり**である（最判昭47.4.14）。

問題 2 特別区Ⅰ類（2017年度）……………………………………………… 本冊P.223

正解：2

1 × 各共有者は、共有物の全部について、その持分に応じた使用をすることができる（民法249条1項）。そして、**各共有者は、目的物に対して持分を有し、その持分を自由に処分する権利を有する。**したがって、各共有者が自己の持分を譲渡し又は担保を設定するときは、他の共有者の同意を得ることを要しない。本肢は「持分」について問われており、「共有地（全体）」ではない点に注意すること。

2 ○ **各共有者は、その持分に応じ、管理の費用を支払い、その他共有物に関する負担を負う。**そして、**共有者が1年以内にこの義務を履行しないときは、他の共有者は、相当の償金を支払ってその者の持分を取得することができる**（民法253条）。

3 × **共有者の1人がその持分を放棄**したとき、又は**死亡して相続人がない**ときは、その**持分は「他の共有者」に帰属する**（民法255条）。国庫に帰属するわけではない。なお、共有物ではない所有者のない不動産は、国庫に帰属することとなる（民法239条2項）。

4 × 判例は、共有物の妨害者に対しては、**各共有者は単独で妨害排除請求ができる**とするが、不法占有者に対してその**損害賠償を求める場合**には、共有者は、それぞれその**共有持分の割合に応じて請求をすべき**ものであり、その割合を超えて請求をすることは許されないとしている（最判昭51.9.7）。

5 × 判例は「当該共有物を取得する者に**支払能力があって、共有者間の実質的公平を害しない**ときは、**価格賠償（全面的価格賠償）も認められる**」としている（最判平8.10.31）。なお、民法258条に裁判による共有物の分割方法が規定されている。

本問では、STEP1で触れていない少し細かい知識が多く出題されている。確認の意味を込めて紹介しているので、ここで押さえておいてほしい。

問題3 裁判所職員（2020年度）…………………………………………………… 本冊P.224

正解：1

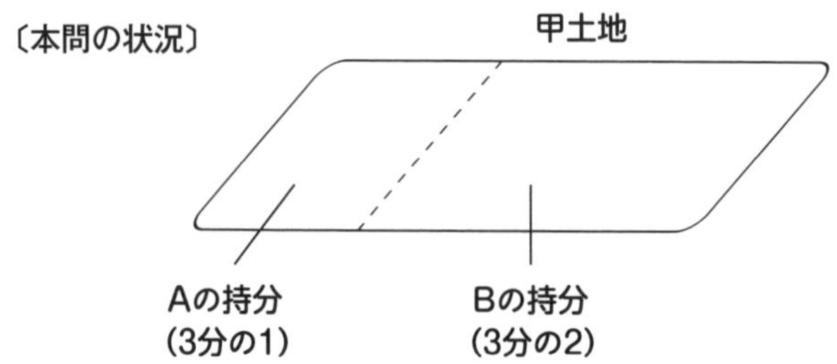

ア ○　共有物の**保存行為は、各共有者が単独ですることができる**(民法252条5項)。そして、**第三者が無断で土地を占有**している場合に、その**不法占拠者に土地全部の明渡しを請求することは「保存行為」にあたる**ため、Aは単独でCに対して、甲土地全部の明渡請求ができる(大判大7.4.19)。

イ ○　**共有物の賃貸借契約の締結**及び、その**解除は「共有物の管理」にあたる**(民法252条)。そして、**管理行為は**各共有者の**持分の価格の過半数**で決するため(最判昭39.2.25)、本肢のＢは3分の2の持分を有している以上、Ｂは単独で本肢の賃貸借契約の解除をすることができる。

ウ ×　本肢の分割方法は、**価格賠償と呼ばれるものである。**各共有者は、原則として、いつでも共有物の分割を請求することができ(256条1項本文)、**分割の方法**について、**協議分割**を行う場合は、**現物分割、代金分割、価格分割から自由に選択することができる。**

エ ×　**各共有者は、共有物の全部**について、その**持分に応じた使用をすることができる**(民法249条1項)。よって、**共有者の1人が共有物を自ら使用している場合であっても、他の共有者は、当然には明渡しを請求することができない**と解されている。

以上により、妥当なものは**ア・イ**であり、正解は**1**となる。

問題4 国家一般職（2022年度）……………………………………………… 本冊P.225

正解：4

ア ○ **本肢の記述のとおり**である（最判平15.7.11）。

イ ○ 判例は、甲乙両名が共同相続した不動産について、乙が勝手に単独所有権取得の登記をし、さらに第三取得者丙が乙から移転登記をうけた場合、甲は丙に対し自己の持分を登記なくして対抗できるとするが、この場合、甲が乙丙に対し請求できるのは、**甲の持分についてのみの一部抹消（更正）登記手続**であって、**各登記の全部抹消を求めることは許されない**としている（最判昭38.2.22）。したがって、本肢のABもCに対して「自己の持分を超えて」更正の登記手続を請求することはできない。

ウ × **各共有者は、いつでも共有物の分割を請求することができる。**ただし、**5年を超えない期間内は分割をしない旨の契約（特約）**をすることができる（民法256条1項）。

エ × 判例は、不動産の共有者の1人は、その持分権に基づき、共有不動産に対して加えられた妨害を排除することができるところ、**不実の持分移転登記**がされている場合には、共有不動産について全く実体上の権利を有しないのに持分移転登記を経由している者に対し、**単独でその持分移転登記の抹消登記手続を請求することができる**とする（最判平15.7.11）。

オ ○ **各共有者は、共有物の全部**について、**その持分に応じた使用をすることができる**（民法249条1項）。よって、**共有者の1人が共有物を自ら使用している場合であっても、他の共有者は、当然には明渡しを請求することができない**と解されている。そして、このような場合に判例は、多数持分権者が少数持分権者に対して共有物の明渡しを求めることができるためには、その**明渡しを求める理由を主張し立証しなければならない**としている（最判昭41.5.19）。

以上により、妥当なものは**ア・イ・オ**であり、正解は**4**となる。

2 7 用益物権(地上権と地役権)

問題1 特別区Ⅰ類(2022年度) …… 本冊P.232

正解：2

1 × **地上権は物権**であることから、権利の内容を実現するにあたり、他人の行為を要しない直接性が認められる。つまり、**地上権は土地所有者の承諾なくして賃貸することも、譲渡することもできる**。なお、ここでの賃貸や譲渡は「地上権」という権利についてであり、土地そのものではないので区別しておくこと。

2 ○ **地下又は空間**は、工作物を所有するため、上下の範囲を定めて地上権の目的とすることができる。これを**区分地上権**という。**区分地上権**は、第三者がその土地の使用又は収益をする権利を有する場合においても、その権利又はこれを目的とする権利を有する**すべての者の承諾があるときは、設定できる**(民法269条の2第2項)。

3 × **地上権は、原則として無償**であり、地代の支払は、地上権の要素ではない(民法265条)。なお、「要素ではない」とは、地上権が成立するための必須の要件ではないという意味であり、特約で有償とすることも可能である。

4 × 永小作権に関して規定する民法274条は、永小作人は、**不可抗力により収益について損失を受けたとき**であっても、**小作料の免除又は減額を請求することができない**と規定している(民法274条)。そしてこの規定は、地上権者が土地の所有者に定期の地代を支払わなければならない場合について**準用されている**(民法266条1項)。

5 × **地上権の時効取得が成立するため**には、土地の**継続的な使用**という**外形的事実**が存在するほかに、その使用が**地上権行使の意思に基づくものであることが、客観的に表現**されていることを要する。なお、この成立要件の立証責任は、地上権の時効取得の成立を主張する者の側にある(最判昭45.5.28)。

問題2　特別区Ⅰ類（2021年度）………………………………………… 本冊P.233

正解：5

A　×　設定行為又は設定後の契約により、**承役地の所有者が自己の費用で地役権の行使のために工作物を設け、**又はその**修繕をする義務を負担**したときは、**承役地の所有者の特定承継人も、その義務を負担する**（民法286条）。要役地所有者を保護するためである。

B　○　**土地の共有者の1人が時効によって地役権を取得**したときは、他の**共有者も、これを取得する**（民法284条1項）。また、**地役権を行使する共有者が数人**ある場合には、その**1人について時効の完成猶予の事由があっても、時効は各共有者のために進行する**（民法284条3項）。

C　×　**要役地が数人の共有**に属する場合、**各共有者は、単独で共有者全員のため共有物の保存行為として、要役地のために地役権設定登記手続を求める訴えを提起することができる**というべきであって、**この訴えは固有必要的共同訴訟には当たらない**（最判平7.7.18）。固有必要的共同訴訟とは、最初から最後まで共同訴訟（民事訴訟において、一つの訴訟手続の当事者の一方又は双方が複数いる訴訟形態）とすることが法律上強制される場合のことである。

D　○　判例は、本肢の事情がある場合には、**承役地の譲受人は、特段の事情がない限り、地役権設定登記の欠缺を主張するにつき正当な利益を有する第三者に当たらない**とした（最判平10.2.13）。譲受人は、要役地の所有者が承役地について通行地役権その他の何らかの通行権を有していることを容易に推認することができ、また、要役地の所有者に照会するなどして通行権の有無、内容を容易に調査することができるからである。

以上により、妥当なものは**B・D**であり、正解は**5**となる。

問題3　特別区Ⅰ類（2020年度）………………………………………… 本冊P.234

正解：3

1　×　**地上権は物権**であることから、権利の内容を実現するにあたり、他人の行為を要しない直接性が認められる。つまり、**地上権は土地所有者の承諾なくして賃貸することも、譲渡することもできる。**

2　×　**地上権者**は、その**権利が消滅した時**に、**土地を原状に復してその工作物及び竹木を収去することができる。**ただし、**土地の所有者が時価相当額を提供し**

てこれを買い取る旨を通知したときは、地上権者は、正当な理由がなければ、これを拒むことができない(民法269条1項)。つまり、「正当な理由」があれば、地上権者は拒むことができる。

3 ○ 本肢の記述のとおりである(民法268条1項)。

4 × 永小作権に関して規定する民法274条は、永小作人は、不可抗力により収益について損失を受けたときであっても、小作料の免除又は減額を請求することができないと規定している(民法274条)。そしてこの規定は、地上権者が土地の所有者に定期の地代を支払わなければならない場合について準用されている(民法266条1項)。

5 × 地下又は空間は、工作物を所有するため、上下の範囲を定めて地上権の目的とすることができる。この場合においては、設定行為で、地上権の行使のためにその土地の使用に制限を加えることができる(民法269条の2第1項)。本肢の「上下の範囲を定めず」の部分が誤りである。

問題4 特別区Ⅰ類(2018年度) ………………………………………… 本冊P.235

正解：5

用益物権とは、他人の土地を一定の目的のために使用・収益することができる物権のことである。民法上、用益物権に属するのは、**地上権**(民法265条)、**永小作権**(民法270条)、**地役権**(民法280条)、**入会権**(民法263条、294条)である。

以上により、用益物権に該当するのは、**B：永小作権、D：入会権、E：地役権**であり、正解は**5**となる。

なお、肢Aの留置権(民法295条1項)と肢Cの先取特権(民法303条)は、法定担保物権であり、用益物権ではない。

問題5 特別区Ⅰ類(2016年度) ………………………………………… 本冊P.235

正解：5

1 × **地上権は、その設定のために地上における工作物又は竹木が現存することを要件としていない**(民法265条)。つまり、将来的に工作物等を所有するために設定することができる。

2 × **地上権は物権**であることから、権利の内容を実現するにあたり、他人の行為を要しない直接性が認められる。つまり、**地上権は土地所有者の承諾なくして賃貸することも、譲渡することもできる。**

3 × 地上権者は、その権利が消滅した時に、**土地を原状に復してその工作物及び竹木を収去することができる**。ただし、**土地の所有者が時価相当額を提供してこれを買い取る旨を通知**したときは、地上権者は、**正当な理由がなければ、これを拒むことができない**（民法269条1項）。本条は、地上権者が工作物等を収去できる権利を規定するもので、土地所有者に対する**これらの買取請求を定めたものではない**。

4 × **地上権は、原則として無償**（民法265条）であり、地代の支払いは、地上権の要素ではない。

5 ○ **本肢の記述のとおり**である（民法269条の2第1項）。

問題6 特別区Ⅰ類（2013年度）…………………………………………………… 本冊P.236

正解：1

1 ○ 地役権は、**要役地（便益を受ける土地）**の所有権に従たるものとして、その**所有権とともに移転**し、又は要役地について存する他の権利の目的となるものとする（民法281条1項本文）。したがって、**「所有権」の移転を承役地の所有者に対抗しうるときは、地役権の移転も登記なく対抗できる**。なお、地役権の移転の登記はすることができない。

2 × **地役権の設定目的に制限はない**ため（民法280条）、水路を開設したり、通路を開設したりするためだけでなく眺望や日照の確保という目的としても地役権を設定することができる。

3 × 地役権は、**継続的に行使**され、かつ、**外形上認識**することができるものに限り、**時効によって取得することができる**（民法283条）。

4 × **土地の共有者の1人は、その持分につき、**その土地のために又はその土地について存する**地役権を消滅させることができない**（民法282条1項）。

5 × 地役権は、承役地を要役地の便益に供する権利であるが、**要役地と承役地は、隣地通行権（民法210条）と異なり、隣接していることを要しない。**

3 1 担保物権総論

問題 1　国家一般職（2020年度）……本冊P.246

正解：4

ア ×　本肢の性質を**付従性**というが、**確定前の根抵当権には認められない**ため、**すべての担保物権に当然に認められるわけではない**。

イ ×　本肢の性質を**不可分性といい、留置権、先取特権、質権、抵当権について認められる**（民法296条、305条、350条、372条）。

ウ ○　本肢の性質を**物上代位性**といい、先取特権、質権、抵当権については認められるが（民法304条1項、350条、372条）、**留置権には認められない**。

エ ×　本肢の効力を**留置的効力**といい、この効力は**留置権と質権に認められる**（民法295条、347条）。

オ ○　本肢の効力を**収益的効力**といい、この効力は**不動産質権**にのみ認められる（民法356条）。

以上により、妥当なものは**ウ・オ**となり、正解は**4**となる。

問題 2　国家一般職（2015年度）……本冊P.247

正解：5

ア ×　**優先弁済的効力**は、**留置権には認められない**。

イ ×　**収益的効力**は**不動産質権**にのみ認められる効力である（民法356条）。動産質権には認められていない。

ウ ×　本肢の付従性に関する記述は正しいが、例えば、**根抵当権**など、**債権の額が増減変動する不特定の債権を担保する目的の担保物権も認められる**（参 298ページ）。

エ ○　**本肢の記述のとおり**である。

オ ○　**本肢の記述のとおり**である（最判平元.10.27）。

以上により、妥当なものは**エ・オ**となり、正解は**5**となる。

3 2 留置権

問題1 裁判所職員（2017年度）………………………………………………本冊P.254

正解：3

ア 正　留置権者は、**債務者の承諾**を得なければ、**留置物を使用し、賃貸し、又は担保に供することができない**（民法298条2項本文）。そして、留置権者は、留置物から生ずる**果実を収取**し、他の債権者に先立って、これを自己の債権の**弁済に充当することができる**（民法297条1項）。賃貸借契約で得た賃料は法定果実であり、留置権者はその賃料を被担保債権の弁済に充当することができる。

イ 誤　留置権者は、**債務者の承諾**を得なければ、**留置物を使用し、賃貸し、又は担保に供することができない**（民法298条2項本文）。

ウ 正　留置権には、民法上の優先弁済的効力はない。しかし、民事執行法上、留置権による競売については、担保権の実行としての競売の例によると規定されており、**留置権者は、競売により目的物を換価することができる**（民事執行法195条）。

エ 正　**債務者は、相当の担保を供して、留置権の消滅を請求することができる**（民法301条）。なお、代担保は、物的担保でも人的担保でもよいが、本条の消滅請求には、**留置権者の同意**が必要である。

以上により、正誤の組み合わせは**ア：正、イ：誤、ウ：正、エ：正**となり、正解は**3**となる。

問題2 国家一般職（2022年度）…………………………………………………………本冊P.255

正解：1

1 ○ **留置権は物権**であるため、**債務者以外の第三者にも対抗することができる。**よって、本肢のAは、Cに対して、甲土地について留置権を行使することができる。

2 × 判例は、**不動産の二重売買**において、第二の買主のため所有権移転登記がされた場合、**第一の買主は、第二の買主の不動産の所有権に基づく明渡請求に対し、売買契約不履行に基づく損害賠償債権をもって、留置権を主張することは許されない**としている（最判昭43.11.21）。

3 × 留置権者は、**債権の全部の弁済を受けるまでは、留置物の全部についてその権利を行使することができる。**これを**留置権の不可分性**という。よって、本肢のBが代金の一部を支払ったとしても、Aは乙土地の一部を引き渡す必要はない。

4 × 留置権者は、**善良な管理者の注意**をもって、**留置物を占有しなければならない**（民法298条1項）。「自己の財産に対するのと同一の注意」ではない。

5 × 留置権者は、**債務者の承諾**を得なければ、**留置物を使用し、賃貸し、又は担保に供することができない。**ただし、その物の保存に必要な使用をすることは、この限りでない（民法298条2項）。よって、「原則として」「承諾なく自由に使用すること」はできない。

問題3 国家一般職（2018年度）…………………………………………………………本冊P.256

正解：3

ア × 判例は、**不動産の二重売買**において、第二の買主のため所有権移転登記がされた場合、**第一の買主は、第二の買主の不動産の所有権に基づく明渡請求に対し、売買契約不履行に基づく損害賠償債権をもって、留置権を主張することは許されない**としている（最判昭43.11.21）。

イ ○ **留置権は物権**であるため、**債務者以外の第三者にも対抗することができる。**よって、本肢のAは、Cに対して、当該土地について留置権を行使することができる。

ウ ○ 判例は、**建物の従前の賃借人が、賃借中支出した費用の償還を請求するためその建物につき留置権を行使**した場合には、**賃借中と同一の態様をもって建**

物の占有・使用を継続することは、特段の事情のない限り、留置権に基づく適法な行為と解すべきであるとしている（最判昭47.3.30）。

エ × 留置権者は、債権の全部の弁済を受けるまでは、留置物の全部についてその権利を行使することができる。これを留置権の不可分性という。判例は、留置権者が留置物の一部を債務者に引き渡した場合においても、特段の事情のない限り、債権の全部の弁済を受けるまで、留置物の残部につき留置権を行使することができるとしている（最判平3.7.16）。

オ × 留置権は、占有が不法行為によって始まっていないことが成立要件となる。判例は、建物の賃貸借契約が解除されたのち、賃借人だった者が、当該建物を占有すべき権原のないことを知りながら不法にこれを占有する間に、建物につき有益費を支出したときは、民法295条2項の類推適用により、当該不法占拠者は有益費の償還請求権に基づく留置権を主張できないとしている（最判昭46.7.16）。

以上により、妥当なものはイ・ウとなり、正解は3となる。

問題4 国家一般職（2012年度）……本冊P.257

正解：3

ア × 被担保債権の弁済期が到来していることは、留置権の成立要件の一つである（民法295条1項但書）。被担保債権の弁済期前には、履行の強制をすることができないからである。

イ ○ 留置権者は、善良な管理者の注意をもって、留置物を占有しなければならない（民法298条1項）。

ウ × 留置権には、民法上の優先弁済的効力はない。なお、民事執行法上、留置権者は、競売により目的物を換価することはできる（民事執行法195条）。

エ × 留置権が成立するためには、留置権者が他人の物を占有していることを要するが、ここでいう「他人の物」とは留置権者以外の所有物という意味であり、被担保債権の債務者の所有物に限られず、第三者の所有物でもよい。

オ ○ 留置権は物権であるため、債務者以外の第三者にも対抗することができる。よって、本肢のAは、Cに対して、当該不動産について留置権を行使することができる。なお、判例も甲所有の物を買受けた乙が、売買代金を支払わないままこれを丙に譲渡した場合には、甲は、丙からの物の引渡請求に対して、未払代金債権を被担保債権とする留置権の抗弁権を主張することができるとしている（最判昭47.11.16）。

以上により、妥当なものは**イ・オ**となり、正解は**3**となる。

問題5 国家専門職（2021年度）……………………………………………………… 本冊P.258

正解：5

ア × 留置権には、**付従性、随伴性、不可分性は認められるが、優先弁済的効力がない**ため、**物上代位性は認められない**。

イ × 建物の賃借人が**建物に造作を設置**した場合、賃貸借契約終了時には賃借人は**賃貸人に対して造作の買取を請求する権利（造作買取代金債権）を有する**（借地借家法33条）。しかし、**造作買取代金債権は、建物自体に関して生じた債権ではない**ので、賃借人は**造作買取代金債権を被担保債権とする留置権を行使して建物の引渡しを拒むことはできない**（最判昭29.1.14）。

ウ × 判例は、**不動産の二重売買**において、第二の買主のため所有権移転登記がされた場合、**第一の買主は、第二の買主の不動産の所有権に基づく明渡請求に対し、売買契約不履行に基づく損害賠償債権をもって、留置権を主張することは許されない**としている（最判昭43.11.21）。

エ ○ **本肢の記述のとおり**である（民法298条1項、2項本文）。

オ ○ **建物の賃借人は、**賃貸借契約終了時の**費用償還請求権に基づき建物全体を留置することができる**（必要費につき大判昭14.4.28、有益費につき大判昭10.5.13）。そして、この場合、**建物賃借人が居住を継続**することは、他に特別の事情のない限り、**民法298条2項の「物の保存に必要な使用」にあたり許容される**（大判昭10.5.13）。

以上により、妥当なものは**エ・オ**となり、正解は**5**となる。

問題6 国家専門職（2015年度）……………………………………………………… 本冊P.259

正解：5

1 × 留置権は、**占有が不法行為によって始まった場合には成立しない**（民法295条2項）。

2 ×　留置権に優先弁済的効力はないが、**留置権者は、留置物から生ずる果実を収取し、他の債権者に先立って、これを自己の債権の弁済に充当することができる**。なおこの場合、果実は、まず債権の利息に充当し、なお残余があるときは元本に充当しなければならない（民法297条）。

3 ×　**留置権者は、留置物について必要費を支出**したときは、**所有者にその償還をさせることができる**（民法299条1項）。

4 ×　留置権は、原則として、**留置権者が留置物の占有を失う**ことによって**消滅するが、債務者の承諾を得て留置物を賃貸し**、質権の目的としたときは、**留置権者は間接占有を有しているため、留置権は消滅しない**（民法302条）。

5 ○　**本肢の記述のとおり**である（民法301条）。なお、代担保は、物的担保でも人的担保でもよいが、本条の消滅請求には、留置権者の同意が必要である。

CHAPTER 3 担保物権

3 3 先取特権

問題 1 特別区Ⅰ類（2021年度）……………………………………………… 本冊P.266

正解：3

1 × **先取特権には物上代位性があり、**その**目的物の売却、賃貸、滅失又は損傷によって債務者が受けるべき金銭その他の物に対しても、行使することができる。**ただし、先取特権者は、その**払渡し又は引渡しの前に差押え**をしなければならない。また、債務者が先取特権の目的物につき**設定した物権の対価についても物上代位をすることができる**（民法304条）。

2 × **農業の労務の先取特権は、**その**労務に従事する者の最後の1年間の賃金**に関し、その労務によって生じた果実について存在する（民法323条）。そして、**工業の労務の先取特権は、**その**労務に従事する者の最後の3か月間の賃金**に関し、その**労務によって生じた製作物**について存在する（民法324条）。

各動産先取特権の内容についてはSTEP 1で触れていないけれども、試験前に民法311条～324条を一読しておけるとよいよ。

3 ○ **不動産の工事の先取特権**は、**工事の設計、施工又は監理をする者**が債務者の不動産に関してした**工事の費用**に関し、その不動産について存在し、この先取特権は、**工事によって生じた不動産の価格の増加が現存する場合に限り**、その**増価額**についてのみ存在する（民法327条2項）。

4 × 同一の動産について特別の先取特権が互いに競合する場合において、動産の**保存の先取特権について数人の保存者**があるときは、**後の保存者が前の保存者に優先**する（民法330条1項柱書）。

5 × 一般の先取特権者は、まず**不動産以外**の財産から弁済を受け、なお不足があるのでなければ、**不動産**から弁済を受けることができない（民法335条1項）。しかし、この規定は、**不動産以外の財産の代価に先立って不動産の代価を配当**し、又は他の**不動産の代価に先立って特別担保の目的である不動産の代価を配当する場合には、適用されない**（民法335条4項）。

問題 2 特別区Ⅰ類（2017年度）……………………………………………… 本冊P.267

正解：4

1 × **先取特権は法定担保物権**であり、当事者間の契約で発生する約定担保物権ではない。

2 × **一般先取特権の対象は、債務者の総財産**であり（民法306条柱書）、動産・不動産・債権その他、法律上執行の目的となりうるすべての財産である。よって、債権であっても対象となる。

3 × 先取特権には物上代位性があり、その**目的物の売却、賃貸、滅失又は損傷によって債務者が受けるべき金銭その他の物に対しても、行使することができる。**ただし、**先取特権者は、その払渡し又は引渡しの前に差押えをしなければならない**（民法304条1項）。

4 ○ **本肢の記述のとおり**である（民法329条2項）。

5 × **不動産工事の先取特権の効力を保存**するためには、**工事を始める前にその費用の予算額を登記**しなければならない。この場合において、**工事の費用が予算額を超えるとき**は、**先取特権は、その超過額については存在しない**こととなる（民法338条1項）。

問題3 国家一般職（2017年度）…………………………………………………………本冊P.268

正解：3

ア × **抵当権者が物上代位権を行使して賃料債権の差押えをした後**は、抵当不動産の**賃借人は、抵当権設定登記後に賃貸人に対して取得した債権を自働債権とする賃料債権との相殺**をもって、**抵当権者に対抗できない**（最判平13.3.13）。

イ ○ **先取特権には物上代位性があり**、その**目的物の売却、賃貸、滅失又は損傷によって債務者が受けるべき金銭その他の物に対しても、行使することができる。**ただし、先取特権者は、その**払渡し又は引渡しの前に差押え**をしなければならない（民法304条1項）。そして、**「動産」売買**の先取特権者は、**物上代位の目的債権が譲渡**され、**第三者に対する対抗要件が備えられた後**は、目的債権を差し押さえて**物上代位権を行使することはできない**（最判平17.2.22）。

ウ × **抵当権における物上代位についても民法304条が準用**される（民法372条）。しかしながら、**抵当権の物上代位**については、**動産先取特権と異なり、登記という公示方法が存在**するため、**「払渡し又は引渡し」については、債権譲渡は含まれない。**したがって、抵当権者は、物上代位の目的債権が譲渡され第三者に対する対抗要件が備えられた後においても、自ら目的債権を差し押さえて物上代位権を行使することができる（最判平10.1.30）。

エ ○ **賃貸人が敷金を受け取っている場合**には、その**敷金で弁済を受けない債権の部分についてのみ**先取特権を有する（民法316条）。よって、敷金が授受された賃貸借契約に係る賃料債権につき抵当権者が物上代位権を行使してこれを差し押さえた場合において、当該賃貸借契約が終了し、目的物が明け渡されたときは、賃料債権は敷金の充当によりその限度で消滅する（最判平14.3.28）。

オ × 転付命令とは、債務者の財産に対する強制執行の一つであり、債務者が有する金銭債権などを直接債権者へ移転させることを命令するものである。これに関して判例は、**抵当権者が物上代位権を行使**するためには、その**目的となる債権の転付命令が送達される前**に、当該債権を**差し押さえなければならない**としている（最判平14.3.12）。

以上により、妥当なものは**イ・エ**となり、正解は**3**となる。

問題4 国家専門職（2020年度）……本冊P.269

正解：5

ア × **先取特権は**、債務者がその目的である**動産をその第三取得者に引き渡した後は、その動産について行使することができない**（民法333条）。

イ × **一般の先取特権は**、不動産について**登記をしなくても、特別担保を有しない債権者に対抗することができる**。ただし、**登記をした第三者**に対しては、**この限りでない**（民法336条）。

ウ × **同一の目的物について同一順位の先取特権者が数人**あるときは、各先取特権者は、その**債権額の割合に応じて弁済を受ける**（民法332条）。「それぞれ等しい割合で弁済を受ける」わけではない。

エ ○ **一般の先取特権者は、まず不動産以外**の財産から弁済を受け、なお不足があるのでなければ、**不動産**から弁済を受けることができない（民法335条1項）。

オ ○ **本肢の記述のとおり**である（民法316条）。

以上により、妥当なものは**エ・オ**となり、正解は**5**となる。

3 4 質権

問題1 特別区Ⅰ類（2020年度）……………………………………………………………… 本冊P.274

正解：2

1 × **質権者は、その権利の存続期間内において、自己の責任で、質物について、転質をすることができる。**この場合において、転質をしたことによって生じた**損失については、不可抗力によるものであっても、その責任を負う**（民法348条）。

2 ○ **本肢の記述のとおり**である（民法366条1項、2項）。

3 × 動産質権者は、質物の占有を奪われたときは、対抗力を失うため、「質権」に基づく返還請求をすることができない。そして、**動産質権者は、質物の占有を奪われたときは、占有回収の訴えによってのみ、その質物を回復することができる**（民法353条）。

4 × **不動産質権者**は、質権の目的である不動産の用法に従い、その**使用及び収益をすることができる**（民法356条）。

5 × **不動産質権の存続期間**は10年を超えることができない。**設定行為でこれより長い期間を定めたとき**であっても、**その期間は10年**とする。また、不動産質権の設定は**更新できるが、その存続期間は、更新の時から10年を超えることができない**（民法360条）。

問題2 特別区Ⅰ類（2015年度）……………………………………………………………… 本冊P.275

正解：4

1 × **立木法による立木**や1個の不動産とみなされる財団、**登記船舶**、**登録自動車**、動産抵当の認められる**航空機などは政策的配慮から、質権設定が禁止**されている。

2 × **不動産質権者**は、質権の目的である不動産の用法に従い、その**使用及び収益をすることができる**（民法356条）。その反面、**原則として、不動産質権者は、その債権の利息を請求することができない**（民法358条）。しかし、設定行為に**別段の定めによりその債権の利息を請求することもできる**（民法359条）。

3 × 質権は、①**債権者と債務者（又は第三者）**との間の**質権設定の合意**、及び②**目的物の引渡しによって成立**する（民法344条）。つまり、債務者ではない

第三者の所有物を占有している場合、その**第三者と合意することで、質権を設定することができる。**

4 ○ **債権質の質権者**は、質権の目的である債権を直接に取り立てることができ（民法366条1項）、**被担保債権の弁済期が質権者の債権の弁済期前に到来**したときは、質権者は、**第三債務者にその弁済をすべき金額を供託させることができる。**この場合において、質権はその供託金について存在する（民法366条3項）。

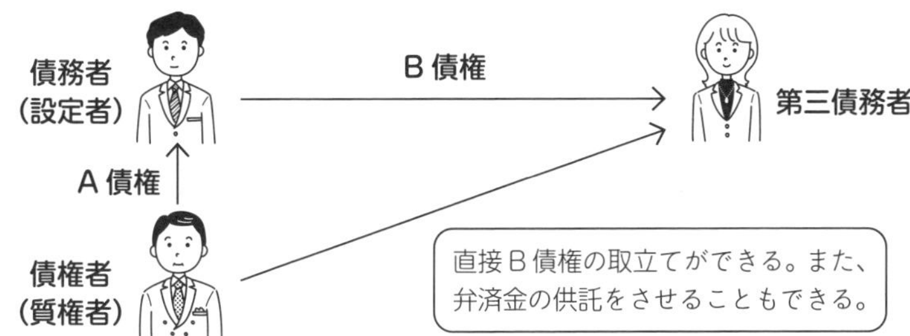

5 × 質権の設定は、債権者にその**目的物を引き渡す**ことによって、その**効力を生ずる**（民法344条）。この「引き渡す」は、現実の引渡しのみならず、簡易の引渡し、指図による占有移転が含まれる。しかし、**占有改定は含まれない**と解されている。

問題 3 国家一般職（2021年度） ……………………………………………… 本冊 P.276

正解：1

1 ○ **本肢の記述のとおり**である（民法520条の7、民法520条の2）。

2 × **質権設定者は、**設定行為又は債務の**弁済期前の契約において、質権者に弁済として質物の所有権を取得させ、**その他法律に定める方法によらないで**質物を処分させることを約することができない**（民法349条）。本肢の「債務の弁済期の前後を問わず」の部分が誤りである。

本肢と次の肢3の知識は「STEP1」で触れていないので、ここで確認してほしい。

3 × **動産質権者**は、その債権の弁済を受けないときは、**正当な理由**がある場合に限り、鑑定人の評価に従い、**質物をもって直ちに弁済に充てることを裁判所に請求**できる（民法354条）。また、質権者には**果実からの優先弁済権がある**（民法350条、民法297条）。

4 × **不動産質権者は**、質権の目的である不動産の用法に従い、**使用及び収益をすることができる**（民法356条）。質権設定者の**承諾は不要**である。

5 × 質権は、元本、利息、**違約金、質権の実行費用、質物の保存費用、債務不履行**又は**質物の隠れた瑕疵によって生じた損害の賠償を担保する**。ただし、設定行為に別段の定めがあるときは、この限りではない（民法346条）。

問題4 国家一般職（2013年度）……………………………………………………………本冊P.277

正解：2

ア ○ 質権は、譲り渡すことができない物をその目的とすることができない（民法343条）。そして、**譲渡制限の意思表示がされた債権を目的**とした場合について判例は、**質権者が悪意**であれば、その**質権は無効**であるとしている（大判大13.6.12）。

イ × 質権の設定は、債権者にその目的物を引き渡すことによって、その効力を生ずる（民法344条）。つまり、**質権設定契約は要物契約**である。そして、**指図証券の譲渡は、その証券に譲渡の裏書をして譲受人に交付しなければ、その効力を生じない**（民法520条の2）。**本条は、指図証券を目的とする質権の設定について準用**されている（民法520条の7）。

ウ ○ **債務者が、債権者に対して有する債権についても質権を設定することができる**（大判昭11.2.25）。

エ × **動産質権者は、継続して質物を占有**しなければ、その質権をもって第三者に**対抗することができない**（民法352条）。そして、**債権を目的とする質権の設定は**、民法467条の規定に従い、**第三債務者にその質権の設定を通知し、又は第三債務者がこれを承諾しなければ、これをもって第三債務者その他の第三者に対抗することができない**（民法364条）。つまり、債権質であっても、質権の第三者への対抗手段がある。

オ × **質権設定者は、設定行為又は債務の弁済期前の契約において、質権者に弁済として質物の所有権を取得させ**、その他法律に定める方法によらないで**質物を処分させることを約することができない**（民法349条）。そして、**債権質の質権者**は、質権の目的である**債権を直接に取り立てることができる**（民法366条1項）。

以上により、妥当なものは**ア・ウ**となり、正解は**2**となる。

3 5 抵当権①（総論）

問題1 特別区Ⅰ類（2022年度）………………………………………… 本冊P.284

正解：1

1 ○ 抵当権は、抵当権者と抵当権設定者との合意によって成立する（民法369条1項）。抵当権者は債権者であり、**抵当権設定者**は、**債務者でも第三者でもよい**。第三者である設定者のことを**物上保証人**という。

2 × **地上権及び永小作権**も、**抵当権の目的とすることができる**（民法369条2項）。なお、不動産「賃借権」は目的とはできない。

3 × **抵当権の順位**は、**各抵当権者の合意**によって**変更することができる**。ただし、**利害関係を有する者**があるときは、その**承諾**を得なければならない（民法374条1項）。

4 × **転抵当とは**、抵当権者が**「抵当権」を他の債権の担保**とすることである。「抵当権の処分」には、①この転抵当のほかに、同一の債務者に対する他の債権者の利益のために、②抵当権自体の譲渡・放棄、③抵当権の順位の譲渡・放棄がある（民法376条1項）。本肢は②の抵当権自体の譲渡（放棄）の説明である。

5 × **抵当不動産について取得時効が完成（援用）**すれば、抵当権が付いていないまっさらな所有権を取得できる。つまり、**抵当権は消滅**する。なお、抵当目的物の第三債務者であっても、取得時効に必要な要件を具備するのに必要な占有期間を経過すれば、抵当権の消滅時効の援用ができる（大判昭15.11.26）。

問題2 裁判所職員（2019年度）………………………………………… 本冊P.284

正解：5

ア 正 本肢は物上代位が認められるかが問われているが、**抵当権は、その目的物の売却、賃貸、滅失又は損傷によって債務者が受けるべき金銭その他の物に対しても、行使することができる**。ただし、抵当権者は、その払渡し又は引渡しの前に差押えをしなければならない（民法372条、304条1項）。

イ 正 抵当権は、抵当地の上に存する建物を除き、その目的である不動産に付加して一体となっている物（付加一体物）に及ぶ（民法370条本文）。また、判例は、宅地に対する抵当権の効力は、特段の事情のない限り、**抵当権設定当時**、宅地の**従物**であった石灯籠及び庭石にも及び、**抵当権の設定登記による対抗力は、**

従物についても生ずるとしている（最判昭44.3.28）。

ウ　正　「賃料」債権についても物上代位は認められ、判例は、抵当権者は、物上代位の目的債権が譲渡され第三者に対する対抗要件が備えられた後においても、自ら目的債権を差し押さえて物上代位権を行使することができるとしている（最判平10.1.30）。

以上により、妥当なものはア：正、イ：正、ウ：正となり、正解は5となる。

問題3　国家一般職（2021年度）……本冊P.285

正解：5

ア　×　不動産所有権以外に、地上権及び永小作権も、抵当権の目的とすることができる（民法369条2項）。しかし、賃借権を目的とする抵当権の設定は認められていない。

イ　×　抵当権者は、**利息その他の定期金を請求する権利**を有するときは、その満期となった最後の2年分についてのみ、**抵当権を行使することができる**（民法375条1項）。「最後の5年分」ではない。

ウ　○　判例は、**宅地に対する抵当権の効力**は、特段の事情のない限り、抵当権設定当時、宅地の従物であった石灯籠及び庭石にも及び、抵当権の設定登記による対抗力は、右従物についても生ずるとしている（最判昭44.3.28）。

エ　×　判例は、**土地賃借人が当該土地上に所有する**建物について抵当権を設定した場合には、原則として、**抵当権の効力は当該**土地の賃借権に及び、右建物の競落人と賃借人との関係においては、右建物の所有権とともに土地の賃借権も競落人に移転するものと解するのが相当であるとしている（最判昭40.5.4）。

オ　○　被担保債権について不履行があった後に生じた抵当不動産の果実には、天然果実か法定果実かを問わず、抵当権の効力が及ぶ（民法371条）。賃料債権は法定果実である。

以上により、妥当なものはウ・オとなり、正解は5となる。

問題4 国家専門職（2019年度）……本冊P.286

正解：5

ア × 判例は、**第三者が抵当不動産を不法占有**することにより、競売手続の進行が害され適正な価額よりも**売却価額が下落するおそれ**があるなど、**抵当不動産の交換価値の実現が妨げられ、抵当権者の優先弁済請求権の行使が困難となるような状態**があるときは、**抵当権者**は、抵当不動産の所有者に対して有する右状態を是正し抵当不動産を適切に維持又は保存するよう求める請求権を保全するため、所有者の不法占有者に対する**妨害排除請求権を代位行使することができる**としている（最大判平11.11.24）。

イ × **抵当権の被担保債権の範囲は、元本、利息、損害金**であるが、**利息と損害金については直近の2年分に限られる**（民法375条1項、2項）。よって、被担保債権の範囲が制限されている。

ウ × 抵当権者は、物上代位にあたり、目的物の「払渡し又は引渡し」の前に差押えをすることを要するが（民法372条、304条）、ここでいう**「払渡し又は引渡し」に債権譲渡は含まれない**。よって、抵当権者は、物上代位の目的債権が譲渡され第三者に対する対抗要件が備えられた後においても、自ら目的債権を差し押さえて物上代位権を行使することができる（最判平10.1.30）。

エ ○ **本肢の記述のとおり**である（最判平14.3.28）。

オ ○ **本肢の記述のとおり**である（最判昭57.3.12）。

以上により、妥当なものは**エ・オ**であり、正解は**5**となる。

問題5 国家専門職（2018年度）……本冊P.287

正解：4

1 × 抵当権には、**付従性**、**随伴性**、**不可分性がある**（民法372条、296条）。また、**物上代位性もある**（民法372条、304条1項）。

2 × 民法上は、**抵当権の目的物は、不動産所有権及び地上権、永小作権に限られている**（民法369条）。しかし例えば、**自動車抵当法では、自動車は、抵当権の目的とすることができる**としているので（同法３条）、動産が抵当権の目的となりえないわけではない。

3 × 抵当権の**被担保債権**は、一般的には、金銭債権であるが、**金銭債権以外の債権であってもよい**。特定物の引渡請求権を被担保債権とすることもできる。この場合、登記事項としては、債権価額を金銭に換算して記載することを要する。

4 ○ **債務者及び抵当権設定者は、被担保債権の弁済に関して責任を負う者**であることに鑑み、民法396条は、抵当権は、**債務者及び抵当権設定者に対しては、被担保債権と同時でなければ時効によって消滅しない**と規定している。

5 × 抵当権は、被担保債権について**不履行があったとき**は、**その後に生じた抵当不動産の果実に及ぶ**（民法371条）。

3 6 抵当権②（法定地上権など）

問題1 国家一般職（2019年度）…………………………………………………… 本冊P.294

正解：3

法定地上権の成立要件は以下の4つであり、本問では、それぞれの論点が出題されている。

①抵当権**設定当時、土地と建物が同一の所有者**に帰属すること
②抵当権**設定当時、土地上に建物が存在**すること
③土地建物の**一方又は双方に抵当権が設定**されること
④競売が実行され、**土地と建物が異なる所有者に帰属**すること

以上を前提に、各肢を検討する。

ア × **③に関する問題**である。**「双方に」** **抵当権が設定**とあるように、**同一の所有者に属する土地及びその上に存する建物が同時に抵当権の目的**となった場合でも、法定地上権について規定する民法388条の**適用がある**（最判昭37.9.4）。

イ ○ **②に関する問題**である。法定地上権が成立するためには、**抵当権設定当時に建物が存在**することが必要である（大判大4.7.1）。よって、法定地上権は**成立しない**。

ウ × **①に関する問題**である。**土地共有者の1人だけについて民法388条本文の事由が生じた**としても、このために**他の共有者の意思にかかわらず、その者の持分までが無視されるべきいわれはない**ので、**当該共有土地については、法定地上権は成立しない**（最判昭29.12.23）。

エ × ①に関する問題である。法定地上権の成立には、抵当権設定当時、土地と建物が同一の所有者に帰属することが必要であるが、登記名義が異なっていても、あるいは保存登記がなかったとしても法定地上権は成立する（最判昭48.9.18、大判昭14.12.19）。

オ ○ ①に関する問題である。本肢の場合、法定地上権は成立しない（最判平2.1.22）。

以上により、妥当なものはイ・オであり、正解は3となる。

問題 2 国家一般職（2016年度）………………………………………… 本冊P.295

正解：5

ア × **法定地上権の成立も物権変動の一種**であるから、**第三者に対抗するためには**民法又は借地借家法上の**対抗要件を具備することが必要**である（民法177条、借地借家法10条）。

イ × 法定地上権の成立には、抵当権設定当時、土地と建物が同一の所有者に帰属することが必要であるが、**登記名義が異なっていても、**あるいは保存登記がなかったとしても**法定地上権は成立する**（最判昭48.9.18、大判昭14.12.19）。

ウ × 本肢の場合、法定地上権が成立する（最判平19.7.6）。

エ ○ 所有者が**土地及び地上建物に共同抵当権を設定した後、建物が取り壊され、新たに建物が建築**された場合には、新建物の所有者が土地の所有者と同一であり、かつ、新建物が建築された時点での土地の抵当権者が新建物について土地の抵当権と同順位の共同抵当権の設定を受けたなどの特段の事情のない限り、新建物のために法定地上権は成立しない（最判平9.2.14）。

オ ○ **建物の共有者の1人がその敷地を所有**する場合において、**土地に設定された抵当権が実行**され、第三者がこれを競落したときは、**当該土地につき、建物共有者全員のために、法定地上権が**成立する（最判昭46.12.21）。

以上により、妥当なものはエ・オであり、正解は5となる。

問題3 国家一般職（2019年度）……………………………………………………本冊P.296

正解：1

ア ○ 抵当権は、**債務者及び抵当権設定者**に対しては、その**担保する債権と同時でなければ、時効によって消滅しない**（民法396条）。そして、**後順位抵当権者や抵当不動産の第三取得者**に対しては、**被担保債権と離れて**民法166条2項により、**20年の消滅時効**にかかる（大判昭15.11.26）。

イ × 本肢は、保証契約に関する検索の抗弁権についての内容である（民法453条、参民法Ⅱ、70ページ）。この規定は物上保証人には適用されない。

ウ × 判例は、抵当権者は、抵当不動産の賃借人を所有者と同視することを相当とする場合を除き、賃借人が取得する**転貸賃料債権について物上代位権を行使することができない**としている（最決平12.4.14、参280ページ）。

エ × 判例は、本肢のような場合に、**抵当権者**は、当該占有者に対する**妨害排除請求権を行使することができる**としている（最判平17.3.10、参281ページ）。抵当権侵害による不法行為に基づく「損害賠償請求」ではない。

オ × 判例は、本肢のような場合に、不動産の時効取得者である占有者が、**その後引続き時効取得に必要な期間占有を継続**し、その期間の経過後に取得時効を援用したときは、当該占有者が抵当権の存在を容認していたなど抵当権の消滅を妨げる特段の事情がない限り、当該占有者が**当該不動産を時効取得する結果、抵当権は消滅**するとしている（最判平24.3.16）。

以上により、妥当なものは**アのみ**であり、正解は**1**となる。

肢オの判例については触れていなかったけれど、ここで確認しておいてね。取得時効が完成した後に抵当権が設定された場合、さらに占有者が取得時効を完成させることで、抵当権が付いていない所有権を取得できるということだよ。

問題4 国家一般職（2015年度）……本冊P.297

正解：1

1 ○ **本肢の記述のとおり**である（民法378条）。

2 × **抵当不動産の第三取得者**は、民法383条の定めるところにより、**抵当権消滅請求**をすることができる（民法379条）。この場合、抵当不動産の第三取得者は、抵当権の実行としての**競売による差押えの効力が発生する前に、抵当権消滅請求**をしなければならない（民法382条）。よって、本肢の「Bの請求がある場合に限り、」の部分が誤りである。

3 × 本肢では、債務者Aが死亡し、Aの地位を債権者Bが単独相続している。この場合、**混同により債権債務は消滅する**（民法520条本文）。よって、被担保債権が消滅する以上、抵当権の付従性により甲建物の**抵当権も消滅する**。

4 × 抵当権は物権であり、物に対する権利であるから、**目的物が消滅**した場合には**抵当権も消滅する**。

5 × **債務者又は抵当権設定者でない者**が抵当不動産について**取得時効**に必要な要件を具備する占有をしたときは、**抵当権は消滅する**（民法397条）。

3 7 根抵当権

問題1 特別区Ⅰ類（2018年度）……………………………………………………本冊P.302

正解：1

1 ○ **本肢の記述のとおり**である（民法398条の21第1項）。これを根抵当権の**極度額減額請求**という。

2 × **元本の確定前**においては、後順位の抵当権者その他の第三者の**承諾を得なくても**、抵当権の担保すべき**債権の範囲及び債務者の変更をすることができる**（民法398条の4第2項、1項）。

3 × **元本の確定前に根抵当権者から債権を取得した者は、**その債権について**根抵当権を行使することができず**、元本の確定前に債務者に代わって弁済をした者も同様である（民法398条の7第1項）。つまり、元本の確定前の根抵当権には、**随伴性がない**。

4 × 根抵当権者は、確定した**元本**並びに**利息**その他の**定期金**及び債務の不履行によって生じた**損害の賠償の全部**について、**極度額を限度として、その根抵当権を行使することができる**（民法398条の3第1項）。「債務の不履行によって生じた損害の賠償」は除かれない。

5 × **元本確定後**において現に存する**債務の額が根抵当権の極度額を超えるときは、**他人の債務を担保するためその根抵当権を設定した者（**物上保証人**）又は抵当不動産について所有権、地上権、永小作権若しくは第三者に対抗することができる賃借権を取得した第三者（**第三取得者**）は、その**極度額に相当する金額を払い渡し又は供託**して、その根抵当権の消滅請求をすることができる（民法398条の22第1項）。しかし、**主たる債務者又は保証人は、この根抵当権の消滅請求をすることはできない**（民法398条の22第3項、民法380条）。

問題2 国家一般職（2020年度）……………………………………………………本冊P.303

正解：2

ア ○ **本肢の記述のとおり**である（民法398条の2第1項）。

イ × **根抵当権の極度額の変更**は、**利害関係者の承諾**をえることで**可能**である（民法398条の5）。

ウ × **期日を定め又は変更**をする場合、**後順位抵当権者その他の第三者の承諾は不要**である（民法398条の6第2項、398条の4第2項）。

エ × **元本の確定前**において、**根抵当権の担保すべき債権の範囲の変更ができる**（民法398条の4第1項）。そして、この場合において、同条2項は、後順位の抵当権者その他の第三者の承諾を得ることを要しないとする。

オ ○ **元本の確定前に根抵当権者から債権を取得した者は、**その債権について**根抵当権を行使することができず**、元本の確定前に債務者に代わって弁済をした者も同様である（民法398条の7第1項）。つまり、元本の確定前の根抵当権には、**随伴性がない**。

以上により、妥当なものは**ア・オ**となり、正解は**2**となる。

問題3 国家一般職（2018年度）……………………………………………………………… 本冊P.304

正解：3

ア × 根抵当権者は、**確定した元本**並びに**利息**その他の定期金及び債務の不履行によって生じた**損害の賠償の全部**について、**極度額を限度**として、その根抵当権を行使することができる（398条の3第1項）。あくまでも**極度額が限度**となる。

イ ○ **本肢の記述のとおり**である。なお、「極度額の変更」に利害関係人の承諾を要するのは（民法398条の5）、後順位抵当権者がある場合に、その者の優先弁済を受けられる額が減るという不利益を与えないためである。一方、「債権の範囲の変更」（民法398条の4第1項）において承諾が不要であるのは（同条2項）、担保される債権の内容が変わっても、極度額さえ増えなければ、後順位の担保権者が不利益を被ることはないからである。

ウ × 根抵当権の**担保すべき元本**については、その**確定すべき期日を定め**又は**変更することができ**（民法398条の6第1項）、**これらについて後順位の担保権者の承諾は不要である**（同条2項）。しかし、**その期日は、これを定め又は変更した日から5年以内**でなければならず（同条3項）、期日の変更について、その変更前の期日より前に登記をしなかったときは、担保すべき元本は、その変更前の期日に確定する（同条4項）。これはSTEP 1で触れていなかった知識であるため、ここで確認しておいてほしい。

エ ○ 元本の**確定前**に根抵当権者から**債権を取得**した者は、その債権について**根抵当権を行使することができず**、元本の**確定前**に債務者のために又は債務者に代わって**弁済をした者も同様**である（民法398条の7第1項）。元本**確定前**の根抵当権には**随伴性がない**ので、当該債権とともに**根抵当権は移転しない**からである。

オ × 元本の**確定前に根抵当権者について相続が開始**したとき、根抵当権は、相続開始の時に存する債権のほか、**相続人と根抵当権設定者との合意により定めた**相続人が**相続の開始後に取得する債権を担保**する（民法398条の8第1項）。つまり、根抵当権者が死亡した場合、被担保債権の範囲は自動的に確定するわけではない。少し細かい内容なので、STEP1では触れていないが、ここで確認しておこう。

以上により、妥当なものは**イ・エ**となり、正解は**3**となる。

問題4 **国家一般職（2014年度）** ……………………………………… **本冊P.305**

正解：4

ア × 根抵当権は、**設定契約で、①極度額、②債権の範囲、③債務者を定めることを要する**（民法398条の2）。

イ ○ **本肢の記述のとおり**である（民法398条の4第1項、3項）。

ウ ○ **本肢の記述のとおり**である（民法398条の5）。

エ × **元本の確定前に、**被担保債権から切り離して**根抵当権のみを移転**する方法を**「根抵当権の処分」**といい、①根抵当権の**全部譲渡**、②根抵当権の**分割譲渡**、③根抵当権の**一部譲渡**がある（民法398条の12、398条の13）。これらは、いずれも根抵当権の**設定者の承諾が効力発生要件**となる。

オ ○ 元本の確定前は、根抵当権には付従性がなく、定めた被担保債権の範囲内の全額を弁済しても、根抵当権は消滅しない。しかし、**元本の確定後は、被担保債権が特定**されるので、その**全額を弁済すれば根抵当権は付従性により消滅する。**

以上により、妥当なものは**イ・ウ・オ**となり、正解は**4**となる。

3 8 譲渡担保

問題1 特別区Ⅰ類（2015年度）…… 本冊P.312

正解：2

A ○ 判例は、**構成部分の変動する集合動産**であっても、その**種類**、**所在場所**及び**量的範囲**を指定するなどの方法により**目的物の範囲**が**特定**される場合には、1個の集合物として**譲渡担保の目的となりうる**とし（最判昭54.2.15）、本肢の事例において、食用乾燥ネギフレークの一部を譲渡担保に供したことを認めなかった。

B × **譲渡担保権者**は、特段の事情がない限り、**第三者異議の訴え**によって、目的物件に対して譲渡担保権設定者の**一般債権者がした強制執行の排除を求めることができる**。そして、**譲渡担保権者は、目的物件につき自己の債権者のためにさらに譲渡担保権を設定した後**においても、第三者異議の訴えによって、目的物件に対し**原譲渡担保権設定者の一般債権者がした強制執行の排除を求めることができる**（最判昭56.12.17）。

C ○ 本肢の譲渡担保権は「**帰属清算方式**」と呼ばれるものである。**帰属清算方式の譲渡担保権**については、**清算金の支払と目的物の引渡しとは同時履行の関係**に立つ（最判昭46.3.25）。

D × 判例は、**譲渡担保権者が**被担保債権の**弁済期「後」に目的不動産を譲渡**した場合には、譲渡担保を設定した**債務者は、譲受人がいわゆる背信的悪意者にあたるときであると否とにかかわらず、債務を弁済して目的不動産を受け戻すことができない**としている（最判平6.2.22）。

以上により、妥当なものは**A・C**であり、正解は**2**となる。

問題2 裁判所職員（2016年度）…… 本冊P.313

正解：1

ア **誤** 動産に関して譲渡担保権を設定した場合、**譲渡担保の担保設定という実質を重視する立場（担保権的構成）**によれば、**所有者は譲渡担保権設定者のまま**であるから、**譲受人は所有権を取得**することになる。ただし、譲受人が譲渡担保に供されていることを知っている場合は、**即時取得**（民法192条）**が成立しない**ため、**譲渡担保権が付着したまま当該動産を取得する**ことになる。よって、本肢では悪意の譲受人Cは譲渡担保権の付着した甲機械を取得することとなる。

イ　正　動産に関して譲渡担保権を設定した場合、**譲渡担保の所有権移転という形式を重視する立場（所有権的構成）**によれば、**譲渡担保の設定**によって、動産の**所有権は譲渡担保権者に移転**しており、**譲渡担保権設定者は無権利**であると考えられる。そのため、**設定者であるＡが重ねて譲渡担保に供した場合、後に設定を受けた者については即時取得の成否の問題**となり、譲渡担保に供されていることにつき**悪意の場合は、即時取得が成立しない**ことから（民法192条）、本肢のＣは悪意である以上、当該動産の所有権を取得しない。よって、本肢のＢは、Ｃに対して甲機械の譲渡担保権を対抗することができる。

ウ　正　動産に関して譲渡担保権を設定した場合、**譲渡担保の所有権移転という形式を重視する立場（所有権的構成）**によれば、**譲渡担保権者に動産の所有権が移転しているため、譲渡担保権者であるＢからの譲受人であるＣは、甲機械の所有権を取得する**ことになる。よって、ＣはＡに対して甲機械の所有権を主張することができる。

エ　誤　判例は、譲渡担保権**設定者が受戻権を放棄した場合に清算金支払請求ができるかが問題となった事案**において、譲渡担保権設定者の清算金支払請求権及び受戻権は、発生原因の異なる別の権利であることを理由として、譲渡担保権者に対して**清算金の支払を請求することはできない**ものと解すべきと判示している（最判平8.11.22）。

以上により、正誤の組み合わせは**ア：誤**、**イ：正**、**ウ：正**、**エ：誤**であり、正解は**1**となる。

問題3　**裁判所職員（2014年度）**……………………………………**本冊P.314**

正解：3

ア　誤　**判例は、譲渡担保権の設定者は、**担保権者が右の換価処分を完結するまでは、被担保債務を弁済して目的物件についての完全な所有権を回復することができるのであるから、**正当な権原なく目的物件を占有する者がある場合**には、特段の事情のない限り、**占有者に対してその返還を請求することができる**ものとしている（最判昭57.9.28）。

イ　誤　本肢の譲渡担保権は**「帰属清算方式」**と呼ばれるものである。**帰属清算方式の譲渡担保権**については、**清算金の支払と目的物の引渡しとは同時履行の関係**に立つ（最判昭46.3.25）。よって、譲渡担保権者は、債権額と甲建物の適正評価額との差額を清算金として支払う必要がある。

ウ　正　**本肢の記述のとおり**である（最判平6.2.22）。

エ　誤　**動産の譲渡担保の対抗要件は「引渡し」**であり、この「引渡し」に**占有改定は含まれる**（最判昭30.6.2）。

以上により、正誤の組み合わせは**ア：誤**、**イ：誤**、**ウ：正**、**エ：誤**であり、正解は**3**となる。

問題4　国家一般職（2017年度）……………………………………………………本冊P.315

正解：5

1　×　**譲渡担保は民法上の規定がなく、判例上認められてきたいわゆる非典型担保**の制度であり、社会的な必要性によって認められてきたものである。そして、現在でも**譲渡担保契約に関する法律という特別法は存在しない**。

2　×　**売買契約**において、**目的物は売主から買主に引き渡されるが、代金が支払われるまで、**引き続き**売主のもとに目的物の所有権を留保する担保制度を「所有権留保」**という。つまり、本肢は譲渡担保権ではなく、所有権留保についての説明である。

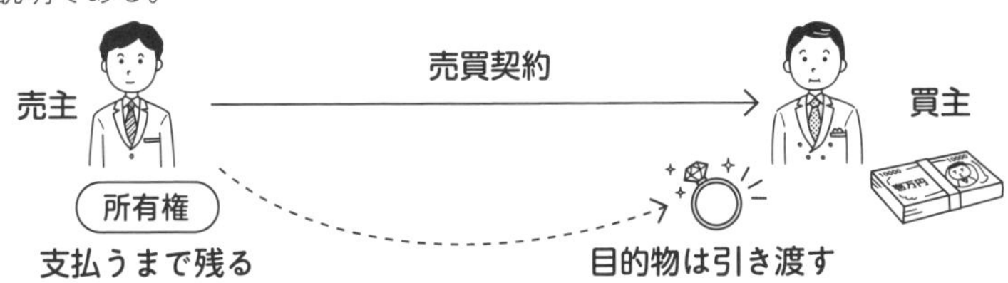

3　×　本肢の前半は、**集合物譲渡担保**についてであり、**記述のとおり**である。そして、本肢の後半は**「将来発生する債権」に対する譲渡担保権の設定ができるか**についてであり、これは一定の要件で認められている。判例は、診療担当者である医師の診療報酬支払担当機関に対する将来の診療報酬債権は、医師が通常の診療業務を継続し、かつ、その債権がそれほど遠くない将来において生ずるものである限り、始期と終期を特定して債権の範囲を確定することによってこれを譲渡することができるとする（最判昭53.12.15）。

4　×　**譲渡担保権者は**、譲渡担保権の実行により確定的に所有権を取得するものであり、**債務者の債務不履行によって目的物の所有権を直ちに取得するものではない**。よって、担保権の実行前であれば、**債務者**は履行遅滞後であっても**目的物を受け戻すことはできる**。

5　○　**本肢の記述のとおり**である（最判昭46.3.25）。

問題 5 国家専門職（2022年度）……………………………………………………本冊P.316

正解：5

ア × **譲渡担保は民法上の規定がなく、**判例上認められてきたいわゆる**非典型担保**の制度である。なお、譲渡担保権が**約定担保物権**である旨の記述は正しい。

イ × **動産の譲渡担保の対抗要件は「引渡し」**であり、この「引渡し」に**占有改定は含まれる**（最判昭30.6.2）。

ウ × 判例は、**譲渡担保の目的動産を譲渡担保権者から処分権限を得て、**譲渡担保権**設定者が第三者に譲渡**した場合、**譲渡担保権者はその売却代金に対して物上代位権を行使することができるとしている**（最決平11.5.17）。

エ ○ **本肢の記述のとおり**である（最判昭46.3.25）。

オ ○ **本肢の記述のとおり**である（最判昭54.2.15）。

以上により、妥当なものは**エ・オ**となり、正解は**5**となる。